Julia Droste-Hennings
Thorsten Droste

Paris

Eine Stadt und ihr Mythos

DUMONT KUNST REISEFÜHRER

In der vorderen Umschlagklappe:
Übersichtskarte Paris

In der hinteren Umschlagklappe:
Metroplan Paris

Wichtige Sehenswürdigkeiten auf einen Blick

☆☆
keinesfalls versäumen

☆
Umweg lohnt

Inhalt

Die Stadt und ihre Bewohner

Spaziergänge durch Paris

Verzeichnis der Stadtpläne

Die Stadt um 1740, Kupferstich ▷

Die Stadt und ihre Bewohner

Bougival
Montva

Grundzüge der Geschichte

Das antike Lutetia

Das Wappen von Paris Die Stadt hat eine in hohem Maße wechselvolle Geschichte erlebt und stand in ihrer Rolle als Hauptstadt wiederholt in Frage. Das Motto, das dem Stadtwappen mit dem Bild eines Seineschiffes eingeschrieben ist, drückt diese latente Labilität sinnbildhaft aus: »fluctuat nec mergitur« (Es schwankt, aber es geht nicht unter).

Paris liegt im Herzen der Ile de France, auch Pariser Becken genannt, das im Westen in die Normandie, im Norden in die Picardie, im Osten in die Champagne und im Süden in das Orléanais übergeht. Das heutige Stadtgebiet ist in der Hauptsache von der Flusslandschaft geprägt worden. Die Seine, die im Herzen Burgunds entspringt, durchzieht im Raum des Pariser Beckens einen Bereich, der in früheren Zeiten auf weite Strecken versumpft war. Die Flussinseln dagegen waren verhältnismäßig trocken und boten geeigneten Lebensraum, während das morastige Umfeld zugleich Schutz vor feindlichen Übergriffen garantierte. Menschliche Besiedlung ist spätestens seit dem 3. Jahrtausend v. Chr. durch Funde belegt. Wann allerdings genau die Zuwanderung des keltischen Stammes der Parisii erfolgte, ist nicht geklärt. Man vermutet, dass ihre Ansiedlung im späten 3. Jh.v. Chr. stattfand. In der Zeit um das Jahr 100 vor unserer Zeitrechnung müssen sie ein höheres kulturelles Niveau erreicht haben, da wir aus dieser Zeit bereits Münzen kennen. Die erste namentliche Erwähnung der Parisii lesen wir im sechsten Buch der Propagandaschrift »De bello Gallico« von Gajus Julius Cäsar, der im Jahr 53 v. Chr. an der Seine Quartier bezogen hatte: »Id est oppidum Parisiorum quod positum est in insula fluminis Sequanae« (Dies ist der Ort der Pariser, der auf einer Insel der Seine liegt). Im Jahr darauf erfolgte die endgültige Niederwerfung der Gallier unter ihrem Führer Vercingetorix bei Alesia in Burgund. Cäsars rechte Hand, der Feldherr Labienus, rückte mit einer Streitmacht nach Norden vor und brach die letzten gallischen Widerstände, so auch jenen der Parisii, die ihre Siedlung auf der Seineinsel, der späteren Ile de la Cité, einäscherten und flohen. Die Römer gründeten dort ihre Stadt Lutetia.

Das antike Lutetia, am Kreuzungspunkt wichtiger Nord-Süd- und Ost-West-Achsen gelegen, nahm sicher einen gewissen Rang ein, konnte aber nicht mit den bedeutenden Provinzmetropolen Lugdunum (Lyon), Arelate (Arles), Nemausus (Nîmes), Burdigala (Bordeaux) oder Narbo Martius (Narbonne) konkurrieren. Während vor allem die Städte im Süden Frankreichs zum Teil ein staunenswert gut erhaltenes bauliches Erbe der Römerzeit aufweisen (Orange, Nîmes, Arles, Saintes), nimmt sich der Bestand in Paris bescheiden aus. Mit den Thermen von Cluny und dem Amphitheater besitzt die Stadt nur zwei Denkmäler aus der Römerzeit. Das Amphitheater ist immerhin in seinen Umrissen auszumachen. Es bot nach Schätzungen der Archäologen etwa 15 000 Zuschauern Platz und hatte demnach eher bescheidene Ausmaße – die vorzüglich erhaltene Arena in Nîmes hatte eine Kapazität für rund 25 000 Menschen – und liegt damit in der Größenhierarchie erhaltener römischer Arenen nur auf dem 20. Platz. Die fieberhafte Bautätigkeit, der sich Paris vom Mittelalter bis auf den heutigen Tag immer ausgesetzt sah, hat den größten Teil des antiken Erbes verschwinden lassen, und Grabungen wurden in jüngerer Zeit, stets bedingt durch terminliche und pekuniäre Engpässe, derart unzureichend durchgeführt, dass wir letztlich nur ein sehr ungenaues Bild des antiken Lutetia nachzeichnen können. Gewiss ist indes, dass es neben der Kernsiedlung auf der Seine-Insel etwas weiter südlich auf dem Sainte-Geneviève-Hügel ein zweites urbanes Zentrum gab, das in der Zeit der anhebenden Barbareneinfälle weitgehend aufgegeben wurde. Nach einer ersten Zerstörung durch Alamannen im Jahr 280 n.Chr. igelte sich die Bevölkerung auf der Ile de la Cité ein, die mit einem offenbar überstürzt aufgezogenen Wall umgürtet wurde. Einzelne Bruchstücke, die von diesem Mauerring bei Grabungen auf dem Parvis vor Notre-Dame 1970 gefunden wurden, entpuppten sich als Spolien unterschiedlicher kaiserzeitlicher Bauten. In der urbanen Struktur des heutigen Paris lebt dennoch ein gutes Stück des antiken Lutetia fort. Die großen Straßenachsen der Rue St-Antoine und der Rue St-Jacques entsprechen dem Verlauf der beiden Hauptstraßen von *cardo* (Ost-West-Richtung) und *decumanus* (Nord-Süd-Richtung).

Um das Jahr 360 erlebte Paris – wenn auch nur kurzfristig – erstmals in seiner Geschichte den Aufstieg zur Metropole. Julian Apostata, der von seinen Legionären in Paris zum Kaiser proklamiert worden war, wählte sich die Stadt als zeitweilige Residenz, von wo aus er wiederholt erfolgreich gegen Franken und Alamannen ins Feld zog. In dieser Zeit wurde auch der alte Name Lutetia zugunsten des für alle Zeiten bleibenden Namens Paris aufgegeben. Denkwürdig ist an dieser Episode vor allem der Umstand, dass der Kaiser im Westteil der Cité Residenz bezog, der damit für immer als Sitz staatlicher Gewalt definiert war. Im Mittelalter befand sich dort die Burg der Könige, heute nimmt der Justizpalast diesen Raum ein.

Flavius Claudius Julian mit dem Beinamen Apostata, geb. 332 n. Chr. als Sohn eines jüngeren Stiefbruders Konstantins des Großen, wurde 360 in Paris von seinen Legionären zum Kaiser proklamiert. Bereits drei Jahre später, 363, starb er während eines Feldzuges gegen die Perser. Seinen Beinamen Apostata (der Abtrünnige) verliehen ihm die Christen, da Kaiser Julian den letzten (erfolglosen) Versuch unternommen hatte, die heidnischen Kulte durchzusetzen.

Das fränkische Reich der Merowinger und Karolinger

Die militärischen Erfolge Julian Apostatas gegen die Invasoren aus dem Osten und Norden gehörten rasch der Vergangenheit an. Im Laufe des 5. Jh. n. Chr. etablierten sich entlang dem Rhein und in Gallien verschiedene kleinere von Germanenstämmen begründete Reiche; als die markantesten nennen wir das Reich der Westgoten in Südfrankreich und das Burgunderreich in Savoyen. Im Norden, konkret im heutigen Belgien (rund um die Stadt Tournai), formierte sich die Herrschaft der Franken. Während man früher die Franken als Volk oder Stamm ansprach, ist die jüngere Forschung zu verblüffenden neuen Erkenntnissen gelangt. Danach sind die Franken nicht länger als völkische Gemeinschaft anzusehen, vielmehr konstituierten sie sich aus unterschiedlichen ethnischen Gruppierungen, die nach einer Phase kriegerischer Expansion mehr und mehr einen Weg friedlicher Assimilation mit der gallo-römischen Einwohnerschaft suchten. So wurden sie weniger zu Totengräbern als vielmehr zu Nachlassverwaltern und Erben der römischen Kultur und werden deshalb neuerdings als »Wegbereiter Europas« gewürdigt.

Die große Integrationsgestalt dieser Epoche ist der Merowingerkönig Chlodwig. Ihm gelang es, die zersplitterten kleineren Herrschaftsgebilde im Norden Galliens unter seiner Führung zu einen, womit er den Grundstein für das spätere fränkische Großreich legte. Im Jahr 496 vollzog Chlodwig einen Schritt von welthistorischer Dimension, indem er sich von dem unter den Germanen verbreiteten Arianismus abwandte und sich in Reims nach römisch-katholischem Ritus taufen (und zugleich krönen) ließ. Während die Kirche in diesem Ereignis stets die religionsgeschichtlich relevante Dimension betont hat, ist der Entschluss Chlodwigs wohl in erster Linie einem nüchternen politischen Kalkül entsprungen. Mit der Angleichung der Franken an die Lebenskultur der gallo-römischen Schichten hatte Chlodwig umsichtig die Weichen für ein Ineinanderaufgehen der unterschiedlichen völkischen Gruppierungen gestellt.

Der Expansionsdrang der Franken hielt im 6. Jh. ungebremst an und führte alsbald zur Konfrontation mit den anderen im gallischen Raum sesshaft gewordenen Germanenstämmen. Nachdem die Franken bereits 496 die Alamannen bei Zülpich niedergerungen hatten, schlug Chlodwig 507 die Westgoten bei Vouillé nahe Poitiers. In diesem Völkerringen standen die Burgunder in Waffenbruderschaft an der Seite der Franken. Die Solidarität wurde ihnen schlecht gelohnt, denn auch sie mussten sich 532 den Franken geschlagen geben. Dank dieser militärischen Erfolge verlagerte sich der Schwerpunkt fränkischer Herrschaft weiter nach Süden in das Pariser Becken, das nun zum geographischen Zentrum des Frankenreiches aufgerückt war. Chlodwig trug diesem Umstand nach dem Triumph über die Westgoten Rechnung und wählte Paris zu seiner Residenz. Als Chlodwig 511 starb, wurde er gemäß seiner testamentarischen Verfügung in Paris in der von ihm gestifteten Kirche der Apostel Petrus und Paulus beigesetzt (das Patrozinium ging wenig später auf die hl. Genoveva, die Patronin von Paris über, der man die Rettung der Stadt vor den Hunnen zuschrieb). Im anhebenden Feudalzeitalter war die Ortswahl für die Beisetzung eines so bedeutenden Fürsten, wie es Chlodwig als Reichsgründer war, von immenser symbolischer Bedeutung. Nicht zuletzt diese Erhebung von Paris zur königlichen Grablege – alsbald sollte sich die vor den Toren der Stadt gelegene Abtei St-Denis dieses Privileg sichern – garantierte der Stadt an der Seine, ungeachtet aller später folgenden Teilungen des fränkischen Herrschaftsbereiches, den Rang einer Metropole.

Nach dem Tod Chlodwigs wurde das Frankenreich unter seine vier Söhne Theuderich, Chlodomer, Chlothar und Childebert geteilt, die in Soissons, Orléans und Reims Residenz bezogen, während der letztgenannte, Childebert, an Paris als Hauptstadt seines Teilreiches festhielt. Wie sehr auch die Brüder untereinander zerstritten waren, in ihrem Interesse einer nach außen weiter expandierenden Frankenherrschaft zogen sie an einem Strang, was etwa die Burgunder, wie bereits erwähnt, schmerzhaft zu spüren bekamen.

Wie das römische, so ist auch das merowingisch-fränkische Erbe von Paris dürftig und in der Hauptsache nicht in sichtbarem Bestand, sondern nur aus Quellen zu erschließen. Unter Childebert I. (511–558) wurde eine erste Kathedrale errichtet, die als eine fünfschiffige Basilika mit offenen Dachstühlen von den frühchristlichen Kirchen Roms inspiriert war und mit 36 m Breite als größter Bau der Merowingerzeit gilt (die Maße sind durch Ausgrabungen gesichert, die 1842 und zuletzt 1972 durchgeführt wurden). So wie schon in römischer Zeit der Sitz der weltlichen Macht seinen festen Platz auf der Insel erhielt, ist auch der Bischofssitz als geistlicher Gegenpol auf dem Ostende der Ile de la Cité von Anbeginn bleibend verankert (die Kirche Childeberts lag allerdings nicht genau am Platz der heutigen gotischen Kathedrale Notre-Dame, sondern geringfügig – exakt 35 m – nach Westen versetzt, befand sich also auf dem heute freien Platz des Parvis vor Notre-Dame). Zwischen dem weltlichen und dem geistlichen Zentrum lag die Stadt der Bürger (heute kaum noch Wohnbauten, stattdessen Krankenhaus, Polizeipräfektur sowie Industrie- und Handelskammer). Anknüpfend an die römische Kaiserzeit begann nun auch wieder eine Bebauung des Südufers, wo in merowingischer Zeit ein knappes Dutzend Klöster zu Keimzellen späterer Stadtteile wurde. Das Nordufer hinkte hinterher. Dort sind in derselben Zeit nur fünf geistliche Stifte nachgewiesen. Ähnlich liegen die Verhältnisse bei den Pfarreien: Während auf der *rive gauche* zehn entstanden, waren es auf der *rive droite* lediglich vier. Noch heute erinnern einige Namen von Kirchen daran, dass sie in frühmittelalterlicher Zeit auf freiem Felde lagen: St-Germain-des-Prés etwa oder St-Martin-des-Champs.

Unter den periodischen Teilungen des fränkischen Herrschaftsbereiches erwähnen wir in der Hauptsache jene von 561, die zur Bildung der Königreiche Neustrien, Austrasien und Burgund führte. Nach dem Tode König Dagoberts 639 verfiel die königliche Zentralgewalt. In das entstehende Machtvakuum stießen die Hausmeier vor *(majordomus)*. Mit Pippin dem Mittleren besetzte 687 erstmals ein Karolinger diese Schlüsselposition. Dessen Sohn Karl Martell (714–741) übte faktisch die Macht über Austrasien und Neustrien aus. Ihm gelang 732 der Sieg über die bis an die Loire vorgedrungenen Araber in der Schlacht von Tours und Poitiers. Pippin der Kleine, der Sohn Karl Martells, wurde 751 offiziell zum König gekrönt, die Merowinger traten endgültig von der Bühne der Geschichte ab.

768 trat Karl der Große an der Seite seines mitregierenden Bruders Karlmann die Nachfolge Pippins des Kleinen an, drei Jahre später, nach dem Tode Karlmanns, in der Rolle des Alleinherrschers. Er knüpfte an die Expansionspolitik der frühen merowingischen Herrscher an und verleibte dem fränkischen Großreich Teile Nordspaniens (die Mark Barcelona), Norditaliens (die Lombardei) sowie Nord-

deutschlands (Sachsen) ein. Dabei stand ihm die Vision einer Wiedergeburt des römischen Imperiums vor Augen, und im Jahr 800 war er mit der Kaiserkrönung in Rom diesem Ziel sehr nahe gekommen. Die Ausdehnung des Reiches vor allem nach Osten ließ Paris fortan als Metropole ungünstig erscheinen. Abgesehen von gelegentlichen Besuchen an der Seine bestimmte Karl der Große in der Hauptsache Aachen zur wichtigsten Residenz. So wie Paris im 9. Jh. daraufhin politisch an Gewicht verlor, konnte die Stadt auch kulturell mit anderen aufstrebenden Zentren nicht konkurrieren. Reims, Metz, Fulda und Aachen sind damals die Stätten der karolingischen Hofkunst und bedeutender Lehranstalten. Wäre es nicht zu den Reichsteilungen gekommen, könnte man darüber spekulieren, ob Paris je wieder an seinen Rang als Hauptstadt hätte anknüpfen können. Doch der Streit unter den Erben Karls des Großen schuf eine radikal veränderte Konstellation. Unter seinem Sohn Ludwig dem Frommen (814–840) blieb das Reich noch in der von Karl geschaffenen Form bestehen. Doch die Söhne Ludwigs des Frommen führten im Vertrag von Verdun (843) die bekannte Dreiteilung in ein West- (Karl der Kahle), ein Ost- (Ludwig der Deutsche) und das Lotharingische Mittelreich durch. Damit waren die Voraussetzungen zur Entstehung Deutschlands und Frankreichs gegeben. Das kurzlebige und artifizielle Mittelreich Kaiser Lothars zerfiel noch im 9. Jh. und wurde im Zuge der Verträge von Mersen und Ribemont (870/880) auf die Machtblöcke des West- und des Ostreiches aufgeteilt, soweit sich nicht Teile davon verselbständigten, wie es in der Provence (Boso von der Provence) und in Oberitalien (Berengar von Friaul) der Fall war. Damit fiel aber Paris im entstehenden Frankreich erneut die Rolle der Hauptstadt zu, die allerdings in ihren Anfängen schweren Erschütterungen ausgesetzt war. Inzwischen waren die Normannen ins Land eingefallen. Mit ihren wendigen Schiffen segelten sie die Flüsse in der Westhälfte Frankreichs aufwärts (Seine, Loire, Charente, Dordogne, Garonne) und zerstörten Klöster, Dörfer und Städte. Paris widerstand 885/886 einer 13monatigen Belagerung erfolgreich – es war der letzte von insgesamt fünf Versuchen der Invasoren, die Hauptstadt zu erobern. Erst mit dem Sesshaftwerden der Normannen im Jahr 911 in der nach ihnen benannten Normandie war diese latente Gefahr gebannt. Die Abwehr der Normannen wird hauptsächlich als Verdienst Odos, des Grafen von Paris, angesehen, während der amtierende König Karl der Dicke, dem es für ganz kurze Zeit noch einmal gelungen war, gleichzeitig über das west- wie über das ostfränkische Reich zu gebieten, bevor dann beide Teile endgültig eine getrennte Entwicklung nahmen, vor dieser Aufgabe kapituliert hatte, was ihn die Krone kostete. Diese fiel 888 Odo von Paris zu (888–898). Damit treten erstmals die Robertiner (später Kapetinger genannt) auf den Plan. Sie haben ihren Namen nach dem Vater Odos, Robert dem Tapferen, der als Graf von Angers die ersten militärischen Erfolge gegen die Normannen erfochten hatte. Auf Odo folgten dann aber wieder westfränkische Karolinger, die sich noch bis zum Jahr 987 halten konnten, während ihre ostfränkischen Vettern bereits 911 nach dem Tode Ludwigs des Kindes das Zepter abgegeben hatten. Erst nach dem Tod des letzten westfränkischen Karolingers, Ludwigs V. (986–987), bestieg mit Hugo Capet ein später Nachfahre Roberts des Tapferen beziehungsweise Odos von Paris den Thron.

Die Dynastie der Kapetinger

Nacheinander hatten die Normannenkriege, sodann die Dekadenz der letzten Karolinger und die Thronwirren des 10. Jh. das Bauen in und um Paris zum Erliegen gebracht. Teilweise hatte man sogar bereits bestehende Siedlungsplätze aus merowingischer Zeit beidseits der Seine wieder aufgegeben. Wie schon in der Zeit der Völkerwanderung hatte sich die Einwohnerschaft mehr oder minder auf der Ile de la Cité verschanzt. Deshalb bildet die Thronfolge der Kapetinger einen Einschnitt in der Geschichte, besonders jener von Paris, denn sie markiert einen Neuanfang. Nach zwei Jahrhunderten der Bedeutungslosigkeit tritt Paris seit dem 11. Jh. wieder auf den Plan.

Doch hatte sich in der Frühzeit der Kapetinger-Herrschaft gegenüber dem 9. Jh. hinsichtlich der Rangstellung des Königs ein erheblicher Wandel vollzogen. Die verschiedenen Bedrohungen, denen sich Frankreich im anhebenden Mittelalter ausgesetzt sah (im Westen die Normannen, im Osten die Ungarn, die tief bis nach Burgund vorgedrungen waren), hatten dazu geführt, dass die Territorialfürsten der unterschiedlichen Landesteile eigene Herrschaften etabliert hatten, die praktisch von der königlichen Zentralgewalt abgenabelt waren. Faktisch waren bei der Regierungsübernahme Hugos die Herzöge von Aquitanien, Burgund und inzwischen auch der Normandie, die sich überraschend schnell konsolidiert hatte, reicher und mächtiger als der König, dessen Hausmacht sich auf das Kerngebiet der Ile de France eingeschnürt sah. Wenn man gelegentlich für Hugo und seine ersten Nachfolger den Begriff des *primus inter pares* liest, erscheint dies noch geschönt in Anbetracht der wahren Machtverteilung im Frankreich der Wende zum zweiten Jahrtausend. Unter Robert II. (998–1031), Heinrich I. (1031–1060) und Philipp I. (1060–1108) führten die Landesfürsten – Herzöge und Grafen – weiterhin ein selbständiges Dasein und inszenierten zahlreiche Nachbarschaftskriege. Besonders die Herzöge der Normandie führten ein unkontrolliertes Eigenleben und eroberten 1066 England, wo sie ein Königtum begründeten, das dem französischen alsbald ein gnadenloser Konkurrent werden sollte.

Wir wollen die Stationen des Aufstiegs der kapetingischen Könige, der erst mit Ludwig VI. begann, mit einigen Schlaglichtern beleuchten:

Ludwig VI. (1108–1137) bewirkte eine Ausweitung der Krondomäne. Wie mühsam indes dieser Prozess zunächst in Gang kam, lässt sich an einem Beispiel illustrieren: Als Ludwig VI. die Mühle von

Poissy erworben hatte, soll er sich nach Aussage eines Chronisten darüber derart gefreut haben, »als habe man ihm einen Splitter aus dem Auge gezogen«. Der genialste Schachzug gelang dem damals schon todkranken König auf dem Sterbelager, als er 1137 auf den Wunsch Wilhelms XI. von Aquitanien hin die Ehe zwischen seinem Sohn und Nachfolger und der Erbin von Aquitanien, Eleonore, herbeiführte.

Grabmal der Eleonore von Aquitanien im Kloster Fontevraud an der Loire
Eleonore von Aquitanien ist die schillerndste Frauengestalt des 12. Jh. in Europa. Die Literatur über die Herzogin, die nacheinander erst Königin von Frankreich und später Königin von England war, reisst bis auf den heutigen Tag nicht ab. Es ist sicher kein Zufall, dass die schönsten historischen Romane über ihr Leben und Biografien über sie von Frauen geschrieben wurden: Régine Pernoud (»Eleonore von Aquitanien – Königin der Troubadoure«), Tanja Kinkel (»Die Löwin von Aquitanien«) und Ellen Jones (»Die Königin und die Hure«).

Ludwig VII. (1137–1180) verspielte manches von dem Kapital, das sein Vater erwirtschaftet hatte. Die Ehe mit Eleonore von Aquitanien wurde 1152 annulliert. Die Herzogin heiratete wenig später Heinrich, den Herzog der Normandie und Grafen von Anjou, der 1154 als Heinrich II. Plantagenet den englischen Thron bestieg. Damit ging vieles von dem, was der Krone eben erst zugefallen war, wieder verloren und zudem an England, das fortan für 300 Jahre immer wieder auf seinen Anspruch auf große Teile Südwestfrankreichs pochte.

Den raschen Machtzerfall der Plantagenetdynastie unter den Söhnen Heinrichs II. und der Eleonore (Richard Löwenherz und Johann Ohneland) wusste dagegen Philipp II. August (1180–1223) zu nutzen, indem er Johann Ohneland wieder Teile des englischen Einflussbereiches beidseits der Loire abjagte. Die entscheidende Schlacht dieser Zeit war der Waffengang bei Bouvines (1214), wo nicht nur der englisch-französische Gegensatz (mit großem Erfolg zugunsten Frankreichs), sondern zugleich die welfisch-staufische Kontroverse ausgetragen wurde, da auf Seiten der Engländer der glück- und sieglose Otto IV. focht, während den Franzosen die staufische Partei Waffenbruderschaft leistete.

Ludwig VIII. (1223–1226) gelang vor allem mit der Unterwerfung der Südprovinzen (Languedoc, Toulouse) eine beträchtliche Erweiterung des königlichen Besitzstandes und damit verbunden der realen Macht. Den Anlass für diesen Krieg hatten die Katharer mit ihrer Häresie gegeben, sodass man die blutige Intervention im eigenen Land mit dem Etikett eines Kreuzzugs bemänteln konnte, den vor allem Papst Innozenz III. mit Nachdruck gefordert hatte. Beim Regierungsantritt Ludwigs IX. des Heiligen (1226–1270) war Frankreich de facto ein mächtiger Zentralstaat, der endgültig aus dem Schatten Deutschlands herausgetreten war, das seinerseits nach den Glanzzeiten der Ottonen, Salier und Staufer und nach dem Tod Friedrichs II. (1250) ins Bodenlose fiel.

In der Gestalt Philipps IV. des Schönen (1285–1314) erreichte die Dynastie der Kapetinger den Höhepunkt ihrer Macht. Den päpstlichen Gelüsten auf weltliche Macht wurde ein martialisches Ende bereitet. Unter dem Druck Philipps des Schönen wählte das Konklave 1305 mit Bertrand de Got, dem Erzbischof von Bordeaux, einen Franzosen zum Papst, der unter dem Namen Clemens V. den Stuhl Petri bestieg und diesen zugleich in die Provence verlegte, zunächst nach Carpentras, 1309 nach Avignon. Bis zur Rückkehr des Papsttums nach Rom (1377) sollten sich für ein Dreivierteljahrhundert die Päpste als willfähriges Instrument in der Hand des französischen Königs erweisen. Ein anderer gewaltiger Hieb Philipps des Schönen zielte gegen den Templerorden, den er mit Billigung von Clemens V. zerschlug, um sich in den Besitz des legendären Vermögens des bedeutenden Ritterordens zu bringen. Aus diesen Mitteln wurden die ehrgeizigen Kriegsunternehmungen des Königs vor allem gegen Flandern finanziert. Darüber hinaus gelang es Philipp, Lyon und das untere Rhônetal der Krone einzuverleiben.

Stadtentwicklung im 12. und 13. Jahrhundert

Entsprechend den sich wandelnden Verhältnissen, vor allem parallel zur Erstarkung der königlichen Zentralgewalt in der Zeit zwischen 1130 und 1300, gewinnt Paris als nunmehr unbestrittene Metropole des französischen Königreichs ein neues Profil. Das Zeitalter vom Beginn des 11. Jh. bis zur Mitte des 12. Jh. ist auch die Epoche der Romanik – und diese ist, als logische Folge der politischen Konstellationen, im damals noch eng begrenzten Herrschaftsbereich der Krone, auffallend unterrepräsentiert. Als wirklich bedeutenden Bau der Romanik kennen wir in Paris nur St-Germain-des-Prés. Auch wenn in Rechnung zu stellen ist, dass viele Bauwerke der Romanik wie auch anderer vorangegangener Epochen gerade in Paris Opfer der Spitzhacke wurden, bleibt die Ile de France ein Bereich, der mit der Vielfalt Burgunds, Aquitaniens und der Normandie nicht konkurrieren kann. Beinahe schlagartig ändert sich das Bild in der Zeit Ludwigs VI. und Ludwigs VII. Die Romanik wird von der aufkeimenden Gotik verdrängt und behauptet sich nur noch in den Südprovinzen Frankreichs, in Deutschland, in Ober- und Süditalien sowie jenseits der Pyrenäen zum Teil noch bis in das 13. Jh. hinein. Mitverantwortlich für die Entstehung der Gotik ist der fundamentale Wandel der

Die mittelalterlichen Grundmauern des Louvre

hochmittelalterlichen Gesellschaft. Die wirtschaftlichen Schwerpunkte verlagerten sich vom Land in die Städte, die geistlichen und pädagogischen Autoritäten von den Klöstern an die Bischofssitze und Kathedralschulen. Aber mindestens ebenso gewichtigen Anteil am Aufkommen des neuen Stils, des *opus francigenum,* hatte die Erstarkung des königlichen Zentralstaates. Nun sollte dem Kronland auch in kultureller Hinsicht eine Führungsrolle zufallen, denn von Paris und der Ile de France aus verbreitete sich die Gotik über ganz Europa.

Die Gotik ist aber nicht nur eine künstlerische Revolution, sie stellt auch in technischer Hinsicht einen gewaltigen Fortschritt dar. Die schweren Mauern romanischer Abteikirchen wurden in der Regel zweischalig aus Quadern aufgeführt, der Hohlraum dazwischen mit Bruchsteinen aufgefüllt. Die gotischen Kathedralen dagegen bestehen nur aus einer einschaligen Quaderschicht. Den vergleichsweise dünnen Mauern wurden Dienste und Querverstrebungen zur Stabilisierung eingezogen. Die Aufgabe romanischer Gewölbeformen, vor allem der Tonne, zugunsten des anfangs sechsteiligen, später vierteiligen Kreuzrippensystems und der damit verbundenen gezielten Ableitung des Gewölbeschubes, begünstigte die Ausdünnung der Wände und die fortschreitende großzügige Durchfensterung. Entsprechend ließen sich auch die Baukosten senken, ein nicht unbeträchtlicher wirtschaftlicher Faktor bei der Erstellung der Monumentalbauten. Zugleich änderte sich der Baurhythmus. Waren in der Zeit der Romanik die Baustellen während der Wintermonate verwaist, so gingen die Baumeister der Gotik zur Herstellung von vorgefertigten Teilen über, die in der Bauhütte auch in der kalten Jahreszeit bearbeitet werden konnten, bevor sie in den wärmeren Monaten an ihrem vorbestimmten Platz installiert wurden.

Bereits 1144 wurde mit dem Chor der Abteikirche von St-Denis vor den Toren von Paris der Gründungsbau der Gotik geweiht. Nur wenige Jahre später (1163) erfolgte die Grundsteinlegung zur Kathedrale Notre-Dame. 1248 kamen die Arbeiten an der Sainte-Chapelle nach einer Rekordzeit von nur 33 Monaten zum Abschluss. Bis zur Errichtung von St-Gervais-et-St-Protais im späten 15./frühen 16. Jh. bestimmte die Gotik das Bauen in Paris, sodass diese wichtige Stilrichtung in allen ihren unterschiedlichen Ausrichtungen und Facetten von der Früh- über die Hoch- und Spätgotik bis hin zur Flamboyantgotik anschaulich wird. Als genuin französischer Stil lebte die Gotik auch in späteren Jahrhunderten fort und erfuhr in Bauten wie Ste-Clothilde, St-Eugène, Notre-Dame-du-Travail oder St-Jean-l'Evangéliste auf dem Montmartre noch im 19. Jh. und selbst noch im frühen 20. Jh. verschiedene Renaissancen.

Zugleich mit der Architektur emanzipierte sich die Skulptur, die in der Romanik immer Relief geblieben war und nur in Ausnahmefällen monumentales Format erlangt hatte. Kennzeichen gotischer Skulptur sind ihre Monumentalität, ihre Plastizität und damit einhergehend ihre zunehmende Mobilität, während sie an Bauwerken der Ro-

Notre-Dame, Stich von 1850

manik mit der Architektur fest verbunden ist. In der Nachfolge von Chartres, Reims und Amiens erlangten die Bildhauerateliers von Paris immer größere Bedeutung. Mitte des 13. Jh. war Paris der europäische Schrittmacher auf diesem Gebiet der bildenden Kunst, wie die Beschreibung der Skulpturen von Notre-Dame noch zeigen wird.

Kurz nach 1200 ließ Philipp II. August die Cité und die benachbarten Stadtteile auf beiden Seineufern mit einem Mauerring umgürten, der erste Befestigungswall der Metropole in nachantiker Zeit. Zugleich ließ der tatkräftige Monarch mit dem Louvre eine von der Stadt abgesetzte neue Residenz errichten, eine geradezu idealtypische Wehrburg, deren Fundamente unter dem Louvre-Museum zugänglich sind. Mit dem Wiederaufstieg von Paris im 12. und 13. Jh. hatte auch die Ansiedlung in den Außenbezirken wieder zugenommen. Diese Vororte nannte man, da sie ihrerseits von Mauern geschützt waren, *clos*. Um 1200 waren es auf dem Südufer der Seine etwa 30, auf dem Nordufer nur 12.

Eine Sonderstellung nahm alsbald das der Cité auf dem linken Ufer benachbarte Stadtviertel ein, wo sich die Universität konstituierte. Schon im 12. Jh. hatten einzelne charismatische Kirchenlehrer zum Teil große Scharen von Studenten um sich versammelt. Berühmt wurde der von Bernhard von Clairvaux gescholtene Frühscholastiker Petrus Abälard, der angeblich bis zu 5000 Studenten unterrichtete, von denen 50 Bischöfe, 19 Kardinäle und einer Papst wurden! Paris entwickelte sich außer zum Sitz königlicher Zentralgewalt und zur Metropole gotischer Kunst zugleich zu einem europäischen Zentrum des Geistes und der Wissenschaft. Anfang des 13. Jh. schlossen sich die verschiedenen Lehrer zur Universitas der Sorbonne zusammen, deren Statuten Papst Innozenz III. 1215 sanktionierte. Im 13. Jh. lehrten hier mit Thomas von Aquin, Bonaventura und Albertus Magnus die bedeutendsten Theologen der Zeit. Da die Studentenschaft aus ganz Europa an der Sorbonne zusammenströmte, bedurfte es des Umgangs in einer einheitlichen Sprache. Das Englisch des 13. Jh. war zwangsläufig Latein. So hat die Sprache der Römer dem Universitätsviertel seinen Namen gegeben: Quartier Latin.

Alle Herrscher aus kapetingischem Haus haben an der Königsresidenz auf der Ile de la Cité gebaut. Unter Philipp dem Schönen hatte der Baukomplex seine endgültige Gestalt angenommen, die allerdings in späteren Jahrhunderten durch Umbauten, Teilniederlegungen und die Umwandlung zum Justizpalast stark verändert wurde. Weitgehend unverfälscht erlebt man noch aus der Zeit Ludwigs des Heiligen die zweigeschossige Palastkapelle, die Sainte-Chapelle. Authentisch präsentiert sich gleichfalls die unter Philipp dem Schönen fertig gestellte lang gezogene Nordfassade. Dieser Conciergerie genannte Bau birgt in seinem Innern prachtvolle gotische Räume. Allein die Küche ist ein virtuoses Beispiel spätgotischer Gewölbetechnik.

Das Haus Valois: Der Hundertjährige Krieg

Als 1328 mit dem Tode Karls IV. (1322–28) die Hauptlinie der Kapetinger ausstarb, erhoben Eduard III. von England (1327–77) und Philipp von Valois (1328–50) Anspruch auf die französische Krone. Da beide Kandidaten gleichermaßen mit dem Vater Karls IV., Philipp dem Schönen, verwandt waren, herrschte ein Patt, aus dem auch die Diplomaten und Juristen keinen Ausweg wussten. 1338 brach deshalb der Hundertjährige Krieg (1338–1453) aus, in dessen Verlauf Frankreich bis an den Rand seiner Existenz geriet. Unter den vielen Niederlagen, die Frankreich gleich in den ersten Kriegsjahren einstecken musste, war jene von Maupertuis im Jahr 1356 besonders schmachvoll. König Johann II. der Gute (1350–64), Sohn und Nachfolger Philipps VI. von Valois, geriet zusammen mit seinem jüngsten Sohn Philipp in die Gefangenschaft des Schwarzen Prinzen (Sohn Eduards III.), aus der er erst vier Jahre später wieder freikam (1360 Frieden von Brétigny). Kaum aus dem Zwangsexil heimgekehrt, erreichte Johann II. die Nachricht, dass in Burgund der letzte Kapetinger, der noch jugendliche Philippe de Rouvres, an der Pest gestorben sei (1361). Die Krone zog das Lehen dankbar ein und verbuchte dies als Ausgleich für die Gebietsverluste an England, die Frankreich im Frieden von Brétigny hatte hinnehmen müssen: Ganz Aquitanien bis hinauf zur Loire war damals an England – wenn auch nur vorübergehend – verloren gegangen. Johann II. fasste ins Auge, seinen Sohn Philipp den Kühnen mit dem erledigten Herzogtum zu belehnen, starb aber (1364), bevor er das Ansinnen in die Tat umsetzen konnte. Sein ältester Sohn und Nachfolger, Karl V. der Weise (1364–80), vollzog die Belehnung dann unverzüglich nach seiner Thronbesteigung. Fünf Jahre später heiratete Philipp der Kühne Margarethe von Maele, die Erbin Flanderns, und legte damit den Grundstock für die territoriale Ausweitung Burgunds. Die wechselvolle Geschichte Frankreichs im 15. Jh. erschließt sich nur, wenn man zugleich die Situation Burgunds beleuchtet.

1404 trat nach dem Tode Philipps des Kühnen sein Sohn Johann Ohnefurcht die Nachfolge in der Herzogswürde an. Bereits am Tag des Amtsantritts machte er deutlich, dass er nahtlos an die Großmachtspolitik des Vaters anzuknüpfen gedachte, indem er die bevorstehende Eheschließung zwischen seiner Tochter und dem Dauphin (= französischer Thronerbe) bekanntgab. Der Burgunder gab damit offen zu verstehen, dass er in der französischen Politik an maßgeblicher Stelle mitzumischen gedachte. Die königliche Autorität war ohnehin untergraben, da der amtierende Karl VI. (1380–1422) an Epilepsie litt, die ihn in späteren Jahren in völlige geistige Umnachtung versinken ließ. Allerdings geriet Johann Ohnefurcht dadurch in Konflikt mit dem Bruder des Königs, Ludwig von Orléans, der seinerseits hochfliegende Pläne schmiedete. 1407 wurde Ludwig von Orléans in Paris auf offener Straße ermordet; dem Volk wurde dieser Frevel als »Tyrannenmord« plausibel gemacht. Der Sohn des Gemeuchelten, Karl, sowie dessen Schwiegervater, Bernhard von Armagnac, suchten den Mord zu sühnen und marschierten in der Hauptstadt ein. Die Folge war ein einziges Chaos, in dem mal die Armagnac, dann wieder die Bourguignon Oberwasser hatten. Diese Schwächung nutzten die Engländer zu einer erneuten Invasion in Frankreich und schlugen ihre Feinde 1415 bei Azincourt. Die Brüder von Johann Ohnefurcht fielen in diesem Waffengang, von dem sich der burgundische Herzog klugerweise ferngehalten hatte. Dieser war statt dessen in Geheimverhandlungen mit Heinrich V. von England getreten, den er als König von Frankreich anerkannte. Der Herzog büßte seine Frevel, indem er 1419 seinerseits das Opfer eines Mordanschlags auf der Brücke von Montereau wurde.

Philipp der Gute Gemälde nach einem verschollenen Original von Rogier van der Weyden, 1500

Sein Sohn und Nachfolger als Herzog von Burgund, Philipp der Gute, schwor Rache und bekannte sich ganz offen zu England. Dadurch war das Ansinnen, das noch Johann II. bei der Belehnung seines Sohnes mit Burgund im Auge gehabt hatte, Burgund als treuen Verbündeten für Frankreich zu gewinnen, ins Gegenteil umgeschlagen. 1420 schlossen England und Burgund einen Pakt, dessen Ziel es war, Frankreich auszulöschen. Noch im selben Jahr hielt Philipp der Gute an der Seite Heinrichs V. von England Einzug in Paris. Dann überstürzten sich die Ereignisse. 1422 starben rasch nacheinander Karl VI. von Frankreich und Heinrich V. von England. Der erst einjährige Sohn Heinrichs V., Heinrich VI., wurde zum Nachfolger beider gekürt und war damit automatisch Doppelmonarch von England und Frankreich. Der Sohn Karls VI., der Dauphin, der in das Berry ausgewichen war, hielt dagegen und erklärte sich zum rechtmäßigen französischen Thronfolger. So hatte Frankreich gleich zwei Herrscher, den »König von Paris« und den »König von Bourges«, beide allerdings ungekrönt.

Während die Engländer in dieser Situation planvoll die Königserhebung Heinrichs VI. betrieben, verharrte das zusammengeschrumpfte Frankreich in bleierner Tatenlosigkeit. Alsbald besetzten die Engländer Orléans, das eine verkehrstechnische Schlüsselstellung besaß. Von hier führte der Weg nach Reims, der traditionellen Krönungsstätte der französischen Könige. Nach mittelalterlicher Rechtsauffassung wäre es einerlei gewesen, wer dort gekrönt wurde. Die Tatsache, dass jemand in Reims die Krone empfing, machte ihn automatisch zum König über Frankreich. Das Schicksal des Landes hing also damals an einem seidenen Faden.

Die Situation änderte sich schlagartig mit dem plötzlichen Auftreten der Jeanne d'Arc. Das junge Mädchen aus dem lothringischen Domrémy folgte einer göttlichen Eingebung. Bei Hofe begegnete man der Jungfrau mit Reserviertheit. Als es ihr aber 1429 mit nur einer Handvoll Mitstreitern gelang, das besetzte Orléans den Engländern zu entreißen, wurde Frankreich, getragen von einem nie dagewesenen Nationalgefühl, aus seiner Lethargie gerissen. Johanna führte den Dauphin zur Krönung nach Reims, die tödliche Gefahr einer englischen Fremdherrschaft über Frankreich war in letzter Sekunde abgewendet worden. Zwar nahmen die Burgunder Johanna von Orléans, wie sie seither hieß, wenig später gefangen und lieferten sie den Engländern aus, die sie 1431 in Rouen als vermeintliche Hexe verbrannten, aber das Feuer des von ihr entfachten Siegeswillens auf französischer Seite war von England nicht mehr zu löschen.

Karl VII. Gemälde von Jean Fouquet, 1450 Musée du Louvre

Philipp der Gute erkannte beizeiten die Wandlung und suchte schon bald die Aussöhnung mit Karl VII. 1435 vollzog er den Bruch mit England und schloss mit Frankreich zu Arras Frieden. Der Hundertjährige Krieg schleppte sich danach noch knapp zwanzig Jahre hin und verlief schließlich 1453 nach der letzten Schlacht bei Castillon-la-Bataille an der Dordogne im Sande.

Als Philipp der Gute 1467 nach knapp fünfzigjähriger Herrschaft starb, hinterließ er seinem Erben Karl dem Kühnen eines der mächtigsten Herrschaftsgebilde im Europa des ausgehenden Mittelalters. Karl der Kühne stellte sich als vierter Valois-Herzog zunächst ebenbürtig neben seine Ahnen, doch schon bald verlor er den Blick für die Realitäten. Mit seinen Ambitionen auf die Kaiserkrone verspielte er sich zunächst die Sympathien Friedrichs III., dann führte ihn der selbstmörderische Krieg gegen die Schweizer Eidgenossen in den Untergang. Er fiel 1477 bei der Belagerung von Nancy, ohne einen männlichen Erben zu hinterlassen.

Ludwig XI. zögerte keinen Moment. Unverzüglich marschierte eine französische Armee in Burgund ein und annektierte das erledigte Lehen. Der Wunsch des Königs nach einer Ehe zwischen seinem Sohn Karl (Karl VIII. 1483–98) und der Tochter des letzten Burgunder Valois, Maria von Burgund, blieb unerfüllt. Sie handelte als echte Burgunderin – und damit gegen den König –, indem sie unverzüglich die (bereits 1473 ins Auge gefasste) Heirat mit Maximilian von Habsburg vollzog. Für die Weltpolitik sollte dieser Schritt weit reichende Folgen haben, da mit der Verbindung Burgund-Habsburg jene Allianz zustandekam, die im 16. und 17. Jh. in Gestalt des Gegensatzes Habsburg-Frankreich die Geschichte Europas überschatten sollte. Denn lediglich das alte Herzogtum Burgund fiel an die französische Krone, der ganze Rest – die Franche Comté und vor allem die niederländischen Besitzungen – kamen an das Haus Habsburg, das damit seinem eigenen Ziel einer Weltherrschaft einen entscheidenden Schritt näher gerückt war.

Wir fassen zusammen: Auf die Glanzzeit der späten Kapetingerzeit folgt für Frankreich die Katastrophe des Hundertjährigen Krieges. Das düstere 14. Jh. wird ferner verdunkelt durch die Pestepidemien (seit 1348), Bürgerkriege, Aufstände in Paris (1348 Volkserhebung mit Etienne Marcel an der Spitze) und Hungersnöte. Daneben muss sich Frankreich gegen das aufstrebende Herzogtum Burgund behaupten. Nach Ende des Hundertjährigen Krieges erholt sich Frankreich alsbald nicht zuletzt dank der tatkräftigen Initiative Ludwigs XI. Als 1477 das Burgunderreich zerfällt, weicht eine weitere tödliche Bedrohung von Frankreich. Dafür entsteht jedoch mit dem Erstarken des Hauses Habsburg ein neuer Gegner.

Im Chaos der Jahre bis zur Mitte des 15. Jh. kam in Paris praktisch jede Bautätigkeit zum Erliegen. Bezeichnenderweise entstanden als Großprojekte zur Zeit Karls V. um 1370 eine Stadtmauer um die Nordflanke von Paris und das Bollwerk der Bastille. Der Hundertjährige Krieg wurde allerdings wiederholt durch Friedensjahre unterbrochen, die der Hof nutzte, um kulturell mit den mächtigen Herzögen von Burgund und Berry Schritt zu halten. Da man jedoch nicht die Zeit hatte, sich größeren Bauprojekten zu widmen, wurden künstlerische Spitzenleistungen in der Zeit um 1400 in Paris im Kleinformat, konkret in der Goldschmiedekunst, erzielt. Ein Meisterwerk spätmittelalterlichen Kunsthandwerks ist die »Maria im Hag«

(auch »Goldenes Rössl von Altötting« genannt) mit den Stifterfiguren Karls VI. und seiner Frau Isabeau, die als Stiftung nach Altötting in Bayern gelangte und dort nach wie vor aufbewahrt wird.

Johann II. anonym, um 1360 Musée du Louvre Dieses Gemälde eines unbekannten Meisters ist das erste Porträt der französischen Kunst.

In der Monumentalskulptur ist in der zweiten Hälfte des 14. Jh. ein Entwicklungssprung gegenüber der Zeit vor 1350 zu beobachten. Als bedeutendste Errungenschaft ist die Geburt des Porträts anzusehen. Im Louvre stehen zwei Statuen Karls V. und seiner Gemahlin Jeanne de Bourbon, bei denen der Künstler die Faltenverliebtheit der späten Gotik zugunsten einer auffallenden Schlichtheit aufgegeben hat. Anstelle der bis dahin üblichen Idealisierung des Herrscherpaares sieht man zwei realistische Porträts. Ein von unbekannter Hand um 1360 gemaltes Porträt Johanns II., das sich gleichfalls im Louvre befindet, verdeutlicht, dass die Tafelmalerei, damals noch in ihren Kinderschuhen, Anteil an dieser Entwicklung hin zum diesseitsbezogenen Realismus nahm. Die unübertroffenen Meisterleistungen dieser Epoche indes – allen voran die Werke der Skulptur (Claus Sluter) – entstanden nicht in Paris, sondern am Hof der Prunk liebenden Herzöge in Burgund.

Das Haus Valois: Die Zeit der Renaissance

Kaum hatte sich Frankreich aus der tödlichen Umklammerung Englands und Burgunds befreit, stürzten sich die Valois-Herrscher in das Abenteuer der Eroberungskriege in Italien. 1480 war mit dem »guten König René« eine der mächtigsten Gestalten des französischen Spätmittelalters gestorben und mit ihm das Haus Anjou erloschen. Testamentarisch gingen die Provence und das Anjou an die Krone über. In der Rechtsauffassung des Feudalzeitalters schloss diese Hinterlassenschaft aber auch den Anspruch auf das Königreich Neapel ein, welches das Haus Anjou Mitte des 13. Jh. den Staufern abgejagt und 1442 seinerseits an Aragon verloren hatte. Karl VIII. (1483–1498) eroberte deshalb 1494/95 Neapel. Doch bereits sein Nachfolger Ludwig XII. (1498–1515) büßte Neapel wieder ein, das erneut an Spanien fiel. In Oberitalien dagegen war Ludwig XII. erfolgreicher: Er besetzte 1499 Mailand.

Der Herrschaftsanspruch über die Lombardei gründete sich auf die dynastischen Verbindungen, die zwischen dem Haus Valois und den Visconti zustande gekommen waren. Die Annexion eines Gebietes, das seit der Zeit Ottos des Großen traditionell als Teil des Heiligen Römischen Reiches Deutscher Nation angesehen wurde, musste die Habsburger auf den Plan rufen. Karl V., seit 1516 als Karl I. König von Spanien, wurde 1519 zum deutschen König gewählt (1530 in Bologna zum Kaiser gekrönt) – sein Gegenkandidat war kein anderer als Franz I. (1515–1547), der erst kurz zuvor aus der Nebenlinie des Hauses Valois-Angoulême auf den französischen Thron gelangt war. Die Kontroverse Valois-Habsburg führte 1525 bei Pavia zur größten Schlacht des 16. Jh., die mit der Niederlage Franz' I. und seiner Gefangennahme endete. Danach schleppten sich die Auseinandersetzungen um Oberitalien mit Unterbrechungen noch bis 1559 hin, aber letztlich musste Heinrich II. (1547–1559) die ehrgeizige Italienpolitik der Valois ergebnislos aufgeben. Ein französischer Alptraum war Realität geworden, denn Frankreich sah sich fortan von habsburgischen Territorien umzingelt.

Die Geschichte der letzten Herrscher aus dem Haus Valois ist von Dekadenz und dem Kapitel der Religionskriege überschattet. Nacheinander folgten die drei Söhne Heinrichs II. und der Katharina de Medici auf dem Thron: Franz II. (1559–1560), Karl IX. (1560–1574) und Heinrich III. (1574–1589). Die Königinmutter, die als Drahtzieherin im Hintergrund die Fäden für ihre Söhne knüpfte, war anfänglich den Calvinisten, Hugenotten genannt, zugetan. Im sich verschärfenden Klima der religiösen Konfrontation seit den 1560er Jahren bezog sie dann jedoch Front gegen die Protestanten, denen sich die katholische Liga unter Führung der mächtigen Herzöge von Guise aus dem Haus Lothringen entgegenstellte. Trauriger Höhepunkt der Auseinandersetzung war das Massaker der Bartholomäusnacht 1572, in der mindestens 10 000 Hugenotten abgeschlachtet wurden – etwa 3000 von ihnen in Paris, wo sie an der Hochzeit Heinrichs von Navarra und Margaretes von Valois teilgenommen hatten. Ebendiesem Heinrich von Navarra fiel nach dem Tod des letzten erbenlosen Valois, Heinrichs III., die Krone zu.

Franz I. verkörpert die Renaissance in Frankreich. Er zog Künstler wie Primaticcio, Rosso Fiorentino und den damals schon betagten Leonardo da Vinci an seinen Hof. Porträt von J. Clouet, Musée du Louvre

Bartholomäusnacht Gemälde von François Dubois

Stadtentwicklung im 16. Jahrhundert

So fruchtlos die politischen Ambitionen Ludwigs XII. und Franz' I. in Italien auch waren, in kultureller Hinsicht sollte die Begegnung Frankreichs mit dem Geburtsland der Renaissance segensreich zum Niederschlag kommen. Paris allerdings konnte davon zunächst kaum profitieren. Kennzeichnend für das letzte Jahrhundert der Valois-Könige ist deren Abneigung gegenüber Paris. Sie bevorzugten das Loiretal, wo sie sich fürstliche Residenzen errichten ließen, allen voran die Schlösser Amboise, Blois und Chambord, in deren Nachfolge eine Legion feudaler Wohnsitze zwischen Orléans und Nantes entstand. Franz I. bekannte sich zwar verbal zu Paris und gab dem durch den Ausbau des Louvre ein sichtbares Zeichen, doch letztlich spielten die Residenzen im Loiretal, ganz besonders Blois, die gewichtigere Rolle gegenüber Paris. In deutlicher Abwendung von der Politik seiner Vorgänger setzte der erste Bourbone Heinrich IV. wieder ohne Wenn und Aber auf Paris.

Die Anfänge der Renaissance reichen in Paris in die letzten Jahre des 15. Jh. zurück. Beispiele eines Übergangsstils sind die beiden Residenzen der Erzbischöfe von Sens (erbaut 1475–1507) und der Äbte von Cluny (erbaut 1485–1510). Beide Bauwerke atmen noch den Geist spätmittelalterlicher Burganlagen mit einem ummauerten Innenhof und Wehrtürmen. Die großzügige Durchfensterung und die Formen dieser Fensteröffnungen leiten sich indes von der italienischen Renaissance her. Nach der Flaute im 14. und 15. Jh. begann an der Schwelle zur Renaissance auch der Kirchenbau in Paris wieder ein großes Thema zu werden. Da der Sakralbau jedoch traditionell konservativer ist und beharrlicher an Traditionen hängt als die Profanarchitektur, ist bei Bauten wie St-Eustache, St-Nicolas-des-Champs oder St-Etienne-du-Mont der Anteil später Gotik noch deut-

An der Schwelle zur Renaissance: Hôtel de Cluny, Ansicht der Hofseite

licher als an den beiden genannten Stadtresidenzen. Ja, man gewinnt den Eindruck, als habe die frühe französische Renaissance die von Italien ausgehende Anregung nur partiell adaptiert. Den Bauten wurden lediglich Dekorationsformen der Renaissance appliziert, während die Architektur in der Hauptsache der Gotik die Treue hielt. Diese mangelnde Durchdringung, die die Kunst Italiens nur im Sinne einer Oberflächenbehandlung aufgriff, mag sich auch aus der Tatsache erklären, dass die französischen Könige und ihre Vasallen bei ihren italienischen Feldzügen nicht mit dem Kerngebiet der Renaissance, mit Florenz und der Toskana, in Berührung gekommen waren, sondern vor allem in der Lombardei mit Vorbildern in direkten Kontakt traten. Schmuck- und Dekorationsfreude sind aber gerade die auffallende Besonderheit der lombardischen Kunst. Jene verspielte Vielfalt, wie sie die Fassaden der Certosa di Pavia, der Colleoni-Kapelle in Bergamo oder der Miracoli-Kirche in Brescia aufweisen, sind den anderen Kunstlandschaften Italiens fremd geblieben.

In der Zeit Franz' I. gewann der Einfluss der Kunst Italiens deutlich an Boden. Der König zog so hochkarätige Künstler wie Primaticcio, Rosso Fiorentino, den Architekturtheoretiker Sebastiano Serlio und den damals schon betagten Leonardo da Vinci an seinen Hof. Französische Künstler pilgerten ihrerseits in das neue Mekka der Kunst, nach Florenz und Rom, um dort Antike und deren Rezeption in der zeitgenössischen Kunst vor Ort zu studieren. Philibert Delorme ist hier als bedeutende Persönlichkeit namentlich zu nennen.

Trotz seiner Vorliebe für die Loire-Residenzen wurde Franz I. auch in Paris als Bauherr tätig, wo er den alten Louvre Philipps II. August

Das erste private Stadtpalais aus dem 16. Jh. blieb nahezu authentisch erhalten: Hôtel Carnavalet, Aufriss der Fassade des Portalbaus nach dem Umbau durch François Mansart

Als erstes Beispiel einer nach einheitlichem Muster durchgeführten Bautengruppierung sollte der um 1500 errichtete Pont Notre-Dame für spätere Pariser Platzanlagen (besonders die Place des Vosges) richtungweisend werden.
Pont Notre-Dame Joute des Mariniers, Gemälde von Jean-Baptiste Raguenet (1715-1793)

abreißen und durch einen Neubau ersetzen ließ, der später seinerseits weitgehend überbaut wurde. Die zahlreichen im Laufe des 16. Jh. entstehenden *hôtels particuliers* der Aristokratie wurden, wenn sie nicht zur Gänze späteren Neubauten weichen mussten, über Jahrhunderte so nachhaltig verändert, dass es heute kaum noch authentisch erhaltene Bauwerke dieser Gattung in Paris gibt. Als stilrein präsentiert sich das Hôtel Carnavalet aus der Mitte des 16. Jh., in dem jetzt das Museum zur Pariser Stadtgeschichte untergebracht ist. Der Haupttrakt – *corps de logis* genannt – und zwei Seitenflügel rahmen den Ehrenhof, zur Straßenseite wurden anstelle einer einfachen Schutzmauer Räume für Küche und Stallungen geschaffen (der Flügel zur Straßenseite im 17. Jh. stark verändert). Ein ruhiger, gesammelter Ernst geht von der nüchternen Fassadengliederung aus. Für dekorative Auflockerung sorgen die vier Monumentalreliefs zwischen den hohen Fenstern in der Beletage (Obergeschoss) mit Personifikationen der Jahreszeiten. Damit scheint ein fester Bautyp geschaffen, wie der Vergleich mit dem Hôtel d'Angoulême (rue Pavée Nr. 24) aus der zweiten Hälfte des 16. Jh. zeigt. Hier setzen nicht Reliefs, sondern kolossale Pilaster den bestimmenden Akzent der Hauptfassade. Die Fenster des Dachgeschosses wurden zu einem Charakteristikum Pariser Architektur und sind noch im 19. Jh. bei der Neuordnung von Paris durch den Präfekten Haussmann konstituierender Bestandteil großbürgerlicher Architektursprache.

Auf drei weitere Projekte ist einzugehen, auch wenn diese längst aus dem Stadtbild wieder verschwunden sind: das alte Rathaus, das beim Aufstand der Kommune 1871 in Flammen aufging, die Tuilerien und der Pont Notre-Dame. Das Rathaus wurde ab 1532 unter finanzieller Beteiligung des Königs nach Plänen des Italieners Domenico da Cortona errichtet. Da aber mit Pierre Chambiges auch ein französischer Architekt beteiligt war, kam es bei diesem Bau zu derselben oben besprochenen Verquickung italienischer und französischer Formen. Bedeutsam an diesem Rathaus waren vor allem seine schlosshaften Ausmaße. Darin drückte sich nicht nur das Selbstbewusstsein der Bürgerschaft aus, zugleich unterstrichen die kolossalen Ausmaße den Rang des Rathauses in der königlichen Hauptstadt.

Katharina de Medici setzte städtebaulich westlich vom Louvre einen wichtigen Akzent. Dort wurde quer zum Louvre das Tuilerienschloss errichtet, das seinen Namen von einstmals dort befindlichen Ziegeleien *(tuileries)* herleitete. Es wurde 1871 wie das Rathaus ein Raub der Flammen. Die Regentin plante auch schon eine bauliche Verbindung zum Louvre in Gestalt einer Galerie, doch ging dieses Projekt im Strudel der Religionskriege zunächst unter und wurde erst unter Heinrich IV. realisiert. Mit den Tuilerien wurde ein wichtiger Baustein jener Achse gelegt, die noch das späte 20. Jh. bis zur Grande Arche ausdehnte, und davon abgesehen wurde mit dieser Erweiterung der königlichen Residenz zugleich dem urbanen Sozialgefüge ein neuer Impuls verliehen. In Nachbarschaft zur Königsresidenz siedelte sich die Aristokratie verstärkt im Westen der Stadt an, so dass sich schon früh eine Bevölkerungsstruktur in fünf Sektoren herausbildete, die mit gewissen Einschränkungen noch bis heute ihre Gültigkeit hat: Am linken Ufer mit der Universität und dem Quartier Latin gaben die Theologen, Gelehrten und Studenten, also das geistige Paris, den Ton an; am rechten Ufer hatten Handel, Gewerbe und damit das gehobene Bürgertum ihren Raum. Zwischen beiden markierte die Cité den Sitz der geistlichen sowie der weltlichen Macht. Im Osten der Stadt befanden und befinden sich noch heute die Viertel der Arbeiter und kleinen Leute, gegenüber im Westen, in den noblen Stadtteilen Faubourg St-Germain und Faubourg St-Honoré, residierte der Adel, heute befinden sich dort in dessen Nachfolge die Regierungsbauten mit Parlament, Ministerien sowie den Amtssitzen des Präsidenten und des Premierministers.

Der Bau des Pont Notre-Dame (errichtet 1500–1512 nach einem Plan des Italieners Fra Giocondo) verdeutlicht, dass man im Paris der Renaissance zunehmend den Blick für größere städtebauliche Konzeptionen gewann. Waren bislang inmitten eines Wildwuchses von Wohnbauten – die meisten übrigens als Fachwerkbauten ausgeführt – isolierte Monumente aufgeführt worden, in der Hauptsache Kirchen, aber auch der Louvre, die Bastille sowie die diversen Stadtpaläste *(hôtels)*, so war der Pont Notre-Dame ein Projekt von städtebaulicher Dimension. Die Brücke war beidseitig mit gleich gestalteten Häusern bebaut. Diese waren aus Ziegeln errichtet, ihre Ecken rahmten Hausteine aus Kalk, was einen reizvollen farblichen Kontrast schuf. Die Häuser waren schmal, besaßen nur eine Fensterachse und waren drei Stockwerke hoch. Unten befanden sich Läden, die von der Stadt verpachtet wurden, darüber die Wohnräume der jeweiligen Pächter. Als erstes Beispiel einer nach einheitlichem Muster durchgeführten Bautengruppierung sollte der Pont Notre-Dame für spätere Pariser Platzanlagen (besonders die Place des Vosges) richtungweisend werden und ist zu Recht »als Gründungsbau der neuzeitlichen Pariser Urbanistik« (Dieter Kimpel) eingestuft worden.

Die Skulptur nahm gleichfalls Anteil an den Neuerungen der Renaissance. Der Lettner in St-Etienne-du-Mont, ein Werk Philibert Delormes (und der einzige erhaltene seiner Art in ganz Paris) zeigt dieselbe Vermischung italienischer und französischer Elemente wie die gleichzeitige Architektur der Frührenaissance. Die weit gespannten, blickdurchlässigen Korbbögen, die Reliefs in den Zwickeln darüber und die Sprache der ornamentalen Details leiten sich aus Italien her. Die filigranhafte Verspieltheit dagegen ist Ausdruck französischen Formempfindens.

Dass die Skulptur ebenso wie die Architektur um die Mitte des 16. Jh. tiefer vom Humanismus der Renaissance durchdrungen ist als die Kunst des frühen 16. Jh., demonstrieren die Reliefs von Jean Goujon an der Fontaine des Innocents nahe dem Forum des Halles. Wie bei Figuren der griechischen Spätklassik und des Hellenismus umspielen die Gewänder der dargestellten Nymphen anmutig die geschmeidigen Körper der Frauen. Anstatt diese zu verhüllen, dienen sie dazu, die Schönheit der weiblichen Anatomie herauszustreichen. Diese Inkunabeln der französischen Renaissance, die man sich als Parisbesucher nicht entgehen lassen sollte, sind sinnbildhafter Ausdruck unbeschwerter Lebensfreude in einer Epoche, in der Frankreich – ohne deshalb seine eigene kulturelle Führungsrolle aufzugeben – in die inspirierende Begegnung mit Italien eintrat.

Das Zeitalter der Bourbonen und des Absolutismus

1589 war mit Heinrich IV. der erste Bourbone auf den französischen Thron gelangt. Zunächst aber musste sich der Hugenotte gegen eine starke katholische Opposition durchsetzen, und Paris öffnete ihm erst 1594 die Tore, nachdem er zum Katholizismus konvertiert war. Sein saloppes »Paris ist eine Messe wert« ist zum geflügelten Wort geworden. Mit einem anderen Ausspruch, wonach er sich wünschte, dass jeder Franzose am Sonntag sein Huhn im Topf haben möge, hat er sich in bleibender Erinnerung gehalten und genießt bis auf den heutigen Tag von allen Königen Frankreichs die größte Popularität. Das wichtigste Datum seiner Herrschaftszeit ist das Jahr 1598, in dem er zu Nantes ein Edikt erließ, das den Hugenotten die freie Ausübung ihrer Religion garantierte; zudem wurden den Calvinisten einige befestigte Städte zugesichert, als wichtigste der Hafen von La Rochelle und die protestantische Universität von Saumur an der Loire. Die weiteren herausragenden Leistungen dieses Monarchen sind sein Engagement beim Ausbau von Paris gewesen sowie die Festigung der Königsgewalt; die Geschichtsforschung hat das von ihm initiierte System den »Königsmechanismus« genannt, der, vereinfacht ausgedrückt, bei gleichzeitiger Sicherung der königlichen Autorität den Ausgleich zwischen den verschiedenen Gruppen des Adels und des Bürgertums anstrebte. Damit schlug Heinrich IV. jenen Weg ein, der folgerichtig in das System des Absolutismus führte. Seine erfolgreiche Herrschaft endete abrupt, als Heinrich IV. 1610 in Paris von François Ravaillac ermordet wurde.

Ludwig XIII. (1610–1643) war zu diesem Zeitpunkt erst neun Jahre alt, sodass seine Mutter Maria de Medici bis 1614 die Regentschaft führte (Heinrich IV. hatte sie geheiratet, nachdem seine Ehe mit Margarete von Valois annulliert worden war). Ihr Einfluss blieb allerdings gering, da Kardinal Richelieu schon damals die Szene zu beherrschen begann. Seit 1624 bekleidete er bis zu seinem Tode im Jahr 1642 das Amt des ersten Ministers. Nicht Ludwig XIII., sondern vornehmlich Richelieu ist es gewesen, der die Richtlinien der französischen Geschichte in der bewegten ersten Hälfte des 17. Jh. bestimmte. In seinem politischen Testament hat er die drei Hauptziele seiner Politik

Heinrich IV.
Kupferstich von 1592

Das lebensgroße Porträt Kardinal Richelieus (1635) von Philippe de Champaigne zeigt den Ersten Minister Ludwigs XIII. im farbenglühenden Ornat seiner Kardinalswürde, hoheitsvoll und unnahbar. Richelieu stand, als das Bild gemalt wurde, auf der Höhe seiner Macht. Seine Rivalin Maria de Medici hatte er ausgeschaltet, die Opposition des Adels war mundtot gemacht, Richelieu bestimmte die Richtlinien der Politik Frankreichs.
Musée du Louvre

klar beim Namen genannt: die Beseitigung der Sonderstellung der Protestanten, die Unterwerfung des Hochadels zugunsten einer absoluten Stellung der Monarchie und die Befreiung Frankreichs aus der habsburgischen Umklammerung. Verschiedene Revolten des Adels wurden kompromisslos niedergeschlagen, 1630 musste sogar die Königinmutter in die Verbannung gehen; die Protestanten verloren 1628 La Rochelle. In den Dreißigjährigen Krieg griff Richelieu erst verdeckt, später offen ein. Er scheute sich nicht, mit dem protestantischen Schwedenkönig Gustav Adolf ein Bündnis zu schließen (Vertrag von Bärwalde 1631), 1635 erklärte er Spanien den Krieg und

Das berühmte Porträt Ludwigs XIV. (1701) von Hyacinthe Rigaud zeigt den Monarchen in selbstbewusster Pose, umspielt von einem artistisch gemalten Hermelinmantel. Das Bild war eigentlich als Geschenk an den spanischen König gedacht. Ludwig XIV. war aber von dem Werk so begeistert, dass er es lieber selbst behielt. Sein Neffe musste sich mit einer Kopie begnügen.
Musée du Louvre

verhinderte schließlich den Sieg der Habsburgischen Front. Die Vorverhandlungen zum Westfälischen Frieden, der erst sechs Jahre nach seinem Tod (1648) in Münster geschlossen wurde, fädelte der geniale Taktierer noch selbst ein. Wie unterschiedlich auch immer die Urteile der Geschichte über Richelieu ausgefallen sind, man wird ihm in jedem Fall zwei Hauptverdienste anzurechnen haben: 1635 schuf er mit der Gründung der Académie Française ein Instrument des französischen Geisteslebens, das bis auf den heutigen Tag eine tragende Rolle im Leben des Landes spielt, zum anderen hatte der streitbare Kardinal das Fundament für Frankreichs Vormachtstellung in Europa im 17. Jh. gelegt, das denn auch aus der Sicht der Franzosen zu Recht das *grand siècle* genannt worden ist.

Beim Tode Ludwigs XIII. trat dieselbe Situation ein wie zuletzt 1610. Der Thronerbe Ludwig XIV. (1643–1715) war noch ein Kind, gerade erst fünf Jahre alt. Erneut führte also die Königinmutter, dieses Mal Anna von Österreich, die Regentschaft, ihr zur Seite stand Kardinal Mazarin, der Schüler Richelieus. Der Adel versuchte in dieser Situation im Aufstand der »Fronde« ein letztes Mal, seine Rechte gegenüber dem Absolutismus durchzusetzen, scheiterte indes an der eisernen Haltung Mazarins. So stand das absolutistische Königtum Mitte des 17. Jh. in seinen Fundamenten gefestigt da, und als 1648 das Elsass und 1659 auch noch das Roussillon im Süden und das Artois im Norden des Landes Frankreich einverleibt wurden, hatte die Nation annähernd ihre heutigen Grenzen in Gestalt des oft zitierten *hexagon* (Sechseck) definiert. Die Kultur am Hofe Ludwigs XIV., der nach dem Tode Mazarins 1661 die Staatsgeschäfte in die Hände genommen hatte, führte Frankreich auf den Höhepunkt seiner Geschichte. Französische Musik und Lebensart, selbst die französische Sprache wurden an allen Höfen Europas adaptiert.

Die Musik am Hofe von Versailles erreichte Weltniveau und steht gleichrangig neben der Barockmusik Italiens und Deutschlands. Die wichtigsten Komponisten der Zeit zwischen etwa 1680 und 1750: Marin Marais, Jean Henri d'Anglebert, Antoine Forqueray, Marc Antoine Charpentier (die Einleitungstakte zu seinem »Te Deum« sind heute jedem als »Eurovisionsfanfaren« geläufig), Jean Philippe Rameau, Jean Baptiste Lully, Michel Richard Delalande und François Couperin.

Als besonders markante Daten der Regierung des »Sonnenkönigs« nennen wir den Widerruf des Edikts von Nantes 1685, mit dem eine straffe Kircheneinheit in Frankreich wiedereingeführt wurde (was allerdings einen Massenexodus der Hugenotten und eine zeitweilige wirtschaftliche Schwächung des Staates zur Folge hatte) und den spanischen Erbfolgekrieg (1700–1713); in Spanien war mit dem debilen Karl II. (Folge der habsburgischen Inzestpolitik) die Dynastie der Habsburger ausgestorben. Die österreichischen Habsburger wollten den spanischen Thron erneut besetzen und verbündeten sich zusammen mit England und den Niederlanden gegen das bourbonische Frankreich, das seinerseits auf der Thronfolge bestand, da Ludwig mit der spanischen Prinzessin Maria Theresia verheiratet war. Im Frieden von Utrecht 1713 konnte sich Ludwig XIV. mit seinem Erbfolgewunsch durchsetzen, indem er seinem Enkel Philipp von Anjou zur Königswürde verhalf, andererseits musste das nun bourbonisch gewordene Spanien im Gegenzug die Niederlande, Neapel und Mailand an Österreich abtreten.

Als Ludwig XIV. 1715 hochbetagt starb, waren ihm sein Sohn (Louis le Grand, gest. 1711) und selbst sein Enkel (Ludwig Herzog von Burgund, gest. 1712) bereits ins Grab vorangegangen, so dass die Herrscherwürde auf seinen Urenkel Ludwig XV. (1715–1774) überging, der zum Zeitpunkt des Erbfalls wie sein Vorgänger erst fünf Jahre alt war. Für ihn führte Philipp aus dem Haus Bourbon-Orléans bis 1723 die Regentschaft. Man nennt diese Episode, die der Adel sogleich wieder nutzte, sich größere Freiheiten zu verschaffen, das Régence. Danach überließ der König die Staatsgeschäfte bis 1748 Kardinal Fleury, um sich vor allem einem ausschweifenden Leben zu überlassen. Bald wurden seine Mätressen Madame Pompadour und Madame Dubarry einflussreiche Ratgeberinnen. Ludwig XV. war den innen- und außenpolitischen Problemen seiner Zeit nicht gewachsen. Weder der Österreichische Erbfolgekrieg (1741–1748) noch der Siebenjährige Krieg (1756–1763) hatten Frankreich greifbare Ergebnisse gebracht. Im Krieg gegen England verlor die Grande Nation ihre überseeischen Besitzungen in Nordamerika und Ostindien. Der einzige Gebietszuwachs war die unerwartete Abtretung Korsikas an Frankreich 1766 durch die Genuesen, die der ewigen Unruhen auf der Mittelmeerinsel überdrüssig geworden waren. Der übersteigerte Luxus des Königs, das verschwenderische Gebaren des Hofes und Wirtschaftskrisen zerrütteten die königliche Autorität, der nun auch zunehmend der kalte Wind der Aufklärung ins Gesicht blies.

An den Regierungsantritt Ludwigs XVI. knüpften sich denn auch zunächst hochfliegende Erwartungen. Tatsächlich berief der letzte Monarch des Ancien Régime mit den Herren Necker, Turgot und Calonne fähige Persönlichkeiten auf den Posten des Finanzministers, aber die gesamtwirtschaftliche Lage war zu diesem Zeitpunkt bereits derart verfahren, dass ihnen eine tief greifende Sanierung des Staatshaushaltes nicht mehr gelang. Um der vielfältigen Probleme Herr zu werden, wurden deshalb 1789 zum ersten Mal seit 1614 wieder die Generalstände einberufen. Aber die von Ludwig XVI. signalisierte Reformbereitschaft genügte den meisten nicht mehr. Der Volkszorn entlud sich am 14. Juli 1789 gegen das Staatsgefängnis in der Bastille, es kam zum Ausbruch der Revolution. Vier Jahre später wurde Ludwig XVI. auf der Place de la Concorde enthauptet.

Das Pariser Stadtbild im 17. und 18. Jahrhundert

Das Zeitalter der Bourbonen hat dem Erscheinungsbild von Paris seine Spuren unauslöschlich eingeschrieben, und das, obwohl Ludwig XIV. den Louvre als Residenz aufgegeben hatte und das Land von Versailles aus regierte. Bereits Heinrich IV. hatte der Stadt seinen Stempel aufgedrückt. Mit ihm begann der planvolle Ausbau des Louvre, der noch die Politiker und Architekten des späten 20. Jh. in Atem halten sollte. Das wichtigste städtebauliche Projekt des »bon roi Henri« war indes die Anlage der Place Royale, nach der Revolution in Place des Vosges umbenannt, im Marais. *Marais* ist die französische Bezeichnung für Sumpf. Bis ins Mittelalter durchzog ein Seitenarm der Seine dieses Gebiet, das erst seit dem 13. Jh. systematisch von

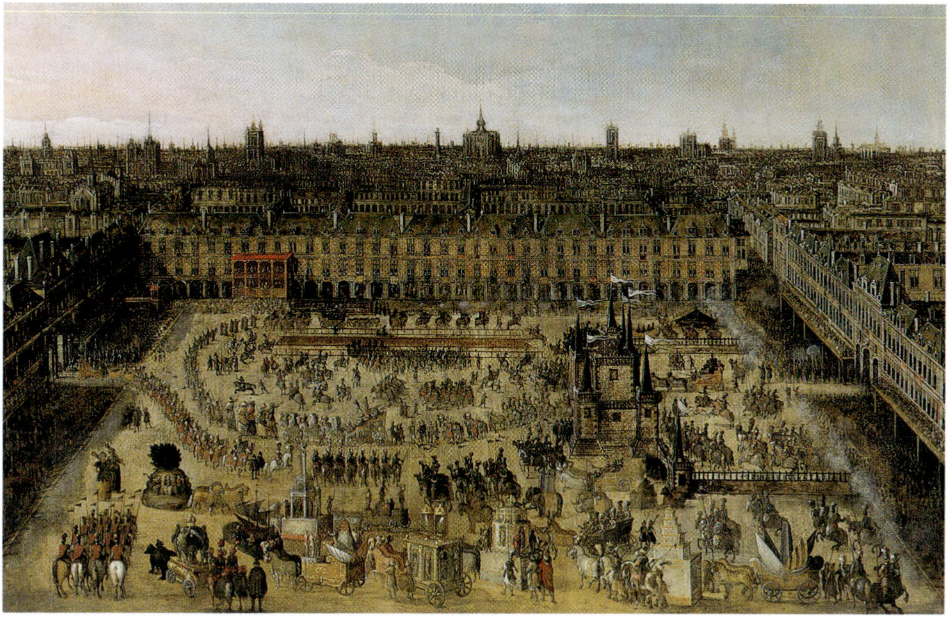

Mönchen und Tempelherren trockengelegt wurde. Ludwig XII. und auch Heinrich II. hatten zeitweilig im Hôtel des Tournelles (von Katharina de Medici abgerissen) gelebt und damit das Marais hoffähig gemacht, sodass sich auch viele Adlige in diesem »In-Viertel« des 17. Jh. niederließen, bevor es chic wurde, westlich des Louvre zu bauen. 1605 begannen die Bauarbeiten an der Place Royale, die erst nach dem Tode Heinrichs IV. zum Abschluss kamen. Der quadratische Platz ist allseitig von Wohnbauten umschlossen, 36 an der Zahl, alle einander identisch. Das Farbenspiel mit roten Ziegeln und hellem Haustein vermittelt einen Eindruck davon, wie man sich das Aussehen der untergegangenen Bebauung des Pont Notre-Dame vorzustellen hat. Lediglich zwei Bauten in der Mitte der Nord- und auf der Südseite – Pavillon de la Reine und Pavillon du Roi – überragen die begleitenden Häuser geringfügig. Das Königspaar verweist damit auf seinen Rang, ohne sich jedoch von den Vasallen in Gestalt der übrigen Bauten optisch überspitzt abzusetzen.

Anlässlich der Hochzeit von Ludwig XIII. und Anna von Österreich im Jahr 1615 fanden auf der Place Royale (heute Place des Vosges) dreitägige Reiterspiele statt.
Place Royale
Gemälde von 1615, anonym
Musée Carnavalet

Derartige Zurückhaltung gaben die personifizierten Herrschergestalten des Absolutismus von Ludwig XIII. bis zu Ludwig XV. auf. Auch die Place Royale sollte schon bald eine Akzentverschiebung erleben, als 1639 in der Mitte des Platzes ein Reiterstandbild Ludwigs XIII. aufgestellt wurde. Damit wurde das Geviert nun unmissverständlich als Königsplatz definiert und sollte zugleich damit einen Typus verbindlich festlegen, der in späteren Epochen in Paris Nachfolge fand (Place Vendôme, Place des Victoires). Bemerkenswert ist ferner die Multifunktionalität der Platzanlage. In dem offenen Geviert wurden Turniere veranstaltet. In den Häusern sollten nach dem Willen des Königs Läden und Wohnungen für Bürger entstehen, eine jener ungezählten Maßnahmen, mit denen sich der erste Bourbone Popularität zu verschaffen verstand. Doch schon bald nach der Fertigstellung bezogen vor allem Adlige die begehrten Räumlichkeiten, sodass sich die Place Royale zu einem Viertel der oberen Zehntausend wandelte. Nachdem die Bauten schon im 18. Jh. heruntergekommen waren, zogen die Aristokraten fort auf die Ile St-Louis, nach St-Germain oder in die Quartiers westlich vom Louvre. Erst in den 1990er Jahren wurde die grundlegende Sanierung und Restaurierung der Bauten rund um die Place des Vosges abgeschlossen. Als Folge erfuhr der Platz und mit ihm das gesamte Viertel des Marais einen Bedeutungswandel. Der teuer gewordene Wohnraum hat arrivierte Künstler, Boutiquenbesitzer und Galerien angezogen; das Marais ist wieder wie im 17. Jh. eines der beliebtesten Pariser Wohnviertel.

Gleichfalls als große urbanistische Konzeption ist das Zusammenspiel des Pont-Neuf und der Place Dauphine anzusehen, wenngleich letztere leider nur noch fragmentarisch erhalten ist. 1578 hatte noch Heinrich III. den Grundstein zum Pont-Neuf gelegt, heute in kurioser Verdrehung die älteste unter den Seinebrücken. Das Projekt blieb aber, bedingt durch die innenpolitischen Wirren, zunächst als Bauruine stehen, bevor Heinrich IV. den Ausbau und die Fertigstellung in den ersten Jahren des 17. Jh. vorantrieb. Zur Zeit ihrer Errichtung war diese Brücke revolutionär, da bei ihr als erstem großem Brückenprojekt des europäischen Nachmittelalters auf eine Bebauung verzichtet wurde. Normalerweise war die Vermietung von Brückenläden ein einträgliches Geschäft für den Staat, und beim Bau der praktisch gleichzeitig entstandenen Rialtobrücke in Venedig (1588–91) mochte denn auch der nüchtern kalkulierende Sinn der Kaufmannsrepublik in der Lagune auf diese Einnahmequelle nicht verzichten. Der Pont-Neuf ist zugleich die längste der Pariser Seinebrücken, da sie, an der Westspitze der Ile de la Cité angelegt, beide Flussarme überspannt, im Norden mit sieben, im Süden mit vier Bögen. Dort, wo die beiden ungleichen Hälften auf dem schmalen Inselterrain aufeinander treffen, fand ein Reiterstandbild des Bauherrn Aufstellung, das erste seiner Art in der Hauptstadt. Die Brücke ist zugleich ein funktionales wie auch ein repräsentatives Denkmal. Der Reiter richtet sich nach Osten zur angrenzenden Place Dauphine, die mit zwei in spitzem Winkel aufeinander zulaufenden Häuserzeilen die Form eines Dreiecks beschreibt. Pont-Neuf, Reiterdenkmal (das heutige ist ein Nachguss des 19. Jh.) und Place Dauphine sind Bausteine eines größeren Kontextes.

Der adlige Wohnbau des frühen 17. Jh. entwickelte eine kanonische Form. Das Hôtel dieser Zeit ist als dreiflügelige Anlage ein im verkleinerten Maßstab errichteter Ableger der Schlossarchitektur. Während das Corps de logis die Repräsentationsräume beherbergte, waren Wohn- und Schlafräume in den Seitentrakten untergebracht.

Bemerkenswert daran ist der Umstand, dass der Hausherr und die Dame des Hauses über je einen Flügel geboten, was auf eine weitgehende Gleichberechtigung der Frauen schließen lässt, eine Stellung, die in der bürgerlichen Gesellschaftsordnung des 19. Jh. wieder verloren ging.

Im fortschreitenden 17. Jh. gewannen die Adelshäuser immer größere Ausmaße. Als exemplarisches Beispiel sei auf das Hôtel de Sully hingewiesen, das sich ab 1628 der Finanzminister Heinrichs IV. errichten ließ. Das Muster der drei Flügel um einen Ehrenhof wird aber beibehalten. Schlosshafte Ausmaße erreicht das Palais de Luxembourg, das sich Maria de Medici als standesgemäßen Witwensitz nach der Ermordung Heinrichs IV. erbauen ließ. Das Vorbild dafür ist der Palazzo Pitti in Florenz, von dem nicht nur wesentliche Motive übernommen wurden wie etwa die Rustizierung, sondern auch die Anlage eines manieristischen Gartens mit einem Brunnen, dessen Gestalt das Motiv der Grotte in den Boboli-Gärten aufgreift.

Nach der Mitte des 17. Jh. geht die Zahl aufwendig gestalteter Adelspalais deutlich zurück. Das absolutistische Königtum Ludwigs XIV. hatte den Adel in seine Schranken verwiesen, eine Zurschaustellung von Rang und Reichtum hätte leicht den Unmut des Monarchen wecken können. Fortan werden Wohnbauten der Aristokratie in größere urbane Anlagen eingebunden wie etwa an der Place Vendôme, treten also nicht mehr als Individuen in Erscheinung. Ausgenommen davon waren natürlich die Angehörigen des Herrscherhauses, wie das Beispiel des Hôtel de Rohan belegt, das Anfang des 18. Jh. von Armand Gaston de Rohan erbaut wurde, einem unehelichen Sohn Ludwigs XIV., den der Monarch mit der Prinzessin Soubise gezeugt hatte.

In den vorstehenden Kapiteln bildete die Besprechung der Kirchen stets den Auftakt. Wenn wir hier mit Profanbauten begonnen haben, so wird damit der Tatsache Rechnung getragen, dass im 17. Jh. zum einen städtebauliche Maßnahmen und zum anderen das Thema der Hôtels und Palais wesentlich in den Vordergrund rückten. Es ist aber klar zu stellen, dass der Sakralbau auch weiterhin eine wichtige Rolle spielte, nur eben nicht mehr die einzige und hauptsächliche.

Das 17. Jh. ist das Zeitalter des Barock. Während die Gotik in ihren Anfängen zeitlich und lokal exakt an St-Denis, an Paris und der Ile de France festzumachen ist, die Renaissance ihren Ursprung in Florenz besitzt, so ist der Barock ganz klar aus Rom hervorgegangen, wo diese Stilepoche auf die Kirche Il Gesù als ihren Gründungsbau verweisen kann. Die Barockkunst ist ein kirchenpolitisches Ausdrucksmittel im Zeitalter der Gegenreformation. Mit Größe und schillernder Pracht galt es, den Gläubigen zu beeindrucken. Die Kunst ist also nicht zuletzt ein propagandistisches Mittel, mit dessen Hilfe die katholische Kirche verlorenes Terrain wieder gutmachen wollte. Nachdem der Katholizismus gerade in den Gestalten der Kardinäle Richelieu und Mazarin in Frankreich besonders markante und erfolgreiche Verfechter der Gegenreformation zu seinen Anwälten zählte, war der Boden für ein Übergreifen des Barock von Italien auf

Frankreich wohl bereitet. Zugleich bot der neue Stil unerschöpfliche Möglichkeiten, die Stellung des absolutistischen Königtums zu versinnbildlichen. Um so überraschender ist es, dass, wenn auch gewisse konstituierende Momente des Barock in Paris aufgegriffen wurden, der französische Barock deutlich eigene Wege gegangen ist. Natürlich setzt man auch hier auf Monumentalität, aber der französischen Kunst des Grand Siècle ist der auftrumpfende Pathos des Barock römischer Prägung fremd geblieben. Die Kunst Frankreichs bewahrt einen gewissen Ernst und hält an den klaren Gliederungsgedanken der Renaissance fest. Die französische Sprache hat denn auch den Begriff des Barock niemals recht angenommen. Stattdessen hat sich in der kunstgeschichtlichen Terminologie die Bezeichnung *style classique* durchgesetzt.

Diese größere Nüchternheit gegenüber Italien im 17. Jh. ist nicht nur an den oben besprochenen Profanbauten abzulesen, wir beobachten sie auch an den Kirchenprojekten der Epoche. Vergleicht man die Fassaden von St-Gervais oder St-Louis mit wichtigen römischen Bauten wie Il Gesù, S. Ignazio oder S. Andrea della Valle, fällt die Unterschiedlichkeit der Geschosszahl und das andere Proportionsgefühl auf. Die römischen Beispiele sind zweigeschossig angelegt und entfalten eine betonte Breitenwirkung, die Pariser Bauten dagegen zeigen einen dreigeschossigen Aufriss und eine stärkere Vertikalbetonung. So spricht selbst noch in der Pariser Kirchenbaukunst des 17. Jh. gotisches Empfinden mit. Und auch dort, wo sich die Architekten mit einem zweigeschossigen Fassadenaufriß stärker den römischen Vorbildern annäherten wie bei der Kirche der Sorbonne oder der Klosterkirche von Val-de-Grâce setzen die dahinter über hohem Tambour aufgehenden Kuppeln einen betonten Vertikalakzent.

Triumphale Großbauten sollten den Ruhm Ludwigs XIV. der Nachwelt für alle Zeiten vergegenwärtigen. Neben den Königsplätzen, der Place des Victoires und der Place Vendôme, entstand vor allem mit dem Hôtel des Invalides ein Projekt, das schon in seiner Bestimmung etwas Neuartiges darstellte. Die Institution war als Altersheim für Veteranen der Armee gedacht, um deren Belange sich der Staat bis dahin keine Gedanken gemacht hatte. Ein weitläufiger Gebäudekomplex, in dem die Insassen ein klösterliches Leben führten, umschließt mehrere unterschiedlich große Innenhöfe. Das Vorbild des Escorial vor den Toren von Madrid fällt ins Auge. Der spanische Klosterpalast hatte auch schon zuvor beim Bau des Klosters Val-de-Grâce, dem Alterssitz der Anna von Österreich, der Mutter Ludwigs XIV., Pate gestanden. Über allem erhebt sich majestätisch die Kuppel, die deutlich stärker betont ist als bei dem Vorbild in Spanien. Hier wird auch im Detail (etwa die paarweise angeordneten Säulen am Tambour) die Peterskuppel Michelangelos zitiert; insgesamt hat also der Architekt, Jules Hardouin-Mansart, ein Neffe François Mansarts, aus verschiedenen Quellen geschöpft und dennoch zugleich ein genuin französisches Bauwerk geschaffen. Die monumentale Betonung der Kirche über zentralem Grundriss, dieser seit alters her als

Mit ihren drei Etagen, die von klassischen Säulenordnungen getragen werden, markiert die Fassade von St-Gervais-et-St-Protais den Beginn des Style classique im frühen 17. Jh. Hinter der klassischen Fassade zeigt sich der Bau der Spätgotik verhaftet.

Typus für Memorialbauten definiert, erklärt sich aus dem Wunsch Ludwigs XIV., im Invalidendom bestattet zu werden. Doch nicht der Sonnenkönig, sondern Napoleon I. fand hier seine letzte Ruhestätte, was den Invalidendom zur nationalen Wallfahrtsstätte machte.

Im 18. Jh. nimmt die Zahl der Stadtpaläste wieder zu. Als wichtigste nennen wir den Elyséepalast (heute Sitz des Staatspräsidenten), das Hôtel Matignon (heute Sitz des Premierministers), das Hôtel de Biron und das Hôtel de Villeroy. Nach außen zeigen sie sich verhalten und ohne nennenswerten Dekor. Im Innern dagegen hat sich die verspielte Sprache des Rokoko durchgesetzt, Ausdruck sorgloser Lebensfreude des Adels am Vorabend einer Epoche, die gerade dieser Gesellschaftsschicht den Untergang bereiten sollte.

Größtes Kirchenprojekt der Zeit Ludwigs XV. war Ste-Geneviève, nach der Revolution in Panthéon umbenannt. Das Kolossalbauwerk mit einer gewaltig aufgipfelnden Kuppel über dem Grundriss eines griechischen Kreuzes sollte weite Wirkung erfahren und hat im Kapitol in Washington einen prominenten Ableger gefunden. Nach 1750 wurde das Marsfeld als Exerzierplatz angelegt, dessen südlichen Abschluss seither die Ecole Militaire bildet. In dieser Militärakademie fanden 500 Söhne mittelloser, verwundeter oder besonders verdienter Veteranen als Rekruten Aufnahme. Geschickt wurde so das Anliegen, der Armee qualifizierten Nachwuchs zuzuführen, mit sozialem Engagement verknüpft. Zugleich aber ist der Baukomplex in seinen kühnen Abmessungen deutlich als Konkurrenz zum Hôtel des Invalides zu verstehen. Offenbar wollte Ludwig XV. in der Wahrung seines Ruhmes mit diesem Prestigeobjekt nicht hinter dem Vorgänger zurückstehen. Auch mit einem monumentalen Königsplatz sollte sich Ludwig XV. ebenbürtig in die Reihe seiner Vorgänger stellen, indem er die Place de la Concorde anlegen ließ, die diesen republikanischen Namen natürlich erst nach der Revolution erhielt.

Noch während des Ancien Régime vollzog sich die Abwendung vom Rokoko, an dessen Stelle der Klassizismus trat. Er macht deutlich, dass die Chronologie der Stile in Frankreich letztlich eine Abfolge von Klassizismen ist: von der Renaissance zum Style classique, vom Style classique zum Klassizismus. Die Fassaden des Théâtre de l'Odéon, der Kirche St-Philippe-du-Roule sowie verschiedener Hôtels particuliers zeigen nach Ende des Rokoko die Rückkehr zu Nüchternheit und Verhaltenheit in der Bauzier.

Das letzte große Bauprojekt der Bourbonenzeit war die Errichtung der weit ausgreifenden Zollmauer, die 1780 begonnen und 1790 fertig gestellt war. Sie diente der leichteren Kontrolle der Ein- und Ausfuhr der Waren und der damit verbundenen Erhebung der Wegezölle. Nicolas Ledoux entwarf die 54 Zollhäuser, gegen die sich in der Revolution die Zerstörungswut des Volkes in besonderem Maße entlud, sodass nur vier davon erhalten blieben (am Parc Monceau, an der Place Denfert-Rochereau, an der Place de la Nation und am Bassin de la Villette). Besonders originell sind die Barrière de Chartres im Parc Monceau und die Barrière de la Villette, beide als Rotunden konzipiert und jeweils auf ein anderes prominentes Vorbild zurückgreifend: Während in der Barrière de Chartres der Tempietto des Bramante in Rom anklingt, lehnt sich die andere an Palladios Villa Rotonda vor den Toren von Vicenza an. Aber beide besitzen nicht jene leichte Eleganz ihrer italienischen Vorbilder, sondern erscheinen gedrungen und erdenschwer, so als sollte die Architektur von den Sorgen und Lasten Zeugnis ablegen, die zur Zeit ihrer Errichtung das politische System des Absolutismus und des Feudalzeitalters zum Einsturz brachten.

Das 19. Jahrhundert

Die Geschichte Frankreichs – und der von Paris – von der Revolution bis zum Ausbruch des Ersten Weltkriegs erscheint äußerst verworren. Unter dem Strich betrachtet, handelt es sich jedoch um nichts anderes als die fortgesetzte Auseinandersetzung von linksorientierten und liberalen Kräften auf der einen und großbürgerlich konservativen sowie royalistisch gesonnenen auf der anderen Seite, eine Entwicklung, die wie bei einer mittelalterlichen Prozession – fünf Schritte vor, drei zurück – letztlich den Weg in Richtung auf die Schaffung der Demokratie beschritt.

In der ersten Phase der Revolution wurde zunächst erwogen, Frankreich nach dem Vorbild Englands in eine konstitutionelle Monarchie umzuwandeln. Als die Revolution jedoch in die Phase der Radikalisierung geriet (1792/94) und das Königtum beseitigte, entstand die Erste Republik. Die Hinrichtung Ludwigs XVI. rief die Monarchien Europas auf den Plan, die den ersten von drei so genannten Koalitionskriegen gegen Frankreich entfesselten. Aber die junge Demokratie war von einer Euphorie getragen, die alle von außen inszenierten Versuche zu ihrer Beseitigung erfolgreich abschmetterte. Fortan, so heißt es, zitterten die Monarchen Europas in ihren Betten, wenn in Paris wieder einmal Barrikaden errichtet wurden.

Nach der Hinrichtung von Robespierre, der der treibende Motor in der Zeit der Schreckensherrschaft mit ihren ungezählten Enthauptungen gewesen war, glitt die Revolution 1794/95 in ruhigeres Fahrwasser, und es kam zur Direktorialverfassung (1795–99), die ihrerseits von der Konsularverfassung abgelöst wurde (1799–1804). Seit 1802 bekleidete Napoleon Bonaparte die Stelle des ersten Konsuls auf Lebenszeit, zwei Jahre später krönte sich der machthungrige Korse in Notre-Dame im Beisein des Papstes zum Kaiser. Das erste Kaiserreich scheiterte an dem hysterisch übersteigerten Expansionsdrang Napoleons, der ganz Europa mit Kriegen überzog und 1814, nach dem Scheitern des Russlandfeldzuges, abdankte. Sein Rückkehrversuch von der Insel Elba ging in der Schlacht von Waterloo zu Bruch. 1815 wurde Napoleon nach St. Helena verbannt, und es kam zur Restauration (die wichtigsten Daten sind in der Geschichtstabelle aufgelistet).

Mit Ludwig XVIII. hielten die Bourbonen noch einmal Einzug in Paris. Ihm folgte 1824 sein Bruder Karl X. Aber letztlich blieb die Wiedereinsetzung der Bourbonen Episode. 1830 führte die Julirevolution zu deren endgültiger Beseitigung. Die nun ins Leben gerufene

»Die Freiheit führt das Volk an«: Delacroix verherrlichte die Julirevolution in seinem Gemälde von 1830. Schockierend war damals an diesem Werk, dass der Künstler das Thema nicht heroisierte, sondern einfache, zum Teil zerlumpte Gestalten aus dem Volk in den Rang der Bildwürdigkeit erhob. Musée du Louvre

konstitutionelle Monarchie unter dem Bürgerkönig Louis Philippe enttäuschte die Erwartungen des Kleinbürgertums und des Industrieproletariats, die vergeblich auf Verbesserungen ihrer Lebens- und Arbeitsbedingungen gehofft hatten. Stattdessen verbrüderte sich das neue System mit dem finanzkräftigen Großbürgertum, ungeniert grassierte die Devise »Enrichessez-vous!« (Bereichert euch!). Frankreich trat nun auch in die Phase der Kolonisierung Afrikas und Asiens ein und wetteiferte darin vor allem mit England.

Die wachsenden sozialen Spannungen entluden sich in der Revolution vom Februar 1848, die zum Flächenbrand geriet und auch andere Staaten Europas entzündete. Louis-Philippe musste abdanken. In einer zweiten Erhebungswelle im Sommer desselben Jahres solidarisierten sich Arbeiterschaft und Bürgertum und riefen die Zweite Republik aus. In dieser Phase fällt das starke politische Engagement der Künstler und Intellektuellen auf. Unter den Malern hatte sich besonders Gustave Courbet exponiert auf die Seite des Volkes gestellt. Mit George Sand, Eugène Sue, Victor Hugo und Alphonse de Lamartine, der Außenminister wurde, hielt die geistige Elite Frankreichs Einzug ins Parlament. Aber die Zweite Republik sollte noch kurzlebiger sein als die Erste. Bereits im Revolutionsjahr 1848 wurde im

Oktober mit Louis Napoléon, einem Neffen Napoleon Bonapartes, ein Vertreter der Konservativen zum Ministerpräsidenten gewählt. Drei Jahre später, im Dezember 1851, putschte er, gestützt auf das Militär, und ließ sich auf zehn Jahre zum Präsidenten wählen, und ein weiteres Jahr darauf wurde die Verfassung außer Kraft gesetzt, Louis Napoléon ließ sich im Dezember 1852 als Napoléon III. zum Kaiser ausrufen.

Erneut hatte also die Reaktion die Oberhand gewonnen. Das Verblüffende an diesem Vorgang ist die damit einhergehende politische Selbstentmündigung des Großbürgertums. Faktisch ist das Second Empire ein autokratisches System gewesen, in dem Bespitzelung und Denunziation an der Tagesordnung waren. Die Presseorgane, während der Juli-Monarchie das wichtigste Sprachrohr der Opposition, wurden der Zensur unterworfen, Künstlern, deren Werke als anstößig galten, gnadenlos der Prozess gemacht. Gustave Flaubert musste sich wegen des Romans »Madame Bovary« ebenso vor Gericht verantworten (er wurde freigesprochen) wie Charles Baudelaire wegen seines Gedichtzyklus »Les fleurs du mal« (er wurde verurteilt). Die Maler des Impressionismus wurden konsequent aus dem Kulturleben ausgegrenzt und mit Häme überschüttet. Nach anfänglichen Erfolgen besonders in der Außenpolitik (Sieg über Russland im Krimkrieg 1853–56, Friede von Paris 1856) geriet der Kaiser jedoch zunehmend in Bedrängnis. 1866 scheiterte die französische Intervention in Mexiko (Erschießung Kaiser Maximilians, von Edouard Manet im Bilde heroisiert), und innenpolitisch wuchs der Druck von Seiten der republikanischen Opposition. Napoléon III. suchte sein Heil in dem gegen Preußen gerichteten Krieg, der im August 1870 ausbrach. Es war das erklärte Ziel Frankreichs, die von Bismarck tatkräftig vorangetriebene Einigung Deutschlands zu verhindern. Bereits am 2. September desselben Jahres unterlag die französische Armee bei Sedan und kapitulierte, Napoléon III. geriet in Gefangenschaft und dankte ab. Die in Paris gebildete provisorische Regierung unter der Führung Léon Gambettas lehnte die Forderung Bismarcks nach einer Abtretung von Elsass und Lothringen ab, sodass der Krieg fortgesetzt wurde. In genauer Verdrehung der Zielsetzung Napoléons III. wurde, eine Ironie der Geschichte, am 18. Januar 1871 das Deutsche Kaiserreich ausgerechnet auf dem Boden Frankreichs proklamiert; eine Woche später kapitulierte Paris.

Im Februar trat in Bordeaux die verfassunggebende Nationalversammlung zusammen, in der die monarchistisch gesonnene Fraktion erneut den Ton angab und deshalb auch Versailles zum neuen Regierungssitz bestimmte. Als sich die Möglichkeit zu einer erneuten Rückkehr zur Monarchie konkret abzeichnete, brach in Paris am 18. März 1871 der Aufstand der Kommune aus, den die Regierungstruppen erst nach zwei Monaten blutig niederschlagen konnten. Etwa 25 000 Menschen verloren in dieser Auseinandersetzung das Leben, die ihren Höhepunkt zwischen dem 21. und 28. Mai fand. Der Maler Courbet hatte sich aktiv an der Revolte beteiligt, andere Künstler waren in den wirren Monaten des Krieges und des Volksaufstandes entweder in der Provinz untergetaucht (Cézanne) oder vorübergehend nach England emigriert (Monet).

Die erneute Restauration der Monarchie war jedenfalls verhindert worden, Frankreich wurde zum dritten Mal innerhalb von einhundert Jahren Republik. Der Friede, den Deutschland diktierte, bürdete Frankreich Reparationszahlungen in Höhe von 5 Milliarden Francs auf, zudem musste das Land Elsass und Lothringen an Deutschland abtreten. In verhängnisvoller Weise war damit schon früh dem Ersten Weltkrieg der Boden bereitet.

1875 stand die junge Republik noch einmal auf der Kippe, nachdem die Befürworter der Monarchie eine Abstimmung über die Staatsform im Parlament herbeiführten. Mit der hauchdünnen Mehrheit von nur einer Stimme (353 gegen 352) wurde der Versuch einer erneuten Restauration zu Fall gebracht, es blieb bei der Staatsform der bürgerlichen Republik. Napoleon Bonapartes Ziel einer Annäherung zwischen Adel und Bürgertum war damit endgültig Realität geworden. Aber die Dritte Republik (1871–1940) stand gerade in ihren Anfangsjahren noch auf unsicherem Fundament. Finanz- und Bestechungsskandale erschütterten die Regierung wiederholt (1892/93 Panamaskandal), 1889 versuchte der General Boulanger einen gewaltsamen Staatsstreich, und die berüchtigte Dreyfus-Affäre ließ nicht nur einen weit verbreiteten Antisemitismus ungeschminkt zu Tage treten, sie zeigte vor allem die nach wie vor tiefe Spaltung zwischen dem liberalen und dem bürgerlich-konservativen Lager im Verbund mit der einflussreichen Aristokratie. In den knapp 70 Jahren zwischen 1871 und 1940 folgten 95 Regierungen aufeinander, von denen keine länger als drei Jahre im Amt war.

Die fortschreitende Laisierung führte 1901 zu einer antiklerikalen Schulgesetzgebung, 1904 zum diplomatischen Bruch mit dem Vatikan und 1905 zur endgültigen Trennung von Staat und Kirche. Auf der anderen Seite gewann in dieser widerspruchsvollen Zeit der Katholizismus wieder deutlich an Boden. Die Niederlage von 1870/71 hatte in Frankreich eine Stimmung nationaler Zerknirschung hinterlassen. Die Bischöfe predigten von den Kanzeln herab, dass diese Demütigung die göttliche Strafe für das in Sittenlosigkeit verkommene französische Volk gewesen sei – und fanden dabei viele offene Ohren. Man spricht vom *renouveau catholique.*

Nach der Jahrhundertwende spitzte sich der deutsch-französische Gegensatz wieder zu. Die Marokkokrise von 1911 führte beide Nationen hart an einen erneuten Waffengang, der nur in letzter Sekunde durch Deutschlands Verzicht auf eine Intervention in Marokko abgewendet wurde, nachdem dem Kaiser bewusst geworden war, dass sich England im Kriegsfall auf die Seite Frankreichs geschlagen hätte. Das Klima wurde indessen immer aggressiver. Während Deutschland sein Heereskontingent auf 800 000 Mann aufstockte, führte Frankreich 1913 unter dem militant-deutschfeindlichen Präsidenten Poincaré die dreijährige Dienstpflicht ein. Das Pulverfass ging, ausgelöst durch die Julikrise, 1914 in die Luft. In Sarajevo war am 28. Juni der österreichische Thronfolger ermordet worden. Österreich erklärte daraufhin Serbien den Krieg. Deutschland solidarisierte sich mit Österreich, Russland mit den Serben, und kurz nacheinander traten Frankreich und England in den Krieg ein, der zwar nicht das Ende der Dritten Republik, aber den Untergang der Belle Epoque bewirkte, wie man die champagnerseligen Jahre am Vorabend des Ersten Weltkriegs genannt hat.

Stadtentwicklung im 19. Jahrhundert

Ungeachtet der Brüche und Spannungen, die im Frankreich des 19. Jh. zu Tage treten, hat das Land namentlich in seiner Hauptstadt unvorstellbare kreative Kräfte freigesetzt. Wie in der Zeit der Gotik und im 17. Jh. gingen von Paris Impulse aus, die die Welt befruchteten. Die Malerei, die sich nach der Mitte des 19. Jh. aus der Erstarrung des Klassizismus gelöst hatte, fand im Impressionismus zu nie gekannten Ausdrucksformen, Cézanne bereitete der Moderne des 20. Jh. den Weg. In Hector Berlioz, Maurice Ravel, Georges Bizet und Claude Debussy brachte Frankreich Musiker hervor, deren Kompositionen für alle Zeiten zum Repertoire der internationalen Konzertsäle wurden. Stendhal, Honoré de Balzac, Jules Verne, Victor Hugo, Gustave Flaubert, George Sand, Guy de Maupassant und Emile Zola schufen Werke der Weltliteratur. Frankreich wurde aber auch in technischer Hinsicht führend. Man erfand den Stahlbetonbau, und das Ingenieurwesen vollbrachte wahre Wunderwerke. Zugleich stellten sich im Zeitalter der industriellen Revolution völlig neue Aufgaben, für die wiederum Frankreich Vorbilder schuf, die auf dem ganzen Erdball kopiert wurden: Bahnhöfe (Gare du Nord 1846, Gare de l'Est 1849), Ausstellungshallen (Grand Palais und Petit Palais 1900), Eisenbrücken (Pont Alexandre III. 1900), aber auch Markthallen, Passagen, Kaufhäuser, öffentliche Bibliotheken und – last not least – die Metro.

Ein unvergleichlicher Chronist des Lebensgefühls im späten 19./frühen 20. Jh. ist Marcel Proust (1871–1922), dessen siebenteiliges Monumentalepos »Auf der Suche nach der verlorenen Zeit« der umfangreichste Roman dieser Epoche ist.

In verwaltungstechnischer Hinsicht hatte die Revolution große Tragweite für Paris und das ganze Land. Frankreich wurde in 89 Departements gegliedert. Mit der Zahl sollte das glorreiche Revolutionsjahr verewigt werden. Paris war fortan identisch mit dem Departement Seine. In der alphabetischen Reihenfolge steht es damit auf Platz 75, eine Zahl, an der man auf Autokennzeichen den Pariser erkennt. Da der Präfekt jedoch nicht gewählt, sondern von der Regierung ernannt wird, hatte Paris auf lange Sicht keinen Bürgermeister mehr.

Man liest in der Literatur oft die Bezeichnung »Revolutionsstil«, aber der Terminus ist – zumindest bezogen auf die Architektur – missverständlich. Gemeint ist nämlich nicht eine aus der Revolution von 1789 hervorgegangene Richtung, vielmehr benennt der Begriff jenen herben Klassizismus des späten 18. Jh., der, wie oben ausgeführt, als Reaktion auf den Rokoko in seiner Zeit als »revolutionär« galt. Eine

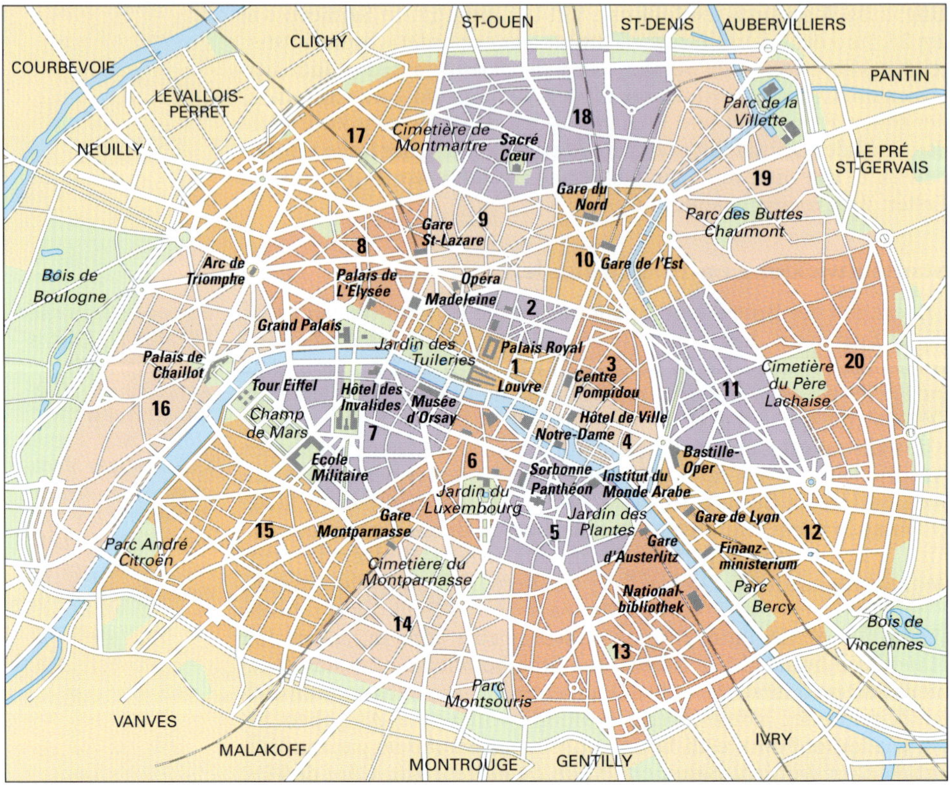

Seit der Revolution ist Paris in Arrondissements gegliedert.

Architektur der Revolutionsjahre hat es kaum gegeben – in viel stärkerem Maße war man damit beschäftigt, Bestehendes zu zerstören. Der auf dem Marsfeld errichtete dreibogige Triumphbogen, dessen Öffnungen für Freiheit, Gleichheit und Brüderlichkeit standen, und der Vaterlandsaltar davor waren provisorische Konstruktionen aus Holz und bemalten Stoffbahnen, wie man sie auch in anderen Epochen gekannt hatte. Lediglich in der Rue des Colonnes haben sich Wohnhäuser aus den Jahren der Revolution erhalten, die nüchtern, um nicht zu sagen beinahe martialisch anmuten.

Das Bauen zur Zeit Kaiser Napoleons hatte zwei Ziele vor Augen: zum einen sollte funktional das Stadtbild verbessert werden, zum anderen forderte der Ehrgeiz des Imperators Denkmäler zur Verewigung des eigenen Ruhmes. Ein wichtiges urbanistisches Resultat war die Anlage der an der nördlichen Langseite des Louvre vorbeiführenden Rue de Rivoli, mit der die Ost-West-Verbindung zwischen der Place de la Concorde und der Rue St-Antoine hergestellt wurde. Aber Napoleon dachte in noch größeren Dimensionen. Das Palais Bourbon (Parlamentssitz) erhielt seine wuchtige antikische Tempelfassade und korrespondiert mit der nördlich der Place de la Concorde gelegenen Kirche Ste-Madeleine, die zwar unter Napoleon geplant, doch erst in den Jahren der Restauration begonnen und in der Julimonarchie vollendet wurde. Beide Bauwerke sind wirkungsvoll aufeinander bezogen. Diese Achse kreuzt im rechten Winkel jene wichtigste unter den Pariser Stadtperspektiven, die vom Louvre über die Tuilerien und die Champs-Elysées zum großen Triumphbogen reicht und neuerdings um weitere fünf Kilometer bis zur Grande Arche verlängert wurde. Der kleine Triumphbogen und auch der Louvre waren allerdings damals in dieses städtebauliche Konzept noch nicht einbezogen, weil die Tuilerien, die Napoleon als Pariser Residenz dienten, noch standen. Die Börse, seit 1808 in Bau, ist gleichfalls in antikischen Formen gehalten und stellt deshalb im buchstäblichen Wortsinn einen Tempel des Geldes dar. Obwohl das Empire Napoleons nicht von langer Dauer war, ist das Wirken des Kaisers der Erscheinung von Paris unauslöschlich eingeschrieben.

Das Zeitalter der Restauration hat es dagegen nicht annähernd erreicht, mit vorangegangenen Epochen zu konkurrieren. Da aber die Einwohnerzahl von Paris in der ersten Hälfte des 19. Jh. sprunghaft anstieg (wurden um 1800 550 000 Einwohner gezählt, so waren es 1817 bereits 700 000), entstanden zwangsläufig neue Stadtviertel, in deren Mittelpunkt Kirchen errichtet wurden. Es ist signifikant für die Restauration, dass sie den Kirchenbau wieder stärker thematisierte als das Empire. St-Vincent-de-Paul, Notre-Dame-de-Bonne-Nouvelle, Notre-Dame-de-Lorette, St-Jean-Baptiste-de-Grenelle, um nur die wichtigsten zu nennen, symbolisieren einerseits die Symbiose zwischen Krone und Kirche, andererseits gibt ihr Erscheinungsbild zu erkennen, dass im Stil kein Bruch zum Empire besteht, sondern weiterhin der Rückgriff auf antikes und frühchristliches Formengut Trumpf blieb.

Die Zeit der Julimonarchie ist weniger durch komplexere städtebauliche Maßnahmen gekennzeichnet als vielmehr durch die Anlage vieler Einzelbauwerke. Zudem wurden ernsthafte Versuche unternommen, die Lebensqualität der bis 1853 auf bereits 1,2 Millionen gewachsenen Bevölkerung zu verbessern. Rund 100 neue Straßenzüge wurden angelegt. Seit 1828 erfolgte die Ausstattung des gesamten innerstädtischen Bezirks mit Gasbeleuchtung, 1837 wurde mit der Verbindung von Paris nach St-Germain-en-Laye die erste Bahnlinie in Betrieb genommen. Außerdem entstanden zahllose neue Wasserstellen, wovon einige ansprechende Brunnen erhalten sind wie etwa die Fontaine Molière an der Gabelung der Rue Molière/Rue Richelieu. Der Präfekt Rambuteau ließ zudem etliche Parks anlegen. Die einzige größere Maßnahme der Julimonarchie im urbanen Gefüge blieb die Neugestaltung der Place de la Concorde, die damals ihr endgültiges Aussehen erhielt. Nach Plänen des deutschen Architekten Hittorf wurde in der Mitte des Platzes ein gewaltiger Obelisk aus Ägypten aufgestellt, ihm zu Seiten zwei Brunnen – die Anlehnung an Berninis Konzeption des Petersplatzes in Rom ist offensichtlich.

Schließlich ist noch von der letzten großen Stadtmauer zu sprechen, die 1841–1845 angelegt wurde und eine Länge von 36 km besaß. Sie folgte den Grenzen des Departements Seine und definierte damit anschaulich die durch die Revolution festgeschriebenen Abmessungen von Paris, die seither auch nicht mehr geändert wurden. Anstelle dieser Mauer wurde in den 1970er Jahren der Boulevard Périphérique angelegt, die mehrspurige Stadtautobahn.

Der Zweiten Republik war ein zu kurzatmiges Dasein beschieden, als dass sie Gelegenheit gehabt hätte, sich in das Buch der Pariser Architekturgeschichte einzutragen. Um so nachhaltiger hat dann aber das Second Empire der Stadt seinen Stempel aufgedrückt, ja so fragwürdig und operettenhaft das politische System der zwei Jahrzehnte zwischen 1852 und 1870 auch gewesen sein mag, für Paris sollte dies eine große Epoche sein. Derart umwälzend waren die Eingriffe in das Stadtbild, dass man schon damals von einer Neuerschaffung von Paris sprach. In der Tat waren Verhältnisse eingetreten, die sich als unhaltbar erwiesen und nach fundamentalen Erneuerungen verlangten. Die Bevölkerungsexplosion hatte einen unkontrollierten urbanen Wildwuchs ausgelöst, und in den zu großen Teilen noch mittelalterlichen Wohnhäusern des innerstädtischen Bereichs bestand eine drangvolle Enge. Eugène Sue gibt in seinem 1842/43 erschienenen Roman »Die Geheimnisse von Paris« ein anschauliches Bild von den Missständen. Entsprechend katastrophal waren die hygienischen Verhältnisse, und was dem 14. Jh. die Pest war, waren im Paris des 19. Jh. die Choleraepidemien. Besonders schlimm wütete die Seuche 1832 und 1849, als ungezählte Tausende der Krankheit zum Opfer fielen. Mit dem Baron Haussmann fand Napoléon III. genau den richtigen Mann für die Herkulesaufgabe, Paris zu sanieren.

Georges Eugène Haussmann (1809–1891) hatte in der Provinz Karriere gemacht. Nach Stationen in den Unterpräfekturen von Nérac, St-Girons und Blaye kam er 1849 nach Paris und wurde dort ein treuer Gefolgsmann Louis Napoléons, der ihm die Solidarität damit dankte,dass er ihn nach seiner Machtergreifung zum Präfekten des Seine-Departements ernannte. Der neue Kaiser war offenbar von Anbeginn in der Frage engagiert, Paris ein neues Gesicht zu verleihen, denn schon wenige Tage nach der Kaiserkrönung begannen erste Baumaßnahmen am Boulevard de Strasbourg.

In nur 17 Jahren gelang es Haussmann tatsächlich, Paris vollständig umzukrempeln. In den mittelalterlichen Dschungel schlug er die großen Boulevards wie mit einer Machete. Präziser als wortreiche Erläuterungen klärt ein Blick auf den Stadtplan über die Anlage der neuen Straßenzüge auf. Zudem wurden geräumige Plätze geschaffen, wobei Haussmann eine besondere Vorliebe für strahlenförmige Plätze an den Tag legte. So entstanden jene Durchblicke, für die Paris heute so berühmt ist. Der Parvis vor Notre-Dame wurde freigelegt und der Justizpalast vergrößert, wodurch die Bevölkerungsdichte auf der Ile de la Cité drastisch, nämlich um etwa zwei Drittel zurückging. Die umfänglichen Bauarbeiten schufen zahllose Arbeitsplätze, zu-

Der Boulevard des Italiens um 1905

gleich war aber auch der Bodenspekulation Tor und Tür geöffnet. Mancher wurde über Nacht steinreich, andere, die weniger Glück hatten, stürzten in den Ruin. Die Romane von Emile Zola und die Novellen von Maupassant entwerfen ein großes Gemälde dieser Epoche des Baubooms. Aus der Sicht des Kaisers und des erzkonservativen Haussmann, von dem der Ausspruch überliefert ist, dass die beste Form der Demokratie die Monarchie sei, hatte die Schaffung der breiten Straßenachsen auch einen politischen Aspekt. Die Revolutionen des 18. und 19. Jh. hatten gezeigt, dass die Niederschlagung von Revolten im Großstadtdickicht von Paris ein militärisches Problem darstellte. Die Straßen sollten also nicht nur der Verbesserung der öffentlichen Hygiene und der Verschönerung von Paris dienen, sondern waren zugleich als Instrument zur besseren Kontrolle des Proletariats gedacht, eine Rechnung, die allerdings beim Aufstand der Kommune 1871 doch nicht ganz aufging.

Im Rahmen der Neugestaltung von Paris entstanden auch unterschiedliche Grünanlagen. Die kleinste Kategorie von ihnen bezeichnet man als »Square«, da sie nach englischen Vorbildern gestaltet wurden – von gusseisernen Gittern umzäunt und mit Bäumen und Rasenflächen begrünt. Die flächenmäßig größer proportionierten Kunstlandschaften werden als »Parcs« bezeichnet. Als schönster entstand der Parc des Buttes-Chaumont mit einem künstlich geschaffenen kleinen Gebirge und einem Monopteros. Über viele Hektar dehnen sich jene Anlagen aus, die man Bois nennt. Mit 846 beziehungsweise 901 ha Gesamtfläche sind der Bois de Boulogne (im Westen der Stadt) und der Bois de Vincennes (im Osten) nicht nur Erholungsraum für Spaziergänger, sondern heute in der von Autoabgasen geplagten Riesenmetropole dank tausender Bäume nicht zu unterschätzende Sauerstoffspender.

Das ehrgeizigste Einzelprojekt des Zweiten Kaiserreichs war aber die Errichtung der Grand Opéra, mit deren eine gigantische Krone beschreibender Bedachung dem Kaiser ein Denkmal gesetzt wurde. Es ist sicher kein Zufall, dass das Regime sich ausgerechnet mit einem Opernhaus verewigte, da es ja selbst opernhafte Züge trug.

Der Kirchenbau behielt eine gewisse Bedeutung, stand aber nicht mehr an vorderster Stelle. Die wenigen sakralen Bauten des Zweiten Kaiserreichs erscheinen in ihrer eklektizistischen Manier etwas akademisch gespreizt. An St-Augustin und Ste-Trinité wurden Formen der Gotik mit solchen der Renaissance und des Barockzeitalters in pompöser Aufmachung kompiliert.

Ein anderes Kirchenprojekt am Beginn der Dritten Republik war ein Objekt von nationalem Interesse. Zum Zeichen der Sühne für den verlorenen Krieg sollte auf dem Montmartre eine Wallfahrtskirche entstehen, zu deren Finanzierung im ganzen Land Kollekten durchgeführt wurden. Unter zahlreichen Entwürfen fand jener die Zustimmung, den Paul Abadie (1812–1884) eingereicht hatte. Der Architekt war zuvor in der Denkmalpflege im südwestlichen Frankreich tätig gewesen, wo er an den Kathedralen in Périgueux und Angoulême bedenkliche Eingriffe vorgenommen hatte. Diese Tätigkeit hatte ihm jedenfalls eine detailreiche Kenntnis der Romanik vermittelt, die in Gestalt der Kuppelkirchen in Angoulême und Périgueux byzantinischen Einfluss verrät. So ist denn auch Sacré-Cœur, das Herz Jesu, unter dessen Patronat sich Frankreich damals gestellt hatte, eine Zwittererscheinung, in der sich Elemente einer Neoromanik mit Motiven eines orientalischen Märchenbaus vermischen. Das immer wieder mit dem überdimensionalen Machwerk eines Zuckerbäckers verglichene Monument ist exponiert über der Stadt in Szene gesetzt und inzwischen bei aller einzuräumenden Scheußlichkeit so sehr mit dem Gesamtflair von Paris verwachsen, dass es aus der Kulisse der Stadt nicht mehr hinwegzudenken ist.

Wichtige Impulsgeber gänzlich anderer Natur wurden die großen Weltausstellungen. Bereits im Second Empire hatten derer zwei stattgefunden (1855, 1867), in der Dritten Republik folgten weitere Weltausstellungen in den Jahren 1889 und 1900. Es wurden gewaltige Hallen aus Stahlkonstruktionen errichtet, für die der (abgebrannte) Londoner Kristallpalast als Vorbild diente. Das meiste davon wurde später wieder abgerissen, aber der Eiffelturm, der 1889 das Entree zur dritten Pariser Weltausstellung bildete, ist als Denkmal überragender Ingenieurkunst erhalten geblieben. Das 300 m hohe Gebilde wurde aus vorgefertigten Teilen in nur zwei Jahren Bauzeit aufgezogen (man denkt in dem Zusammenhang an die Bauhütten der Gotik, die zwar in Stein, aber doch schon mit einer vergleichbaren Methode zu Werk gingen). Die Eisenkonstruktion hat im späten 19. Jh. viele Worte beißender Kritik auf sich gezogen, und man mag bis heute darüber streiten, ob der Turm nun schön oder hässlich sei; als Nachweis der Leistungsfähigkeit neuer technischer Möglichkeiten im Industriezeitalter besitzt er bleibenden dokumentarischen Wert, und die Faszination, die der Eiffelturm bis heute ausübt, ist frappierend: Er ist das meistbesuchte Denkmal der Welt.

Das Petit und das Grand Palais von 1900, beide gleichfalls im Kern aus einem Metallgerüst bestehend, wurden dagegen nach außen mit einem steinernen Mantel umhüllt. Pompös wird hier unter Rückgriff auf Stilmittel des Barockzeitalters einer Lebensfreude zum Ausdruck verholfen, die alle Fin de Siècle-Depressionen vergessen macht.

Das 20. Jahrhundert

Der Erste Weltkrieg begann mit Anfangserfolgen der deutschen Armee, die rasch auf Paris vorrückte. Doch schon nach wenigen Wochen kam der Vormarsch an der Marne zum Stillstand, die Fronten erstarrten, und es begann der erbarmungslose Grabenkrieg mit den Schlachten an der Marne, an der Somme und bei Verdun. 1917 waren die Kräfte auf der Seite der Franzosen entscheidend geschwächt, es kam zu Meutereien unter den Soldaten. Staatspräsident Poincaré berief daraufhin, seine persönlichen Animositäten zurückstellend, den populären und damals bereits 76jährigen Georges Clemenceau auf den Doppelposten des Premier- und des Kriegsministers. Clemenceau, der in den Jahren zuvor bereits verschiedene hohe Regierungsämter innegehabt hatte, machte die Stimmen der Defätisten, aber auch jener, die nicht zuletzt aus wirtschaftlichen Erwägungen zu einem Kompromissfrieden rieten, mit dem herrischen Ausspruch »Je fais la guerre« mundtot. Als die Bundesgenossen der Deutschen nacheinander in die Knie gingen (Bulgaren, Türken, Österreicher), musste schließlich die Heeresführung um Waffenstillstand bitten. Die Kapitulationsurkunde wurde am 11. November 1918 im Wald von Compiègne unterzeichnet.

Frankreich zählte zwar zu den Siegermächten, aber der Aderlass für das Land war gewaltig gewesen. 1,4 Millionen Gefallene waren zu beklagen, und der wirtschaftliche Schaden war enorm. Die Friedensverhandlungen in Versailles, zu denen Deutschland nicht zugelassen war, fanden nicht zu dem vom amerikanischen Präsidenten gewünschten »Frieden der Gerechtigkeit«, sondern es setzte sich Clemenceau mit einem Revanchefrieden durch, der dem unterlegenen Kriegsgegner schwere Bürden auferlegte. Den Deutschen wurde nun die Arroganz, die sie beim Friedensschluss von 1871 ihrerseits an den Tag gelegt hatten, mit gleicher Münze heimgezahlt. In verhängnisvoller Weise war damit erneut der Keim zu weiteren Feindseligkeiten gelegt. Das vermochte langfristig auch die von Stresemann und Briand angestrebte Verständigung zwischen Deutschland und Frankreich nicht zu verhindern (1926 wurden beide Politiker für ihre Bemühun-

Befreiung von Paris am 25. August 1944 Mitglieder der Forces françaises de l'intérieur begrüßen die alliierten Truppen.

gen mit dem Friedensnobelpreis ausgezeichnet). Hohe Arbeitslosigkeit, Stagnation der Wirtschaft, die Kontroverse unterschiedlicher politischer Gruppierungen in der Weimarer Republik und schließlich die Weltwirtschaftskrise 1929 leisteten dem Aufstieg der rechtsradikalen Nationalsozialisten in Deutschland Vorschub, die in der Machtergreifung Adolf Hitlers 1933 gipfelte. Zwei Tage nach dem Überfall auf Polen am 1. September 1939 erklärten England und Frankreich Deutschland den Krieg.

Die erste Phase des Zweiten Weltkrieges nannte man in Frankreich *drôle de guerre* (die Kriegsposse), denn an der Maginotlinie, die Frankreich zu seiner militärischen Sicherung im Elsass und in Lothringen zwischen den Kriegen errichtet hatte, standen sich die Armeen monatelang in abwartender Haltung gegenüber. Erst im Mai 1940 schlug die Wehrmacht aus einer von Frankreich nicht erwarteten Richtung, nämlich von Norden her, zu. Über Holland und Belgien zielte der »Blitzkrieg« geradlinig auf Paris, wo die deutschen Truppen am 14. Juni einmarschierten. Die Wehrmacht besetzte die Nordhälfte Frankreichs, den Südteil kontrollierte die mit den Nazis kollaborierende Regierung des Marschall Pétain von Vichy aus bis 1942. Nach der Landung der Alliierten in Nordafrika wurde auch Südfrankreich besetzt. Aus dem Exil in London hatte General de Gaulle zum bewaffneten Widerstand aufgerufen. In der Résistance fanden sich die Untergrundkämpfer zusammen. Die Greuel, die Gestapo und SS in diesen Jahren auch unter der Zivilbevölkerung anrichteten, bilden eines der schwärzesten Kapitel der Geschichte des 20. Jh. Im Juni 1944 landeten die Alliierten in der Normandie und rückten auf Paris vor, das im August 1944 befreit wurde. Da sich Deutschland mit einem Mehrfrontenkrieg hoffnungslos übernommen hatte, führte auch der Zweite Weltkrieg zu der vernichtenden Niederlage von 1945.

Über den Gräbern der beiden Weltkriege wuchs die Erkenntnis, dass ein Zusammenleben der Staaten in Europa in Frieden und Sicherheit nicht durch Konfrontation, sondern nur durch Verständigung und Kooperation zu gewährleisten sei. Die zweite Hälfte des 20. Jh. ist gekennzeichnet von dem Prozess der europäischen Integration, in dem gerade die einstmals erbitterten Gegner Frankreich und Deutschland die Rolle der Schrittmacher einnahmen. Konrad Adenauer und Charles de Gaulle haben der Zukunft den Weg gewiesen. 1963 wurde der deutsch-französische Freundschafts- und Konsultationsvertrag ratifiziert. Darin wurde vereinbart, dass sich die Regierungschefs alljährlich zweimal treffen, regelmäßige Begegnungen zwischen den verschiedenen Ministern stattfinden und alle wichtigen Fragen der Außenpolitik miteinander abzustimmen seien. Diese regelmäßigen Konsultationen funktionieren seither reibungslos und sind selbstverständlicher Teil der politischen Alltagskultur geworden.

Nach Ende des Zweiten Weltkrieges konstituierte sich in Frankreich die Vierte Republik, die durch die Kämpfe der Parteien ausgehöhlt wurde (25 Regierungen in nur 12 Jahren zwischen 1946 und

Mai 1968 in Paris Interview mit revoltierenden Studenten vor dem Théâtre de l'Odéon

1958). Zu ihrer weiteren Schwächung trugen die Kolonialkriege bei. Den Indochinakrieg beendete Frankreichs katastrophale Niederlage bei Dien Bien Phu in Vietnam 1954. Frankreich zog sich aus Südostasien zurück und überließ den Amerikanern das Terrain, die ihrerseits einen traumatischen Krieg führten und ebenfalls unterlagen. In Algerien folgte das nächste Debakel. 1958 wurde deshalb die Verfassung außer Kraft gesetzt und Charles de Gaulle, als dem erneuten Retter der Nation, eine Präsidialverfassung auf den Leib geschneidert.

Man spricht seit 1958 von der Fünften Republik. Der Präsident wird unabhängig vom Parlament gewählt und verfügt über beinahe monarchisch anmutende Kompetenzen. Er ist unter anderem Oberbefehlshaber der Streitkräfte. Die autoritäre Staatsführung unter de Gaulle machte den Präsidenten jedoch schon bald immer unpopulärer. Der Zorn besonders der jungen Generation entlud sich in den Studentenrevolten des Jahres 1968. Zur selben Zeit hatte de Gaulle eine großangelegte Gebietsreform für ganz Frankreich ins Auge gefasst und diese dem Volk zur Abstimmung vorgelegt. Der Präsident war so leichtsinnig, das Votum mit einem Referendum über seine eigene Person zu verknüpfen. Die Reform wurde am 27. April 1969 abgelehnt, de Gaulle trat am Tag darauf zurück (und verstarb im folgenden Jahr).

Sein Nachfolger Georges Pompidou konnte dann die Reform doch durchsetzen. Vor allem wurde der Großraum um Paris neu geordnet. Mit Essonne, Hauts-de-Seine, Seine-Saint-Denis, Val-de-Marne und Val-d'Oise wurden 1971/72 fünf neue Departements geschaffen, die fortan mit den drei Departements Ville de Paris, Seine-et-Marne und Yvelines in der Region Ile de France zusammengefasst sind. Während in dem vom Boulevard Périphérique umzogenen Stadtgebiet etwas mehr als 2 Millionen Menschen leben, zählt der Großraum rund um Paris rund 8 Millionen. Zusammen macht das 10 Millionen, das sind fast 20 Prozent der gesamten Bevölkerung Frankreichs! (Zum Vergleich: Um 1830 waren es nur knapp 3 Prozent, um 1870 bereits annähernd 8, und 1936 schon 16 Prozent.)

Für Paris brachte die Reform eine weitere Veränderung. An die Stelle des von der Regierung eingesetzten Präfekten trat wieder der Bürgermeister, der direkt von den Bürgern gewählt wird. Als erster Bürgermeister wurde 1977 Jacques Chirac gewählt, der dieses Amt bis zu seinem Wechsel in den Elysée-Palast 18 Jahre innehatte.

Das Jahr 1981 markiert einen wichtigen Einschnitt in der Geschichte von Frankreich und von Paris. Nach zwei vergeblichen Anläufen (1965 und 1974) gewann der Sozialist François Mitterrand die Wahl zum Staatspräsidenten gegen seinen Vorgänger und Konkurrenten aus dem konservativen Lager, Valéry Giscard d'Estaing. Nur wenige Wochen darauf siegten die Parteien des Linksbündnisses in den Parlamentswahlen. Auf eine solide Mehrheit gestützt, wurde sogleich ein gewaltiges Gesetzeswerk auf den Weg gebracht. An oberster Stelle stand die Verstaatlichung großer Betriebe (z. B. Banken und

Automobilhersteller). Doch die erwartete Ankurbelung der Wirtschaft (die Inflationsrate betrug 1981 13,6 Prozent) blieb aus. Viele der überstürzt vorgenommenen dirigistischen Eingriffe der sozialistisch-kommunistischen Regierung mussten alsbald zurückgenommen werden. Unter dem Premierminister Laurent Fabius (1984–86) erfolgte die Abkehr von den sozialistischen Reformvorhaben und eine Annäherung an die bürgerliche Politik anderer sozialdemokratischer oder konservativer Regierungen in Europa.

Der Prozess der europäischen Integration blieb eines der vorrangigen außenpolitischen Ziele. Das besonders herzliche Verhältnis zwischen Mitterrand und dem deutschen Kanzler Helmut Kohl (1982–1998) trug wesentlich dazu bei, dass die europäische Einigung in den beiden letzten Jahrzehnten des 20. Jh. sprunghafte Fortschritte machte. Der Wiedervereinigung Deutschlands 1990 begegneten Frankreich und Mitterrand jedoch mit unverhohlener Skepsis. Nach den Erfahrungen der Geschichte grassierte noch einmal die Furcht vor einem zu starken Deutschland, verflüchtigte sich allerdings rasch, nachdem deutlich wurde, dass die deutsche Demokratie stabil blieb und ihren Part im Konzert der europäischen Länder verantwortlich weiter versah.

1986 wurde ein Dilemma der Verfassung der Fünften Republik offenbar. Unzufrieden mit den mageren Ergebnissen des Linksbündnisses wählten die Bürger die Konservativen wieder in die Parlaments- und Regierungsmehrheit. Fortan musste sich der sozialistische Präsident mit einem gaullistischen Premierminister (Jacques Chirac) arrangieren. Diese fragwürdige Konstellation wurde mit dem Schlagwort der »Cohabitation« belegt. Ungeachtet dieser Parlamentswahlen wurde Mitterrand von den Wählern 1988 in seinem Amt bestätigt, sein Gegenkandidat Chirac zog damals noch den Kürzeren. Das änderte sich 1995. Mitterrand stand nicht zur Wiederwahl an, da ein Präsident nach der Verfassung nur maximal zwei Amtsperioden (mit sieben Jahren Dauer) regieren kann, der Präsident war ohnedies schon schwer vom Krebsleiden gezeichnet, dem er im Januar 1996 erlag. Chirac obsiegte gegen den sozialistischen Kandidaten Lionel Jospin. Aber lange konnte sich der frisch gebackene Präsident der Unterstützung eines konservativ dominierten Parlaments nicht erfreuen. Bei der vorgezogenen Wahl im März 1997 erzielten die Sozialisten und Kommunisten einen Erdrutschsieg und bildeten unter der Beteiligung der Grünen die Regierung. Lionel Jospin wurde Premierminister, und Frankreich hatte erneut eine »Cohabitation«. Das bürgerliche Lager aber bot einen desolaten Zustand. Anstatt sich neu zu formieren, folgte auf die Wahlniederlage von 1997 ein beispielloser Zerfall, wie ihn kurz zuvor auch Italien mit der Auflösung der Democrazia Cristiana erlebt hatte.

Jacques Chirac verspielte in kurzer Zeit vieles von seiner Popularität und eckte auch im Ausland an, als er französische Atomversuche im Pazifik anordnete. Von ganz unerwarteter Seite gelangte er wieder zur Gunst der Franzosen. Als im Sommer 1998 die französi-

Im März 2002 wurde Jacques Chirac als Präsident wiedergewählt. Die Sensation dieser Wahl: Der sozialistische Gegenkandidat Lionel Jospin belegte nur den dritten Platz hinter Chirac und dem Rechtsradikalen Jean-Marie Le Pen. Wenige Wochen später errangen die Konservativen die Mehrheit bei den Parlamentswahlen. So endete vorerst das Kapitel der »Cohabitation«, die die französische Politik zuletzt gelähmt hatte.

sche Fußball-Nationalmannschaft überraschend im Endspiel über Brasilien siegte und den Weltpokal nach Paris holte, wusste sich der Präsident mit einem Fanschal in den Farben der Trikolore um den Hals wirkungsvoll vor den Kameras der Fernsehanstalten in Szene zu setzen. Frankreich geriet in einen schier unvorstellbaren Siegestaumel, und es wurde – völlig irrational – der Erfolg, den 22 stramme Männerwaden auf dem Rasen des Stade de France errungen hatten, mit dem Präsidenten in Verbindung gebracht, dessen Popularitätskurve unverzüglich in die Höhe schnellte. Wir erwähnen diese Tatsache, weil sie de facto eine politische Dimension hatte und Frankreich sich in einer Zeit hoher Arbeitslosigkeit und drückender wirtschaftlicher Probleme endlich wieder einmal vor den Augen der Weltöffentlichkeit als Grande Nation fühlen durfte. Aber die Freude währte nicht lange. Als nur drei Wochen später die Tour de France, das traditionelle sportliche Hauptereignis des französischen Jahreskalenders, von Dopingskandalen überschattet wurde, machte sich Katerstimmung breit, der Ruf renommierter Sponsorenfirmen nahm schweren Schaden, Frankreich kehrte zum grauen Alltagstrott zurück.

Die beiden Weltkriege und die Wirren der Vierten und auch noch während der ersten Jahre der Fünften Republik haben dazu geführt, dass in Paris in der ersten Hälfte des 20. Jh. nur wenig Herausragendes errichtet wurde. In der zweiten Jahrhunderthälfte und ganz besonders in der Ära Mitterrand wurde die Stadt jedoch erneut von einem wahren Baufieber erfasst.

Kunst und Architektur im 20. Jahrhundert

Die Jahre um die Wende vom 19. zum 20. Jh. werden in Paris von jener Stilrichtung bestimmt, die man damals als *art moderne* oder *art nouveau* bezeichnete, in Deutschland trägt sie nach der 1896 gegründeten Zeitschrift »Die Jugend« den Namen Jugendstil. Dessen beschwingte, oft aus vegetabilen Motiven schöpfende Bewegtheit galt als Ausdruck bürgerlicher Lebensbejahung. Obwohl der Jugendstil ein europaweites Phänomen ist, entfaltete er letztlich keine Breitenwirkung und blieb auf einige wenige Zentren beschränkt: Nancy, Brüssel, Wien, Barcelona, Darmstadt, Glasgow und eben Paris, wo Hector Guimard der bekannteste Künstler dieser Richtung wurde. Der Jugendstil erfasste neben der Architektur alle Gattungen der Kunst und des Kunsthandwerks, hat also gleichermaßen in der Malerei und Skulptur wie in Möbeln, Gebrauchsgegenständen wie etwa Lampen und ganz besonders in der Plakatkunst Niederschlag gefunden, die im Paris der Jahrhundertwende zum vielbeachteten Informationsträger wurde.

1898 begann man mit dem Bau der ersten Metrolinie von Vincennes zum Bois de Boulogne, die zur Weltausstellung 1900 in Betrieb genommen wurde. Guimard gewann den Wettbewerb zur Gestaltung der Bahnhofseingänge. Sie bestehen aus Gusseisen, dessen grüne La-

In Paris wird der Jugendstil auch »Style Métro« genannt: Metro-Station Abbesses

ckierung das Organische der Form wirkungsvoll herausstreicht. Einige sind mit einem Glasdach versehen, andere nach oben offen. Da noch viele erhalten sind, sind sie bis heute konstituierender Bestandteil der Pariser Stadtkultur. Ansonsten lebt der Jugendstil in einigen großbürgerlichen Wohnbauten fort.

Der Jugendstil hat sich überraschend schnell überlebt. Schon vor dem Ersten Weltkrieg kehrte man zu größerer Nüchternheit zurück – eine unter ungezählten Renaissancen in Paris, die man den Neoklassizismus nennt. Als ein Hauptvertreter entstand 1911–1913 nach Plänen des Architekten Perret das Théâtre des Champs-Elysées. Einfache kubische Formen, Verzicht auf Schnörkel, Klarheit im Aufbau sind die hervorstechenden Merkmale. Das einzige Projekt der ersten Jahrhunderthälfte, das einen markanten Akzent im urbanen Gefüge setzt, ist die Bebauung des Chaillot-Hügels mit zwei Monumentalgebäuden gegenüber dem Eiffelturm. Sie dienten als Ausstellungspavillons Frankreichs während der Weltausstellung von 1937, der vorerst letzten, die in Paris stattfand. Hier verbinden sich Nüchternheit und Gigantismus zu einer neuen Dimension von Imponiergehabe, wie man es von den Bauten Albert Speers in Berlin und München sowie von stalinistischen Bauten in Russland kennt. Der übersteigerte Maßstab ist demnach in den 30er Jahren nicht ein Ausdrucksmittel gewesen, das die Despotien des Nationalsozialismus und des Kommunismus für sich gepachtet hatten, sondern auch in den Demokratien als Mittel übersteigerter Selbstdarstellung zum Einsatz kam.

Paris, das über Jahrhunderte Vorbildcharakter besessen hatte, hinkte nach Ende des Zweiten Weltkriegs in seiner Architektur der internationalen Entwicklung hinterher. In den 50er und 60er Jahren schlüpften andere Gattungen in die Vorreiterrolle, Philosophie, Literatur, Film und Photographie. Diese Zeit ist beherrscht vom Existenzialismus Jean-Paul Sartres und Albert Camus', vom Nihilismus Samuel Becketts und Eugène Ionescos, vom Nouveau Roman Nathalie Sarrautes und Alain Robbe-Grillets, von der Nouvelle Vague, den gesellschaftskritischen Filmen von François Truffaut, Jean-Luc Godard und anderen. Erst Ende der 60er Jahre sollten sich die Verhältnisse wieder wandeln. Am Beginn des modernen Bauens in Paris stand ein Eingriff in die historische Substanz, der einen weltweiten Aufschrei des Entsetzens nach sich zog: 1972 wurden Les Halles abgerissen, jene aus einer Eisenkonstruktion bestehenden, von dem Architekten Baltard Mitte des 19. Jh. errichteten Markthallen, denen Emile Zola mit seinem Roman »Der Bauch von Paris« ein literarisches Denkmal gesetzt hatte. Sie standen bereits seit 1969 leer, nachdem der Großmarkt in den Vorort Rungis verlagert worden war. Unter einem weitläufigen Kaufhauskomplex befindet sich jetzt eine auf 7 ha ausgedehnte unterirdische Fußgängerzone, ein Teil der Außenanlagen ist begrünt. Das gesamte Ensemble wirkt etwas kühl und seelenlos.

Zur selben Zeit entstand im Zuge der Neuordnung des Beaubourg-Viertels 1972–1977 nach Plänen Renzo Pianos und Richard Rogers' das große Kulturzentrum, das Präsident Pompidou angeregt hatte und seinen Namen trägt. Der ganze Versorgungsapparat des auch heute noch avantgardistisch anmutenden Gebäudes wurde nach außen verlagert: Rolltreppen, Belüftungsschächte, Heizungsrohre, Wasserleitungen und elektrische Versorgung. Im Innern entstand dadurch viel freier Raum und eine klare Übersichtlichkeit. Diese Sichtbarmachung von Funktionalität ist ein bezeichnender Zug jener Zeit, die auch in der Musik den Strukturalismus hervorgebracht hat. In ästhetischer Hinsicht aber seien Zweifel erlaubt. Das Gebäude erinnert fatal an ein verletztes Monstrum, dessen Gedärme nach außen gequollen erscheinen. Zudem hatte man sich in puncto Stabilität und Abnutzung verkalkuliert. Nur 20 Jahre nach der Fertigstellung des Centre Pompidou musste das Gebäude grundlegend saniert werden. Dies spricht andererseits für den Erfolg des Projekts: Dem Centre Pompidou ist es gelungen, Berührungsängste gegenüber der modernen Kunst abzubauen. Statt der prognostizierten 7000 kommen tatsächlich 25 000 Besucher pro Tag.

Am Beginn der baulichen Erneuerung von Paris stehen Ungereimtheiten. Vor allem stellte sich den Architekten stets das Problem, wie historische Substanz mit der Gegenwart in einen vernünftigen Übereinklang zu bringen ist. Aber das neue Paris hat dafür inzwischen etliche überzeugende Lösungen hervorgebracht. Verhältnismäßig leicht hatten es die Architekten mit dem Neubauviertel La Défense, da dieses vom Zentrum abgesetzt ist und sich das Problem einer Einbettung in gewachsene Strukturen nicht stellte. Auf einer Fläche von 130 ha stehen 47 Bürobauten, mehrere Wohntürme, das Imax-Kino und verschiedene Gemeinschaftseinrichtungen. Die ersten Einheiten konnten bereits 1964 bezogen werden, mit der Errichtung des Grande Arche genannten Kubus (in Wahrheit ist es ja kein Bogen, der Na-

»Manhattan-sur-Seine« und nach Büroschluss Geisterstadt. Die angestrebte Mischung von Büros und Wohnungen wurde in La Défense nicht Wirklichkeit.

me Arche also irreführend), der zur 200-Jahr-Feier der Revolution 1989 eingeweiht wurde, kam das kühne Konzept zum vorläufigen Abschluss. Namentlich mit der Grande Arche war wieder ein städtebaulicher Wurf gelungen, der an Vorhandenes anknüpfte und zugleich neue Perspektiven schuf. Der Kubus, erbaut nach dem Entwurf des dänischen Architekten Otto von Spreckelsen, ist in Proportion und Perspektive auf die Innenstadt bezogen. In seinen Hohlkörper würde die Kathedrale mit ihren Türmen passen, achsenmäßig aber ist das Monument auf den großen Triumphbogen, auf die Champs-Elysées und den Louvre ausgerichtet.

Andere Großprojekte, die auf Initiative Mitterrands entstanden, sind die Opéra de la Bastille, erbaut von dem kanadischen Architekten Carlos Ott und 1990 festlich eingeweiht, und die erst nach dem Tode des Präsidenten fertig gestellte neue Nationalbibliothek des Architekten Dominique Perrault, deren vier Türme aufgeschlagene Bücher symbolisieren sollen. Die genannten *grands travaux* haben aber auch ihre Schattenseiten. Der Abriss der Hallen, die Erbauung des Centre Pompidou sowie der anderen Monumente führte zur Zerstörung von Wohnraum, alte Quartiers büßten ihren Charme ein, die Mieten stiegen ins Astronomische. Die vielen, die sich die überteuerten Preise nicht mehr leisten konnten, zogen in die Vororte, die *banlieue*. Damit hat Paris Probleme, anstatt sie zu lösen, einfach in die Peripherie verdrängt, wo die hohe Jugendarbeitslosigkeit und die Konflikte zwischen Einheimischen und Zuwanderern zu sozialen Spannungen führen.

Als besonderes Prestigeobjekt ist abschließend auf die Neugestaltung des Louvre einzugehen. Die endlos weiten Wege des Museums legten eine Erschließung von zentraler Stelle nahe. Nach einem Entwurf des sino-amerikanischen Architekten Ieoh Ming Pei wurde inmitten der Cour Napoléon die Glaspyramide angelegt, die jetzt den Hauptzugang zum Louvre bildet. Die gläserne Architektur, 1989 ihrer Bestimmung übergeben, löste anfangs wie das Centre Pompidou heftige Kritik aus. Aber hier liegen die Dinge anders. Während das Kulturzentrum brutal in das Beaubourg-Viertel hineingepresst wurde, ist die Pyramide unaufdringlich und konkurriert mit der sie umgebenden Bausubstanz keinesfalls. An dieser Stelle finden die Baugesinnungen früherer Zeiten und des späten 20. Jh. durchaus zu einem Zusammenklang mit reizvollen Kontrasten.

Zur Erweiterung der Museumsfläche musste zunächst einmal das Finanzministerium im Richelieu-Flügel die Bleibe wechseln. Es fand in einem kühnen Neubau am Seineufer im Stadtteil Bercy eine neue Heimstatt. 1993 konnte ein großer Teil der neu erschlossenen Museumsfläche dem Publikum zugänglich gemacht werden, 1995, 1997 und zuletzt 1999 wurden weitere Abteilungen, die jahrelang nicht zugänglich waren, wieder eröffnet. Insgesamt wurde durch diese Maßnahmen die Museumsfläche von zuvor 30 000 auf jetzt rund 60 000 m^2 erweitert. Damit ist der Louvre vor dem Metropolitan Museum of Art in New York das größte Museum der Welt. Mitterrand hat sich zwar mit seinen ehrgeizigen Projekten oft ins Kreuzfeuer der Kritik begeben, und sein monarchisch anmutendes Gebaren hat zuletzt auch treue Wähler abgestoßen, aber die Bastille-Oper und vor allem die Neugestaltung des Louvre sind Leistungen von bleibender Bedeutung, die Paris wieder zu weltweiter Geltung verholfen haben, und man greift nicht zu hoch, wenn man feststellt, dass sich die Hauptstadt Frankreichs am Beginn des dritten Jahrtausends als eine Welthauptstadt der Kultur präsentiert.

Die wichtigsten Daten der Geschichte im Überblick

Antike und fränkische Zeit

ca. 3. Jh. v. Chr.	Besiedlung der Ile de la Cité durch die keltischen Parisii.
52 v. Chr.	Cäsar erwähnt die Stadt Lutetia zum ersten Mal.
1.–3. Jh. n. Chr.	Ausdehnung der Stadt auf das linke Seineufer
280 n.Chr.	Zerstörung Lutetias durch die Alamannen
360	Julian Apostata wird in Lutetia zum Kaiser proklamiert. Die Stadt heißt fortan Paris.
496	Der fränkische König Chlodwig I., der Merowinger, tritt zum Katholizismus über und wird in Reims gekrönt.
507	Die Franken besiegen die Westgoten (Schlacht bei Vouillé).
511	Chlodwig wird in Paris beigesetzt.
511–538	Childebert I. lässt die erste Kathedrale errichten.
532	Die Franken schlagen die Burgunder bei Autun.
561	Teilung des Frankenreichs: Neustrien, Austrasien, Burgund
7. Jh.	Zerfall der Königsautorität der Merowinger
768–814	Karl der Große schmiedet ein Riesenreich; Paris verliert zugunsten von Aachen an Bedeutung
843	Vertrag von Verdun: Dreiteilung des Reichs Karls des Großen
870/880	Verträge von Mersen und Ribemont: Das Mittelreich wird geteilt, fortan bestehen nur noch das west- (=Frankreich) und das ostfränkische Reich (= Deutschland).
885/86	Fünfte Belagerung von Paris durch die Normannen
888	Graf Odo von Paris wird König.
911	Die Normannen werden in der Normandie sesshaft.
987	Das Geschlecht der westfränkischen Karolinger stirbt aus. Hugo Capet, ein Nachfahre Odos, begründet die Kapetinger-Dynastie.

Die Kapetinger

1066	Der Normannenherzog Wilhelm erobert England.
1108–1137	Ludwig VI. begründet den Aufstieg der Kapetinger.
1144	Weihe des Chors der Abteikirche von St-Denis
1152	Die Ehe Ludwigs VII. mit Eleonore von Aquitanien wird annulliert; Eleonore heiratet Heinrich von der Normandie, der 1154 König von England wird.
1163	Grundsteinlegung von Notre-Dame
1200	Philipp II. August erbaut den Louvre und eine Stadtmauer.
1214	Schlacht von Bouvines, Sieg Philipps II. August über Johann Ohneland, zugleich Sieg der Staufer über die Welfen
1215	Papst Innozenz III. bestätigt die Statuten der Pariser Universität, der Sorbonne
1226–1270	Ludwig IX. der Heilige
1248	Weihe der Sainte-Chapelle
1307	Philipp IV. der Schöne löst den Templerorden auf.
1309	Clemens V. macht Avignon zum Sitz des Papsttums.

Das Haus Valois

1328	Mit dem Tode Karls IV. stirbt das kapetingische Geschlecht aus; Eduard III. von England und Philipp von Valois erheben den Anspruch auf den Thron.
1338–1453	Der Hundertjährige Krieg
1356	Niederlage Johanns II. des Guten bei Maupertuis
1358	Volkserhebung in Paris, angeführt von Etienne Marcel
1360	Frieden von Brétigny: Frankreich verliert Aquitanien.
1364	Karl V. belehnt seinen Bruder Philipp den Kühnen mit Burgund.
1370	Karl V. lässt eine neue Stadtmauer errichten und den Louvre erweitern, wo er als erster König Residenz bezieht.
1404	Ermordung Ludwigs von Orléans, Bruder des Königs, durch den Burgunderherzog Johann Ohnefurcht

1415	Niederlage Frankreichs gegen die Engländer bei Azincourt
1419	Ermordung des Burgunderherzogs Johann Ohnefurcht
1422	Heinrich VI. von England wird im Alter von einem Jahr in Notre-Dame zum König von Frankreich gekrönt.
1429	Befreiung von Orléans durch Jeanne d'Arc und Krönung Karls VII. in Reims
1435	Friede von Arras zwischen Burgund und Frankreich
1477	Tod Karls des Kühnen und Ende der Valois in Burgund
1480	Nach dem Tod Renés von Anjou fallen Anjou und Provence an die Krone.
1494	Mit dem Zug Karls VIII. nach Neapel beginnen die Italienkriege.
1500	Bau des Pont Notre-Dame
1515–1547	Franz I. aus der Seitenlinie Valois-Angoulême
1519	Vergebliche Kandidatur Franz' I. bei der deutschen Königswahl
1525	Schlacht von Pavia, Niederlage Franz' I. gegen Karl V.
1541	Reformation Calvins
1562–98	Religionskriege
24. 8. 1572	Bartholomäusnacht, Ermordung von mindestens 10 000 Hugenotten
1589	Ermordung Heinrichs III., des letzten Valoiskönigs

Das Zeitalter der Bourbonen

1589–1610	Heinrich IV., erst mit Margarete von Valois, dann mit Maria de Medici verheiratet, konvertiert zum Katholizismus.
1598	Edikt von Nantes, Religionsfreiheit für die Hugenotten
1610–1643	Ludwig XIII., verheiratet mit Anna von Österreich
1628	Kardinal Richelieu belagert und erobert die protestantische Festung La Rochelle.
1635	Frankreich tritt in den Dreißigjährigen Krieg ein; Richelieu gründet die Académie Française.
1643–1715	Ludwig XIV., verheiratet mit Maria Theresia von Spanien
1648–1653	Aufstand der Fronde, von Mazarin niedergeschlagen

1661	Tod Mazarins und Beginn der Selbstregierung Ludwigs XIV., Verlegung der Residenz nach Versailles
1681	Besetzung Straßburgs durch die Franzosen
1685	Aufhebung des Edikts von Nantes, Exodus der Hugenotten
1700	Tod Karls II., des letzten Habsburgers in Spanien
1701–1713	Der spanische Erfolgekrieg endet mit dem Frieden von Utrecht. Der Bourbone Philipp V. wird König von Spanien.
1715–1774	Ludwig XV.
1715–1723	Régence: Regentschaft Philipps von Orléans
1740–1748	Österreichischer Erbfolgekrieg
1756–1763	Der Siebenjährige Krieg: Frankreich verliert seine nordamerikanischen Provinzen an England.
1774–1793	Ludwig XVI., verheiratet mit Marie Antoinette, kann trotz seiner Bereitschaft zu Reformen die Revolution nicht verhindern.

Revolution und Erstes Kaiserreich

14. Juli 1789	Sturm auf die Bastille und Beginn der Revolution
1791/92	Verfassunggebende Versammlung, Abschaffung der Monarchie, Einführung der Republik
1792–1804	Erste Republik
21. 1. 1793	Hinrichtung Ludwigs XVI., die Reaktion ist die Bildung einer Großen Europäischen Koalition gegen Frankreich.
1793/94	Schreckensherrschaft des Konvents
1794/95	Der Konvent unter der Herrschaft der Gemäßigten
1795–1799	Direktorialverfassung
1798/99	Napoleons Ägyptenfeldzug
1799–1804	Konsularverfassung: Napoleon Erster Konsul
1804–1815	Erstes Kaiserreich: Napoleon I. Kaiser
1805	Dritter Koalitionskrieg: Seeschlacht bei Trafalgar, Schlacht bei Austerlitz und Friede von Preßburg
1806	Errichtung des Rheinbunds unter dem Protektorat Napoleons; Verhängung der Kontinentalsperre gegen England
1807	Friede von Tilsit; Jerôme Bonaparte wird König von Westfalen.

Französische Revolution Boissy d'Anglas grüßt den Kopf des Abgeordneten Féraud. Gemälde von Alexandre Evariste Fragonard, 1830 Musée du Louvre

1808	Krieg gegen Spanien; Joseph Bonaparte wird König von Spanien.
1810	Napoleon heiratet in zweiter Ehe Marie-Louise von Österreich.
1811	Napoleon auf dem Höhepunkt seiner Macht; Geburt des »Königs von Rom«, Napoleons II. (gest. 1832)
1813/14	Die deutschen Befreiungskriege
16.–19. 10. 1813	Schlacht bei Leipzig; Auflösung des Rheinbundes
1813/14	Napoleons Winterfeldzug gegen Russland
6. 4. 1814	Abdankung Napoleons; Rückkehr der Bourbonen
1815	Rückkehr Napoleons; die Herrschaft der 100 Tage (1. 3.– 22. 6.) endet mit der Niederlage bei Waterloo.

Die Restauration und die Julimonarchie

1814/15–1824	Ludwig XVIII.
1815	Wiener Kongress
1818	Kongress von Aachen: Frankreich erlangt

	wieder volle Souveränität und wird Mitglied der »Heiligen Allianz«.
1824–1830	Karl X., der letzte Bourbone auf dem Thron
1830	Eroberung Algiers; Auftakt zum Kolonialzeitalter
27.–29. 7. 1830	Julirevolution; Abdankung Karls X.
1830–1848	Das »Julikönigtum« des Bürgerkönigs Louis-Philippe.
22.–24. 2. 1848	Revolution; Abdankung Louis-Philippes

Zur Weltausstellung 1889 war der Eiffelturm die große Sensation.

Die Zweite Republik und das Second Empire

1848–1852	Zweite Republik
4. 3. 1848	Verkündung des allgemeinen und gleichen Wahlrechts
Juni/Juli 1848	Arbeiteraufstand in Paris
10. 10. 1848	Prinz Louis Napoléon zum Ministerpräsidenten gewählt
1. 12. 1851	Staatsstreich Louis Napoléons
14. 1. 1852	Neue Verfassung nach dem Muster des Ersten Kaiserreichs
1852–1870	Das Zweite Kaiserreich (Second Empire)
2. 12. 1852	Louis Napoléon als Napoleon III. zum Kaiser gekrönt
1853–1856	Der Krimkrieg (unter Beteiligung Englands)
1859	Italienischer Krieg (Nizza und Savoyen kommen an Frankreich.)
1861–1867	Das (gescheiterte) mexikanische Unternehmen (Erschießung Kaiser Maximilians)
3. 7. 1866	Schlacht bei Königgrätz
1870/71	Preußisch-französischer Krieg
1. 9. 1870	Die Niederlage der Franzosen bei Sedan führt zur Abdankung Napoleons III. am 4. November 1870.
18. 1. 1871	Proklamation des deutschen Kaiserreichs in Versailles
24. 1. 1871	Kapitulation; Ende des Krieges, Frankreich wieder Republik

Die Dritte Republik bis zum Ersten Weltkrieg

13. 2. 1871	Nationalversammlung in Bordeaux
Mai 1871	Friede von Frankfurt: Frankreich verliert Elsass-Lothringen.
März bis Juni 1871	Aufstand der Kommune in Paris
1873	Nach vorzeitiger Endzahlung von 5 Milliarden Francs Kriegsentschädigung verlassen die deutschen Truppen Frankreich.
1875	Verfassung der Dritten Republik
1881	Frankreich ist wieder Großmacht; Tunis französisches Protektorat; Beginn der französischen Expansionspolitik in Äquatorialafrika
1882	Einführung der allgemeinen Schulpflicht
1889	Weltausstellung in Paris, Bau des Eiffelturms
1890–1893	Ausdehnung des französischen Kolonialreiches am Niger, in der Sahara, auf Tahiti und in Guinea; Protektorat über Laos

1893	Nach dem Ausscheiden Bismarcks aus der Politik kommt eine französisch-russische Militärkonvention zustande.
1892/93	Der Panama-Skandal
1894–1906	Die Dreyfus-Affäre; Machtprobe zwischen Traditionalisten und Demokraten
1900	Weltausstellung in Paris
1901	Antiklerikale Schulgesetzgebung
1904	Diplomatischer Bruch mit dem Vatikan
1905	»Lex Briand«: endgültige Trennung von Staat und Kirche
1906–1909	Clemenceau Innenminister und Ministerpräsident
1911	Die Marokkokrise führt Deutschland und Frankreich an den Rand eines Krieges.
1913	Einführung der dreijährigen Dienstpflicht; Verschärfung des deutsch-französischen Gegensatzes

Das Zeitalter der beiden Weltkriege

28. 6. 1914	Der österreichische Thronfolger wird in Sarajevo ermordet.
Juli 1914	Die zum Ausbruch des Ersten Weltkrieges führende Julikrise
1. 8. 1914	Allgemeine Mobilmachung in Frankreich und in Deutschland
3. 8. 1914	Kriegserklärung Deutschlands an Frankreich
1914–1918	Der Erste Weltkrieg
11. 11. 1918	Waffenstillstandsabkommen von Compiègne
1923	Besetzung des Rheinlandes
1925	Rheinpakt von Locarno, Frankreich beginnt mit dem Truppenabzug aus dem Rheinland.
1926–32	Briand Außenminister, Annäherung an Deutschland (Stresemann Außenminister)
1928	Kelloggpakt: Der Krieg wird als Mittel der Politik geächtet.
1929–31	Weltwirtschaftskrise
1930	Das Rheinland endgültig von französischen Truppen geräumt
1933	Machtergreifung Hitlers
1936	Besetzung des entmilitarisierten Rheinlandes durch die Wehrmacht.
1936/37	Erstes Volksfrontbündnis unter Léon Blum
1937	Weltausstellung in Paris
1938	Münchner Abkommen. Deutsch-französische Nichtangriffserklärung

März 1939	Französisch-englische Garantieerklärung für Polen
Aug. 1939	Der Überfall Nazi-Deutschlands auf Polen
Sept. 1939	Ausbruch des Zweiten Weltkriegs
1939–1945	Der Zweite Weltkrieg
1939/40	»Drôle de guerre« – abwartende Haltung auf beiden Seiten
Mai/Juni 1940	Hitlers Blitzkrieg gegen Frankreich und Besetzung der Nordhälfte des Landes durch die Wehrmacht
Bis 1942	Südfrankreich unter der Verwaltung des Vichy-Regimes
1942–44	Besetzung ganz Frankreichs durch die Nazis
1944	Landung der Alliierten in der Normandie, Befreiung von Paris
7. 5. 1945	General Jodl und General de Lattre-de Tassigny unterzeichnen die Kapitulationsurkunde, die am 8. Mai in Kraft tritt.

Vierte und Fünfte Republik

1945	Frankreich erhält einen Sitz im Sicherheitsrat der UNO.
1946–1958	Vierte Republik
1946	Umwandlung der Kolonien in die »Union Française«
1946–1954	Indochinakrieg
1954/55	Aussöhnung mit Deutschland
1954–1962	Algerienkrieg
1958	Putsch der Generäle Salan und Massu, Machtergreifung de Gaulles, Ende der Vierten Republik
Ab 1958	Fünfte Republik
1960	Unabhängigkeit von Madagaskar, Äquatorial- und Westafrika
1962	Vertrag von Evian, Unabhängigkeit von Algerien
1963	Deutsch-französischer Freundschaftsvertrag
1968	Mai-Unruhen
1969	Das Referendum über die Gebietsreform endet mit der Niederlage und dem Rücktritt de Gaulles.
1969–1974	Georges Pompidou, 2. Präsident der Fünften Republik, führt die Gebietsreform durch, Neugliederung des Großraumes Paris
1974–1981	Valéry Giscard d'Estaing 3. Präsident der Fünften Republik

1977	Erstmals seit 1871 erhält Paris wieder einen Bürgermeister: Jacques Chirac.
1981–1988	François Mitterrand 4. Präsident der Fünften Republik
1986–1988	Erste »Cohabitation«
1988–1995	Zweite Amtszeit von François Mitterrand
1995	Wahl des konservativen Jacques Chirac zum Präsidenten
1996	Tod François Mitterrands
1997	Sieg des Linksbündnisses unter Jospin, erneut »Cohabitation«
1998	Frankreich gewinnt die Fußballweltmeisterschaft.
1999	Abschluss der Umbau- und Renovierungsmaßnahmen am und im Louvre, der jetzt das größte Museum der Welt ist.
Dezember 1999	Ein Jahrhundertorkan hinterließ in Paris ein Bild der Verwüstung.
Januar 2000	Nach zweijähriger Umbau- und Renovierungszeit wurde das Centre Pompidou wieder eröffnet und ist nunmehr das größte Museum der Kunst des 20. Jh. auf der Welt.
2002	Wiederwahl Jacques Chiracs zum Präsidenten. Kurz darauf erleidet das Linksbündnis bei der Parlamentswahl eine katastrophale Niederlage. Mit der Regierungsübernahme der Konservativen endet die für Frankreich quälende »Cohabitation«.

Haupteingang des Neuen Louvre: die Glaspyramide von Ieoh Ming Pei

Galerie bedeutender Künstler

Victor Baltard (geb. 1805 in Paris – gest. 1874 in Paris) Architekt. Sein bedeutendstes Werk, die Markthallen von Paris, erbaut 1860–1866, steht zwar heute nicht mehr, ist aber in variierten Nachbildungen überall in Frankreich gegenwärtig. Als Eisenkonstruktion waren die Markthallen kurz nach der Mitte des 19. Jh. eine Sensation. Wichtigstes erhaltenes Werk in Paris: die Kirche St-Augustin.

Pierre Bonnard (geb. 1867 in Fontenay-sur-Roses – gest. 1947 in Le Cannet) Maler, Graphiker, Designer, Bühnenbildner, Buchillustrator. Einer der Hauptvertreter des Neoimpressionismus, gemeinsam mit Edouard Vuillard Gründer der Künstlergruppe der Nabis. Reisen nach England, Tunesien und an die Mittelmeerküste. Seine Kunst ist Ausdruck einer pantheistischen Lebensfreude. Werke in Paris: Centre Pompidou.

Pierre Bonnard Selbstporträt, 1945

Edmé Bouchardon (geb. 1698 in Chaumont-en-Bassigny – gest. 1762 in Paris) Bildhauer. 1723–1732 in Rom. Nach seiner Rückkehr gesuchter Porträtist (Büsten). Seine klassizistische Haltung stand im Widerspruch zur Stilrichtung des Rokoko. Hauptwerk in Paris: Reiterstatue Ludwigs XV. (1792 eingeschmolzen), verkleinerte Kopie im Louvre.

François Boucher (geb. 1703 in Paris – gest. 1770 in Paris) Maler. Einer der erfolgreichsten Künstler des Rokoko. 1727–1731 in Rom. 1734 Mitglied, 1737 Professor und 1765 Direktor der Kunstakademie. Seine wichtigsten Themen: Pastoralszenen, Mythologie, vor allem Venus. Werke in Paris: Louvre, Musée Cognacq-Jay und Musée Jacquemart-André.

Eugène Boudin (geb. 1824 in Honfleur – gest. 1898 in Deauville) Maler. Zeitlebens waren Seestücke sein wichtigstes Thema. Meisterschaft im Einfangen des flüchtigen Augenblicks. Einer der entscheidenden Wegbereiter der Impressionisten. Zitat Claude Monet: »Dass ich Maler bin, verdanke ich Boudin.« Hauptwerke in Paris: Musée d'Orsay.

Georges Braque (geb. 1882 in Argenteuil-sur-Seine – gest. 1963 in Paris) Maler. 1905 schloss er sich zunächst den Fauves an, später wurde er neben Picasso Mitbegründer des Kubismus. Stillleben waren zeitlebens sein Hauptthema. Innovativ und doch zugleich Fortsetzung der französischen Maltradition, insbesondere der Stilllebenkultur Chardins. 1961 wurde ihm als erstem Künstler eine Ausstellung zu Lebzeiten im Louvre zuteil. Werke in Paris: Centre Pompidou, Musée d'Art Moderne.

Salomon de Brosse (geb. 1571 in Verneuil-sur-Oise – gest. 1626 in Paris) Architekt. Schüler seines Großonkels Ducerceau, Begründer des *style classique,* der französischen Richtung des Barock. Mit der Fassade von St-Gervais-et-St-Protais (1616–1621) schuf er die erste klassische Kirchenfront der französischen Architektur. Hauptwerk in Paris: das Palais du Luxembourg.

Philippe de Champaigne (geb. 1602 in Brüssel – gest. 1674 in Paris) Flämisch-französischer Maler. Seit 1621 in Paris, von Maria de Medici zum Hofmaler ernannt. In seinem Werk verschmelzen flämischer Realismus und Bologneser Klassizismus (Brüder Carracci, Guido Reni) miteinander. Mit seinem ganzfigurigen Porträt Kardinal Richelieus begründete er eine französische Bildtradition. Hauptwerke in Paris: Louvre.

Jean-Baptiste Siméon Chardin (geb. 1699 in Paris – gest. 1779 in Paris) Maler. Schuf Porträts, Genreszenen, in der Hauptsache Stillleben. Virtuose Könnerschaft in der knappen und konzentrierten Wiedergabe des farblichen und stofflichen Charakters vom Licht umhüllter Gegenstände. Seine Wirkung reicht bis in die Kunst des 20. Jh.; noch Cézanne und Braque beriefen sich auf Chardin. Werke in Paris: Louvre.

Jean-Baptiste Camille Corot (geb. 1796 in Paris – gest. 1875 in Paris) Maler. Einer der bedeutendsten Landschaftsmaler des 19. Jh. Trotz seines Bekenntnisses zu einer klassischen Maltradition (Poussin und Lorrain waren seine bewunderten Vorbilder) schuf er mit lockerem Pinselstrich stimmungsvolle Landschaftsbilder, die dem Impressionismus den Weg wiesen. Hauptwerke in Paris: Louvre und Musée d'Orsay.

Gustave Courbet Selbstbildnis mit seiner Geliebten Virginie Binet (Les amants dans la campagne, sentiment de jeune âge), Musée du Petit-Palais

Gustave Courbet (geb. 1819 in Ornans – gest. 1877 im Exil in La Tour-de-Peilz, Schweiz) Maler. Verbrachte den größten Teil seines Lebens in bzw. bei Paris. Politisch aktiv und in Opposition zum Second Empire, dessen Sturz er 1870 tätig mitbewirkte (Zerstörung der Vendôme-Säule). Seine Menschenbildnisse gelten als Ausdruck sozialer Anklage, seine Landschaftsbilder bahnten dem Impressionismus den Weg und beeinflussten auch die deutsche Landschaftsmalerei des 19. Jh. Hauptwerke in Paris: Louvre und Musée d'Orsay.

Guillaume Coustou d. Ä. (geb. 1677 in Lyon – gest. 1746 in Paris) Bildhauer. Bruder des ebenfalls bedeutenden Bildhauers Nicolas Coustou (1658–1733), Vater des Bildhauers Guillaume Coustou d. J. (1716–1777), Neffe und Schüler von Antoine Coysevox. Seit 1735 Direktor der Académie des Beaux-Arts. Schuf bewegte Skulpturengruppen, die stilistisch am Übergang vom Spätbarock zum Rokoko stehen. Hauptwerk in Paris: die Rossebändiger, Louvre (einst im Schlossgarten von Marly), Kopien davon am Beginn der Champs-Elysées an der Place de la Concorde.

Antoine Coysevox (geb. 1640 in Lyon – gest. 1720 in Paris) Bildhauer. Lehrmeister einer ganzen Künstlergeneration. Wichtigster Hofbildhauer zur Zeit Ludwigs XIV. und Hauptvertreter des Barock-Klassizismus. Schuf zahllose Porträtbüsten, arbeitete für die Ausstattung von Schlössern (vor allem Versailles) und Schlossgärten (u. a. Marly). Seit 1716 Kanzler der Akademie. Hauptwerke in Paris: Louvre, Kapelle des Instituts de France (Grabmal des Kardinals Mazarin), St-Eustache (Grab Colberts).

Honoré Daumier (geb. 1808 in Marseille – gest. 1879 in Valmondois) Maler, Bildhauer, vor allem aber Karikaturist. Seit 1816 in Paris, Ausbildung als Maler, ab 1830 Veröffentlichung von karikaturistischen Lithographien. Das Bild »Gargantua«, das den Bürgerkönig Louis-Philippe in Birnenform zeigt, brachte ihn 1832 für sechs Monate wegen Majestätsbeleidigung ins Gefängnis. Meisterliche Karikaturen aus dem Bereich des Gerichtswesens. Seit der Revolution 1848 verstärkte Hinwendung zu Malerei und Skulptur, enges Verhältnis zu den Malern von Barbizon. Werke in Paris: Louvre und Musée d'Orsay.

Honoré Daumier Selbstporträt, Bronze Paris, Cabinet des Medailles, Bibliothèque nationale

Jacques Louis David (geb. 1748 in Paris – gest. 1825 in Brüssel) Maler. Begründer und Hauptvertreter des Klassizismus in Frankreich. 1775–1780 Ausbildung in Rom. Unter dem Einfluss Mengs' und Winckelmanns Hinwendung zur Antike. 1782 Gründung eines eigenen Ateliers in Paris. 1784/85 verhalf er mit dem Bild »Der Schwur der Horatier« (Louvre) dem Klassizismus zum Durchbruch. Seit 1805 Hofmaler Napoleons. Nach dessen Sturz 1815 Verbannung nach Brüssel. Die Kunst Davids blieb noch bis zur Mitte des 19. Jh. stilbildend. Werke in Paris: Louvre.

Edgar Degas (geb. 1834 in Paris – gest. 1917 in Paris) Maler und Graphiker, auch Bildhauer. Entstammte einer wohlhabenden Familie und war deshalb von Aufträgen unabhängig. In jungen Jahren Klassizist (Historienbilder, Vorbild: Ingres), zog ihn seit den 1860er Jahren der Impressionismus in Bann. Pferderennen und vor allem Alltagsszenen waren fortan seine Hauptthemen. Besondere Meisterschaft entfaltete Degas in der Wiedergabe von Ballett-Tänzerinnen und in der Pastelltechnik. Starker Einfluss auf Toulouse-Lautrec. Hauptwerke in Paris: Musée d'Orsay.

Eugène Delacroix (geb. 1798 in St-Maurice-Charenton bei Paris – gest. 1863 in Paris) Maler, wichtigster Vertreter der französischen Romantik. Brach mit der klassizistischen Stilrichtung und orientierte sich an Rubens, Veronese und Goya. Betonung malerischer Werte. 1832 Reise nach Algier. Die Begegnung mit dem Orient machte tiefen Eindruck auf den Künstler und hellte seine Palette auf. Bedeutende Hauptwerke wie »Die Frauen von Algier« oder »Die Freiheit führt das Volk an« wurden zu Anknüpfungspunkten für die Impressionisten. Mit 800 Gemälden und 6000 Zeichnungen gehört Delacroix nicht nur zu den wichtigsten, sondern auch zu den produktivsten Künstlern des 19. Jh. Daneben schuf Delacroix auch bedeutende Wandbilder. Er gilt als der letzte große Freskant der abendländischen Kunstgeschichte. Hauptwerke in Paris: Louvre, Musée d'Orsay, St-Sulpice.

Robert Delaunay (geb. 1885 in Paris – gest. 1941 in Montpellier) Maler. Durchlief mehrere Stilphasen: 1904–1908 Anlehnung an die Schule von Pont-Aven (Gauguin) und Auseinandersetzung mit dem Neoimpressionismus (Seurat), 1908–1910 unter dem Einfluss Cézannes, 1910–1912 folgte eine kurze kubistische Phase, 1911 und 1912 Beteiligung an den Ausstellungen des Blauen Reiters in München und Hinwendung zur Abstraktion. Das Bild »Kreisform« (1912, heute in den USA) gilt als das erste abstrakte Gemälde der französischen Kunst. Hauptwerke in Paris: Centre Pompidou und Musée d'Art Moderne.

Philibert Delorme (geb. um 1510 in Lyon – gest. 1570 in Ivry) Architekt. Nach Romaufenthalt 1533–1536 ab 1540 in Paris, 1545–1549 Generalbauinspektor und nach der Thronbesteigung Heinrichs II. Leiter aller königlichen Bauvorhaben (außer Louvre). Baute in der Hauptsache Schlösser, die fast alle zerstört sind. Hauptvertreter der Renaissance in Frankreich. Wichtigstes Werk in Paris: der Lettner in St-Etienne-du-Mont.

Jean Dubuffet (geb. 1901 in Le Havre – gest. 1985 in Paris) Maler, Bildhauer, Aktionskünstler. Hauptvertreter der *art brut.* Nach anfänglicher künstlerischer Tätigkeit 1924 Abbruch der Malerei und Arbeit als Kaufmann und Weinhändler. Erst 1942 wieder als Künstler tätig. Bilder von Kindern und Außenseitern der Gesellschaft dienten ihm als Anregung, er propagierte eine voraussetzungslose Kunst und schockierte das Publikum. Werke in Paris: Centre Pompidou.

Raoul Dufy (geb. 1877 in Le Havre – gest. 1953 in Forcalquier) Maler. Besonders eigenwillige Gestalt des Fauvismus. Anfangs unter dem Einfluss des Impressionismus stehend, fand der Künstler ab 1912 zu einer eigenständigen farbenfrohen Malweise. Besondere Leistungen auf dem Gebiet des Stoffdrucks. Wichtigstes Werk in Paris: »La Fée électricité«, ein 600 m^2 großes Ölbild, Auftragswerk der staatlichen Elektrizitätswerke anlässlich der Weltausstellung 1937, im Musée d'Art Moderne.

Guillaume Dupré (geb. um 1576 in Sissonne bei Laon – gest. 1643 in Paris) Bildhauer und Medailleur. Einer der letzten wichtigen Vertreter der französischen Renaissance. Schuf bedeutende Porträtbüsten (z. B. Heinrichs VI.) und gilt als der bedeutendste Medailleur Frankreichs. Werke in Paris: Louvre und Bibliothèque Nationale.

Gustave Eiffel (geb. 1832 in Dijon – gest. 1923 in Paris) Metallbauingenieur. Zunächst innovativer Konstrukteur von Eisenbahnbrücken, wurde Eiffel durch den Entwurf zu dem nach ihm benannten Torturm zur Weltausstellung 1889 weltberühmt. Der Eiffelturm ist heute mit jährlich 9 Millionen Touristen das meistbesuchte Denkmal der Welt.

Gustave Eiffel
Karikatur von 1855
Eiffel verglich seinen Turm mit den Pyramiden, die »im Grunde ebenfalls künstliche Hügel« seien.

Jean-Honoré Fragonard (geb. 1732 in Grasse – gest. 1806 in Paris) Maler. Einer der Hauptvertreter des Rokoko, Schüler von Chardin und Boucher, entwarf Fragonard in seinen Genre-, Pastoral- und Familienszenen, erotischen Skizzen und Porträts ein Sittenbild seiner Zeit. Hauptwerke in Paris: Louvre und Musée Cognacq-Jay.

Jacques-Ange Gabriel (geb. 1698 in Paris – gest. 1782 in Paris) Architekt. Wichtiger Baumeister am Übergang vom Rokoko zum Klassizismus. Folgte 1742 seinem Vater Jacques Gabriel (1667–1742) im Amt des ersten Architekten des Königs. Hauptwerke in Paris: Ecole Militaire (1750), die Palais an der Place de la Concorde (1767) und das Petit Trianon im Schlosspark von Versailles.

Charles Garnier (geb. 1825 in Paris – gest. 1898 in Paris) Architekt. Bedeutender Vertreter des Historismus. Sein wichtigstes Werk in Paris: das nach ihm benannte Opernhaus, der größte Bauauftrag im Paris des 19. Jh. Vater von Tony Garnier (1869–1948), ebenfalls Architekt und neben Auguste Perret einer der wichtigsten Wegbereiter der Moderne.

François Pascal Simon Gérard (geb. 1770 in Rom – gest. 1837 in Paris) Maler. Schüler Davids und neben seinem Lehrer einer der Hauptvertreter des Klassizismus im 19. Jh. Einer der besten Porträtisten seiner Zeit. Hauptwerke in Paris: Musée Carnavalet und Louvre.

Théodore Géricault (geb. 1791 in Rouen – gest. 1824 in Paris) Maler. Neben Delacroix der wichtigste Vertreter der französischen Romantik. Zeitlebens von Depressionen verfolgt, mehrere Suizidversuche, nach waghalsigen Spekulationsgeschäften bankrott und jung verstorben, dennoch ein kreatives Genie. Wagte in seiner Zeit unerhörte Brüche mit der Konvention, indem er z. B. Geisteskranke porträtierte. Das Riesenbild »Floß der Medusa« (1818/19) besitzt Weltrang. Hauptwerke in Paris: Louvre.

François Girardon,
Kupferstich, 1707

François Girardon (geb. 1628 in Troyes – gest. 1715 in Paris) Bildhauer. Neben Coysevox wichtigster Hofbildhauer zur Zeit Ludwigs XIV. Schuf zahlreiche Skulpturengruppen besonders für den Schlosspark von Versailles. Sein bekanntestes Werk in Paris: das bronzene Reiterstandbild Ludwigs XIV., ehemals auf der Place Vendôme (1792 eingeschmolzen), davon eine verkleinerte Kopie im Louvre.

Jean Goujon (geb. um 1510 in der Normandie – gest. um 1568 in Bologna) Bildhauer. Hauptvertreter der Renaissanceskulptur in Frankreich. Vermutlich in Italien geschult, war Goujon von 1542 bis 1563 in Paris tätig, wo er eng mit dem Architekten Lescot zusammenarbeitete. Wichtiger Wegbereiter des Klassizismus der Barockzeit. Hauptwerke in Paris: Reliefs an der Fontaine des Innocents und Skulpturen im Louvre.

Hector Guimard (geb. 1867 in Paris – gest. 1942 in New York) Architekt. Wichtigster Vertreter des Art Nouveau (= Jugendstil) in Paris. Erbaute rund 50 Wohnhäuser in Paris, die meisten davon im 16. Arrondissement. Als sein Hauptwerk in Paris gelten die Metroeingänge. Der Jugendstil wurde in Paris auch *style métro* oder *style Guimard* genannt.

Jules Hardouin-Mansart (geb. 1646 in Paris – gest. 1708 in Marly bei Paris) Architekt. Großneffe und Schüler François Mansarts. Wichtigster Vertreter des typisch französisch-pariserischen Barock-Klassizismus. Seit 1678 Bauleitung in Versailles, seit 1685 erster Architekt des Königs. Seine Plätze wurden Vorbilder für viele ähnliche Anlagen in europäischen Hauptstädten. Namengeber der Mansarde (typische Dachform im Paris des 18. und 19. Jh.: unterer Dachabschnitt steiler, oberer Teil abgeflacht). Wichtigste Bauten in Paris: Invalidendom, Place Vendôme und Place des Victoires.

Jakob Ignaz Hittorf (geb. 1792 in Köln – gest. 1867 in Paris) Architekt. Deutsch-französischer Baumeister des Historismus, ab 1810 in Paris. Hatte wesentlichen Anteil an der Neugestaltung von Paris unter dem Präfekten Haussmann. War einer der ersten, der antike Motive mit der neuen Technik der Eisenkonstruktion verband. Hauptwerke in Paris: Neugestaltung der Champs-Elysées, der Place de la Concorde und der Place de l'Etoile.

Jean-Antoine Houdon (geb. 1741 in Versailles – gest. 1828 in Paris) Bildhauer. Bedeutender Vertreter des Klassizismus. 1764–1769 Studienaufenthalt in Rom, 1771–1773 in Deutschland, 1785 zur Schaffung eines Washington-Denkmals in den USA. Porträtierte viele Berühmtheiten seiner Epoche: Voltaire, Diderot, Gluck, Rousseau, Franklin u. a. Hauptwerke in Paris: Louvre und die Sitzstatue Voltaires in der Comédie Française.

Jean Auguste Dominique Ingres (geb. 1780 in Montauban – gest. 1867 in Paris) Maler. Der Hauptvertreter des Klassizismus neben David, dessen Schüler er war. Porträtierte alle großen Persönlichkeiten seiner Zeit. Vertrat gegen den romantisch-expressiven Stil Géricaults und Delacroix' einen strengen Akademismus. Seine konservative Haltung begünstigte seine Karriere: 1825 Mitglied der Akademie, 1829 Professor an der Ecole Nationale des Beaux-Arts, seit 1853 deren Präsident. 1854 Besuch Napoleons III. im Atelier von Ingres. Als Exponent einer streng linearen Malerei nutzte Ingres seine gesellschaftliche Stellung gegen die Impressionisten. Picasso zählte ihn zu seinen bewunderten Vorbildern. Hauptwerke in Paris: Louvre und Musée d'Orsay.

Charles Le Brun (geb. 1619 in Paris – gest. 1690 in Paris) Maler. Einer der Hauptvertreter des Barock-Klassizismus in Frankreich, einflussreicher Hofmaler, der höchste Posten innehatte: Mitbegründer der Académie royale des peintres et sculpteurs, Generalinspektor der königlichen Kunstsammlungen, Direktor der Gobelinmanufaktur und Leiter der Ausstattung sämtlicher königlicher Bauten Ludwigs XIV. 1662 geadelt. War beteiligt an der Ausbildung einer neuen Staatsikonographie: Statt der bis dahin üblichen Allegorien wurde der Herrscher selbst verbildlicht. Hauptwerke in Paris: Louvre.

Claude-Nicolas Ledoux (geb. 1736 in Dormans – gest. 1806 in Paris) Architekt. Wichtigster Exponent der so genannten Revolutionsarchitektur. Bereits unter Ludwig XVI. erfolgreich. Vertreter eines Klassizismus, der auf Dekor verzichtet und schlichteste Formen bevorzugt. Sein Hauptwerk: die königlichen Salinen in der Franche-Comté. Hauptwerk in Paris: die 50 Zollhäuser (1784–1789), davon jedoch nur vier erhalten.

Jules Fernand Henri Léger (geb. 1881 in Argentan in der Normandie – gest. 1955 in Gif-sur-Yvette bei Paris) Maler. Durchlief nacheinander eine impressionistische und eine kubistische Phase, bevor er zu seinem konstruktiv-geometrischen Stil fand, der die Technik des 20. Jh. in eine ästhetische Dimension erhebt. Die Künstler der Pop Art verdanken Léger wichtige Anstöße. Hauptwerke in Paris: Centre Pompidou und Musée d'Art Moderne.

Jacques Lemercier (geb. um 1585 in Pontoise – gest. 1654 in Paris) Architekt. Neben François Mansart und Louis Le Vau bedeutendster Baumeister zur Zeit Ludwigs XIII. Vertreter eines nüchternen Klassizismus. Entwarf die nach ihrem Gründer benannte Stadt Richelieu. Hauptwerke in Paris: Palais Royal, St-Roch und die Kirche der Sorbonne.

André Le Nôtre (geb. 1613 in Paris – gest. 1700 in Paris) Gartenarchitekt. Bekleidete seit 1657 das Amt des »contrôleur général des bâtiments, jardins, tapisseries et manufactures de France«. Mit dem Park des Schlosses Vaux-le-Vicomte (1653–1660) definierte er die Grundlagen der klassischen französischen Gartenkunst: das Schloss als optischer Mittelpunkt der Gesamtanlage, klare axiale Bezüge, geometrische Anordnung von Beeten, Rasenflächen und Wasserläufen, Verbindung niederländischer (Wasserläufe, Becken, Alleen) und italienischer (Terrassen, Wasserspiele) Komponenten. Hauptwerke rund um Paris: die Schlossparks in Versailles, Fontainebleau und Chantilly.

Pierre Lescot (geb. um 1510 in Paris – gest. 1578 in Paris) Architekt. Hauptvertreter der französischen Renaissance. Arbeitete eng mit Jean Goujon zusammen, dessen bildhauerische Arbeiten er als konstituierende Elemente seinen Bauwerken integrierte. Hauptwerke in Paris: Fontaine des Innocents, Westflügel des Louvre an der Cour Carrée.

Louis Le Vau (geb. 1612 in Paris – gest. 1670 in Paris) Architekt. Bedeutender Vertreter des Barock-Klassizismus. War für den Adel und für den Hof tätig. Palais und Schlösser waren sein wichtigstes Aufgabenfeld. Seit 1654 erster Architekt des Königs, Nachfolger Lemerciers in der Bauleitung des Louvre. In Vaux-le-Vicomte und Versailles Zusammenarbeit mit Le Nôtre und Le Brun. Hauptwerke in und bei Paris: Schloss Vaux-le-Vicomte, Versailles (Gartenfassade), Galerie d'Apollon im Louvre, Collège des Quatre Nations.

Edouard Manet (geb. 1832 in Paris – gest. 1883 in Paris) Maler. Eine der überragenden Künstlerpersönlichkeiten des 19. Jh. Entscheidender Wegbereiter des Impressionismus, mit dem er sich jedoch nicht gänzlich identifizierte. Stand in Opposition zur akademischen Salonmalerei. Seine Stilmittel: einerseits bewusster Rückgriff auf Tradition (vor allem Tizian), andererseits radikale Erneuerung (»l'art pour l'art«, krasser Realismus, darin Übereinstimmung mit Gustave Flaubert). Anders als die Impressionisten, deren Hauptthema die Landschaft war, stellte Manet das Porträt in den Mittelpunkt seines Schaffens. Hauptwerke in Paris: Musée d'Orsay.

François Mansart zeitgenössischer Kupferstich

François Mansart (geb. 1598 in Paris – gest. 1666 in Paris) Architekt. Gehört zu den Hauptvertretern des Barock-Klassizismus französischer Prägung. Bereits 1625 trägt er den Titel eines »Architecte du roi«. Baute in der Hauptsache Schlösser (Erweiterung von Blois, Maisons-Lafite bei Paris, Blérancourt in der Picardie u.a.). Hauptwerke in Paris: Temple des Filles de la Visitation Sainte-Marie im Marais, Kirche des Klosters Val-de-Grâce (von Lemercier vollendet), Umbau und Erweiterung des Hôtel Carnavalet, Hôtel Mazarin (heute Teil der alten Nationalbibliothek).

André Masson (geb. 1896 in Balagny-sur-Oise bei Paris – gest. 1987 in Paris) Maler, Buchillustrator und Bühnenbildner. Eine der überragenden Gestalten in der Kunst des französischen 20. Jh. Allgemein als Surrealist bezeichnet, hat Masson verschiedene Stilphasen durchlaufen: 1920–1925 kubistische Phase, ab etwa 1926 Hinwendung zum Surrealismus. Während des Krieges Emigration in die USA, wo er den entstehenden abstrakten Expressionismus beeinflusste. Anschließend lebte Masson in der Provence (1947–1956), dann wieder in Paris. Hauptwerke in Paris: Centre Pompidou.

Henri Matisse (geb. 1869 in Le Cateau in Nordfrankreich – gest. 1954 in Nizza) Maler. Eine der bedeutendsten Künstlerpersönlichkeiten des 20. Jh., Begründer des Fauvismus. Studierte 1887–1889 Jura in Paris, erst 1891 Ausbildung zum Maler. Anfangs konventionell (kopierte im Louvre Chardin und Raffael), ab 1900 durch die Begegnung mit Cézanne, Monet und den Neoimpressionisten kurze impressionistische Phase, danach Übergang zu einer farbenbetonten Flächenmalerei. Kennzeichen: Farbintensität, Helligkeit, Spontaneität, Verzicht auf Symbolgehalt, Verzicht auf Tiefenräumlichkeit (ab 1905). Lebte ab 1905 überwiegend in Südfrankreich. Hauptwerke in Paris: Centre Pompidou und Musée d'Art Moderne.

Jean-François Millet (geb. 1814 in Gruchy bei Cherbourg – gest. 1875 in Barbizon) Maler. Mitbegründer der Freiluftmalerei und der Schule von Barbizon. Lebte seit 1849 in dem Dorf Barbizon nahe Fontainebleau. Entstammte einer Bauernfamilie und blieb diesem Milieu auch als Künstler zeitlebens verbunden. Seine Darstellungen des bäuerlichen Alltags sind als Sozialkritik verstanden worden, heroisieren aber wohl eher das einfache Leben. Knüpfte an das Werk der Brüder Le Nain und Chardins an, beeinflusste seinerseits Vincent van Gogh. Hauptwerke in Paris: Louvre und Musée d'Orsay.

Amedeo Modigliani (geb. 1884 in Livorno – gest. 1920 in Paris) Maler und Bildhauer. Der Italiener Modigliani, der ab 1906 in Paris lebte, gehört zu den großen Gestalten der klassischen Moderne. Seine Malerei steht unter dem Einfluss des vorkubistischen Picasso, Cézannes und des Fauvismus. Seine zentralen Themen waren das Porträt und der weibliche Akt. Stilmerkmale: überlängte Figuren, flächenhafte Darstellung, zarter Lyrismus, Einfachheit, Reduzierung auf das Wesentliche. Hauptwerke in Paris: Galerie de l'Orangerie.

Amedeo Modigliani Selbstporträt

Claude Monet (geb. 1840 in Paris – gest. 1926 in Giverny) Maler. Begründer und Hauptvertreter des Impressionismus. Kam unter dem Einfluss Daubignys und Boudins zur Freilichtmalerei. Seit 1862 in engem Kontakt mit Renoir, Bazille und Sisley. 1872 entstand das Bild »Impression, soleil levant«, das dem Impressionismus den Namen gab. Wiederholt vom offiziellen Salon ausgeschlossen, organisierte Monet zusammen mit anderen gleich gesonnenen Künstlerkollegen in den 1870er Jahren Gruppenausstellungen der Impressionisten. 1880 Bruch mit der Gruppe. Wenig später zog Monet nach Giverny, wo ein bedeutendes Spätwerk entstand. Seine Serienbilder, besonders die Heuschober, beeinflussten u.a. Kandinsky und leiteten den Weg zur Abstraktion ein. Hauptwerke in Paris: Musée d'Orsay, Musée Marmottan und Galerie de l'Orangerie.

Gustave Moreau (geb. 1826 in Paris – gest. 1898 in Paris) Maler. Mitbegründer und Hauptvertreter des Symbolismus. 1888 Mitglied, 1892 Professor an der Académie des Beaux-Arts. Geschult an Delacroix und Chassériau schuf Moreau Traumwelten, düstere, teils wollüstige Visionen, Abgründiges. Dalí und Max Ernst sahen in ihm den Urvater des Surrealismus. Hauptwerke in Paris: Louvre und vor allem Musée Gustave Moreau.

Berthe Morisot (geb. 1841 in Bourges – gest. 1895 in Paris) Malerin. Bedeutende Vertreterin des Impressionismus. Enkelin des Malers Fragonard, Schülerin von Corot und Manet, dem sie oft Modell stand. Ihr Werk gleicht einem gemalten Tagebuch mit zahlreichen intimen und stimmungsvollen Familienszenen. Hauptwerke in Paris: Musée d'Orsay.

Charles Percier (geb. 1764 in Paris – gest. 1838 in Paris) Architekt. Neben Pierre François Léonard Fontaine (1762–1853), dem er in Freundschaft verbunden war, Hauptvertreter des Empire. Bedeutende Bauten in Paris: Arc de Triomphe du Carrousel, Häuser an der Rue de Rivoli.

Claude Perrault (geb. 1613 in Paris – gest. 1688 in Paris) Architekt. Neben Louis Le Vau und Jules Hardouin-Mansart führende Gestalt des Barock-Klassizismus. Ursprünglich Mediziner, kam Perrault als Autodidakt zur Architektur. Veröffentlichte 1673 eine Übersetzung Vitruvs. Hauptwerke in Paris: Louvrekolonnaden und das Observatorium.

Auguste Perret (geb. 1874 in Brüssel – gest. 1954 in Paris) Architekt. Entscheidender Wegbereiter der Moderne. Richtungweisend war das 1903 von ihm errichtete Wohnhaus in der Rue Franklin Nr. 25, wo er zum ersten Mal in der Architekturgeschichte ein Trageskelett aus unverhülltem Eisenbeton einsetzte. Leitete 1948 den Wiederaufbau der im Krieg zerstörten Stadt Le Havre. Hauptwerke in Paris: Théâtre des Champs-Elysées, Kirche Notre-Dame in Raincy, einem Vorort von Paris.

Pablo Picasso Foto von Man Ray, 1933

Pablo Picasso (geb. 1881 in Malaga – gest. 1973 in Mougins) Universalgenie: Maler, Graphiker, Bildhauer, Töpfer, Objektkünstler, Bühnenbildner und Dichter. Die bedeutendste Künstlerpersönlichkeit des 20. Jh. 1900 zum ersten Mal in Paris, bereits 1901 erste Ausstellung in Paris. 1901–1904 »Blaue Periode«, 1904–1907 »Rosa Periode«, 1907–1917 Kubismus, dessen Begründer Picasso gemeinsam mit Braque war. »Klassische Periode« (Auseinandersetzung mit der Antike) bis 1924. Danach keiner definierten Stilrichtung mehr zuzuordnen. 1936 das Monumentalgemälde »Guernica«, eine Anklage gegen den Bürgerkrieg in Spanien und die Zerstörung der baskischen Stadt Guernica durch die Legion Condor. Während des Zweiten Weltkriegs in Paris, 1944 Eintritt in die kommunistische Partei. Ab den 1950er Jahren lebte der Künstler überwiegend in Südfrankreich. Picasso hat ein schier unübersehbares Œuvre hinterlassen. Hauptwerke in Paris: Musée Picasso im Hôtel Salé, Centre Pompidou und Musée d'Art Moderne.

Jean-Baptiste Pigalle (geb. 1714 in Paris – gest. 1785 in Paris) Bildhauer. Bedeutender Künstler im Übergang vom Rokoko zum Klassizismus. Nach Lehraufenthalt in Rom 1744 Mitglied der Akademie. Kennzeichnend ist sein ungeschminkter Realismus. Hauptwerke in Paris: Louvre, Kirchen St-Eustache und St-Sulpice.

Germain Pilon (geb. um 1525 in Paris – gest. 1590 in Paris) Bildhauer. Neben Goujon Vollender der französischen Renaissanceskulptur. Knüpfte einerseits an Erfahrungen der späten Gotik an, bezog sich aber in der Hauptsache auf die Schule von Fontainebleau und auf antike Vorbilder, zugleich leitete er den Klassizismus des 17. Jh. ein. Hauptwerke in Paris: Louvre und das Grab Heinrichs II. in St-Denis.

Camille Pissarro (geb. 1830 auf St-Thomas, Kleine Antillen – gest. 1903 in Paris) Maler. Einer der wichtigsten Impressionisten. Kam 1855 nach Paris und wurde dort Maler. Knüpfte an das Werk Corots an und gehörte in den 1870er Jahren neben Monet, Sisley, Renoir und anderen zur Kerngruppe der Impressionisten. Pissarro war Triebfeder bei der Organisation der acht Gruppenausstellungen. In den 1880er Jahren Annäherung an die Pointillisten Seurat und Signac, im Spätwerk Rückkehr zu impressionistischer Helligkeit und Pinselführung. Hauptwerke in Paris: Musée d'Orsay.

Francesco Primaticcio (geb. 1504 in Bologna – gest. 1570 in Paris) Maler. Neben Fiorentino Rosso Begründer und Hauptvertreter der Schule von Fontainebleau. Das dortige Schloss dekorierte er im Stil eines erlesenen Manierismus, das meiste davon leider zerstört.

Pierre-Paul Prudhon (geb. 1758 in Cluny – gest. 1823 in Paris) Maler. Gehört zu den wichtigsten Gestalten des Empire. Begeisterter Anhänger der Revolution, seit 1791 in Paris. Zahlreiche Aufträge durch Napoleon und dessen Verwandte. Seine lyrisch anmutende weiche Malweise bedeutet eine Abwendung von der Linearität des Klassizismus und einen vorbereitenden Schritt in Richtung auf die Romantik. Hauptwerke in Paris: Louvre.

Odilon Redon (geb. 1840 in Bordeaux – gest. 1916 in Paris) Maler und Graphiker. Einer der Hauptvertreter des Symbolismus. Ließ sich 1871 in Paris nieder. Neben Ölbildern steht das Pastell im Vordergrund seines Schaffens. Themen sind Visionen, Phantasmagorien, erotische Kompositionen. Von symbolistischen Autoren (Huysmans, Mallarmé), aber auch von Malerkollegen (Gauguin und besonders Matisse) geschätzt. Hauptwerke in Paris: Musée d'Orsay und Louvre (Cabinet des Dessins).

Pierre Auguste Renoir (geb. 1841 in Limoges – gest. 1919 in Cagnes-sur-Mer) Maler. Neben Monet der wichtigste Impressionist. 1845 zog sein Vater nach Paris. Renoir musste als Porzellanmaler zum Unterhalt der Familie beitragen. Ab 1861 Ausbildung zum Kunstmaler. Freundschaft mit Monet. Renoir war im Gegensatz zu jenem undogmatisch. In den 1870er Jahren Blütezeit des Impressionismus, Renoir malt u.a. »Moulin de la Galette«. Überwogen in dieser Zeit Landschaftsbilder, Stillleben und Porträts, ist das Spätwerk vom Thema des weiblichen Aktes beherrscht. Das Œuvre Renoirs ist Ausdruck von Lebensfreude und Heiterkeit. Die Pastelltönigkeit seiner Palette ist zeitlebens von seiner Erfahrung als Porzellanmaler bestimmt. Anfangs von Corot, Manet und Monet beeinflusst, wandelte sich Renoir im Alter zu einem Traditionalisten, der auf die Kunst Tizians, Giorgiones und Rubens' zurückgriff. Hauptwerke in Paris: Musée d'Orsay und Galerie de l'Orangerie.

Hyacinthe Rigaud (geb. 1659 in Perpignan – gest. 1743 in Paris) Maler. Gesuchter Porträtist und Begründer des höfischen Repräsentationsbildes. Anknüpfend an Champaignes Richelieu-Bildnis (im Louvre) schuf er mit dem ganzfigurigen Porträt Ludwigs XIV. von 1701 (gleichfalls im Louvre) ein weltbekanntes Meisterwerk. Hauptwerke in Paris: Louvre.

Auguste Rodin
Foto von Nadar, 1890

Auguste Rodin (geb. 1840 in Paris – gest. 1917 in Meudon) Bildhauer. Der bedeutendste Bildhauer Frankreichs Ende 19./Anfang 20. Jh. Wird oft als Impressionist bezeichnet. Formal stehen seine Arbeiten mit ihrer unruhigen Oberfläche tatsächlich der Malerei Monets oder Renoirs nahe, inhaltlich jedoch ist das Werk Rodins näher beim Symbolismus angesiedelt. Formal hat Rodin den Torso zu einer eigenen Kunstgattung erhoben. Hauptwerke in Paris: Musée Rodin und Musée d'Orsay.

Rosso Fiorentino (geb. 1495 in Florenz – gest. 1540 in Paris) Begründer und neben Primaticcio Hauptvertreter der Schule von Fontainebleau. Bis 1523 in Florenz, ab 1524 in Rom. Bald nach dem Sacco di Roma (1537) folgte er dem Ruf Franz' I. an den französischen Hof, in dessen Auftrag er die Ausstattung des Schlosses von Fontainebleau übernahm. Entwickelte einen unerschöpflichen Ideenreichtum in der Ornamentik, der die gesamte europäische Kunst des 16. Jh. beeinflusste. Hauptwerk bei Paris: Ausstattung im Schloss von Fontainebleau.

Georges Rouault (geb. 1871 in Paris – gest. 1958 in Paris) Maler. Meister moderner religiöser Malerei. Wegen seines Kolorismus oft fälschlich der Gruppe der Fauves zugerechnet. Während jene auf die Farbe setzten, zählte für Rouault indes der Inhalt. Aus dem Atelier des Symbolisten Moreau hervorgegangen. Es standen Themen der christlichen Religion im Zentrum seines Schaffens, er malte aber auch Clowns, Akte, Marktszenen und beschäftigte sich mit Keramikmalerei. Hauptwerke in Paris: Centre Pompidou und Musée d'Art Moderne.

Henri Julien Félix Rousseau, genannt der Zöllner (geb. 1844 in Laval – gest. 1910 in Paris) Maler. Bedeutendster Vertreter der Naiven Malerei. In Paris in der Stadtverwaltung tätig, jedoch nicht im Zollwesen (der Beiname ist missverständlich), sondern bei der Erhebung von Warensteuern. Ab 1884 kopierte er im Louvre und schuf erste eigene Kreationen. Teilnahme an mehreren Ausstellungen. Ab 1897 in Pension, danach intensive künstlerische Arbeit. Von vielen bewundert, u. a. von Picasso. Hauptwerke in Paris: Musée d'Orsay.

Théodore Rousseau (geb. 1812 in Paris – gest. 1867 in Barbizon) Maler. Einer der Hauptvertreter der Freilichtmalerei und der Schule von Barbizon. Seine melancholisch anmutenden Landschaftsbilder sind meist menschenleer, eine Ode an die Schöpfung und an die Natur. Der Verzicht auf spektakuläre Besonderheiten (z. B. bizarre Ruinen, Wasserfälle und ähnliches) brachte Rousseau von Seiten der offiziellen Meinungsmacher beißende Kritik ein. Monet empfing von Rousseau wichtige Impulse. Hauptwerke in Paris: Louvre und Musée d'Orsay.

Niki de Saint-Phalle (geb.1930 in Neuilly-sur-Seine, einem Vorort von Paris – gest. 2001 in San Diego, Kalifornien) Malerin, Plastikerin, Aktionskünstlerin. Schloss sich in den 1950ern den Nouveaux Réalistes an. Erfand die »Schießbilder« (Spritzen auf die Leinwand). Protest gegen gesellschaftliche Zwänge. Seit 1964 kreierte sie die »Nanas«, grellbunte, oft überlebensgroße Frauengestalten. Enge Zusammenarbeit mit Jean Tinguely, den sie 1961 heiratete. Hauptwerk in Paris: der Strawinsky-Brunnen vor dem Centre Pompidou (mit Tinguely).

Niki de Saint-Phalle, 1997

Georges Seurat (geb. 1859 in Paris – gest. 1891 in Paris) Maler. Begründer und Hauptvertreter des Pointillismus. Schulte sich an der klaren Kompositionskunst Poussins. Ausgehend von der Farbzerlegung der impressionistischen Malerei baute Seurat seine Bilder aus feinen Punkten auf. Diese Technik führte zu Matisse und den Fauves. Hauptwerke in Paris: Musée d'Orsay.

Paul Signac (geb. 1863 in Paris – gest. 1935 in Paris) Maler. Mitbegründer und neben Seurat wichtigster Vertreter des Pointillismus, den er selbst als »Neoimpressionismus« bezeichnete und in theoretischen Schriften rechtfertigte. Gab jedoch Anfang des 20. Jh. den Pointillismus zugunsten einer spontaneren, wieder mehr flächenbetonten Malerei auf. Hauptwerke in Paris: Musée d'Orsay.

Alfred Sisley (geb. 1839 in Paris – gest. 1899 in Moret-sur-Loing) Maler englischer Abstammung. Landschaftsmaler des Impressionismus. Lehrjahre zum Kaufmann in London (1857–1861) brachten ihn mit der Kunst Constables in Berührung und führten ihn zur Malerei. Sisley führte ein unspektakuläres Leben. Seine Landschaftsbilder sind Ausdruck tiefen Friedens. Er fand erst posthum Anerkennung als einer der Großen des 19. Jh. Hauptwerke in Paris: Musée d'Orsay.

Jacques-Germain Soufflot (geb. 1713 in Irancy bei Auxerre – gest. 1780 in Paris) Architekt. Einer der großen Baumeister des 18. Jh. und bedeutender Vertreter des Klassizismus. Ausbildung in Lyon, wo er nach einem Romaufenthalt die 250 m lange Fassade des Hôtel-Dieu entwarf. 1752 nach Paris berufen, wo er schon bald wichtige Ämter bekleidete. Sein Hauptwerk in Paris: das Panthéon, das beim Bau des Kapitols in Washington als Vorbild diente.

Chaim Soutine (geb. 1893 in Smilavicy bei Minsk – gest. 1943 in Paris) Maler. Eine der originellsten Erscheinungen in der Kunst des 20. Jh. Als zehntes von elf Kindern eines jüdischen Dorfschneiders geboren. Kam 1913 zur Ausbildung nach Paris, wo er zeitlebens blieb. Schuf einen expressiven Stil von halluzinatorischer Unruhe. Verzerrte Perspektiven und karikaturistisch überhöhte Porträts sind Ausdruck von der Unerlöstheit des Menschen, seiner Verlorenheit in der Welt. Erst posthum anerkannt. Werke in Paris: Galerie de l'Orangerie, Centre Pompidou.

Henri Toulouse-Lautrec am Arbeitstisch Gemälde von Edouard Vuillard, 1898

Henri Marie Raymond de Toulouse-Lautrec (geb. 1864 in Albi – gest. 1901 auf Château de Malromé, Département Gironde) Maler und Grafiker. Brillanter Chronist der Belle Epoque, Begründer der Plakatkunst. Entstammte einem der ältesten Adelsgeschlechter Frankreichs, war von Kindheit schwer knochenkrank und kleinwüchsig. Ab 1882 in Paris und dort in losem Kontakt mit den Impressionisten. Seine Hauptthemen waren die Vergnügungsstätten, die offiziellen (Zirkus, Varieté, Theater) wie die inoffiziellen (Kneipen, Bordelle). Was für Rodin der Torso war, wurde für Toulouse-Lautrec die locker hingeworfene Skizze, das unfertig gelassene Bild. Hauptwerke in Paris: Musée d'Orsay.

Maurice Utrillo (geb. 1883 in Paris – gest. 1955 in Dax, Département Landes) Maler. Bedeutender Chronist der Stadt Paris. Sohn der ebenfalls hoch begabten Malerin Suzanne Valadon (1865–1938). War als Genremaler Pariser Ansichten hoch geschätzt, 1925 Ausstellungen in Lyon. Brüssel und Mannheim, 1928 Ritter der Ehrenlegion. Malte farbenfroh in expressiver Manier und überwiegend auf Karton. Hauptwerke in Paris: Musée d'Art Moderne, dort auch wichtige Arbeiten seiner Mutter Suzanne Valadon.

Edouard Vuillard (geb. 1868 in Cuiseaux, Burgund – gest. 1940 in La Baule) Maler. Mit Pierre Bonnard Gründer der Künstlergruppe der Nabis. Anfangs unter dem Einfluss Chardins stehend, wandelte sich sein Stil unter dem Eindruck japanischer Kunst zu schwereloser Leichtigkeit. Zentrale Gestalt im Pariser Kulturleben um 1900. Hauptwerke in Paris: Musée d'Art Moderne.

Edouard Vuillard, Selbstbildnis, undatiert

Antoine Watteau (geb. 1684 in Valenciennes – gest. 1721 in Nogent-sur-Marne) Maler. Hauptvertreter der Malerei der Régence und Wegbereiter des Rokoko. Seit 1701 in Paris, wo er schon bald mit wichtigen Ausstattungsaufträgen bedacht wurde. Kreierte einen neuen Bildtyp, heitere Festszenen, die ihm die Bezeichnung »peintre des fêtes galantes« eintrugen. Die Tiefgründigkeit, die Watteau in diese Bilder legte, ging im Rokoko, der das Genre aufgriff, verloren. Hauptwerke in Paris: Louvre.

Ossip Zadkine (geb. 1890 in Smolensk – gest. 1967 in Paris) Bildhauer. Einer der bedeutendsten Bildhauer in der Nachfolge des Kubismus. Seit 1910 in Paris. Freiwillige Teilnahme am Ersten Weltkrieg, um die französische Staatsbürgerschaft zu erlangen. Während des Zweiten Weltkriegs Flucht nach New York. Als Pendant zu Picassos »Guernica« schuf Zadkine 1948 das Denkmal der zerstörten Stadt Rotterdam (dort 1953 aufgestellt). Zadkines Skulpturen sind ein Bekenntnis zu einem humanistischen Menschenbild. Hauptwerke in Paris: Musée Zadkine.

Die Hallen von Baltard Lithographie, 1861 ▷

Spaziergänge durch Paris

Kathedrale Notre-Dame

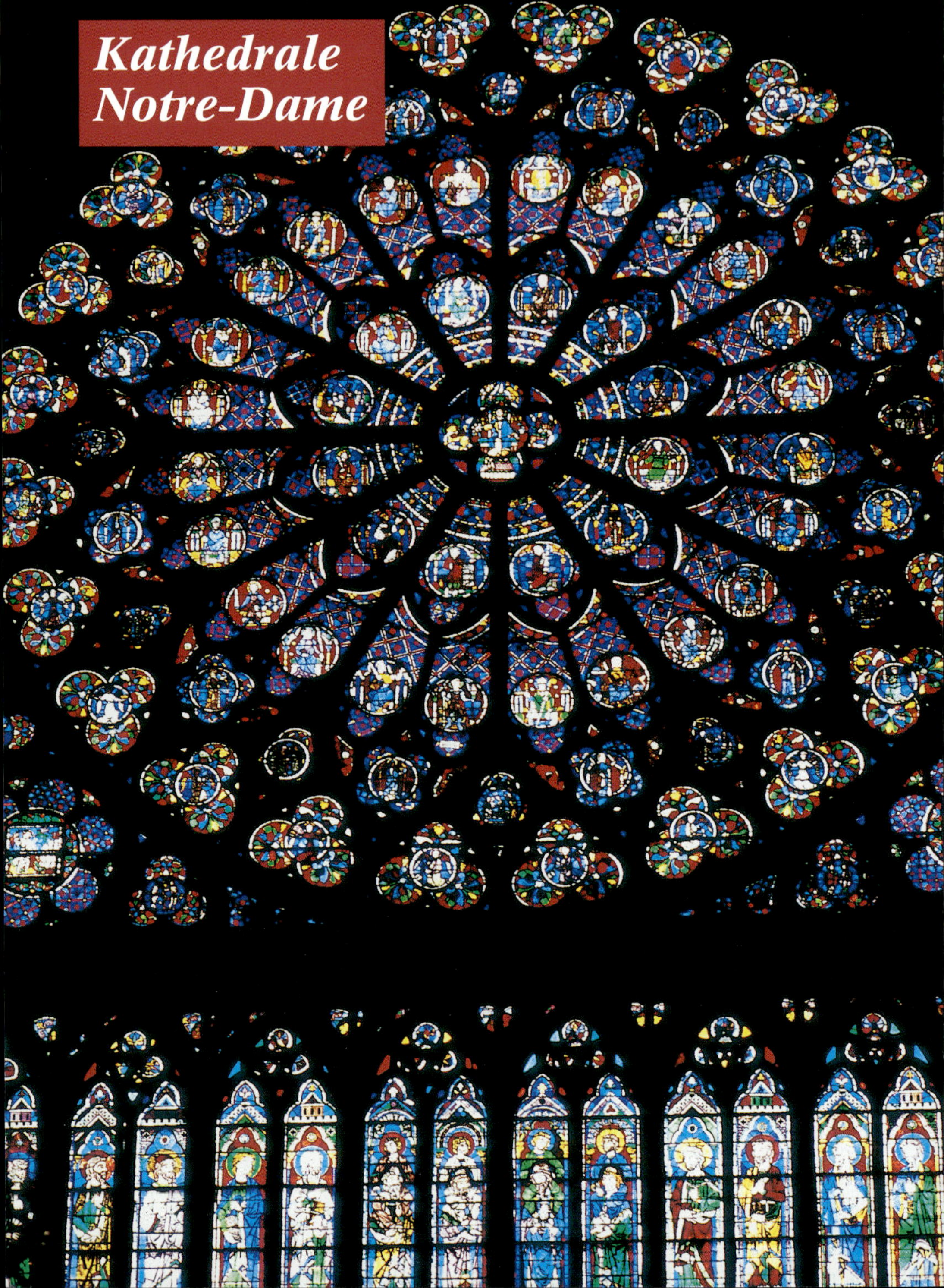

Notre-Dame☆☆

1831 veröffentlichte Victor Hugo den Roman »Notre-Dame de Paris« (»Der Glöckner von Notre-Dame«), in dessen Mittelpunkt die Zigeunerin Esmeralda und Quasimodo, der bucklige Glöckner der Kathedrale, stehen. Hugo entwirft in dem Buch ein romantisch gefärbtes Bild des spätmittelalterlichen Paris und seiner Kathedrale. Der mehrfach verfilmte und 1999 zum Musical verarbeitete Roman hat in Frankreich die Wiederentdeckung des Mittelalters und besonders der Gotik in demselben Maße gefördert wie in Deutschland Goethes Beschreibung des Straßburger Münsters.

Obwohl andere Kathedralen die Pariser Bischofskirche an Größe übertreffen, gilt Notre-Dame doch seit jeher als Inbegriff gotischer Baukunst. Im 14. Jh. nennt ein Chronist Notre-Dame die höchste Kirche des Königreichs, obgleich die Mittelschiffgewölbe der Kathedralen in Chartres, Reims, Amiens und Beauvais jene von Notre-Dame (35 m) um knapp 2, bzw. 3, 7 und sogar 13 m überragen. Notre-Dame wurde selten an den Folgebauten der hochgotischen Generation, sondern fast immer an anderen Kathedralen der ersten Generation der Gotik gemessen, deren Höhe sie tatsächlich deutlich übertrifft: Senlis 18 m, Noyon knapp 23 m, Laon 24 m. Zweifellos markiert Notre-Dame innerhalb der Entwicklung der gotischen Kunst einen besonderen Höhepunkt, sodass das bereits im Mittelalter geprägte Urteil bis auf den heutigen Tag seine Gültigkeit besitzt: Notre-Dame ist und bleibt Inbegriff der französischen Gotik.

Baugeschichte

Als 1163 wahrscheinlich in Anwesenheit Papst Alexanders III., der sich in Frankreich der Unterstützung Ludwigs VII. gegen seinen Widersacher Kaiser Friedrich I. Barbarossa versicherte, der Grundstein gelegt wurde, waren dem Projekt offenbar umfangreiche Planungen vorausgegangen. Drei Kirchen mussten dem Neubau weichen (die alte Kathedrale St-Etienne, die Marienkirche und das Baptisterium St-Jean), deren unterschiedliche Funktionen fortan unter einem Dach vereint waren, zudem war ein Teilabriss des alten Krankenhauses sowie etlicher Wohnbauten unumgänglich. Mit der Anlage einer neuen Straßenachse ist der Bau von Notre-Dame also mehr als nur die Errichtung eines einzelnen Bauwerks, es handelt sich um eine frühe städtebauliche Maßnahme. Initiator war Bischof Maurice de Sully, ein hoch gebildeter Theologe, der der Kirchenreform nahe stand.

Zu Sullys geistiger Haltung steht der Aufwand des Bauwerks in einem unübersehbaren Widerspruch. Sein Amtskollege in Sens, Erzbischof Henri Sanglier, hatte zwar eine Kathedrale errichten lassen, die nur unwesentlich kürzer ausfiel als Notre-Dame (122 m gegenüber 127 m in Paris), aber die Gewölbe von etwas weniger als 20 m Höhe erscheinen als deutlicher Ausdruck der Bescheidenheit und sind vielleicht die direkte Antwort auf den Appell des hl. Bernhard an die Bischöfe des Landes, beim Bau ihrer Kirchen maßvoll vorzugehen. (Nachfolger Henri Sangliers empfanden die Kathedrale in Sens als zu niedrig und erhöhten die Gewölbe seiner Kirche Mitte des 13. Jh. auf etwas mehr als 24 m). Die auffallende Größe von Notre-Dame erklärt sich aus der Tatsache, dass neben dem Bischof noch andere relevante Personenkreise Einfluss auf die Planung nahmen. In vorderster Front ist der König zu nennen, dem der Bischof von Paris lehnspflichtig war. Notre-Dame ist also ganz explizit auch als Ausdruck der

◁ Notre-Dame, die Rose im südlichen Querhaus

12. Jh.
13. Jh.
14. Jh.

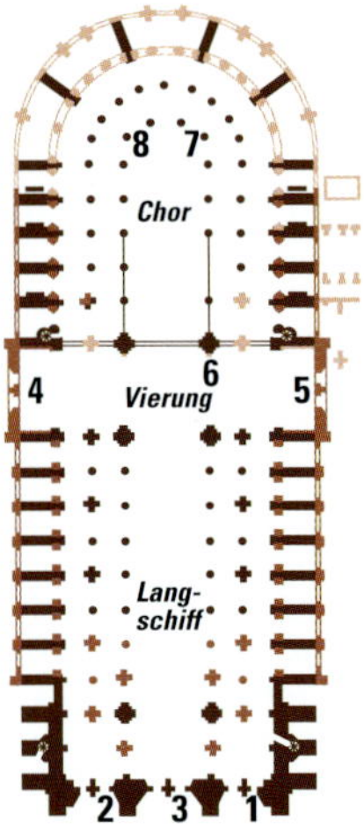

Notre Dame, Grundriss
1 Annenportal
2 Marienportal
3 Weltgerichtsportal
4 Nördliche Querhausfassade
5 Südliche Querhausfassade
6 Statue Notre-Dame de Paris
7 Statue Ludwig XIII.
8 Statue Ludwig XIV.

im 12. Jh. erstarkten monarchischen Zentralgewalt zu sehen. Daneben beteiligten sich die Bürger, vor allem die wohlhabenden Zünfte, die ihrerseits in der Größe des Denkmals ein geeignetes Mittel der Selbstdarstellung erblickten.

Die Finanzierung stand auf soliden Fundamenten. Einerseits schöpfte der Bischof aus reichen Pfründen, andererseits beteiligte sich das Bürgertum eifrig an den Kosten, und schließlich flossen aus der königlichen Schatulle weitere Mittel. Bauunterbrechungen infolge finanzieller Engpässe, wie sie oftmals die Arbeiten an anderen großen Projekten der Zeit zum Erliegen brachten, waren in Paris ausgeschlossen. Das erklärt das in Anbetracht der Riesenausmaße des Bauwerks relativ zügige Fortschreiten des Vorhabens. Schon nach 20 Jahren (1182) wurde der Chor, der annähernd dieselben Ausmaße besitzt wie das Langhaus, geweiht und für den Kult in Benutzung genommen (nach Westen durch eine provisorische Wand geschlossen). 1196 starb Maurice de Sully, der seiner Metropolitankirche testamentarisch 100 Pfund für die Bleiverdachung vermachte, ein Indiz dafür, dass zu diesem Zeitpunkt die Wände des basilikalen Langhauses schon weit gediehen waren. Anfang des 13. Jh. wuchs die Westfassade empor. Deren Untergeschosse mussten zuerst stehen, bevor man die beiden letzten Joche des Langhauses aufführen konnte, denen der Westbau als Widerlager dient. Gegen 1220 war das Gebäude im wesentlichen fertig gestellt. An der Fassade wurde noch bis in die Mitte des 13. Jh. weitergearbeitet.

Dennoch sollte Notre-Dame weiterhin Baustelle bleiben. Man begnügte sich nicht mit dem erzielten Resultat. Noch während man am Langhaus und an der Westseite arbeitete, entstanden im geographischen Umfeld der Ile de France, der Champagne und der Picardie die Riesenkathedralen der Hochgotik: Chartres (Baubeginn 1195), Reims (ab 1211) und Amiens (ab 1220). Offenbar durfte die Königskirche der Hauptstadt nicht hinter diesen zurückstehen. Ab 1220 wurde deshalb der Aufriss der Hochschiffwand im Innern dem neuen Stand der Entwicklung angepasst. Alsbald folgte der Ausbau der Kapellen zwischen den Strebebögen. Die damit einhergehende Verbreiterung des Bauwerks machte wiederum eine Verlängerung der Querschiffarme um je ein Joch nach Norden bzw. nach Süden erforderlich. Mit dieser Aufgabe wurde der Baumeister Jean de Chelles beauftragt (die Namen der Architekten des 12. und frühen 13. Jh. sind nicht überliefert), der zuerst die neue Fassade des Nordquerhauses errichtete. Über dem Projekt des Südquerhauses starb Jean de Chelles hinweg. Ihm folgte in der Bauleitung Pierre de Montreuil. Gegen 1300 war Notre-Dame dann endgültig fertig gestellt. Mit Notre-Dame fand der frühgotische Kirchenbau der Ile de France seinen Abschluss und zugleich seine Vollendung.

Nachfolgende Jahrhunderte haben nur wenige Veränderungen vorgenommen, auch dies ein in der Geschichte der gotischen Kathedralen Frankreichs eher seltener Fall. Erst Ende des 17. Jh. erfüllte Ludwig XIV. das von Ludwig XIII. gegebene Gelübde, im Falle der Geburt eines Stammhalters den Altar durch einen barocken Hochaltar zu ersetzen. Weitere Barockisierungsmaßnahmen verunklärten das gotische Gesicht besonders im Ostteil des Bauwerks. In der Revolution nahm Notre-Dame schweren Schaden. Fast der gesamte Skulpturenschmuck der Westfassade wurde 1793 vernichtet. Dem geplanten Abriss entging das Gebäude durch den Entschluss Robespierres, die profanierte Kathedrale dem »höchsten Wesen« zu weihen. 1802 wieder dem Kult zurückgegeben, war Notre-Dame 1804 Schauplatz der Krönung Napoleons zum Kaiser. Zu dieser Zeit muss sich das Bauwerk bereits in einem beklagenswerten Zustand befunden haben. Gegen die Mitte des 19. Jh. bestand akute Einsturzgefahr. 1844 begannen Viollet-le-Duc und der Architekt Lassus mit umfänglichen Restaurierungsmaßnahmen, die sich über 20 Jahre hinzogen. 1866 fand eine feierliche Neuweihe statt. Es war dies die erste große Restaurierungskampagne des Historismus.

Notre-Dame wird wie praktisch alle großen Kathedralen immer eine Baustelle und insbesondere ein Betätigungsfeld der Restauratoren bleiben. In den 1970er Jahren wurde das gesamte Bauwerk, das sich mit dem Ruß und den Schadstoffemissionen der Millionenstadt schwärzlich überzogen hatte, kostenaufwändig gereinigt. Doch schon nach nur 20 Jahren hatte sich erneut der Grauschleier über das Gebäude gezogen, sodass Ende des 20. Jh. bereits die nächste Reinigungsaktion fällig war.

Am 26. Dezember 1999 tobte ein Orkan über Nordfrankreich und über Paris, der schwere Schäden anrichtete. Notre-Dame war besonders betroffen. Kaum hatten die Restauratoren im Herbst des Jahres die Gerüste abgenommen, mussten sie zum Jahresbeginn 2000 erneut aufgerichtet werden.

Der Parvis und die Ausgrabungen

Anfang der 1970er Jahre erhielt der Platz vor Notre-Dame, der Parvis (der Name leitet sich von Paradies ab) seine jetzige Gestalt. In seiner Mitte gibt eine schlichte Bronzetafel jenen Punkt an, von dem aus alle Entfernungen der Nationalstraßen Frankreichs gemessen werden. In der Südostecke des Platzes steht ein Denkmal Kaiser Karls des Großen. Vielleicht wird sich mancher in seiner Betrachtung der Tatsache bewusst, dass die Geschichte Frankreichs und Deutschlands, über Jahrhunderte durch Kriege überschattet, aus gemeinsamen Wurzeln hervorgegangen ist.

Als man 1965 damit begann, unter dem Platz Ausschachtungsarbeiten für eine Tiefgarage vorzunehmen, stieß man auf archäologisch bedeutsame Funde. Es wurde deshalb nur ein Teil des Areals für das Parkhaus ausgebaut, die ergrabenen Baufundamente dagegen wurden freigelegt und mit einer Betondecke überdacht. Wer der Geschichte von Notre-Dame bis in ihre Anfänge nachspüren möchte, steigt deshalb zunächst in die Katakomben hinab (Eingang beim Zugang zum Parkhaus auf der Westseite des Platzes). Man sieht Fundamente aus allen Epochen der Pariser Geschichte: gallo-römische Hypokausten, Teile einer spätantiken Stadtmauer, einen Anschnitt von der merowingischen Kathedrale St-Etienne aus dem 6. Jh. und Reste mittelalterlicher Häuser. Zur genauen Orientierung erhält man an der Kasse einen exakten Plan mit ausführlicher Beschreibung (kostenlos, auch in deutscher Sprache).

Die Westfassade

Der Gestaltung der Westwand von Notre-Dame ist ein langer entwicklungsgeschichtlicher Weg vorausgegangen. Romanische Kirchen kannten in der Regel nur die eintorige Fassade. Erst gegen die Mitte des 12. Jh. setzte sich der Typus der Dreiportalanlage durch (Ste-Madeleine in Vézelay in Burgund ca. 1130–1140, St-Gilles in Südfrankreich zur selben Zeit). Seit dem Neubau der Abteikirche von St-Denis wurde der Dreiportaltypus vorherrschend. Das Muster von Laon, wo den drei Portalen ein tiefer offener Narthex vorgeblendet ist, wurde wieder aufgegeben. Stattdessen dominiert die verhalten plastisch gegliederte Wand. Es finden keine Geschossüberschneidungen etwa durch Wimperge statt, tiefe Höhlungen werden vermieden.

Man zählt drei Geschosse. Unten öffnen sich die tief in das Mauerwerk gestuften Portale, wobei das mittlere gegenüber den seitlichen nur geringfügig erhöht erscheint. Die attikaähnliche Königsgalerie darüber bildet den oberen Abschluss der Portalzone. Im Geschoss darüber beherrscht das große Rosenfenster die Mitte, in den Seitentrakten öffnen sich Zwillingsfenster unter übergreifenden Blendbögen. Die Disposition korrespondiert mit den Toren der Portalzone; die Analogie beider Geschosse trägt wesentlich zum geschlossenen Gesamtbild der Fassade bei. In der Romanik des Poitou findet sich dieser Bezug zwischen Portalbereich und Obergeschoss vorgebildet. Der Königsgalerie entspricht als oberer Abschluss des zweiten Stockwerks die feingliedrige offene Arkadenreihe. Über beide Geschosse führen als vertikale Unterteilungen zwischen Mitte und Seiten die wenig hervortretenden Strebepfeiler.

Zuoberst erheben sich die beiden Türme, ein Motiv, aus Burgund hervorgegangen (St-Philibert in Tournus), das durch die normannische Baukunst des 11. Jh. monumentalisiert wurde (St-Etienne in Caen) und seither ein unverbrüchlicher Bestandteil des europäischen Sakralbaus blieb. Während man bei anderen Kathedralen, deren Turmhelme nicht ausgeführt wurden, deren Fehlen schmerzlich vermisst, erscheinen an Notre-Dame die Proportionen der beiden Turmstümpfe zum Baukörper der Fassade derart stimmig und ausgewogen, dass man das Fehlen von Helmen eher begrüßt. Die klare, übersichtliche, ja, beinahe ein wenig nüchtern anmutende Gesamterscheinung der Westfassade von Notre-Dame hat die Baumeister anderer gotischer Kathedralen wenig beeinflusst. Dieser rationale und auf das Wesentliche reduzierte Zug des Bauens sollte über die Jahrhunderte

Notre-Dame, die Westfassade ▷

ein Grundzug pariserischen Empfindens bleiben. Dagegen hat die Ausbildung der feingliedrigen Maßwerkarkaden schulbildenden Charakter angenommen. Ihre Gestalt sollte nicht nur innerhalb Frankreichs, sondern auch über dessen Grenzen hinaus – vor allem in Deutschland – vielfache Nachahmung finden. Man spricht deshalb auch in der Nachfolge der Pariser Hochgotik von Rayonnantgotik (*rayonner* = ausstrahlen).

Die Portalskulpturen

Die Betrachtung der Skulpturen der drei Portale klärt darüber auf, dass diese zu unterschiedlichen Zeiten entstanden. Um Missverständnissen vorzubeugen, sei der Betrachtung der Figuren die Feststellung vorausgeschickt, dass sämtliche Gewände- und Trumeaufiguren sowie die Statuen der Königsgalerie Neuschöpfungen des 19. Jh. sind. Das gilt gleichfalls für die an den Strebepfeilern angebrachten vier Statuen des Stephanus, der Synagoge und Ecclesia sowie des Dionysius. Die Beschreibung beschränkt sich auf die Originalsubstanz in den Tympana und den Archivolten. Wir gehen chronologisch vor.

Annenportal

Als erstes entstand das rechte Seitenportal, das so genannte **Annenportal.** Es datiert aus den Jahren nach der Grundsteinlegung und war mit Sicherheit ursprünglich für einen anderen Platz gedacht, möglicherweise als eines der Querhausportale. Es wurde der bald nach 1200 entstehenden Westfassade einverleibt. Im Tympanon thront die Muttergottes mit dem Christuskind. Ihre strenge Frontalität lässt noch eine enge Bindung an die Romanik erkennen. Ihr zu Seiten sieht man neben zwei weihrauchfassschwingenden Engeln einen knienden König (rechts), früher als Darstellung Chlodwigs interpretiert, während man heute eher meint, dass es sich um König Ludwig VII. handelt, gegenüber einen stehenden Bischof und hinter diesem einen sitzenden Kleriker; der Bischof, analog zu Chlodwig einst als Remigius gedeutet, gilt heute als Abbild des Bauherrn, Bischof Maurice de Sully. Der Geistliche hinter ihm könnte entsprechend der Dekan des damaligen Domkapitels, Barbedor, sein. Die strenge Bindung in das Relief mit wenig körperlichem Volumen sowie die ornamental empfundenen Gewanddraperien sind weitere Erkennungsmerkmale der französischen Skulptur am Übergang von später Romanik zu früher Gotik. Aus derselben Zeit um 1170 stammt der obere Teil des zweigeschossigen Architravs mit Szenen aus dem Marienleben: Mariä Tempelgang, Jesaja, der die Parthenogenese (= jungfräuliche Geburt) prophezeit hatte, Verkündigung, Heimsuchung (= Maria begegnet der schwangeren Elisabeth), Geburt, Verkündigung an die Hirten, Herodes und die drei Könige aus dem Morgenland. In einem zweiten Streifen darunter, der erst Anfang des 13. Jh. entstand, als das Annenportal hier seinen festen Platz erhielt, sieht man Szenen aus dem Leben Annas und Joachims, der Eltern Marias (wonach das gesamte Portal seinen Namen erhielt). Die Skulpturen in den Archivolten sind nicht restlos identifiziert. Man erkennt u.a. Engel, alttestamentliche Propheten, Könige und die Ältesten aus der Apokalypse, auch dieses Schöpfungen des frühen 13. Jh. Die Gestalt am Trumeau (19. Jh.) stellt einen legendären Pariser Bischof dar, Marcellus, der die Stadt vor einem Untier gerettet haben soll. Das stark beschädigte Original ist erhalten und befindet sich im Musée de Cluny.

Das linke Seitenportal entstand dagegen explizit für diese Stelle und gehört entsprechend zur Gotik des 13. Jh. Die Skulpturen werden in die Zeit zwischen 1210 und 1220 datiert. Seiner Ikonographie verdankt es den Namen **Marienportal.** Wir lesen von unten nach oben. Im Architrav sitzen sechs alttestamentliche Patriarchen (links) und Könige; sie rahmen die Bundeslade, die unter einem kleinen Baldachin dargestellt ist. Der gotische Baldachin, von Hans Sedlmayr noch als Abbild des Himmels angesprochen, wird von der neueren Forschung (Robert Suckale) etwas allgemeiner – und vor allem diesseitsbezogener – als Hoheitszeichen interpretiert. In der Typologie des Mittelalters (Gegenüberstellung von Altem und Neuem Testament) wurde die Bundeslade unterschiedlich gedeutet. Hier ist wohl die Präfiguration der Verkündigung gemeint, also ein ganz konkreter Bezug zur Muttergottes.

Marienportal

Im Streifen darüber sieht man eine Komposition, in der zwei sonst voneinander getrennte Bildtypen miteinander verschmelzen: den Tod Mariens und ihre Aufnahme in den Himmel. Zwei gebeugte Engel tragen die Muttergottes auf einem Tuch. Ihre Bewegung drückt die Einbettung des Körpers der Verstorbenen in den Sarkophag wie gleichfalls dessen Erhebung aus selbigem aus. Die Gemeinschaft der Apostel ist in stummer Versunkenheit um das Geschehen versammelt. Zwei von ihnen haben seitlich auf Stühlen Platz genommen und stützen ihre Köpfe gedankenschwer in eine Hand. Im Mittelpunkt erscheint Christus, der den Corpus seiner Mutter mit zarter Geste berührt, Hinweis auf Auferstehung und Himmelfahrt.

In dem flächenmäßig vergleichsweise kleinen Tympanon vollzieht sich die Krönung Mariens zur Himmelskönigin. Sitzend wendet sie sich Christus in Adorationshaltung zu, dieser, gleichfalls thronend, empfängt sie mit dem Segensgestus, während ihr ein von oben herabschwebender Engel die Krone aufs Haupt drückt. Die Feierlichkeit und überirdische Heiligkeit des Geschehens betonen zwei seitlich kniende Engel mit Kandelabern in Händen. Als Zeugen des Ereignisses assistieren in den Archivolten Statuen und vor allem Halbfiguren von Engeln, Propheten, Königen und Heiligen. Das Portal bezieht sich auf den Himmelfahrtstag der Muttergottes (15. August), das Hauptfest der Pariser Bischofskirche und auch heute noch einer der wichtigsten Feiertage in Frankreich. In der Ikonographie (sitzende Krönungsgruppe mit knienden Engeln) wie im Stil ist das Marienportal vom Tympanon des nördlichen Querhausportals der Kathedrale in Chartres abhängig. Gemeinsam ist beiden Werken (Chartres datiert um 1210) die Annäherung an antike Statuarik. Anders als die noch der Romanik verpflichteten Gestalten des Annenportals mit ihrer festen Bindung an den Hintergrund sind diese Gestalten von körperlichem Volumen erfüllt. Die stofflich empfundenen Gewandbahnen mit ihrem kunstvoll drapierten Faltenspiel künden vom Aufbruch in ein neues Zeitalter, das stärker von der Wahrnehmung irdischer Wirklichkeit geprägt ist als die jenseitsbezogenen Abstraktionen der Romanik. Zu beachten sind auch die Pfostenreliefs mit Darstellungen der Tierkreiszeichen.

Notre-Dame, das Weltgerichtsportal

Mittelportal

Auch wenn die Chronologie nicht restlos geklärt ist, kann man davon ausgehen, dass das **Mittelportal (Weltgerichtsportal)** das jüngste unter den drei Toren der Westfassade von Notre-Dame ist. Die im Musée de Cluny aufbewahrten Torsi der Gewändestatuen (Apostel, im 19. Jh. durch Repliken der Apostelfiguren vom Nordquerhaus der Kathedrale in Bordeaux ersetzt) lassen noch dieselbe antikische Gesinnung erkennen wie die Figuren vom Marienportal, dürften also gleichzeitig mit jenen entstanden sein (also 1210/20). Anders die Skulpturen im Tympanon: Sie sind schlanker gearbeitet und in Gewänder gehüllt, die weit weniger verspielt sind. Sie zeigen durchgehende Falten und insgesamt eine straffere Organisation der Draperie. Hier hat das Pariser Atelier – wohl in den Jahren 1220/30 – die Abhängigkeit von den Chartreser Meistern abgestreift und ein eigenes Profil gewonnen. Diese auf schlichte Monumentalität hinzielende Sprache wurde ihrerseits zum Vorbild und erscheint wenig später an den Kathedralen in Amiens und Reims. Nun hatte Paris nicht nur in der Architektur, sondern auch in Sachen der Bildhauerei die Führungsrolle an sich gezogen.

Nach Chartres (Südquerhaus, Mittelportal) ist das Mittelportal von Notre-Dame das zweite Weltgerichtsportal der französischen Hochgotik. Es heißt zwar immer, das Weltgericht sei das Hauptthema romanischer Tympana gewesen, doch das Gegenteil ist der Fall. Die Tympana der Romanik zeigen in der Regel eine Christusfigur im Zentrum, doch erscheint diese in wechselnden ikonographischen Rollen, mal als Himmelfahrender (Toulouse, St-Sernin), mal als Teil des Pfingstgeschehens (Vézelay, Ste-Madeleine) oder als Parusiechristus (Moissac, St-Pierre), jedoch nur selten sieht man den Heiland in der Rolle des Weltenrichters (Autun, St-Lazare; Conques, Ste-Foy). Erst in der Gotik mausert sich das Weltgericht zum zentralen Thema der Portalikonographie. Die Erklärung dafür liegt auf der Hand. Den Mönchen als Initiatoren der romanischen Bilderwelt war vor allem daran gelegen, den Gläubigen Anteil nehmen zu lassen an spirituellen Erfahrungen. Bischöfe dagegen mussten als Vertreter des Weltklerus auf Einhaltung von Gesetz und Ordnung in ihren Kathedralstädten achten. Zudem galt es, den Autoritätsanspruch der Kirche kenntlich zu machen. Nichts war da geeigneter als das Thema des Weltgerichts, das jedem Vor- und Nachteile eines jeweiligen Lebenswandels plastisch vor Augen führte.

Leider ist der Architrav zerstört. Er wurde im 18. Jh. entfernt, da er bei feierlichen Prozessionen den hoch aufragenden Flaggen, Standarten und Baldachinen hinderlich war. Man ersetzte ihn später durch eine stilistisch unpassende Darstellung der Auferstehung der Toten. Original sind nur noch der Streifen darüber und das Tympanon. Der Streifen zeigt die Auserwählten (links) und die Verdammten, zwischen ihnen erkennt man den Erzengel Michael mit der Seelenwaage und den Teufel. Es fällt auf, dass jene Gruppe, die in das Paradies gelangt, fast ausschließlich aus gekrönten Gestalten besteht – eine deutliche Anspielung auf die Heiligkeit des französischen Königtums

– und dass sich unter den Verdammten mehr Frauen als Männer befinden, was der mittelalterlichen Sicht entspricht, wonach die Frau durch die Erbsünde stärker belastet sei als der Mann. Und noch etwas fällt ins Auge: Während sich bei den wenigen Weltgerichtsdarstellungen der Romanik die Trennung von Gut und Böse in Turbulenz und Chaos vollzieht und auf Seiten der Verdammten teuflisches Treiben, Heulen und Zähneklappern im Vordergrund stehen, vollzieht sich hier das Ganze in erstaunlicher Ordnung und Gesammeltheit. Auch dies dürfte als Indiz für die Führungsrolle der Kirche zu verstehen sein, die alles in rechten Bahnen zu lenken gedachte und ja gerade Anfang des 13. Jh. in Papst Innozenz III. die mächtigste Gestalt ihrer Geschichte auf dem Stuhl Petri gesehen hatte.

Beherrschende Figur im abschließenden Tympanon darüber ist Christus in der Pose des Weltenrichters. Aber wie grundsätzlich anders erscheint er gegenüber vergleichbaren Darstellungen in romanischen Portalen! Statt mit herrischer Geste auf die Verdammten zu weisen und die Auserwählten zu segnen, hat er die Hände erhoben und präsentiert dem Betrachter die Wundmale seiner Handflächen. Die entblößte rechte Hälfte seiner Brust gibt zudem den Blick auf die Seitenwunde zu erkennen (heute nicht mehr genau auszumachen; man muss sich das Ganze im ursprünglichen Zustand farbig gefasst vorstellen). Doch völlig neu ist diese Auffassung eines Wundmalechristus (dasselbe auch am Südportal in Chartres) in der Gotik doch nicht. Im Tympanon der Klosterkirche in Beaulieu-sur-Dordogne war dieser Typus bereits Mitte des 12. Jh. in einem Beispiel der Romanik vorgebildet worden. Die Füße des Richters sind auf einer Stadtarchitektur mit Türmen und Zinnen postiert, die als Wiedergabe des Himmlischen Jerusalems zu verstehen ist, gemäß der Beschreibung in der Offenbarung des Johannes. Zu Seiten des Heilands stehen zwei Engel mit den wichtigsten Leidenswerkzeugen in Händen, dem Kreuz und der Lanze des Longinus.

In den seitlichen Zwickelfeldern knien die Fürbitter Maria und Johannes. Dieser Bildtypus ist aus der byzantinischen Ikonographie hervorgegangen, hat aber einen entscheidenden Bedeutungswandel durchgemacht. Während im byzantinischen Bilderkreis die beiden Fürbitter grundsätzlich stehen, hatten die Chartreser Bildhauer (bzw. deren Auftraggeber) eine Akzentverschiebung vorgenommen, indem sie Maria und Johannes sitzend darstellten. Das Pariser Atelier geht nun noch einen ganzen Schritt weiter und lässt die beiden wichtigsten Assistenzfiguren des Jüngsten Gerichts niederknien. Der inhaltliche Akzent wird demnach von unnahbarer Strenge in Richtung auf Demut und Barmherzigkeit verschoben. Beinahe unterwürfig setzen sich Maria und Johannes als Fürsprecher der sündigen Menschheit bei ihrem Richter ein.

Insgesamt vermittelt diese Art der Weltgerichtsdarstellung dem Betrachter den Eindruck, dass er eine berechtigte Hoffnung auf Erlösung hegen darf. Indem der Christus die Unnahbarkeit romanischer Richtergestalten aufgegeben hat, wird auch sein Antlitz milder und glatter. In der Gestalt des Weltenrichters von Paris bereitet sich der Typus des »Beau Dieu«, des schönen Christus, vor, wie er wenig später an den Trumeaus der Kathedralen von Amiens und Reims erscheint.

Die sechs Archivolten beziehen sich inhaltlich auf das Geschehen in Architrav und Tympanon. Dort erkennt man Abraham, der die Seelen der Erlösten in seinem Schoße aufnimmt (links), und Teufel, die die Verurteilten ihren höllischen Strafen zuführen. Ferner sieht man (von innen nach außen) in zwei Reihen konzentrisch auf Christus orientierte Engelhalbfiguren, Patriarchen und Propheten, geistliche Würdenträger, Märtyrer und heilige Jungfrauen.

Man beachte auch die qualitätvollen Reliefs der Sockelzone mit den Personifikationen von Tugenden und Lastern (links weitgehend original, rechts stark erneuert).

Die Bedeutung der **Königsgalerie** mit ihren 28 3,50 m hohen Statuen, die sich als geschlossener Streifen oberhalb der drei Portale quer über die gesamte Fassade zieht, ist nicht schlüssig geklärt (sämtliche Figuren 19. Jh., die Torsi und Köpfe der originalen Statuen im Musée de Cluny). Es kommen zwei Möglichkeiten in Betracht: Entweder handelt es sich um alttestamentliche Gestalten, wie sie seit dem Königsportal in Chartres zum festen Bestandteil gotischer Portalikonologie wurden, oder es sind französische Monarchen gemeint. Allerdings ist nicht auszuschließen, dass beide Bedeutungsebenen zusammenfallen. Das Marienportal zeigt ja, dass man auch in der Gotik, wie bereits zuvor in der Romanik, oft verschiedene Inhalte in einer einzigen Darstellung zusammenfasste. Weil man die Figuren in der Revolutionszeit für Repräsentanten des verhassten Königtums hielt, wurden sie entfernt und zerstört. Wir wissen, dass einige der abgeschlagenen Köpfe nach 1793 jahrelang als öffentliches Pissoir herhalten mussten, bevor sie verschwanden und erst 1977 wie durch ein Wunder wieder zu Tage traten.

Die Fassade des Nordquerhauses

Die Errichtung von Seitenkapellen zwischen den Strebepfeilern machte kurz nach 1245 die Erweiterung der beiden Querschiffarme notwendig. Die Arbeiten begannen auf der Nordseite unter der Leitung des Architekten Jean de Chelles, des ersten Baumeisters von Notre-Dame, der uns namentlich überliefert ist. Der Fassadenaufriss weicht deutlich von der nüchternen Linienführung und dem ordnenden Ernst der Westfassade ab, die zwar als ein signifikantes Beispiel spezifisch pariserischen Empfindens, aber keineswegs repräsentativ für die französische Hochgotik gelten kann. Hier staffelt der Baumeister die unterschiedlichen Zonen räumlich hintereinander und arbeitet mit geschossübergreifenden Motiven, wie es für die Kathe-

Notre-Dame
Trumeaumadonna des Nordquerhauses

dralen der Hochgotik kennzeichnend ist. Das Untergeschoss ist mit einer Fülle von Blendmotiven überzogen: schmalen Arkaden, Dreipässen, Wimpergen mit Krabbenbesatz und zierlichen Kreuzblumen. Das Portal und die seitlichen Scheinportale überfangen spitze Wimperggiebel, ein Motiv, das seinen Ursprung in der südwestfranzösischen Romanik hat. Besonders der höhere mittlere Wimperg ist weit hinauf in das zweite Geschoss gezogen und überlappt dort eine Reihe von Maßwerkfenstern, die gegenüber der Portalzone zurückgestuft erscheinen. Das darüber aufgehende Rosenfenster fluchtet seinerseits noch einmal geringfügig zurück. Es ist unten durch eine kleine Balustrade überschnitten, die die Reihe der Maßwerkfenster nach oben abschließt, also auch hier ein geschossübergreifendes Motiv. Im Giebelfeld als oberem Abschluss, von zwei offenen Tabernakeln umstellt, erscheint ein weiteres Radfenster.

Die filigrane Struktur des gesamten Aufbaus wie des Dekors ist ohne eine genaue Vorzeichnung kaum vorstellbar. Willibald Sauerländer sieht darin ein »Flair von Schick und Luxus«. Jean de Chelles hat mit diesem Fassadenentwurf eine bahnbrechende Lösung geschaffen, die – anders als die Westfassade von Notre-Dame – überall in Frankreich, ja in ganz Europa Nachfolge fand. Hatte Paris bereits vor der Mitte des 13. Jh. im Bereich der Skulptur eine Führungsrolle übernommen, so zog die Hauptstadt Frankreichs bald nach der Mitte des 13. Jh. auch in Sachen der Architektur die Rolle des internationalen Schrittmachers an sich.

Die Gewändestatuen des Portals wurden in der Revolution zertrümmert und im Gegensatz zur Westfassade nicht durch Repliken oder Neuschöpfungen ersetzt. Ihre Nischen sind jetzt leer. Dagegen ist die herrliche **Trumeaumadonna** erhalten geblieben, lediglich deren Knäblein war entfernt und ist im 19. Jh. wieder ergänzt worden. An ihr erlebt der Betrachter eine dritte Stilstufe hochgotischer Skulptur. Zur Erinnerung: Die Figuren des Marienportals der Westfassade stehen für den idealisierenden antikisierenden Stil der Zeit um 1220, jene des Gerichtsportals für die nüchternere und wirklichkeitsbezogenere Skulptur der Zeit um 1230. Hier nun erlebt man eine neue Auffassung der menschlichen Gestalt. Die Madonna steht nicht mehr frontal auf den Betrachter ausgerichtet, sondern vollzieht aus den Hüften heraus eine lebendige Drehung, ihr Blick ist zur Seite gerichtet (auf die einstmals im Gewände befindlichen Könige der Anbetung). Ihre Eleganz, ihre schlanke Gestalt, von straff und zugleich schwungvoll gezogenen Gewandfalten umspielt, ist nicht nur besonders lebensnah gedacht, sondern in der damit einhergehenden Sublimierung Ausdruck eines verfeinerten Empfindens, das als Spiegel höfischer Gesinnung verstanden werden darf. Sauerländer hat passend den Begriff der »Courtoisie« (des Höfischen) dafür geprägt.

Das **Tympanon** ist, wie oft in der Gotik, nicht als flächenübergreifende Komposition gestaltet, sondern als Registertympanon in drei gleich hohe Streifen unterteilt. Diese Form der Bildstreifen ermöglicht es, eine Vielzahl von Einzelepisoden darzustellen. Anders als in

Auf dem Portal-Tympanon des Nordquerhauses macht sich Erzählfreude breit.

der Romanik macht sich Erzählfreude breit. Der untere Streifen schildert Szenen aus der Kindheit Jesu. Von links nach rechts: Geburt, Darbringung im Tempel, der bethlehemitische Kindermord und zuletzt die Flucht nach Ägypten. Die beiden oberen Streifen gehören zusammen. Im Zenit sieht man einen Bischof, der die Geschichte vom Presbyter Theophilus berichtet. Andächtig lauschend haben die Zuhörer zu seinen Füßen Platz genommen. Die Legende von Theophilus erscheint darunter in vier Sequenzen: Links wird der Pakt ge-

Der Inhalt der Theophilus-Legende in Stichworten: Theophilus, ein frommer Diakon, wurde als Opfer einer Intrige seines Amtes als Schatzmeister des Bischofs von Adana (Kilikien, Kleinasien) enthoben und schloss daraufhin einen Pakt mit dem Teufel, um seine Wiedereinsetzung zu erreichen. Nachdem er erkannt hatte, in welches sein Seelenheil zerstörendes Abenteuer er sich damit eingelassen hatte, erschien ihm im Traum die Muttergottes. Sie nahm den verhängnisvollen Vertrag an sich und löschte die Unterschrift des Theophilus, der kurz darauf geläutert erwachte.

schlossen, Theophilus wird wieder in sein Amt eingesetzt, Theophilus betet zur Muttergottes, Maria stößt den Teufel zurück und rettet die Seele des neben ihr knienden Diakons. Der Vertragsschluss gibt einen getreuen Einblick in die Lebenswirklichkeit des 13. Jh., denn nach Art des Lehnseides legt Theophilus seine Hände in die des Satans. Im Gegensatz zu dem großen Theophilusrelief in Souillac, wo dieses in mittelalterlichen Moralpredigten gern zitierte Thema erstmals in der Bauplastik in großem Maßstab dargestellt wurde (um

Notre-Dame
Fassade des Südquerhauses

1140), schläft Theophilus bei seiner wundersamen Errettung nicht, sondern wendet sich wachen Geistes im Gebet an die Madonna. Seine Reue vollzieht sich nicht im Schlaf, sie ist vielmehr das Resultat gedanklicher Reflexion. Nachdrücklicher hätte die fortschreitende Bewusstwerdung des Menschen und seiner Verantwortlichkeit für sein Handeln kaum dargestellt werden können.

Die Bilder des Nordportals richteten sich an die Vertreter des Domklerus, dessen Räumlichkeiten sich auf dieser Seite von Notre-Dame befanden. Die Trumeaumadonna erinnert daran, dass sich hier die alte Notre-Dame-Kirche befand, die dem Neubau hatte weichen müssen.

Die dritte Kapelle des nun nach Osten anschließenden Chores besitzt ein kleines, vom Publikum in der Regel wenig beachtetes Portal aus derselben Zeit um 1250. In den Archivolten sind Begebenheiten aus dem Leben des Bischofs Marcellus dargestellt, in dem kleinen Tympanon sieht man erneut eine Krönung Mariens. Neben der Maria-Christus-Gruppe knien König Ludwig VII. und seine (zweite) Frau Margarete von der Provence.

Man erfasst die Chorpartie am besten, wenn man sich in der nach Osten anschließenden Grünanlage postiert. Dieser Platz trägt den Namen des populären Papstes Johannes XXIII. (1958–1963). Wenige Schritte von hier endet die Ile de la Cité. An ihrer Ostspitze befindet sich das vertieft in den Boden eingelassene schlichte Mahnmal für die Deportierten des Faschismus. Es handelt sich um eine Art Bunker mit schmalen Gängen aus grauem Beton. 200 000 Kristalle an den Wänden symbolisieren die Zahl der Opfer.

Die Außenansicht des Chores

Als man 1163 mit der Errichtung des Chores die Bauarbeiten an Notre-Dame begann und sich dabei eng an das Vorbild in St-Denis anschloss, war man noch gezwungen, sich auf traditionelle Formen der Gewölbesicherung zu stützen. Bei der Errichtung der äußeren Chorkapellen nach 1225 war es jedoch möglich, auf die sensationellen baustatischen Innovationen der Chartreser Architekten zurückzugreifen, die das aus der anglo-normannischen Baukunst hervorgegangene System von Strebebögen und -pfeilern erstmals konsequent am gesamten Außenbau eines Kathedralkörpers zur Anwendung gebracht hatten. Anders jedoch als in Chartres, wo das Strebewerk noch zyklopische Schwere besitzt, schwingen sich hier in zwei Geschossen die Strebebögen mit lässiger Eleganz von den Pfeilern zur Hochschiffwand des Chores.

Die Fassade des Südquerhauses

Auf Jean de Chelles folgte nach dessen Tod 1258 mit Pierre de Montreuil eine zweite überragende Künstlerpersönlichkeit der Hochgotik in der Leitung der Dombauhütte. Ihm verdanken wir den Entwurf der Südquerhausfassade, die der Besucher allerdings immer nur aus einer gewissen Entfernung betrachten kann, da hier auf der Südseite der Kathedrale die Werkstätten der Restauratoren angesiedelt sind;

das Areal ist durch ein Gitter versperrt. Dennoch sieht man genug, um auf Anhieb zu erkennen, dass sich Pierre de Montreuil getreulich, aber nicht sklavisch an das Vorbild seines Amtsvorgängers auf der gegenüberliegenden Seite gehalten hat. Der Aufbau ist derselbe: unten ein großes Portal mit begleitenden Scheinportalen, darüber die durchfensterte Zone mit einer Reihe von Maßwerkfenstern und dem großen Rosenfenster, zuletzt der Giebel mit einem weiteren kunstvoll durchbrochenen Rundfenster. Wimperge und Balustraden überschneiden die Geschosse und verzahnen sie miteinander. Doch wirkt alles noch feingliedriger, filigraner als an der Fassade des Jean de Chelles. Linearität und Flächenhaftigkeit tragen endgültig den Triumph über räumliche Tiefe und Dreidimensionalität davon. Hier hat der Künstler höchste Virtuosität im Umgang mit der Materie erreicht. Der Vergleich zwischen den beiden Querhausfronten macht bewusst, dass man seit dem 13. Jh. mehr und mehr nicht von allgemeinen Stilentwicklungen ausgehen kann, sondern dass zunehmend die Individualität des einzelnen Künstlers den Charakter eines Werkes bestimmt. Zeitstil und Individualstil müssen fortan im Wechselverhältnis zueinander berücksichtigt werden.

Während die Gewändestatuen wiederum dem Bildersturm der Revolution zum Opfer fielen, blieben auch hier die Trumeaustatue und die Skulpturen in Tympanon und Archivolten erhalten. Das gesamte Programm bezieht sich auf den Erzmärtyrer Stephanus (französisch: St-Etienne). Die Statue des hl. Diakons besetzt den Trumeau, in den Registern des Tympanons werden Szenen aus seinem Leben und vor allem sein Martyrium geschildert. Auch dieses Bildprogramm bezieht sich auf die topographische Situation des Mittelalters. Während der Domklerus seinen Sitz auf der Nordseite von Notre-Dame hatte, befand sich der Amtssitz des Bischofs auf ihrer Südseite. Durch dieses Tor betraten die Metropoliten von Paris ihre Kirche. Stephanus erinnert daran, dass der Vorgängerbau von Notre-Dame dem Erzmärtyrer geweiht war.

Der Innenraum

Der Innenraum von Notre-Dame vermittelt dem Besucher einen der erhabensten Eindrücke europäischer Architektur. Selbst bei strahlendem Sonnenschein herrscht ein feierlich gedämpftes Halbdunkel. Dennoch erschließt sich der Bau in seiner Gesamtheit wie im Detail mit bestechender Klarheit. Mit 127 m Länge, 48 m lichter Breite sowie 35 m Höhe im Scheitel des Mittelschiffgewölbes hat die Gotik hier erstmals den Schritt in den kolossalen Maßstab gewagt. Dennoch ist Notre-Dame kein Vertreter der Hochgotik (1190–1250), sondern vielmehr jenes Bauwerk, in dem die frühe Gotik (1140–1190) ihre Vollendung fand. Das ist auf den ersten Blick schwer zu erschlie-

Notre-Dame
Blick in das Gewölbe
des Mittelschiffs

ßen, da die Umbaumaßnahmen des 13. Jh. den Eindruck eines hochgotischen Bauwerks haben entstehen lassen. Aber der Reihe nach! Wir werfen zuerst einen Blick auf den Grundriss. Es handelt sich um eine fünfschiffige Anlage, was nach Betrachtung der dreizonigen Westfassade nicht zu erwarten ist, die eher eine dreischiffige Kirche vermuten lässt. Das einschiffige Querhaus fluchtet nicht über die Außenmauern der Basilika.

Der **Chor** ist ungewöhnlich tief und besitzt fast dasselbe Gewicht wie das Langhaus. Beide Seitenschiffe sind als Umgänge um das Chorhaupt herumgezogen, sodass ein doppelter Chorumgang entstanden ist. Diese grundsätzlichen Faktoren – Einbindung des Querschiffs und Verdoppelung des Chorumgangs – wurden zu unverbrüchlichen Bestandteilen der Sakralbaukunst in Paris und hielten sich als Konstanten noch bis in die Zeit der Renaissance. Im 13. Jh. wurden die Außenmauern aufgebrochen und zwischen den Strebepfeilern Kapellen angelegt. Dadurch wäre das Querschiff gleichsam ins Kircheninnere implodiert, sodass beide Arme des Querschiffs um je ein Joch verlängert werden mussten. Die Raumsituation blieb dadurch gegenüber dem Urzustand praktisch unverändert, denn weiterhin sind die Querhausarme in den Baukörper eingebunden, ohne nach Norden bzw. Süden vorzustoßen.

Verschiedene Beobachtungen klären darüber auf, dass wir uns in einem Bauwerk der Frühgotik befinden. Die Säulenschäfte sind glatt und ohne jedes Profil, wie es ebenfalls in Laon der Fall ist. Die Dienste setzen erst über der Kämpferplatte an. Der so genannte kantonierte Pfeiler mit vier Vorlagen, in jeder Himmelsrichtung einer, wurde erst mit dem Bau der Kathedrale in Chartres Repertoire der gotischen Baukunst. Ein weiteres untrügliches Merkmal der Frühgotik ist das sechsteilige Rippengewölbe, unter dem jeweils zwei Jocheinheiten zusammengefasst sind. Wiederum ist es die Kathedrale in Chartres gewesen, in der die Baumeister zur strafferen Form des vierteiligen Gewölbes übergingen, sodass jedes Joch mit der darüber befindlichen Gewölbeeinheit identisch ist.

Über den Unterschied zwischen der Situation des 12. Jh. und dem Zustand, der erst im 13. Jh. geschaffen wurde, informiert man sich am besten, indem man sich in die **Vierung** begibt, wo Viollet-le-Duc anlässlich der Restaurierung von Notre-Dame Mitte des 19. Jh. im ersten Joch des Langhauses, wie auch in den ersten Jochen des Querhauses, den ursprünglichen Wandaufriss rekonstruiert hat. Dieser besaß eine Abfolge von vier Geschossen, wie er für die wichtigsten gotischen Kathedralen der ersten Generation kennzeichnend ist: Arkade im Untergeschoss, darüber eine offene Empore, sodann das Triforium und zuletzt die Fenster des Obergadens, ein Muster, das aus der normannischen Romanik hervorgegangen ist und vornehmlich baustatisch bedingt war. Die Empore dient dem Gewölbe der Hochschiffwand als Widerlager – ist jedoch der Durchlichtung des Raumes hinderlich und wurde deshalb aufgegeben, sobald das Strebewerk am Außenbau aufkam (seither Reduzierung auf drei Geschosse: hohe Arkade, schmales Triforium, tief herabgezogener Obergaden).

Im Sinne einer fortschreitenden Durchlichtung und Auflösung der Wand allerdings geht Notre-Dame über die Geschwisterbauten in Laon und Noyon einen Schritt hinaus. Während dort das **Triforium** als blinde Zone erscheint, ist das Triforium in Notre-Dame de Paris in Gestalt von runden Achtpassfenstern durchbrochen. Unter dem Eindruck der Chartreser Neuerungen entschloss man sich unmittelbar im Anschluss an die Fertigstellung von Notre-Dame zu einem Umbau des oberen Teils der Hochschiffwände. Triforiumszone und Obergaden wurden zu einer Einheit zusammengefasst. So entstanden jene großen Gruppenfenster, die aus zwei Lanzetten und einem Okulus bestehen. Die Folge war eine Steigerung des Lichtes im Innenraum. Zugleich wird dem heutigen Betrachter dadurch leichter nachvollziehbar, wie dünn die Wände von Notre-Dame sind. Aber es fällt auch die Nüchternheit der Konzeption auf. Während in Chartres genauso wie wenig später in Reims die Okuli als Sechs- bzw. Achtpässe gestaltet sind, handelt es sich hier um ein schlichtes Rund ohne Verzierungen oder Passbögen. Zugleich machte man sich eine technische Neuerung zu Diensten, die erst die Baumeister der Reimser Kathedrale ersonnen hatten: das Maßwerk. In Chartres ist das Mauerwerk im Bereich der Fenster aus glatten Quadern geschichtet, aus denen die Öffnungen wie ausgestanzt wirken. Erst in Reims erscheint das Maßwerk, aus Stein gemeißelte Rundstäbe, mit denen man die Binnengliederung eines Fensters gestaltete. Nun war es möglich, auch die Zwickelfelder zwischen den Lanzettfenstern und dem Okulus aufzubrechen.

Den großartigsten Eindruck empfängt man, wenn man sich in die Mitte der Vierung begibt und sich nacheinander in alle vier Himmelsrichtungen wendet. Nach Westen fällt der Blick auf das große Rosenfenster, das im frühen 13. Jh. angelegt wurde und bereits auf das Reimser Maßwerk zurückgreifen konnte. Störend schiebt sich allerdings die Orgel zum Teil davor. Gänzlich unverstellt erlebt man den Blick auf die Fenstergruppen in den beiden Querhausarmen. Während die Fenster der Nordseite noch fast vollständig Originalsubstanz sind, wurden jene der Südseite in erheblichem Ausmaß ergänzt.

Wir betrachten zunächst die **Fenster der Nordseite.** Die Reihe der Maßwerkfenster besitzt eine Höhe von 5 m, der Durchmesser der Rose beträgt 13 m – das entspricht nach heutigen Maßstäben einem vierstöckigen Wohnhaus! Die Fenster glühen in allen Farben, wobei ein tiefes Blau den Grundakkord bildet. Der Aufbau des **Rosenfensters** basiert auf der Zahl Acht und deren Multiplikationen, gemeint sind das Weltall, die Erde und die sieben Planeten. Im Zentrum des inneren Achtpasses erkennt man die Muttergottes, die sich wie eine visionäre Erscheinung in der Farben- und Lichtflut abzeichnet. Ein schmaler Fensterring, in dem Rot, Grün und Gelb dominieren, scheidet das Zentrum von den übrigen konzentrischen Kreisen. In ihnen sind Medaillons mit den Darstellungen alttestamentlicher Personen angebracht, im inneren Kreis Propheten, im mittleren Könige aus Juda und außen weitere Könige und Hohepriester.

Die Unterteilung der **Südrose** basiert auf der Zahl Zwölf. Hier erscheint Christus als Weltenrichter im Mittelpunkt der Gesamtkomposition, ihn umgeben – wiederum in Medaillons – die Apostel, in zwei weiteren Medaillonkreisen sind Engel dargestellt. Da sonst praktisch alle Fenster von Notre-Dame in späteren Zeiten ersetzt wurden, teils durch einfaches Fensterglas, teils durch Grisaillemalerei und vereinzelt durch Neuschöpfungen des 20. Jh., gewinnt man mit dem Blick auf die Fenstergruppen der Querhausarme am authentischsten den Eindruck vom Zustand des 13. Jh.

Wendet man sich dem **Chor** zu, so beeindruckt dort die verhaltene Würde der Architektur, die aus der zurückhaltenden Gliederungssprache resultiert. Insgesamt korrespondiert die Architektur deutlich mit der Nüchternheit der Westfassade.

Wie in praktisch allen Pariser Kirchen wurde während der Revolution ein großer Teil der einstigen Ausstattung zerstört. Vor allem ist die **Madonnenstatue** am südöstlichen Vierungspfeiler zu beachten, die erst Mitte des 19. Jh. hierher gelangte und große Popularität besitzt – man nennt sie Notre-Dame de Paris. Der betonte Schwung, die mächtige Krone und die großzügige Draperie der Gewandfalten sind Merkmale des Typs der »Schönen Madonna« des 14. Jh. Hier handelt es sich um einen frühen Vertreter aus der Zeit um 1330. Etwa derselben Zeit gehören die **Chorschrankenreliefs** mit Szenen aus dem Leben Jesu an – die Passion war einst am Lettner dargestellt. Von der Barockisierung blieben die **Standbilder Ludwigs XIII.** (von Coustou) und **Ludwigs XIV.** (von Coysevox) zu Seiten des Hochaltars erhalten.

Tipp
Einen eindrucksvollen Abschluss der Besichtigung von Notre-Dame bildet der Aufstieg über den Nordturm der Westfassade (386 Stufen) in die Dachzone, von wo man die Dächer der Stadt überschaut und zugleich ein wenig Quasimodo-Nostalgie erleben kann mit dem Blick auf die vielen Türmchen, Fialen und Wasserspeier der geschichtsträchtigen Kathedrale.

Die Ile de la Cité

Schon in römischer Zeit waren die wichtigsten Institutionen auf der Seineinsel angesiedelt: der Tempel und der Palast Kaiser Julian Apostatas. Ihnen folgten im anhebenden Mittelalter der Bischofssitz mit der Kathedrale und die Burg der merowingischen Könige. Diese Bipolarität von geistlichem und weltlichem Zentrum, für viele Städte des europäischen Mittelalters typisch, hat sich bis heute erhalten. Nicht weniger als 22 Kirchen befanden sich im 13. Jh. auf der Insel. Das Erscheinungsbild der Ile de la Cité ist wiederholten tief greifenden Wandlungen unterworfen gewesen. Die radikalste Umgestaltung nahm Baron Haussmann Mitte des 19. Jh. vor. Der dicht bebaute Wohnbereich zwischen Kathedrale und Justizpalast wurde vollkommen entkernt. Etwa 25 000 Menschen verließen damals auf Druck der Stadtbauplaner Häuser und Wohnungen. Allein diese Zahl vermittelt eine Ahnung davon, wie dicht bebaut man sich die Insel noch im 19. Jh. vorzustellen hat. Vor der Kathedrale legte man einen weiträumigen Platz an, den Parvis de Notre-Dame. Während sich früher die Bischofskirche engem Gassengewirr himmelwärts entrang, erscheint sie heute denkmalhaft freigestellt und auf größere Fernsicht ausgelegt.

Vom hochmittelalterlichen Königspalast stehen heute noch die Sainte-Chapelle und die Conciergerie, beide jetzt in den weitläufigen Komplex des ebenfalls im 19. Jh. errichteten Justizpalastes integriert. Zwischen Kathedrale und Justizgebäude pflanzte Haussmann die drei großen Baukörper von Hôtel-Dieu, Handelsgericht und Polizeipräfektur. Wohnhäuser nehmen nur noch den geringsten Teil der Ile de la Cité ein. Nördlich der Kathedrale reicht ein Wohnviertel mit Häusern des 19. Jh. zum Ufer des rechten Seinearms, an der Westspitze der Insel ist die von Heinrich IV. angelegte Place Dauphine zumindest in ihren Umrissen noch gut erhalten.

Ile de la Cité ☆☆
Besonders sehenswert:
Notre-Dame ☆☆
Sainte-Chapelle ☆☆

◁ *Blick über den Pont-Neuf auf die Ile de la Cité*

Die Sainte-Chapelle

(1) Den Anlass zum Bau der Hofkapelle gab ein spektakulärer Reliquienkauf Ludwigs des Heiligen. 1237 hatte er von Balduin II. von Flandern, dem lateinischen Kaiser auf dem Thron in Byzanz, der sich in finanzieller Bedrängnis sah, zum Preis von 135 000 Pfund die Dornenkrone Christi erstanden. 1139 wurde sie feierlich nach Paris überführt, wo sie der König zunächst barfüßig und in Demutshaltung in der Kathedrale niederlegte. Zwei Jahre später fädelten die Templer für den Monarchen einen weiteren kaum minder hochkarätigen Kauf ein, indem die Krone eine große Partikel vom Kreuz des Erlösers und andere Reliquien erwarb. Spätestens jetzt fiel die Entscheidung, für diesen Reliquienschatz ein eigenes Gebäude zur Aufbewahrung zu errichten, das inmitten des Innenhofes des königlichen Palastes auf der Ile de la Cité seinen Platz fand. Bezeichnend an dem Vorgang ist

Neben der Kathedrale in Chartres und Notre-Dame in Paris ist die Sainte-Chapelle das dritte von Touristen am stärksten frequentierte Denkmal der Gotik in Frankreich – man muss deshalb in der Regel ein wenig Geduld aufbringen und sich in die Schlange der Wartenden einreihen. Da das Denkmal von Gebäudetrakten des Justizpalastes umstellt ist, muss man vor Betreten eine Kontrolle über sich ergehen lassen, wie man sie von Flughäfen her gewohnt ist.

Ile de la Cité und Ile St-Louis
1 *Ste-Chapelle*
2 *Conciergerie*
3 *Place Dauphine*
4 *Pont-Neuf*
5 *Square du Vert-Galant*
6 *Hôtel de Lauzun*
7 *Musée Mieckiewicz*
8 *St-Louis-en-l'Ile*

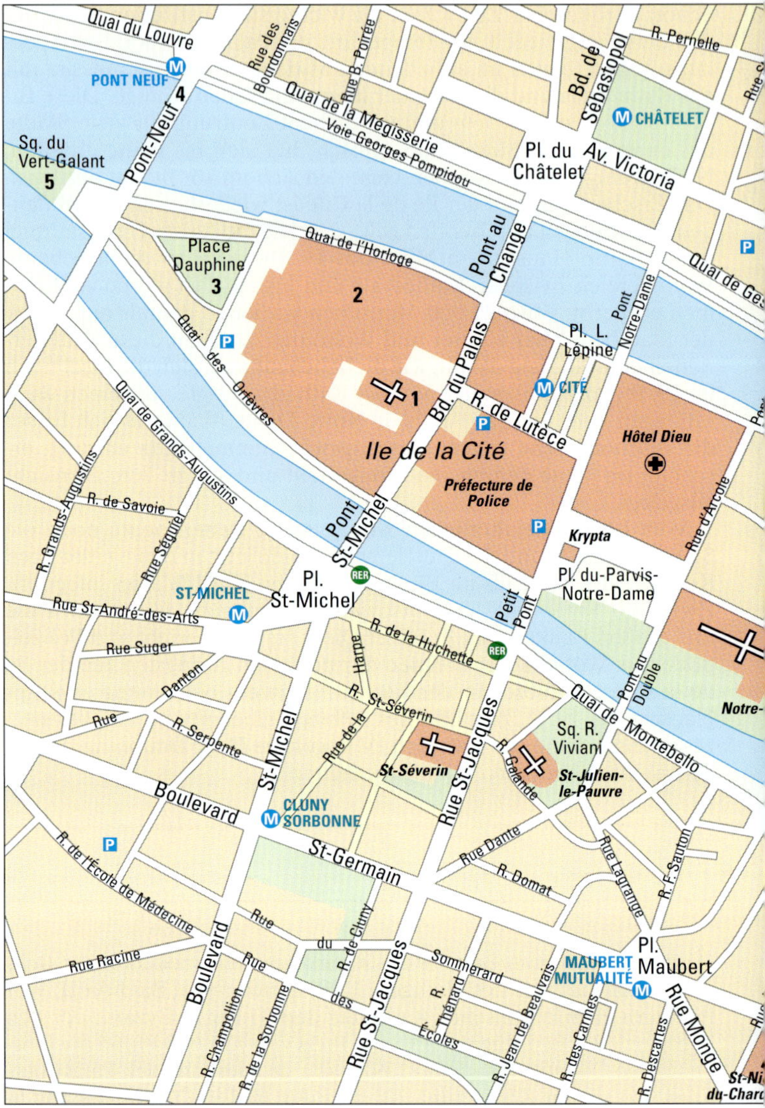

die Tatsache, dass Ludwig IX. die Reliquien nicht der Bischofskirche überließ, sondern sie in seine unmittelbare Nähe holte. Die Heiligkeit des französischen Königtums erfuhr durch diese Geste eine solide Untermauerung.

Der Baubeginn ist nicht überliefert. Es bleibt unklar, ob die Arbeiten bereits 1239 oder erst 1241 in Angriff genommen wurden. Bereits

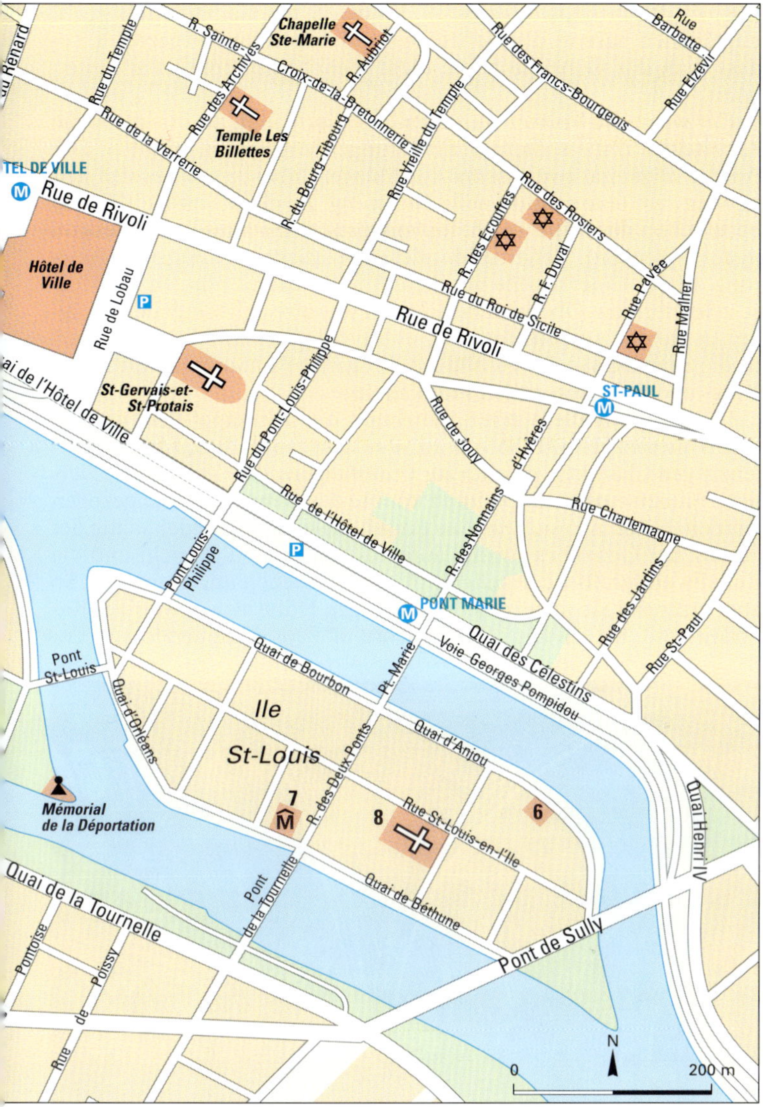

1244 war der Rohbau fertig gestellt. Man hat also mindestens drei, im Höchstfall fünf Jahre an der Sainte-Chapelle gebaut. Die Weihe fand am 26. April 1248 statt. Zu dieser Zeit bestand bereits eine eigens nur für den Reliquiendienst ins Leben gerufene Kanonikergemeinschaft, deren Institution Papst Innozenz IV. 1244 bestätigt hatte. Ursprünglich erhob sich die Kapelle freistehend inmitten des Palasthofes. Beim

Ausbau des Justizpalastes im 19. Jh. wurde ein Gebäudetrakt recht unglücklich hart an die Nordseite der Sainte-Chapelle gezogen, sodass man das Gebäude heute nicht mehr vollständig umschreiten kann.

Der westliche Vorbau wurde im 19. Jh. erneuert, ansonsten ist die Architektur ohne spätere Veränderungen vollständig erhalten. Der Aufriss zeigt eine zweigeschossige Anlage. Dabei handelt es sich keineswegs um eine sensationelle Neuerung. Zweigeschossige Kirchen hatte schon das frühe 11. Jh. hervorgebracht (St-Martin-du-Canigou in den Pyrenäen). Neuartig ist indes die explizite soziologische Fixierung. In der Unterkapelle wurde für die Palastangehörigen die Messe zelebriert, die Oberkapelle dagegen war ausschließlich der königlichen Familie vorbehalten. In dieser typologischen Festlegung wurde die Sainte-Chapelle Vorbild für eine ganze Familie aristokratischer Burg- und Schlosskapellen Frankreichs.

Die **Unterkapelle** ist nur 6,20 m hoch, die Oberkapelle erreicht dagegen die stattliche Höhe von 20,50 m. Der untere Raum besitzt hallenartigen Charakter, da man zur Unterfangung der Oberkapelle zierliche Säulen einstellte. Dadurch konnte das Gewölbe höher gezogen werden. Hätte man sich für eine Einschiffigkeit entschieden, hätte der Ansatz des Gewölbes zwangsläufig bis zum Boden gereicht und die Kapelle ein gruft- oder kellerähnliches Aussehen angenommen. So aber erscheint sie ungeachtet der geringen Höhe als vollwertiger Kapellenraum. Da die (Pseudo-)Seitenschiffe auf dieselbe Höhe gezo-

Sainte-Chapelle die Unterkapelle

gen sind wie das Hauptgewölbe, diesem also nicht als Widerlager dienen, wurden kleine Strebebögen zwischen Mittelschiffgewölbe und die Außenwände gelegt. Für weitere Stabilität und als Maßnahme gegen Verschiebungen des Mauerwerks oder des Gewölbes wurden in zwei Zonen übereinander eiserne Zuganker eingezogen. Dies ist eine baustatische Neuerung, die erstmals im Bau der Kathedrale von Amiens Anwendung fand. Auch in anderen Punkten beobachtet man Übereinstimmungen mit Amiens, etwa in der Form der Wandverzierungen mit aufgeblendeten Dreipassarkaden oder den Fenstern in Form eines sphärischen Dreiecks mit eingebundenem Sechspass. Während man die Sainte-Chapelle früher für ein Werk des Pierre de Montreuil hielt, meint die neuere Forschung deshalb, Robert de Luzarches, der Dombaumeister von Amiens, sei der Architekt der Palastkapelle Ludwigs des Heiligen gewesen.

Über eine schmale Wendeltreppe in der Südwestecke der Unterkapelle geht es hinauf in die **Oberkapelle,** deren betörende Unwirklichkeit auch dem heutigen Besucher das Gefühl vermittelt, »zum Himmel emporgerissen zu werden und in einen der schönsten Räume des Paradieses einzutreten«, wie es schon ein Chronist des 14. Jh. euphorisch formulierte. Tatsächlich wird der Blick durch die steile Proportionierung zwangsläufig in die Höhe gelenkt, das Funkeln der farbigen Fenster betört das Auge. Hier hat die gotische Baukunst eines ihrer erklärten Hauptziele erreicht: Wandfläche ist zur Gänze eliminiert und vollständig durch farbige Verglasung ersetzt.

Die Fenster besitzen eine Oberfläche von knapp 620 m^2 und schildern in 1134 Szenen die biblische Geschichte (davon 720 original, die restlichen im 19. Jh. rekonstruiert; einige Originale im Musée de Cluny). Es ist fraglich, ob sich der Mensch des Mittelalters tatsächlich der Mühe unterzog, sich alle diese Sequenzen im einzelnen zu vergegenwärtigen. Zu szenenreich ist der Zyklus, zu detailbesessen, als dass ein Lesen Bild für Bild nahe liegend erscheint. Offenbar kam es darauf an, das Heilsgeschehen insgesamt gegenwärtig zu machen und den Betrachter vor allem durch das vielfältige Farbenspiel, in dem Rot und Blau dominieren, in den Bann zu schlagen. Wir beschränken uns deshalb auch auf eine allgemeine Übersicht, denn die Benennung aller 1134 Szenen würde den Rest dieses Buches füllen.

Breiten Raum nimmt das Alte Testament ein. Der Zyklus beginnt im ersten Fenster der Nordseite, wo die Genesis (das erste Buch des Pentateuch; Pentateuch = die 5 Bücher Mose) dargestellt ist (alle Fenster von unten nach oben und von links nach rechts zu lesen): die Schöpfungsgeschichte mit Adam und Eva, Noah und Jakob. Im zweiten Fenster folgt das Buch Exodus (2. Buch des Pentateuch) mit der Schilderung der Flucht des Volkes Israel aus Ägypten. Das Thema setzt sich im dritten Fenster fort und leitet dort zum 3. Buch des Pentateuch (Leviticus = die Gesetze) über. Das 4. Buch des Pentateuch, Numeri, bot wegen seines trockenen Inhalts kaum Stoff zu bildlicher Darstellung und wurde deshalb übersprungen. Der Zyklus setzt sich darum im vierten Fenster mit dem Deuteronomium, dem 5. Buch

Mose, fort und erzählt außerdem die Geschichten von Josua, Ruth und Boas aus den Büchern Josua und Ruth. Das erste Chorfenster bezieht sich auf das Buch Richter und zeigt Szenen aus dem Leben Gideons und Samsons. Das folgende Fenster zeigt den Propheten Jesaja und die Wurzel Jesse, den Stammbaum Christi (in diesem wie auch im nachfolgenden sowie im übernächsten und im letzten Chorfenster sind die senkrechten Bildstreifen in sich geschlossene Zyklen und getrennt voneinander zu betrachten). Das nachfolgende dritte Chorfenster beginnt mit der Vita Johannes' des Evangelisten und leitet dann zum Marienleben und zur Kindheit Jesu über. Das Scheitelfenster ist axial auf die Westrose bezogen und führt die Passion des Herrn aus. Im fünften Chorfenster sieht man Begebenheiten aus dem Leben Johannes' des Täufers, dann wird der Faden des Alten Testaments wieder aufgegriffen mit Darstellungen aus dem Buch Daniel. Im vorletzten Chorfenster folgt das Buch Hesekiel, im letzten Szenen aus dem Buch des Propheten Jeremias.

Die Darstellungen aus dem Alten Testament setzen sich auch auf der Südseite der Kapelle weiter fort. Im ersten Fenster nach dem Chor: die Geschichten Judiths und Hiobs. Es folgen Bilder aus dem Buch Esther. Im vorletzten Fenster der Südseite sieht man die Könige Saul, David und Salomon. Das letzte Fenster bezieht sich konkret auf die Sainte-Chapelle und deren Bestimmung als Aufbewahrungsort bedeutsamer Reliquien. Es wird die Geschichte von der Auffindung des Kreuzes durch die hl. Helena erzählt, außerdem erkennt man den hl. Ludwig mit den Reliquien. In dem Rosenfenster der Westseite, das erst im 15. Jh. im Stil der Flamboyantgotik angelegt wurde, erscheinen Illustrationen zur Apokalypse, die traditionell ihren Platz im Westteil einer Kirche hat.

An den vorspringenden Diensten der Wandpfeiler sind **lebensgroße Statuen der Apostel** angebracht, vorzügliche Zeugnisse höfisch gesonnener Skulptur aus der Mitte des 13. Jh. Die Hälfte von ihnen ist original, die anderen sechs wurden nach den heute im Musée de Cluny aufbewahrten stark beschädigten Vorbildern im 19. Jh. rekonstruiert. Freiplastisch gearbeitete Statuen im Kircheninnern sind in der französischen Gotik die Ausnahme geblieben. Auf die deutsche Gotik haben diese Apostelfiguren indes einen starken Einfluss ausgeübt. Die Skulpturen in den Domen zu Halberstadt und Magdeburg und vor allem die berühmten Stifterfiguren des Naumburger Domes sind von den Aposteln der Sainte-Chapelle inspiriert.

Anlässlich der Restaurierung im 19. Jh. wurde die gesamte Bemalung der Innenräume und der Statuen erneuert. So gewinnt man insgesamt einen ungemein authentischen Eindruck von der Situation des 13. Jh. An Kosten wurde wahrlich nicht gespart. Dabei überraschen die Relationen: Der Bau der Sainte-Chapelle schlug lediglich mit 40 000 Livres zu Buche, während die Ausstattung stattliche 100 000 Livres verschlang. Und doch betragen die Gesamtkosten nur annähernd dieselbe Summe, die allein der Erwerb der Dornenkrone gekostet hatte. Insgesamt mutet die Sainte-Chapelle in ihrer Zierlich-

Mutet in ihrer Zierlichkeit und Feinheit des Dekors wie ein Werk der Goldschmiedekunst an: die Sainte-Chapelle

keit und der Fülle ihres Dekors wie ein Werk der Goldschmiedekunst, wie ein ins Großformat gesteigerter Schrein an. Sie ist ein multifunktionales Kunstwerk mit unterschiedlichen Bedeutungsebenen: Wallfahrtsstätte, Palastkapelle und Reliquienschrein.

Die Conciergerie

(2) Man verlässt die Sainte-Chapelle durch die Cour de Mai, den repräsentativ gestalteten Ehrenhof des **Justizpalastes** mit dem Treppenaufgang zu dessen Vestibül. Sein Name erinnert an den Baum, der hier früher immer am 1. Mai von den Gerichtsdienern aufgestellt wurde. Der Justizpalast ist ein um mehrere Innenhöfe gruppierter ausgedehnter Gebäudekomplex, der nach Osten und Westen seine etwas protzigen Fassaden des 19. Jh. zur Schau stellt. Nach Süden, zum linken Seinearm, erscheint der Bau nüchtern und schmucklos. Am interessantesten ist die Nordseite, die sich dem rechten Seinearm zuwendet. Hier erkennt man noch deutlich die Handschrift des Mittelalters, wenn auch in stark restaurierter Fassung. Die Blockhaftigkeit der Baumasse mit ihren vier Türmen vermag noch eine Ahnung davon zu vermitteln, wie man sich die königliche Burg des Hoch- und Spätmittelalters vorzustellen hat. An der Nordostecke erhebt sich die rechteckige Tour de l'Horloge, deren Name sich auf die hier im Jahr 1370 angebrachte erste öffentliche und automatisch betriebene Uhr von Paris bezieht. Zwei Rundtürme, die Tour de César und die Tour d'Argent, flankieren den Eingang zur Conciergerie, ein dritter Rundturm, die Tour Bonbec, markiert die Südostecke des Gebäudes.

Auf den Amtssitz Julian Apostatas folgten an dieser Stelle die Residenzen der merowingischen Könige. Der hl. Eligius, Schatzmeister König Dagoberts, richtete hier im 7. Jh. die erste königliche Münze ein. Von all dem ist nichts mehr vorhanden, ebenso wenig wie von karolingischen und frühen kapetingischen Nachfolgebauten. Vom Palast Ludwigs des Heiligen steht noch als glanzvolles Zeugnis die Sainte-Chapelle.

Anfang des 14. Jh. ließ Philipp IV. der Schöne, der Enkel Ludwigs des Heiligen, die königliche Residenz stattlich erweitern. Aus dieser Zeit stammt die **Conciergerie.** 1358 drangen Etienne Marcel und seine bewaffnete Anhängerschaft in das Gebäude ein und machten in Anwesenheit des Thronfolgers, des nachmaligen Karls V., zwei von dessen Beratern nieder. Wohl nicht zuletzt wegen dieser Episode gab Karl V. die Residenz auf der Cité endgültig auf und bevorzugte fortan zunächst das Hôtel St-Pol im Marais, später den Louvre. Die Verwaltung der aufgelassenen Residenz wurde einem Concierge übertragen, nach dem das Gebäude seinen Namen trägt. Karl VII. wies dem Parlament den vormaligen Königssitz als dauerhafte Bleibe zu. Um Miss-

Die Conciergerie
Zu trauriger Berühmtheit gelangte der Bau durch die Revolution. In den Terrorzeiten 1793/94 warteten 2700 Verurteilte in der Conciergerie auf ihre Hinrichtung durch die Guillotine. Die prominentesten Opfer: Königin Marie Antoinette, der Dichter André-Marie Chénier, Danton und die 31 Abgeordneten der Gironde (Girondisten), deren gemäßigte Haltung als Verrat gebrandmarkt wurde, und schließlich Robespierre, der, nachdem er zahllose Gegner aufs Schafott geschickt hatte, im Juli 1794 seinerseits den Kopf unter das Fallbeil legen musste.

verständnissen vorzubeugen, sei angemerkt, dass mit dem Begriff des Parlaments keineswegs eine Körperschaft im Sinne der modernen Demokratie gemeint ist, sondern dass es sich vielmehr um die damalige Bezeichnung für den königlichen Gerichtshof handelt.

Die aus dem Mittelalter erhaltenen Baulichkeiten stehen heute zur Besichtigung offen, der Eingang befindet sich am Seinekai. Man betritt die Conciergerie durch die Salle des Gardes mit dem Kassenhäuschen. Sie wurde 1310 errichtet. Prunkstück der Conciergerie ist die **Salle des Gens d'Armes** (wörtlich: Saal der Waffenleute, daher kommt der heute etwas altertümlich gewordene Begriff Gendarm für Polizist). Sie wurde zwischen 1302 und 1313 von Enguerrand de Marigny erbaut und diente ursprünglich als Speisesaal des personenstarken Palastpersonals – man schätzt, dass im 14. Jh. etwa 2000 Menschen in der Residenz beschäftigt waren. Es ist eine acht Joche tiefe und vier Schiffe breite gedrückte Halle von kolossaler Wirkung (64 m lang, 27,5 m breit und 8,5 m hoch), eines der Hauptbeispiele spätgotischer Profanarchitektur in Frankreich. Seit der Auflassung als Königsresidenz, also bereits seit dem 14. Jh., dienten der mächtige Saal und die anderen Räume als Staatsgefängnis. An die Salle des Gens d'Armes grenzt die quadratische **Küche** mit vier gewaltigen Kaminen in den Ecken. Der Rundgang führt weiter durch kleinere Räume, in denen privilegierte Gefangene untergebracht waren, die sich eine Einzel- oder Doppelzelle leisten konnten. Zuletzt betritt man die **Cour des Femmes,** wo die inhaftierten Frauen ihre Wäsche wuschen und durch ein Gitter Gespräche mit ihren Männern führen durften.

Place Dauphine und Pont-Neuf

Vom Pont-Neuf schaut man nach Norden auf das berühmte Kaufhaus La Samaritaine mit seinen zurückspringenden Geschossen, seltenes Beispiel einer Architektur im Art-deco-Stil der 1920er Jahre, erbaut von den Architekten Henri Sauvage und Frantz Jourdain.

Auf der Westseite des Justizpalastes läuft die Ile de la Cité in spitzem Winkel aus. Noch im Mittelalter befand sich hier eine Gruppe kleinerer Inseln, die häufig überflutet waren. Dort fand im Januar 1314 die Verbrennung Jacques de Molays statt, des Großmeisters des Templerordens, den König Philipp IV. der Schöne brutal hatte zerschlagen lassen. Der König soll den qualvollen Tod des Delinquenten von einem Fenster seiner Residenz aus verfolgt haben – so hörte er auch dessen »Fluch aus den Flammen« (so der gleichnamige Titel des historischen Romans von Maurice Druon), mit dem Molay seine Peiniger – König Philipp und Papst Clemens V. – noch vor Jahresfrist vor Gottes Richterthron forderte. Tatsächlich starben der Papst (März 1314) und der König (September 1314) noch im selben Jahr.

Heinrich III. ließ Ende des 16. Jh. die kleineren Seinearme zu- und das neu gewonnene Terrain aufschütten, um es gegen Hochwasser unempfindlich zu machen. Die städtebauliche Gestaltung nahm jedoch erst sein Nachfolger Heinrich IV., der erste Herrscher aus dem Haus Bourbon, vor. Er ließ die **Place Dauphine** (3) anlegen, deren dreieckiger Grundriss die Form des westlichen Inselendes nachzeichnet. Diese Struktur ist bis heute erhalten, von den Bauten des 16. Jh. sind allerdings nur die beiden Eckhäuser stehen geblieben, die die schmalste Stelle des Dreiecks flankieren, wo dieses auf den **Pont-Neuf** (4) mündet. Zur Zeit der Errichtung war die Brücke tatsächlich bahnbrechend (*neuf* = neu), da erstmals das Prinzip einer Brückenbebauung aufgegeben wurde – heute ist der Pont-Neuf die älteste unter den Seinebrücken der Hauptstadt.

Blick über die Seine auf die Ile Saint-Louis

Eine bedeutsame Neuerung waren damals gleichfalls die erhöhten Trottoirs, die den Bereich der Fußgänger gegen den Fuhrverkehr auf der Straße abgrenzten. Gegenüber der Einmündung der Place Dauphine auf die Brücke erhebt sich das im 19. Jh. neu gegossene **Reiterstandbild Heinrichs IV**. Es war seinerzeit das erste seiner Art in Paris. Nahebei führen Stufen hinunter auf die niedriger gelegene Terrasse, an deren spitzem Ende sich die beiden Seinearme wieder vereinen. Der Name des kleinen Platzes, **Place du Vert-Galant** (5), bedeutet ›Schürzenjäger‹, ein Spitzname, den Henri Quatre schon zu Lebzeiten trug. Er erinnert in charmanter Form an die Schwäche Heinrichs IV. für das schöne Geschlecht – vielleicht ist der ruhige Ort deshalb noch immer ein gern gewählter Treffpunkt verliebter Paare.

Im 17. Jh. entstanden auf der Ile St-Louis einige stattliche Palais, die einer eingehenderen Betrachtung wert wären, etwa das Hôtel de Lauzun am Quai d'Anjou oder das Hôtel Lambert am Ostende der Rue de St-Louis-en-l'Ile. Jedoch sind sie alle bewohnt und nicht zu besichtigen. Selbst die Innenhöfe sind stets hinter hohen Toren verschlossen. Wir verzichten deshalb auf die Beschreibung.

Die Ile St-Louis

Ein lebhafterer Kontrast als der zwischen der Ile de la Cité und der Ile St-Louis ist kaum vorstellbar. Obwohl beide Inseln eng benachbart sind, ist die eine, die größere der beiden, gleichsam der Nabel der Welt, zumindest der von Paris, während die andere wie ein völlig weltabgeschiedenes Eiland anmutet und den Besucher rasch vergessen macht, dass er sich auch hier im Herzen einer pulsierenden Weltmetropole befindet. Ursprünglich lagen östlich der Ile de la Cité zwei kleinere Inseln, die Ile aux Vaches (Kuhinsel) und die Ile Notre-Dame. Erst im frühen 17. Jh. ließ Ludwig XIII. den sie trennenden Seinearm zuschütten und das neu gewonnene Terrain bebauen. Rasch avancierte das zentrumsnah und dennoch ruhig gelegene Viertel zu einem bevorzugten Ort der besseren Gesellschaft; und das ist die Ile St-Louis bis auf den heutigen Tag geblieben. Im 19. Jh. war die Ile St-Louis ein beliebtes Wohnviertel arrivierter Künstler. Der Schriftsteller Théophile Gautier lud im **Hôtel de Lauzun** (6) zu Haschisch-Partys ein, bei denen sich Charles Baudelaire zu düsteren Versen inspirieren ließ, im Haus Nr. 9 am Quai d'Anjou brachte Honoré Daumier seine sarkastischen Karikaturen zu Papier, am Quai de Bourbon (Haus Nr. 19) lebte von 1899 bis zu ihrer Einweisung in eine psychiatrische Klinik im Jahr 1913 die Bildhauerin Camille Claudel. Heute gehört eine Wohnung in einem der Häuser auf der Ile St-Louis zu den unbezahlbaren Topadressen der Seinemetropole.

Die einzige Kirche der Insel, **St-Louis-en-l'Ile** (8), wurde 1664 nach einem Plan Le Vaus in deren Mittelpunkt errichtet. Es handelt sich um einen recht konventionellen Bau des Barockzeitalters, eher römisch als französisch-klassizistisch wirkend, weshalb man in der Literatur auch den Terminus »Jesuitenstil« liest. Zahlreiche originelle Geschäfte, gemütliche Cafés und hübsche Restaurants laden in der Hauptachse, der Rue St-Louis-en-l'Ile, zu einem Bummel oder zur Einkehr ein.

Ein unvergesslicher Blick bietet sich vom Quai d'Orléans auf die Chorpartie von Notre-Dame. An dieser Uferpromenade (Haus Nr. 6) erinnert das Musée Adam-Mickiewicz (7) an den polnischen Nationaldichter (1798–1855), der nach unruhigem Wanderleben kreuz und quer durch Europa 1832 in Paris festes Quartier bezog. Hier entstand sein wichtigstes Werk, der »Pan Tadeusz«. Nach seinem Tod – Mickiewicz starb in Istanbul – wurde er zunächst in Paris bestattet, 1890 wurden seine sterblichen Überreste nach Krakau überführt und dort in der Königsgruft beigesetzt.

Quartier Latin

Der breite Boulevard St-Germain durchschneidet das Viertel in ostwestlicher Richtung, die Rue St-Jacques, auf der früher die Jakobspilger stadtauswärts zogen, in nordsüdlicher Richtung. Zwischen Seineufer und Boulevard St-Germain lebt im Gewirr enger Gassen noch entfernt die Erinnerung an die Situation des Mittelalters fort. Vom Studentenleben ist in diesem Teil des Viertels allerdings nichts geblieben. Wo einstmals Kneipen, Keller- und Jazzlokale das jugendliche Publikum anzogen, flaniert man jetzt an ungezählten Lokalen vorbei, die den Gast mit aufreißerischer Präsentation der Speisen anlocken. Studentisches Treiben erlebt man eher auf dem Boulevard St-Michel (kurz Boul' Mich') sowie in den Snackbars an der Place de la Sorbonne. In diesem südlich des Boulevard St-Germain gelegenen oberen Abschnitt des Quartier Latin verlaufen die Straßen geradlinig und parallel zueinander. Der im folgenden vorgeschlagene Rundgang führt vom Bereich um die Kirchen St-Séverin und St-Julien hinauf auf den Ste-Geneviève-Hügel und zu den umliegenden Sehenswürdigkeiten. Dabei lernt man den größten Teil des 5. Arrondissements kennen. Im Mittelpunkt steht das Mittelalter.

Quartier Latin ☆
Besonders sehenswert:
Musée de Cluny ☆
Panthéon ☆
Jardin du Luxembourg ☆

Bereits im 12. Jh. war auf dem linken Seineufer der Lehrbetrieb aufgeblüht. Petrus Abälard, der vom hl. Bernhard von Clairvaux gescholtene Frühscholastiker, hatte sich mit einer Gruppe von Studenten dem Zugriff bischöflicher Autorität auf der Ile de la Cité entzogen und zwischen den Klöstern Ste-Geneviève und St-Victor eine neue Bleibe gesucht. Es ist die Zeit, in der der Neuplatonismus in das abendländisch-christliche Weltbild einzudringen begann und sich die Abkehr von der Mönchsmystik des Hochmittelalters vollzog. Bernhard von Clairvaux hatte noch 1136 auf der Synode zu Sens die Verurteilung Abälards durchsetzen können, doch letztlich schwamm der strenge Ziehvater des Zisterzienserordens gegen den Strom der Zeit. Die Klöster hatten ihre große Rolle ausgespielt, die Zukunft des 13. und 14. Jh. sollte den Domschulen, alsbald den Universitäten gehören. 1215 sanktionierte Innozenz III. die Gründung einer Körperschaft von Professoren und Studierenden mit eigenen Statuten. 1253 gründete Robert de Sorbon, Beichtvater Ludwigs des Heiligen, ein Kolleg für mittellose Studenten. Auf ihn geht der Name der ersten Universität von Paris zurück, der Sorbonne. Im Laufe der Jahrhunderte kamen weitere Lehranstalten hinzu: 1280 das Collège d'Harcourt, 1326 das Schottenkolleg. Im 14. Jh. hatten Dominikaner (Albertus Magnus, Thomas von Aquin) und Franziskaner (Bonaventura) großen Einfluss. 1530 gründete Franz I. das Collège de France, 1550 riefen die Jesuiten eine eigene Hochschule ins Leben. In der Revolution wurden die Tore der Sorbonne geschlossen und erst durch Napoleon 1806 wieder geöffnet.

Das Quartier Latin ist mit Denkmälern hochkarätig bestückt und bietet zudem mit dem Musée du Moyen-Age im Hôtel de Cluny die Gelegenheit zu einem lohnenden Museumsbesuch. Wer sich vom Kunstgenuss erholen möchte, findet am Südwestrand des Viertels mit dem Jardin du Luxembourg einen der schönsten Parks der Stadt

◁ Das Panthéon

St-Séverin-et-St-Nicolas

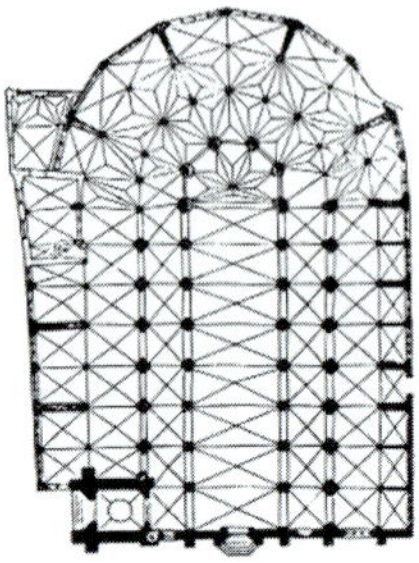

St-Séverin-et-St-Nicolas, Grundriss

(1) Inmitten des Besucherstroms im alten Teil des Quartier Latin liegt mit der gotischen Kirche St-Séverin ein wenig beachtetes Juwel des Spätmittelalters. Die Gründung reicht in das 6. Jh. zurück, als an dieser Stelle ein Eremit namens Severinus gelebt haben soll. Es folgten verschiedene Bauten aufeinander: eine karolingische Kirche (von den Normannen zerstört), eine romanische, die durch einen gotischen Neubau (ab 1220) ersetzt wurde, der seinerseits Mitte des 15. Jh. einem Brand zum Opfer fiel.

Vom Bau des 13. Jh. sind noch Teile der Fassade, der Glockenturm und im Innern die drei westlichen Joche erhalten. Das Bauwerk ist eine fünfschiffige Basilika ohne Querhaus. Die Proportionen des Raumes muten seltsam ungotisch an. Er ist 50 m lang, 34 m breit und nur 17 m hoch. Daraus resultiert eine gewisse Intimität, die der Gotik sonst eher fremd ist. Das Triforium, in der Regel eine blinde Zone, ist durchfenstert. In den Jochen aus dem 13. Jh. sieht man noch

Quartier Latin
1 St-Séverin-et-St-Nicolas
2 St-Julien-le-Pauvre
3 Hôtel de Cluny
4 Collège de France
5 Sorbonne
6 Panthéon
7 Bibliothèque Ste-Geneviève
8 St-Etienne-du-Mont
9 Tour de Clovis (Lycée Henri-IV)
10 Arènes de Lutèce
11 St-Nicolas-du-Chardonnet
12 Palais du Luxembourg
13 Fontaine des Médicis
14 Théâtre de l'Odéon
15 Musée Zadkine
16 Val-de-Grâce
17 Naturhist. Museum
18 Grande Galerie d'Evolution
19 Musée de la Sculpture en Plein Air
20 Institut du Monde Arabe

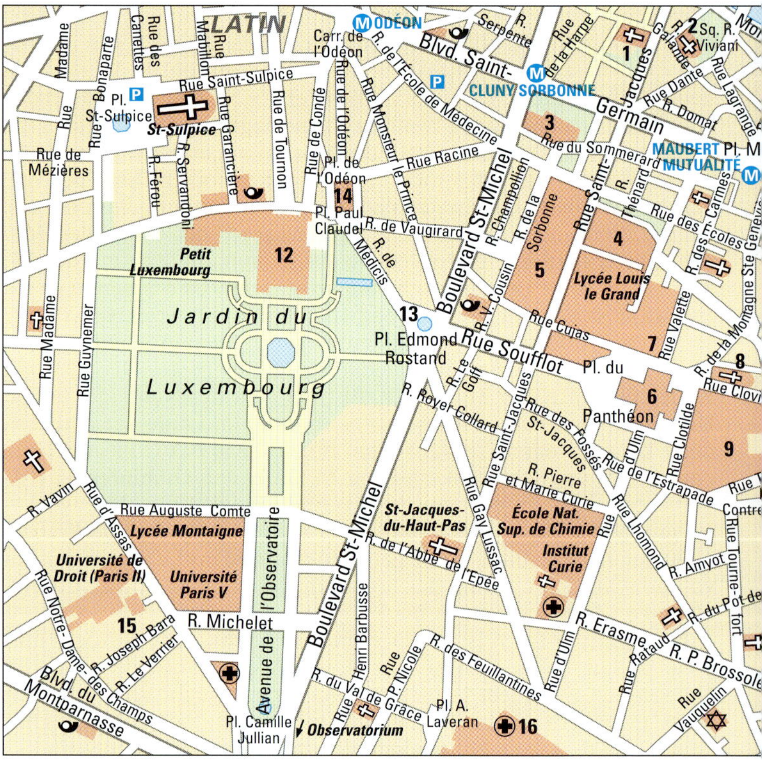

einige der originalen Fenster. Die Fenster des Chores schuf 1966 der Künstler Jean Bazaine. Aus der Fünfschiffigkeit resultiert wie bei Notre-Dame ein doppelter Chorumgang. Dieser Teil ist der architektonisch wertvollste. Aus der in sich gedrehten Mittelsäule entfaltet sich ein verzweigtes System von Rippen, das in der Literatur häufig mit einem Palmenwald verglichen wird.

Die nach Süden angebaute Chapelle de la Communion wurde 1673 durch Jules Hardouin-Mansart angebaut. Insgesamt ist St-Séverin eines der vorzüglichsten Beispiele der Flamboyantgotik in der Stadt.

Rechts neben der Kirche St-Séverin-et-St-Nicolas ist eine Reihe spätmittelalterlicher Beinhäuser erhalten (unzugänglich, aber von der Rue des Prêtres aus einzusehen).

St-Julien-le-Pauvre

(2) Man überquert die Rue St-Jacques und steht vor einem anderen, sehr unscheinbaren Gotteshaus; der Namenszusatz *le pauvre* (der Arme) hat volle Berechtigung. Nach links bietet sich ein viel beschriebener Blick auf Notre-Dame, schaut man zurück, sieht man im An-

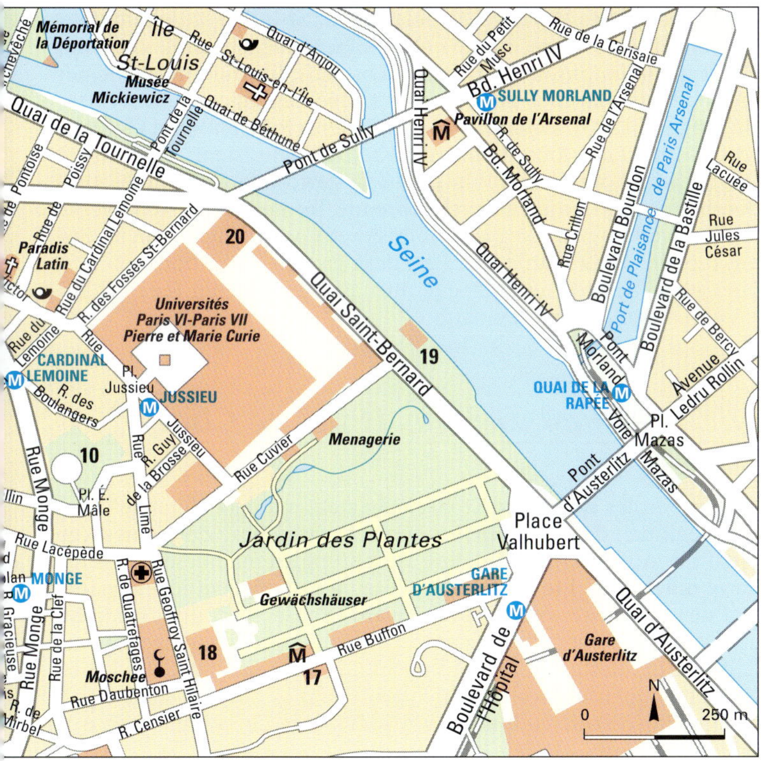

St-Julien-le-Pauvre Blick in den Innenraum

schnitt den Chor und den Glockenturm von St-Séverin, ein von Malern oft gewähltes Motiv. Im Mittelalter war St-Julien Mittelpunkt des Universitätslebens und diente neben seiner liturgischen Bestimmung als Versammlungsraum der Studentenschaft. Im Innern der kleinen dreischiffigen Basilika, mit deren Bau 1165 begonnen wurde (Fertigstellung um 1220), sieht man in den Seitenschiffen und im Chor das von Notre-Dame übernommene Kreuzrippensystem. Das Mittelschiffgewölbe war im 17. Jh. baufällig geworden und wurde 1651 durch eine den Raumeindruck störende Tonne ersetzt. 1655 verlor das Bauwerk seinen Rang als Prioratskirche und diente fortan als Spitalskapelle. 1889 wurde der Bau dem griechisch-orthodoxen Kult übergeben. Seither trennt eine Ikonostase den hinteren Teil des Chores gegen den übrigen Raum ab.

Die Thermen und das Hôtel de Cluny

(3) Jenseits des Boulevard St-Germain steht mit dem Hôtel de Cluny ein Denkmal, das in doppelter Hinsicht fasziniert. Zum einen verdient die Architektur besondere Beachtung, zum anderen birgt das darin untergebrachte Mittelalter-Museum außerordentliche Schätze. Auf der Nordseite, von den Boulevards St-Germain und St-Michel gut zu sehen, stehen die Ruinen der antiken Thermenanlage. Es handelt sich um Reste des Tepidariums und des Caldariums. Das gut erhaltene Frigidarium wurde in den Baukomplex des Museums einbezogen. Man betritt den Innenhof des Musée de Cluny von der Rue du Sommerard aus.

Im 14. Jh. hatten die Äbte von Cluny die antiken Ruinen gekauft und in dem Areal eine kleine Stadtresidenz anlegen lassen. Jacques d'Amboise ließ das bescheidene Bauwerk wieder abreißen und 1485–90 durch das erhaltene stattliche Palais ersetzen. Das Bauwerk entstand gleichzeitig mit dem Hôtel de Sens im Marais und bildet zusammen mit diesem ein stilistisches Zwillingspaar. In einigen Spitzbögen und Architekturdekorationen sowie in dem unregelmäßigen Grundriss meldet sich die späte Gotik ein letztes Mal zu Wort, die Fenster dagegen sind Zeugen der anbrechenden Renaissance.

Hôtel de Cluny, Hofseite

Nach der Revolution ging das Hôtel de Cluny durch mehrere Hände. 1833 erwarb der Kunstsammler Alexandre de Sommerard das Gebäude. 1842 kaufte die Stadt das Hôtel mitsamt der darin befindlichen Kunstsammlung und übertrug es dem französischen Staat mit der Auflage, das Ganze als Museum der Öffentlichkeit zugänglich zu machen. Bereits zwei Jahre später fand die Eröffnung des Musée de Cluny statt. 1977 wurden 21 Köpfe der Königsgalerie von Notre-Dame wieder aufgefunden. Nachdem sie 1980 in diesem Museum aufgestellt worden waren, trug man der damit verbundenen Aufwertung Rechnung und änderte den Museumsnamen; es heißt seither offiziell: »Musée National du Moyen Age – Thermes de Cluny«. Der Name ist keineswegs zu hoch gegriffen, denn die Kollektion ist in der Tat einzigartig. Der Name scheint sogar noch untertrieben oder leicht missverständlich, denn man erwartet, nur Exponate des französischen Mittelalters anzutreffen. Stattdessen erlebt man Kunstwerke aus allen möglichen Staaten Europas: romanische Kapitelle aus Katalonien, Alabasterreliefs aus England, ottonische Goldschmiedekunst und Elfenbein aus Deutschland und vieles mehr. Wir müssen uns bei einem Rundgang darauf beschränken, unter Tausenden von Exponaten auf das Wichtigste hinzuweisen.

Saal 1 Buchladen, in dem man einen detaillierten Museumsführer und Spezialpublikationen zu Einzelthemen erwerben kann.

Saal 2 Hier beginnen die Ausstellungsräume. Wandbehänge aus dem 16. Jh., Skulpturen aus dem Spätmittelalter.

Saal 3 Koptische Stoffe aus der Spätantike.

Saal 4 Ein kostbarer Zyklus von Wandbehängen aus den Niederlanden (frühes 16. Jh.) mit Darstellungen aus dem höfischen Leben. Die Teppiche stellen eine Verbindung von szenischen Darstellungen und Millefleurs-Motiven dar.

Saal 5 Alabasterreliefs des 15. Jh. aus England.

Saal 6 Einer der wichtigsten Räume des Museums. Hier sind gotische Fenster aus unterschiedlichen Kirchen Nordfrankreichs ausgestellt, darunter auch einige aus der Sainte-Chapelle. Normalerweise sieht man die farbigen Fenster der Kathedralen nur aus einiger Entfernung. Hier kann man aus nächster Nähe beobachten, mit welcher Liebe zum Detail die Bilder ausgeführt wurden.

Saal 7 Durchgang zu den Thermen, darin gotische Skulpturen.

Saal 8 Hier sind Skulpturen und Skulpturenfragmente von Notre-Dame ausgestellt. Bereits 1839 kamen bei Grabungen auf dem Parvis vor Notre-Dame Statuen zu Tage, die von der Fassade der Kathedrale stammten. 1977 gelang ein ungewöhnlicher Zufallsfund. In der Rue d'Antin wurden bei Straßenbauarbeiten 21 Köpfe von den Statuen der Königsgalerie entdeckt und 1980 in das Musée de Cluny überführt. Auch wenn die dazugehörigen Körper verschollen sind, geben die Köpfe eine Ahnung von der kolossalen Größe der Skulpturen. Die einzige vollständig erhaltene Figur ist die Gestalt Adams, die aus konservatorischen Gründen (besonders weicher Kalkstein) von der Kathedrale abgenommen wurde. Die Statue befand sich ursprünglich am südlichen Querhausarm von Notre-Dame. Dieser Adam ist ein Schlüsselwerk der europäischen Kunstgeschichte! Datiert um 1260 zeigt sich die Figur von einer Natürlichkeit, die im Rahmen des 13. Jh. die Sprache verschlägt. Der männliche Akt ist in der Hüfte leicht eingeknickt, das rechte, belastete Bein ist leicht zurück-, das entlastete linke leicht vorgestellt – der klassische antike Kontrapost. Auch die Anatomie ist von einer stupenden Naturtreue. Man meint, bei Betrachtung des Adam einen leisen Hauch der Renaissance zu spüren, die doch erst eineinhalb Jahrhunderte später ihren Anfang nahm.

Saal 9 Das Frigidarium der römischen Thermen ist das einzige Baudenkmal der Römerzeit in Paris, das noch im aufgehenden Mauerwerk und mitsamt seiner Wölbung erhalten ist. Hier ist der so genannte Nautenpfeiler zu sehen, der unter dem Chor von Notre-Dame ausgegraben wurde. Eine Inschrift nennt die Nauten, die Seineschiffer, als Stifter des Denkmals, das zur Regierungszeit des Kaisers Tiberius (14–37 n. Chr.) zu Ehren Jupiters aufgestellt wurde. Es ist das älteste skulpturale Werk von Paris und zugleich ein Indiz dafür, dass die Seineschiffer bereits in antiker Zeit eine einflussreiche Gruppe waren.

Saal 10 Kapitelle aus der ehem. Abteikirche St-Germain-des-Prés (11. Jh.); zwei spätromanische Holzkruzifixe; Elfenbeinarbeiten.

Saal 11 Apostelstatuen aus der Sainte-Chapelle (13. Jh.); romanische Kapitelle aus Katalonien.

Saal 12 Aufgang zum Obergeschoss, darin Wandteppiche, Truhen, historische Kostüme.

Saal 13 Was die Mona Lisa für den Louvre ist, das ist als Publikumsmagnet für das Musée de Cluny die Wandteppichfolge *Die Dame mit dem Einhorn,* die in diesem Raum ausgestellt ist. Kopien als Wandbehang, als Kissen, als

Die Teppichfolge der »Dame mit dem Einhorn« wird als Allegorie der Sinne gedeutet, hier abgebildet: der Gehörsinn ▷

Deckchen findet man in allen Andenkenläden der Stadt. Es handelt sich um einen Zyklus von sechs Teppichen, die aus dem Château de Boussac im Département Creuse 1882 durch Ankauf in die Museumsbestände kamen. Sie wurden Ende des 15. Jh. in einem niederländischen Atelier aus Seide und Wolle gewebt. Auftraggeber war Jean de Viste aus Lyon, dessen Familienbanner Löwe und Einhorn auf jedem der Teppiche halten. Dargestellt sind in allegorischer Form die menschlichen Sinne. Besonders anmutig ist jene Szene, die die Dame beim Spiel an einer kleinen Orgel zeigt. Man vermutet, dass der Auftraggeber die Teppiche seiner Braut zum Hochzeitsgeschenk machte.

Saal 14 Altäre und Skulpturen des Spätmittelalters; sehenswert die Pietà aus Tarascon, ein Werk der Schule von Avignon (15. Jh.).

Saal 15 Spätmittelalterliche Stundenbücher.

Saal 16 In Vitrinen Werke der Goldschmiedekunst vom 12. Jh. bis zum Spätmittelalter, darunter etliche Arbeiten aus Limoges (liturgisches Gerät, Reliquiare). Größte Kostbarkeit dieses Raumes (gleich dem Eingang gegenüber) sind drei westgotische Votivkronen aus Spanien. Sie stammen aus dem 7. Jh., als das Westgotenreich auf der iberischen Halbinsel in seiner höchsten Blüte stand und wesentliche Anregungen von Byzanz empfing. Die westgotischen Könige pflegten solche Kronen Kirchen zu schenken, wo sie über den Altären aufgehängt wurden.

Der Durchgang, der die Säle 15 und 17 miteinander verbindet, trägt zwar keine Nummer, ist aber dennoch Ausstellungsraum. Hier sieht man weitere gotische Glasbilder.

Saal 17 Spätgotische Glasfenster; spätmittelalterliche Elfenbeinreliefs und sehr schöne Keramiken aus dem mauresken Spanien.

Saal 18 Chorgestühl aus der Kirche St-Lucien in Beauvais (15. Jh.) und zwei spätmittelalterliche Stundenbücher, besucherfreundlich zerlegt und die Blätter zwischen Glasscheiben gesichert, sodass man behutsam darin blättern kann, ohne etwas zu beschädigen.

Saal 19 Die Dame mit dem Einhorn genießt zwar größere Popularität als das hier ausgestellte *Baseler Antependium*, aber feststeht, dass dieses zentrale Werk der ottonischen Goldschmiedekunst der bedeutendste Schatz des Musée de Cluny ist. Nur drei solcher goldenen Altarvorsätze sind aus ottonischer Zeit erhalten, die beiden anderen wie durch ein Wunder am ursprünglichen Platz ihrer Bestimmung (der Paliotto in Sant'Ambrogio in Mailand und das Antependium im Aachener Münster). Während diese aus kleinen Einzelplatten zusammengesetzt sind,

ist das Baseler Antependium, abgesehen von den Rahmenteilen, aus großen Kupferplatten gearbeitet, die anschließend feuervergoldet wurden. Es handelt sich um so genannte Treibarbeit, bei der der Künstler die Reliefs von der Rückseite mit einem stumpfen Gegenstand als Negativ herausmodelliert hat. Ursprünglich waren die Hohlräume mit Wachs ausgefüllt, um Beschädigungen des Reliefs vorzubeugen. Erhalten ist davon einer der Köpfe; er wird heute im Bayerischen Nationalmuseum in München aufbewahrt. Unter fünf Arkaden – die mittlere etwas erhöht gegenüber den seitlichen – stehen Christus (Mitte), die drei Erzengel Raffael, Michael und Gabriel sowie die Gestalt des hl. Benedikt von Nursia (ganz links), Vater des abendländischen Mönchtums. Zu Füßen des Heilands knien die Stifter, das letzte Herrscherpaar aus ottonischem Hause, Kaiser Heinrich II. und Kaiserin Kunigunde, die beide heilig gesprochen wurden. Daraus ist zugleich eine verlässliche Datierung der Goldtafel in das erste Viertel des 11. Jh. abzuleiten (Heinrich II. regierte als Nachfolger Ottos III., dessen Onkel er war, 1002–1024). Ungesichert ist dagegen die Herkunft. In der Forschung herrscht die Ansicht, dass die Arbeit in einem Fuldaer Atelier entstanden ist.
1854 gelangte das Antependium durch Ankauf aus dem Baseler Domschatz (deshalb der Name) in das Musée de Cluny. Wie es aber nach Basel gelangte und welches der ursprüngliche Bestimmungsort war, liegt völlig im Dunkeln. Die Tatsache, dass der hl. Benedikt gleichberechtigt neben den Erzengeln steht, ist als Indiz dafür zu deuten, dass das Werk möglicherweise am Altar einer wichtigen Benediktinerabtei angebracht war. Zwei Versionen werden zu dem Thema gehandelt: Entweder befand sich das Antependium in der Michaelsabtei in Bamberg, jener Bischofsstadt, von Heinrich II. gegründet, die der Kaiser wiederholt großzügig mit Schenkungen bedachte, oder es gelangte als Geschenk des Herrschers in das Mutterkloster des Ordens, also nach Montecassino. Es soll hier eine dritte Hypothese zur Diskussion gestellt werden: 1023 kam es zu einer geschichtsträchtigen Begegnung zwischen Kaiser Heinrich II. und König Robert II. von Frankreich. Die Quellen berichten davon, der Kaiser habe den Kapetinger reich mit Goldgeschenken überhäuft (der aber angeblich aus Bescheidenheit nur zwei Kelche annahm, wahrscheinlich ein propagandistischer Kunstgriff des Chronisten). Darunter könnte sich auch das Antependium befunden haben, das dann den Weg nach Fleury/St-Benoît-sur-Loire fand. Dort liegt der hl. Benedikt begraben. Robert II. der Fromme hatte ein besonders

inniges Verhältnis zu dieser Abtei an der Loire, in der er auch zur letzten Ruhe gebettet wurde.
Ein weiteres bedeutendes Werk der Goldschmiedekunst ist in diesem Raum ausgestellt, gleichfalls ein Altarvorsatz, jedoch aus romanischer Zeit – datiert um 1160/70. Er stammt aus dem rhein-maasländischen Raum, der im 12. Jh. eine Hochburg der europäischen Goldschmiedekunst war. Dargestellt ist das Pfingstereignis. Von Christus, der als Brustbild unter einem über der Mitte aufgehenden Bogen erscheint, gehen die Strahlen der Erleuchtung auf die Apostel nieder, die paarweise zwischen kleinen Säulen sitzen. Die Ikonographie ist ungewöhnlich, denn die Bibel berichtet davon, dass der Heilige Geist, nicht Christus, über die Apostel kam, die als Folge in allen Sprachen sprechen konnten. In monumentaler Gestalt kennen wir dieselbe Ikonographie vom Portal der Ste-Madeleine-Wallfahrtskirche im burgundischen Vézelay, das wenige Jahre vor der Entstehung dieses Antependiums fertig gestellt worden war.

Saal 20 Die Hauskapelle der Äbte von Cluny, ein kleines Juwel spätgotischer Baukunst, dessen vielteiliges Rippengewölbe eine einzige, im Zentrum des quadratischen Raumes aufgestellte zierliche Säule trägt.

Saal 21 Ein Verkündigungsengel aus der Toskana (14. Jh.) und ein Kopfreliquiar der hl. Mabilla (ebenfalls 14. Jh.).

Saal 22 Altar der Familie Jouvenel des Ursins (15. Jh.).

Saal 23 Historische Waffen.

Collège de France

(4) Ein Stück weiter liegt an der Rue des Ecoles das Collège de France, dessen Hauptgebäude (Fassade zur Place Marcelin-Berthelot) 1774–80 von dem Architekten Chalgrin errichtet wurde, ein klassizistischer Bau nach Art der Hôtels particuliers mit drei Flügeln um einen Ehrenhof. Im 19. und 20. Jh. kamen Erweiterungen hinzu. 1530 wurde das Institut durch Franz I. gegründet als Lehrstätte für Hebräisch, Griechisch und Latein, deshalb auch der ursprüngliche Name »Collège royal« oder auch »Collège des trois langues«. Später kamen Naturwissenschaften hinzu; in der Revolution erfolgte die Umbenennung in Collège de France. Hier lehrten u. a. Ampère und Curie (Physik), Bergson und Foucault (Philosophie), Michelet und Duby (Geschichte), der Dichter Paul Valéry und der Komponist Pierre Boulez. Es gelten noch heute die alten Statuten. Danach finden keine Examina statt, die Lehrveranstaltungen sind jedermann zugänglich und kostenfrei.

Die Sorbonne

(5) Zwischen Rue St-Jacques und Rue Victor Cousin liegt der gewaltige Baukörper der Sorbonne. Er wurde 1885–1901 anstelle der von Richelieu angelegten Universität errichtet. Von dem Vorgängerbau des 17. Jh. blieb einzig die **Universitätskirche** erhalten, die ihre Fassade der Place de la Sorbonne zuwendet. Lemercier entwarf den Bau, der 1635–42 aufgezogen wurde. Die Fassade mutet mit ihren zwei Geschossen und den Voluten, die vom breiteren unteren zum schmäleren oberen Abschnitt überleiten, ausgesprochen italienisch an (Stichwort »Jesuitenstil«). Da die Breitenwirkung gegenüber der Vertikalachse dominiert, spricht die Kuppel im äußeren Erscheinungsbild deutlich mit. Das Innere ist leider meist verschlossen. Oft finden aber Ausstellungen in der Kirche statt, die man bei solcher Gelegenheit dann doch besichtigen kann. Als dreischiffige Anlage mit Querhaus und Chorrund folgt sie einem geläufigen Schema. Besonders schön ist der warmtönige, honiggelbe Kalkstein, aus dem das Bauwerk errichtet wurde. Das marmorne Grabmal Kardinal Richelieus entstand erst ein halbes Jahrhundert nach dessen Ableben (1694). Den Entwurf für das Denkmal, auf dem der Verstorbene in lässiger liegender Haltung wiedergegeben ist, lieferte Le Brun.

Vom Mittelalter bis auf den heutigen Tag sind alle Generationen Pariser Studenten durch einen oppositionellen Geist miteinander verbunden. Im Mai 1968 führte eine Revolte zur Reform des Lehrbetriebs. 1970 wurde die gesamte Universität von Grund auf neu formiert. An der Sorbonne verblieben nur die geisteswissenschaftlichen Fakultäten, die anderen Fachbereiche wurden auf neu gegründete Hochschulen verteilt. Paris besitzt derzeit 13 Universitäten, davon die geringere Zahl im Kernbereich der Stadt, die meisten fanden in der Peripherie Platz. Rund 300 000 Studenten sind dort eingeschrieben.

Das Panthéon

(6) Die Rue Soufflot führt auf das Panthéon zu, wo man den höchsten Punkt des Ste-Geneviève-Hügels erreicht. Es ist eine gewaltige Kulisse, die sich da vor den Blicken des Betrachters aufbaut. Ursprünglich stand hier die mittelalterliche Kirche der Stadtpatronin von Paris, der hl. Genoveva. 1744 gelobte Ludwig XV., schwer erkrankt, für den Fall seiner Genesung den Neubau der Kirche. Die Vorbereitungen waren langwierig und kompliziert, denn bei den Ausschachtungsarbeiten für die Fundamente stieß man auf die Gewölbe einer römisch-antiken Ziegelei, sodass erst einmal umfangreiche Konsolidierungsmaßnahmen des Baugrundes erforderlich waren. Die Grundsteinlegung fand deshalb erst 1764 statt. Wegen finanzieller Engpässe kam es danach wiederholt zu Unterbrechungen, sodass der Architekt Soufflot 1780 über dem unfertigen Projekt hinwegstarb. Seine Schüler Maximilien Brébion und Jean-Baptiste Rondelet brachten den Bau inmitten der Revolutionswirren 1790 zum Abschluss. Danach wechselte das Bauwerk seine Bestimmung, je nachdem, welches politische Regime gerade an der Macht war: 1791 wurde es zur nationalen Ruhmeshalle erklärt, nachdem man Voltaire hier beigesetzt hatte, und trug fortan den Namen Panthéon. 1806 bestimmte Napoleon den Bau wie-

der zur Kirche. 1830 verfügte der Bürgerkönig Louis-Philippe die Rückkehr zur Ruhmeshalle. In seinem Auftrag entstand die Skulpturengruppe im Tympanon: Die Gestalt des Vaterlandes teilt Lorbeerkränze an seine verdienten Söhne aus. Louis-Napoléon kreierte den neuen Namen »Nationale Basilika«, die Dritte Republik übergab die Kirche zunächst wieder dem Kult, kehrte dann aber nach der Beisetzung Victor Hugos 1885 zur Idee der Ruhmeshalle und zum Namen Panthéon zurück. Dabei ist es bis heute geblieben.

Den statischen Vorteil einer Mehrschaligkeit beim Bau einer Kuppel kannte bereits das Mittelalter: Ältestes Beispiel einer zweischaligen Kuppel ist das Baptisterium in Florenz aus dem 12. Jh., das die Baumeister der Renaissance irrtümlicherweise für ein Denkmal der Antike und deshalb für vorbildhaft hielten. Brunelleschi übernahm die Zweischaligkeit für die Kuppel des Domes in Florenz, und Michelangelo kopierte das Muster für seine Kuppel des Petersdomes, die wiederum für die großen Kuppeln der Pariser Bauwerke Vorbildcharakter hatte.

Über dem von gewaltigen Säulen getragenen antikischen Portikus wächst die monumentale **Kuppel** auf, deren steilen Tambour ein Kranz von Säulen umstellt. Der Innenraum ist künstlich erhellt, da 1791, als das Panthéon seine Neubestimmung als Mausoleum erfuhr, die meisten Fenster zugemauert wurden. Das Bauwerk beschreibt die Form eines griechischen Kreuzes, wobei die Arme nach Osten und Westen gegenüber den Querarmen geringfügig verlängert erscheinen; so ergibt sich eine Länge von 110 m, die Breite misst dagegen nur 84 m. Die Kuppel erreicht eine Höhe von 83 m und ist von vielen Punkten in Paris auch auf weite Entfernung zu sehen. Im Innern dagegen ist die Kuppelkalotte abgeflacht, da die Kuppelkonstruktion wie beim Invalidendom dreischalig angelegt wurde. 1849 gelang dem Physiker Foucault mit dem nach ihm benannten Pendel, einer 28 kg schweren Messingkugel, die an einem 67 m langen Drahtseil unter der Kuppel aufgehängt war (sie ist heute im Technikmuseum zu sehen), der empirische Nachweis der Erdrotation.

Das Bauwerk wirkt gleichermaßen kühl wie erhaben. Die **Ausmalung** entstammt dem 19. Jh. und zeigt u. a. Szenen aus dem Leben der hl. Genoveva (von Puvis de Chavannes) sowie zentrale Begebenheiten aus der französischen Geschichte (Taufe Chlodwigs, Kaiserkrönung Karls des Großen, König Ludwig der Heilige u.s.w. von verschiedenen Malern) und diverse Allegorien. Ganz hinten rechts in der Ecke führt eine schmale Treppe in die Unterkirche. Von einer **Krypta** mag man kaum sprechen, da der Bau fast auf seiner ganzen Länge unterkellert ist. Hier fanden die großen Söhne Frankreichs seit 1791 ihre letzte Ruhe. Bei einem Rundgang liest man die Namen zahlreicher hochrangiger Militärs, die heute kaum noch bekannt sind. Dazwischen aber steht man vor Gräbern von Politikern, Wissenschaftlern und Künstlern, deren Lebensleistung über alle Zeiten in Erinnerung bleiben wird: der am Vorabend des Ersten Weltkriegs ermordete Sozialistenführer Jean Jaurès, der 1896 in Lyon ermordete Präsident Sadi Carnot, der Résistance-Kämpfer Jean Moulin, Louis Braille, der Erfinder der Blindenschrift, Marie Curie, Entdeckerin der Radioaktivität, Jean-Jacques Rousseau, Voltaire. Auch der Architekt des Panthéons, Soufflot, ist hier beigesetzt. Wer ihre Bücher kennt und schätzt, wird ergriffen vor jener kleinen Seitenkapelle (rechte Seite) verweilen, in der die **Gräber von Victor Hugo und Emile Zola** gemeinsam untergebracht sind. Als vorerst letzter wurde André Malraux – Kunsthistoriker, Widerstandskämpfer, Politiker und Autor – 1965 im Panthéon beigesetzt.

Panthéon, Grundriss

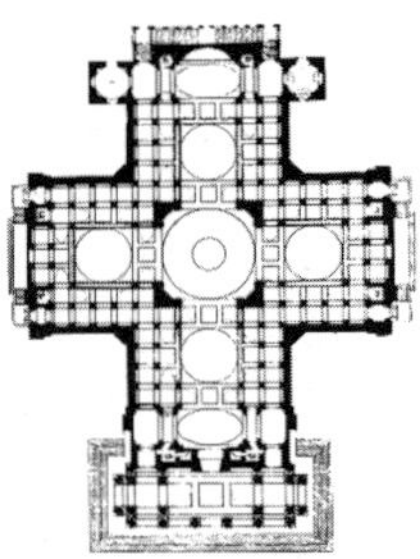

Erst Kirche der Stadtpatronin Genoveva, dann nationale Ruhmeshalle: das Panthéon Der Innenraum ist künstlich erhellt, da 1791, als das Panthéon seine Neubestimmung als Mausoleum erfuhr, die meisten Fenster zugemauert wurden.

Wenn man wieder ins Freie tritt, fällt der Blick auf die beiden konvex geschwungenen Bauten, die die Rue Soufflot rahmen. Der rechte (Sitz der juristischen Fakultät) stammt von Soufflot, der linke wurde Mitte des 19. Jh. durch den Architekten Hittorf angelegt (darin heute das Rathaus des 5. Arrondissements).

In dem lang gezogenen Bau auf der Nordseite des Platzes befindet sich die von Henri Labrouste (1801–1875) erbaute **Bibliothèque Ste-Geneviève** (7) (1843–1850), eine der ersten Eisenkonstruktionen der französischen Architektur.

St-Etienne-du-Mont

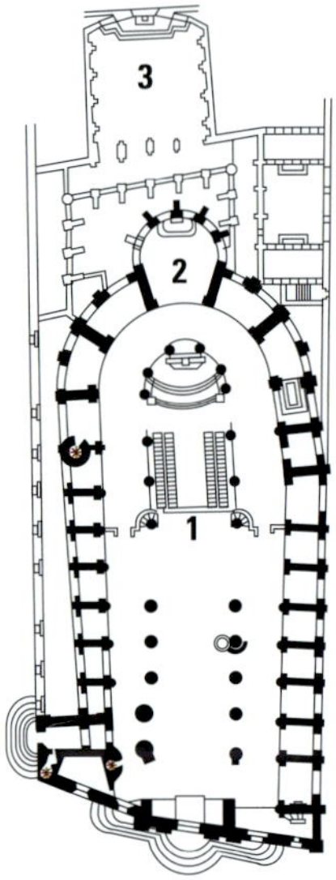

St-Etienne-du-Mont
1 Lettner
2 Chorscheitelkapelle
3 Katechismuskapelle

(8) Links neben dem Panthéon liegt – leicht zurückversetzt – die Kirche St-Etienne-du-Mont, die im 13. Jh. von den Mönchen des Ste-Geneviève-Klosters als Pfarrkirche gegründet wurde. Der fortschreitende Bevölkerungszuwachs machte im ausgehenden Mittelalter einen Neubau erforderlich, der 1492 begonnen wurde. 1540 waren die Ostteile fertig, 1568 die Seitenschiffe, 1585 Querhaus und Mittelschiff, die Fassade, zu der Margarete von Valois den Grundstein legte, entstand zuletzt 1610–1622. An ihr mischen sich Elemente der Gotik und der Renaissance – eine echte Zwittererscheinung. Im Innenraum dominiert dagegen die Gotik (die Skulpturen Nachbildungen des 19. Jh., die Originale in der Revolution zerstört). Die Seitenschiffe der Basilika sind derart hoch hinaufgezogen, dass ein hallenartiger Eindruck entsteht. Zwischen die Stützen des Langhauses ist in mehreren Metern Höhe eine scheinbar sinnlose Pseudoempore eingezogen, die nicht begehbar ist. An dieser Balustrade wurden früher große Bildteppiche aufgehängt. Faszinierend ist der **Lettner** (1521–1535), der wahrscheinlich von Philibert Delorme entworfen wurde. Im 18. Jh. wurden die Lettner in sämtlichen Pariser Kirchen per Dekret entfernt. Jener von St-Etienne, der einzige übrig gebliebene in der Stadt, verdankt seine Erhaltung dem entschiedenen Protest der Pfarrbewohner. Im Grunde ist es ein Pseudolettner, denn anstatt den Blick in den Chor zu verstellen, sieht man durch einen weit gespannten Korbbogen hindurch. Darüber befindet sich eine Empore, von einer kunstvoll durchbrochenen Brüstung eingefasst. Zu ihr führen von beiden Seiten Wendeltreppen hinauf, die spiralförmig die Schäfte der beiden östlichen Vierungspfeiler umschlingen – eine höchst eigenwillige Lösung, für die es kein Vergleichsbeispiel gibt.

St-Etienne-du-Mont Der ungewöhnliche, wahrscheinlich von Philibert Delorme entworfene Lettner steht in der Kunstgeschichte einmalig da.

Richtet man von dieser Stelle aus den Blick aufwärts, bemerkt man den 5,5 m tief herabhängenden Schlussstein des Vierungsgewölbes.

In der **Chorscheitelkapelle** wurden der Dramatiker Jean Racine (1639–1699) und der Religionsphilosoph, Mathematiker und Physiker Blaise Pascal (1623–1662) beigesetzt. Rechts im Chor führt ein Durchgang zu einem kleinen Kreuzgang und zur so genannten **Katechismus-Kapelle,** die Baltard 1859 erbaute, der damals zugleich eine Renovierung der gesamten Kirche durchführte.

Von St-Etienne-du-Mont zum Boulevard St-Germain

Der folgende Abstecher führt aus dem Quartier Latin in das benachbarte Stadtviertel um die Rue Mouffetard – sie ist eine der ältesten und lebendigsten Marktstraßen von Paris. Gegenüber von St-Etienne-du-Mont (Rue Clovis), unten von Bauten des Lycée Henri IV. umstellt, ragt die **Tour de Clovis** (9) auf, ein spätgotischer Glockenturm, der zu der untergegangenen alten Klosterkirche Ste-Geneviève gehörte. Wir folgen der Rue Clovis bis zur Rue du Cardinal Lemoine, wo Reste der Stadtmauer Philipps II. August auszumachen sind. Nach rechts geht es zu der malerischen Place de la Contrescarpe, von der die Rue Lacépède in östlicher Richtung abzweigt. Hier reihen sich kleine einladende Lokale unterschiedlicher Nationalitäten hintereinander. An der Rue Monge angekommen, wendet man sich nach links und erreicht nach wenigen Schritten die **Arènes de Lutèce** (10), Reste des gallo-römischen Amphitheaters. Es ist die bedeutendste antike Ruine von Paris nach den Thermen von Cluny. Das in der Völkerwanderungszeit zerstörte Monument wurde in späteren Jahrhunderten überbaut und war völlig in Vergessenheit geraten. Erst 1869 kamen die Mauern bei Straßenbauarbeiten wieder zum Vorschein. 1917/18 wurde der erhaltene Bestand konsolidiert und zum Teil ergänzt. Heute tummeln sich in dem Oval leidenschaftliche Fußball spielende Buben und Boulespieler.

Wir folgen der Rue Monge weiter stadteinwärts. Am Rande des Quartier Latin stößt man auf die stimmungsvolle Kirche **St-Nicolas-du-Chardonnet** (11). Ein erster Kirchenbau war hier im 13. Jh. auf einem von Disteln dicht bewachsenen Feld erbaut worden (*chardons* = Disteln). Der jetzige Bau wurde 1656 begonnen. Im Chor befindet sich das Grab des Malers Le Brun von Coysevox und das seiner Mutter, zu dem er selbst die Vorzeichnung gemacht hatte (4. Kapelle der linken Seite). Der Rundgang endet auf der belebten Place Maubert, deren Name vermutlich aus der Kontraktion der beiden Worte ›Maître Albert‹ entstanden ist; gemeint ist der große Theologe Albertus Magnus, der Lehrer des Thomas von Aquin.

Jardin du Luxembourg und Umgebung

Nach einem Streifzug durch das Quartier Latin bietet sich der Jardin du Luxembourg zur Entspannung im Grünen an. Auf dem Gelände des bei den Parisern beliebtesten Parks auf der linken Seineseite be-

Das Palais du Luxembourg im Jardin du Luxembourg

fand sich in römischer Zeit ein Villenvorort. Im Mittelalter gründeten die Kartäuser im südlichen Teil der heutigen Gartenanlage ein Kloster, das noch bis zur Revolution bestand. Nach der Ermordung Heinrichs IV. beschloss seine Witwe, den Louvre zu verlassen und eine neue Residenz zu beziehen. 1612 erwarb Maria de Medici die Stadtresidenz des Herzogs von Luxemburg, ließ diese abreißen und durch Salomon de Brosse ein Palais im italienischen Stil anlegen.

Bis etwa 1925 war der Bildhauer Ossip Zadkine stark von den geometrischen Formen des Kubismus beeinflusst, danach nehmen seine Figuren eine weichere, fließendere Kontur an. Ein Hauptwerk der kubistischen Phase ist die Bronzeplastik »Die Frau mit dem Fächer« von 1923. Charakteristisch für die zweite Schaffensphase ist die gleichfalls in Bronze gearbeitete Gruppe »Die Zeichenstunde« von 1930. Im Spätwerk der 1950er Jahre meldet sich noch einmal der Kubismus zurück, zugleich setzte sich der Künstler mit dem Surrealismus Max Ernsts auseinander.

Dort hingen die großformatigen von Rubens geschaffenen Bilder mit dem so genannten Medici-Zyklus, bevor sie in den Louvre gelangten. 1790 wurde das Kartäuserkloster dem Erdboden gleichgemacht. So entstand der freie Durchblick vom **Palais du Luxembourg** (12) bis zum Observatorium. Dem Palais selbst, das zeitweilig als Deputiertenkammer diente, wurden im 19. Jh. die Seitenflügel angegliedert. Heute tagt in dem einstigen Witwensitz der Senat, die zweite gesetzgebende Versammlung neben dem Parlament.

Der größte Teil des Parks erscheint jetzt im Gewand französischer Gartenarchitektur mit geradlinig verlaufenden Wegen und geometrisch geordneten Rasenflächen. Vom einstigen italienischen Garten der Maria de Medici ist nur noch der nach ihr benannte **Medici-Brunnen** (13) auf der Ostseite des Palais erhalten, eine entfernt an die Boboli-Grotten des Palazzo Pitti in Florenz erinnernde künstliche Quelle.

Nahe dem nördlichen Zugang zum Park erhebt sich das klassizistische **Théâtre de l'Odéon** (14), Hauptwerk des Architekten Charles de Wailly (1730–1798). Durchquert man den Park in seiner ganzen Länge und verlässt ihn auf der Südwestseite, erreicht man von dort nach wenigen Schritten das in der Rue d'Assas Nr. 100 im Hinterhof befindliche einstige Atelier von Ossip Zadkine (1890–1967), der sich im Alter von 19 Jahren in Paris niedergelassen hatte. Seit 1928 arbeitete Zadkine in der Rue d'Assas. Die 1981 verstorbene Frau des russisch-französischen Bildhauers vermachte das Anwesen der Stadt Paris, die die Räume 1982 der Öffentlichkeit als **Musée Zadkine** (15) zugänglich machte.

Die Rue d'Assas mündet auf die Place Camille Jullian, an deren Südwestecke die **Statue des Generals Ney** steht, der an dieser Stelle 1815 nach der Rückkehr der Bourbonen nach Paris erschossen worden war. Folgt man von hier dem Boulevard du Port Royal in östlicher Richtung und wendet sich bei der dritten Abzweigung nach links, gelangt man in die Rue St-Jacques und steht nach wenigen Schritten vor dem ehemaligen **Kloster Val-de-Grace** (16). Es ist der dem Escorial nachempfundene Alterssitz der Anna von Österreich, der Mutter Ludwigs XIV. 1795 wurde das aufgelöste Kloster in ein Militärkrankenhaus umgewandelt; es gehört noch heute dem Sanitätsdienst der Armee. Man kann deshalb auch nur die Kirche besichtigen, deren wuchtige Fassade stärker als anderswo in Paris den baukünstlerischen Einfluss des jesuitischen Barock Roms verrät. Mächtig steigt dahinter die reich verzierte Kuppel auf. Auch der Innenraum der dreischiffigen Anlage ist opulent mit Bauskulptur dekoriert, die Ausmalung der Kuppel stammt von Pierre Mignard (1612–1695), der in Italien mit der Kunst der Carraccis in Berührung gekommen war. Gleichfalls in der Nähe liegt auch das **Observatorium** von Paris, das 1667–1672 im Auftrag Colberts erbaut wurde. Bis 1911 verlief durch das Gebäude der Null-Meridian (heute 2°20'14"). In dem 28 m tief gelegenen Keller mit konstanter Temperatur (11,86 Grad Celsius) wird die koordinierte Weltzeit bestimmt.

Dem Escorial nachempfunden: das ehemalige Kloster Val-de-Grace

Jardin des Plantes und Umgebung

Der Abstecher in das Mouffetard-Viertel könnte mit einem Spaziergang im Jardin des Plantes ausklingen.

Im 17. Jh. ließ Ludwig XIII. einen Garten für Heilpflanzen anlegen, der bereits 1640 als Park der Öffentlichkeit zugänglich gemacht wurde. Auch heute finden sich sorgfältig beschriftete Heilkräuter in dem Park, daneben Rosenrabatten, Iris und andere Zierpflanzen. Die um 1900 angelegten Gewächshäuser beherbergen tropische Spezies.

Im nördlichen Abschnitt des Parks befindet sich ein zoologischer Garten. Die Grande Galerie des **Naturhistorischen Museums** (17) wurde nach dreißigjähriger Schließung renoviert und 1994 wieder eröffnet. Architekten waren das Team Paul Chemetov und Borja Huidobro, nach deren Plan auch das Finanzministerium in Bercy erbaut wurde. Die Neuaufstellung der ausgestopften Tiere, die **Grande Galerie de l'Evolution** (18), übertrug man dem Filmregisseur René Allio, der die Parade in einem lebendigen Aufmarsch unter einem riesigen Glasdach anordnete. Neben dem Naturhistorischen Museum befindet sich die sehenswerte mineralogische Sammlung.

Tipp
Ein doppelter Genuss ist während der warmen Jahreszeit ein mittäglicher Imbiss im Dachterrassenrestaurant des Institut du Monde Arabe. Man goutiert arabische, insbesondere marokkanische Spezialitäten, und erlebt zugleich einen herrlichen Blick über die Seine.

Die Ausdehnung des Parks bis zum Seineufer veranlasste im 18. Jh. Graf de Buffon, der große aus Burgund stammende Naturkundler. Wer nach einem Spaziergang im Jardin des Plantes am Seineufer stadteinwärts bummelt, kommt am **Musée de la Sculpture en Plein Air** (19) vorbei, einem Freilichtmuseum, dessen etwa 40 Skulpturen der Grünanlage entlang dem linken Flussufer einen besonderen Akzent verleihen. Unter anderem stehen dort Arbeiten von Zadkine, Calder und Brancusi.

Vorbei an den Gebäuden der Universitäten Paris VI und VII gelangt man gegenüber der Ile St-Louis zum 1987 errichteten **Institut du Monde Arabe** (20) (Architekten: Jean Nouvel, Gilbert Lezenes und Pierre Soria), dessen Bau einen Dialog zwischen Tradition und Moderne versinnbildlichen soll. Der spiralförmig gedrehte Bibliotheksturm erinnert an ein Minarett, die 240 ornamental gemusterten Fenster der Südfassade – sie sind mit elektronischen Fotozellen ausgestattet und schließen oder öffnen sich je nach Lichteinfall automatisch – lehnen sich motivisch an die Holzgitter arabischer Fenster und Balkone an, die den Frauen erlauben, von innen her dem Straßentreiben zuzuschauen, ohne selbst gesehen zu werden. Das Institut wurde als Gemeinschaftswerk Frankreichs und 20 arabischer Staaten ins Leben gerufen, um den Dialog zwischen dem christlichen Frankreich und den islamischen Staaten zu fördern. Es finden wechselnde Ausstellungen, Vorträge und Seminare statt. Zu dem Komplex gehört auch ein Museum islamischer Kunst.

Dialog zwischen Tradition und Moderne: Institut du Monde Arabe

Das Marais

Das Gelände auf dem rechten Seineufer, durch das seit römischer Zeit eine Straße führte – heute die Rue St-Antoine –, war noch bis ins hohe Mittelalter versumpft und nahezu unbewohnt. Im 13. Jh. begannen Mönche und Templer damit, das Marais trockenzulegen. Zu dieser Zeit lag das Gebiet noch außerhalb des von Philipp II. August errichteten Festungswalls. Als Karl V. Ende des 14. Jh. die Stadtmauer auf dem rechten Seineufer in einem weiteren Bogen ausgreifen ließ, der nach Osten durch die Bastille gesichert wurde, gehörte das Marais fortan zum Stadtgebiet. Seine südliche Begrenzung bildet die Seine, die nördliche der Boulevard du Temple. In seinem Namen lebt die Erinnerung an die Ordensburg der Tempelherren fort, die im 19. Jh. der Spitzhacke zum Opfer fiel. Nach Osten hin bildet die Place de la Bastille, nach Westen das Centre Pompidou die Grenze des Marais. Nachdem sich Karl V. höchstselbst mit dem Hôtel Saint-Pol (existiert nicht mehr) eine Residenz im Marais hatte errichten lassen, wurde das Viertel hoffähig. Seine Glanzzeit erlebte es im *grand siècle* (17. Jh.), als sich zahlreiche Familien der Hocharistokratie im Marais niederließen. Im 18. Jh. begann der Stern des Marais wieder zu verblassen. Die Adelsfamilien bevorzugten nun die Ile St-Louis und die Viertel Faubourg St-Honoré oder St-Germain. Seither wandelte sich das Marais mehr und mehr zu einem Viertel ärmerer Juden, vor allem solcher, die aus dem Osten nach Paris eingewandert waren.

Marais ☆☆
Besonders sehenswert:
Place des Vosges ☆
Musée Carnavalet ☆
Hôtel Salé (Picasso-Museum) ☆
Hôtel de Soubise ☆

Die grundlegende Sanierung dieses Stadtteiles, die in der zweiten Hälfte des 20. Jh. durchgeführt wurde, hat das Gebiet wieder zu einem besonders anziehenden – und kostspieligen! – Wohnviertel gemacht. Die zahlreichen Adelspalais des 17. und 18. Jh. verleihen dem Marais ein unverwechselbares aristokratisches Flair. In reizvollem Kontrast dazu stehen die ungezählten Boutiquen, Galerien, Antiquitäten- und Trödlerläden sowie das bunte Treiben junger Leute aller Nationalitäten und Hautfarben. Das Marais ist daneben auch weiterhin das wichtigste Wohngebiet der Pariser Juden. Und seit einigen Jahren hat die Gayszene das Viertel für sich entdeckt.

Kein anderes Viertel von Paris ist derart reich bestückt mit sehenswerten Denkmälern und Museen wie das Marais. Wer sich darauf beschränkt, nur die wichtigsten aufzusuchen, wird das Besichtigungsprogramm innerhalb eines Tages absolvieren. Wer das Marais eingehender kennen lernen möchte, kann gut und gerne mindestens zwei Tage dafür veranschlagen. In diesem Kapitel erschließen wir hauptsächlich das 3. und 4. Arrondissement. Im Mittelpunkt stehen Denkmäler der Renaissance. Wir schlagen zwei Rundgänge vor. Der erste führt durch den nördlich der Rue St-Antoine gelegenen bedeutenderen Teil von der Place des Vosges zum Hôtel de Soubise, der zweite macht mit dem von Touristen weniger besuchten Gebiet südlich der Rue St-Antoine bekannt.

Das Marais ist ein ideales Standquartier für eine ausführliche Stadterkundung. Von hier bestehen beste Verkehrsverbindungen, in wenigen Minuten ist man z. B. bei Notre-Dame oder beim Louvre (Hotelempfehlungen in den Praktischen Reiseinformationen).

◁ *Hôtel de Sens*

Place des Vosges

Ein Spaziergang unter den Arkaden der Place des Vosges führt vorbei an Cafés, Restaurants und allen erdenklichen Geschäften. Besonders interessant ist die rechte Hälfte des Nordflügels, wo sich eine Galerie an die andere reiht. In einigen wird Ramsch angeboten, andere dagegen zeigen ernst zu nehmende Werke junger Pariser Künstler. In der Südwestecke der Place des Vosges betritt man den Garten des Hôtel de Sully.

(1) Die einstige Place Royale erhielt ihren jetzigen Namen nach den Vogesen, deren Einwohner nach der Revolution als erste ihre Steuern an die junge Republik entrichtet hatten. Mit der Anlage des Platzes durch Heinrich IV. begann die Epoche systematischer Stadtbauplanung für Paris. Es ist ein besonders glücklicher Umstand, dass die Bebauung rund um das Geviert kaum spätere Eingriffe erlebte und entsprechend noch sehr authentisch das Aussehen des frühen 17. Jh. bewahrt hat. Die Restaurierung der Gebäude hat das Ihre dazu beigetragen, den farbigen Reiz der Pavillons, der aus dem Wechselspiel von rotem Backstein und gelbtonigem Kalkstein resultiert, wieder lebendig werden zu lassen. In der geschlossenen Einheitlichkeit des Bautenkomplexes steht die Place des Vosges in der europäischen Stadtbaugeschichte des anbrechenden 17. Jh. einzigartig dar. Man muss sich die freie Fläche in jener Zeit als Schauplatz öffentlicher Turniere und pompöser Festlichkeiten denken. Historische Ansichten solcher Ereignisse sieht man in großer Zahl im Musée Carnavalet. In der Mitte des Platzes, der

Seit jeher eine Top-Adresse in Paris: die Place des Vosges

heute den Kindern des Viertels als Spielplatz dient, steht eine steinerne Reiterstatue Ludwigs XIII., die 1829 von den Bildhauern Dupaty und Cortot geschaffen wurde und die 1639 aufgestellte, in der Revolution eingeschmolzene Bronzestatue des Monarchen ersetzte.

Illustre Persönlichkeiten lebten in den Häusern rund um den Platz. In Nr.1-bis (neben dem Pavillon du Roi auf der Südseite des Platzes) erblickte die Marquise de Sévigné das Licht der Welt, in Nr. 21 (in der Nordwestecke des Platzes) residierte Kardinal Richelieu bis zu seiner Übersiedlung in das Palais Royal; Victor Hugo wohnte im Haus Nr. 6 in der Südostecke (diametral gegenüber dem Richelieuhaus). Heute befindet sich in der **Maison de Victor Hugo** (2), wo der berühmte Autor von 1832 bis zum Revolutionsjahr 1848 lebte, ein Museum mit Erinnerungsstücken, Büsten, Porträts des Hauptvertreters der französischen Romantik. Überrascht nimmt der Besucher zur Kenntnis, dass der große Romancier, ein echtes Multitalent, auch ein hoch begabter Zeichner war. Einige der ausgestellten Möbel, die nach genauen Anweisungen Hugos gearbeitet wurden, hat der Künstler darüber hinaus selbst bemalt.

Im Nachbargebäude (Haus Nr. 8) lebte von 1828 bis 1834 der Dichter Théophile Gautier.

Victor Hugo wohnte von 1832 bis zum Revolutionsjahr 1848 an der Place des Vosges. Miniatur von 1825, Musée Victor Hugo

Hôtel de Sully

Tipp
In Teilen des Hôtel de Sully zeigt die Denkmalbehörde regelmäßig Sonderausstellungen. Eine Fundgrube ist die jedermann zugängliche Buchhandlung, die auf Architekturgeschichte spezialisiert ist und täglich außer Montag von 10 bis 19 Uhr geöffnet hat.

(3) Mit dem Bau des Hôtel de Sully, einer der stattlichsten Adelsresidenzen des Marais, wurde 1625 begonnen. Architekt war Jean I. Androuet Du Cerceau. Neun Jahre später erwarb der einstige Finanzminister Heinrichs IV. das noch unfertige Gebäude. 1638 kamen die Bauarbeiten zum Abschluss. Sully war der treueste Weggefährte des ersten Bourbonen, dessen Schicksal es war, dass immer wieder wichtige Vertraute Hochverrat begingen. Heinrich Mann schildert das Verhältnis der beiden Persönlichkeiten anschaulich in seinen historischen Romanen »Die Jugend des Königs Henri Quatre« und »Die Vollendung des Königs Henri Quatre«. Das Gebäude befindet sich heute in Staatsbesitz und beherbergt die französische Denkmalbehörde (Caisse des Monuments historiques et des Sites).

Den Garten begrenzt zur Seite der Place des Vosges die schmucklose Orangerie. Das Corps de Logis zeigt dagegen verschwenderische Baudekoration. Über dem Durchgang zum Ehrenhof stehen zwei weibliche Statuen, Personifikationen der Jahreszeiten Frühling und Sommer. Man durchschreitet den überwölbten Gang und gelangt in das geschlossene Geviert des Ehrenhofes. Über dem Durchgang befinden sich zwei weitere Figuren, männliche Personifikationen von Herbst und Winter. Mit ihnen korrespondieren vier weitere Statuen an den Seitentrakten mit Darstellungen der vier Elemente. Diese sind als sinnliche, fast völlig entblößte Frauen wiedergegeben. Noch im französischen 16. Jh. wäre die Präsentation nackter Weiblichkeit in der Öffentlichkeit undenkbar gewesen. Man erkennt hier das neue Lebensgefühl, das auf die trübe Zeit der Religionskriege folgte.

Das Hôtel de Sully gehörte dem einstigen Finanzminister Heinrichs IV. und ist nach ihm benannt.

Marais

1 Place des Vosges
2 Hugo-Museum
3 Hôtel de Sully
4 Musée Carnavalet
5 Hôtel Libéral Bruant
6 Hôtel Salé (Picasso-Museum)
7 Musée Cognacq-Jay (Hôtel Donon)
8 Hôtel Barbes, Hôtel de Coulanges, Hôtel d'Albret
9 Hôtel de Lamoignon
10 Maison de Jean Hérouet
11 Notre-Dame-des-Blancs-Manteaux
12 Hôtel de Soubise
13 Hôtel de Rohan
14 Hôtel Guénégaud (Musée de la Chasse et de la Nature)
15 Hôtel Amelot de Bisseuil
16 Temple Les Billettes
17 Ste-Croix-de-Paris
18 St-Denys-du-St-Sacrément
19 Temple des Filles de la Visitation Ste-Marie
20 Hôtel de Mayenne
21 Hôtel Fieubet
22 Hôtel de Sens
23 Village St. Paul
24 St-Paul-et-St-Louis
25 Hôtel Henault de Cantobre
26 Hôtel Aumon
27 Hôtel de Beauvais
28 Hôtel de Châlons-Luxembourg
29 Mémorial du Martyr Juif inconnu
30 St-Gervais-et-St-Protais
31 Hôtel de Ville

Musée Carnavalet

(4) Das Hôtel de Carnavalet in der Rue de Sévigné ist eines der am besten erhaltenen Beispiele eines Adelspalais der Renaissance in Paris. Im Auftrag von Jacques de Ligneris begann Nicolas Dupuy das Bauvorhaben 1547. Bereits zwei Jahre später ging das Projekt in den Besitz der Madame de Kernevenoy über. Ihr Name wurde schon früh zu Carnavalet verballhornt. Im Jahr der Bartholomäusnacht (1572) kamen die Bauarbeiten zu einem vorläufigen Abschluss. Nach einem erneuten Besitzerwechsel 1654 ließ der neue Eigentümer, Claude Boyslesve, den von drei Flügeln umstellten Ehrenhof 1660 durch eine Eingangsfront zur Straßenseite hin abriegeln, in die der Architekt François Mansart das kleine Renaissanceportal integrierte.

1866 gelangte das Bauwerk in den Besitz der Stadt Paris, die das Palais durch Errichtung dreier weiterer Flügel auf dessen Rückseite noch

Prominenteste Bewohnerin des Hôtel de Carnavalet war die aus der burgundischen Hocharistokratie stammende Marquise de Sévigné, die hier zwischen 1677 und 1696 zahllose ihrer berühmt gewordenen Briefe verfasste.

einmal beträchtlich erweiterte. In dem weitläufigen Gebäudekomplex wurde das Museum zur Geschichte der Stadt Paris eingerichtet.

Man betritt den Innenhof des Hôtel de Carnavalet von der Rue de Sévigné aus. Die Klarheit der architektonischen Gliederung und die Verwendung antikischer Formen künden vom Triumph der italienischen Renaissance. Der Blick fällt auf das Corps de logis, an dessen oberem Geschoss Monumentalreliefs mit den Personifikationen der vier Jahreszeiten angebracht sind. Es handelt sich um ausdrucksvolle Arbeiten des Bildhauers Jean Goujon oder seines Umkreises, der auch die Dekoration am Eingang schuf. Die Reliefs an den Seitenflügeln stammen dagegen aus dem 17. Jh. Sie zeigen auf der einen Seite Personifikationen der vier Winde, gegenüber Flora, Diana, Hebe und Juno. In der Mitte des Ehrenhofes steht ein Bronzedenkmal Ludwigs XIV., geschaffen von Antoine Coysevox, das den Sonnenkönig in der Pose eines römischen Imperators zeigt. Es befand sich ursprünglich im alten Hôtel de Ville (Rathaus) und ist das einzige Standbild Ludwigs XIV. in Paris, das die Revolution überstanden hat.

Das Museum, dessen Räume nach jahrzehntelanger, aufwendiger Renovierung seit 1999 wieder alle zugänglich sind, bietet eine lückenlose Dokumentation der Stadtgeschichte. Dem Besucher werden hier alle Inhalte, die in der Einführung dieses Buches erörtert werden, anschaulich vor Augen geführt. Obwohl das Palais infolge der Erweiterungen im 19. Jh. zu einem stattlichen Bauwerk angewachsen ist, reichten die Räumlichkeiten für die Unterbringung aller Exponate nicht aus. Das Hôtel de Carnavalet wurde deshalb im ersten Stockwerk über eine Galerie mit dem benachbarten Hôtel Le Peletier de Saint-Fargeau verbunden (Bauherr Michel Le Peletier, Intendant der königlichen Finanzen; Architekt Pierre Bullet, Bauzeit 1686–1690), das so in den Museumskomplex einbezogen wurde.

Am besten begibt man sich als erstes durch den von den Flügeln des 19. Jh. umschlossenen gepflegten Garten in den rückwärtigen Teil, wo die Dokumentation chronologisch mit den Anfängen des römischen Lutetia beginnt. Hier sind neben zahlreichen Kleinfunden (Bronzestatuetten, Gebrauchsgegenstände, Schmuck) einige römische Porträtköpfe der Kaiserzeit sowie etliche Altäre und Architekturfragmente ausgestellt. Ein Modell vermittelt einen plastischen Eindruck vom Aussehen des antiken Lutetia. In den angrenzenden Räumen werden Skulpturen des Mittelalters gezeigt. Wertvollstes Stück ist eine Gewändestatue von der Westfassade von Notre-Dame, der nur der Kopf fehlt. Sie ist eine der spärlich erhaltenen des einst figurenreichen Ensembles (die anderen im Musée de Cluny) und gibt Aufschluss über den Stand der gotischen Skulptur um 1200. In ihrer schlanken Länglichkeit lebt noch die Erinnerung an die frühe Phase der Gotik fort, andererseits ist der Körper nicht mehr derart erstarrt, wie es bei den Gestalten des Portail Royal an der Kathedrale von Chartres der Fall ist. Auch das Gewand zeigt einen bewegteren Schwung. Derart kündet sich jene Phase der antikisierenden Epoche der gotischen Skulptur an, die zuerst an den Querhausportalen der

Kathedrale in Chartres (entstanden zwischen 1205 und 1230) greifbar wird und dann in den Reimser Skulpturen der 1230er Jahre ihren Höhepunkt erlebte.

Man begibt sich nun wieder in das alte Kerngebäude des Hôtel de Carnavalet, wo der Duktus mit dem 16. Jh. und der Renaissance fortgeführt wird. In dieser Abteilung sind besonders sehenswert ein Stadtmodell der Ile de la Cité (Raum 7), das dem Betrachter deutlich macht, wie dicht bebaut die Insel damals war, und ein eindringliches Porträt der Katharina de Medici (Raum 8), das – ein seltener Fall – noch von der originalen Rahmung eingefasst wird.

Im ersten Stock gelangt man zunächst in die Abteilung, die ein Porträt von Paris im 17. Jh. zeigt. Zahlreiche Bilder dokumentieren das Leben und das Aussehen der Stadt im Grand Siècle. Die Bilder von der Place des Vosges zeugen von der Beliebtheit der einstigen Place Royale. Ein schmaler Flügel, das Obergeschoss jener im Stockwerk darunter offenen Galerie, die den Garten in zwei Hälften teilt, zeigt eine Sammlung von Gemälden, die die großen Bauvorhaben aus der Zeit Ludwigs XIII. und Ludwigs XIV. festgehalten haben. Aufschlussreich ist dabei für den Parisbesucher vor allem der Vergleich mit der jeweiligen heutigen Situation. Man entdeckt manches Bekannte und staunt andererseits, wie vieles sich seither grundlegend verändert hat. Weiter geht es durch Raumfluchten, die Pariser Wohnkultur im Zeitalter des Absolutismus vor Augen führen. Das meiste gehört nicht zur Ausstattung des Hôtel de Carnavalet, sondern wurde aus unterschiedlichen Bauten zusammengetragen.

Der Führungspfeil weist jetzt den Weg durch die Galerie in das benachbarte Hôtel Le Peletier de Saint-Fargeau. Um im chronologischen Duktus zu bleiben, steigt man dort zuerst in das Obergeschoss, wo in Porträts und Historienbildern die Revolution vergegenwärtigt wird. Der Kunstliebhaber wird im letzten Raum dieser Abteilung vor Bildern, die den Abriss wichtiger Pariser Kirchen festgehalten haben, wehmütig werden. Zurück im ersten Stockwerk erlebt man einen zeitlichen Sprung, denn hier ist die Epoche vom Zweiten Kaiserreich bis in die Gegenwart dokumentiert, das halbe Jahrhundert dazwischen, von der Ära Napoleons bis zur Zweiten Republik, erlebt man erst zuletzt im Parterre.

Tipp
Am Ende des Besuchs im Musée de Carnavalet wird man sich gern in der gut bestückten Buchhandlung umtun, in der einschlägige Literatur über Paris und insbesondere über die Stadtbaugeschichte in reicher Auswahl ausliegt.

Vom Musée Carnavalet zum Picasso-Museum

Die Rue de Sévigné mündet im Norden in die Rue du Parc-Royal. Hier reihen sich auf der nördlichen Straßenseite die Fassaden der Hôtels Canillac, Duret de Chevry, Vigny und Croisilles nebeneinander. Hinter ihnen befinden sich luxuriöse Privatwohnungen, die zu den teuersten in ganz Paris gehören. Die schmale Straße endet bei der dreieckigen Place de Thorigny. Hier erhebt sich das **Hôtel Libéral Bruant** (5, Nr.1 in der Rue de la Perle), das sich 1685 der Architekt des Hôtel des Invalides errichtete und das deshalb dessen Namen trägt. Heute befindet sich darin ein originelles Museum, das **Musée de la Serrurerie-Bricard,** eingerichtet und gesponsert von der Firma Bricard. Es zeigt die Entwicklung des Türschlosses von der Antike bis in die Gegenwart. Von der Place de Thorigny sind es nur wenige Schritte zum Hôtel Salé mit dem Picasso-Museum in der Rue de Thorigny.

Hôtel Salé und Picasso-Museum

1968 erließ der französische Staat ein Gesetz, das den Hinterbliebenen von Künstlern die Möglichkeit einräumt, Erbschaftssteuern in Form von Kunstwerken zu entrichten, so weit diese als wichtige Bestandteile des französischen Kulturgutes gelten. Es ist ein offenes Geheimnis, dass dieses Gesetz ganz konkret auf die Hinterlassenschaft Picassos zugeschnitten wurde, der sich zu diesem Zeitpunkt allerdings noch bester Gesundheit erfreute.

(6) Im Herzen des Marais liegt das Hôtel Salé, das Jean Bouillier de Bourges in den Jahren 1656–1659 für Pierre Aubert, Seigneur de Fontenay, errichtete. Der Bauherr war in seiner Funktion als Salzsteuereinnehmer vermögend geworden, was den Spitznamen des Hôtel Salé (»gesalzenes«) erklärt. Das Palais sah zahlreiche Mieter und Besitzer einander abwechseln. So diente es unter anderem als Sitz des Botschafters der Republik von Venedig (1671); Anfang des 19. Jh befand sich eine Erziehungsanstalt für Knaben darin, die Balzac in seinem Roman »Les Petits Bourgeois« beschreibt. 1962 erwarb die Stadt Paris das Anwesen und stellte es 1968 unter Denkmalschutz. 1976–1979 wurde das Hôtel Salé restauriert und dient seither als Picasso-Museum. 1979 und 1990 übereigneten die Erben des großen Spaniers dem Staat im Zuge der Regelung des Nachlasses rund 250 Gemälde, Skulpturen, Keramiken und Graphiken aus allen Schaffensperioden des Künstlers.

Durch ein großes Tor in der Rue de Thorigny betritt man einen halbkreisförmigen Hof. Etwas dezentriert liegt das herrschaftliche Wohnhaus, dessen dreigeschossige Fassade ein großzügig gestalteter segmentbogenförmiger Giebel bekrönt. Rechts liegen die niedrigeren ehemaligen Wirtschaftsgebäude. Durch ein prachtvoll dekoriertes Treppenhaus gelangt man in die einstigen Wohnräume. Der Rundgang durch das Museum beginnt im ersten Stock und folgt einem chronologischen Duktus. Zeittafeln (nur in Französisch) informieren in jedem Raum über die wichtigsten Stationen im Leben Picassos. Sein außergewöhnliches Talent wurde schon früh offenbar. In einer autobiographischen Notiz bemerkte er später selbstbewusst, dass er bereits mit zwölf Jahren wie Raffael gezeichnet habe. Bis zu seinem ersten Paris-Aufenthalt im Jahr 1900 bewegte sich der junge Künstler mit schlafwandlerischer Sicherheit in allen Stilen. Der erste entscheidende Einschnitt in seinem privaten wie künstlerischen Leben war der Tod seines Freundes Castagemas. Dieses Ereignis löste eine Serie von melancholischen, in Blautönen gehaltenen Bildern aus (Raum

Picasso: Selbstbildnis aus dem Jahr 1901. Der Tod seines Freundes Castagemas löste eine Serie von melancholischen, in Blautönen gehaltenen Bildern aus. Musée Picasso

1). Die so genannte »Blaue Periode« wird von 1901 bis 1904 angesetzt. Der Übergang zu der anschließenden »Rosa Periode«, die 1907 endete, verlief jedoch fließend (Raum 2). Harlekine, Gaukler und das fahrende Volk der Artisten waren die favorisierten Themen dieser Jahre.

Ein Jahr nach dem Tode Cézannes (1906) vollzog sich im Werk Picassos ein Umbruch. Hunderte von Vorstudien (Raum 2–3) bereiteten das großformatige Gemälde »Demoiselles d'Avignon« vor (1907; New York, Museum of Modern Art). Entfernt klingen noch Vorbilder wie »Das türkische Bad« von Ingres und vor allem Cézannes »Große Badende« an, in der Umsetzung beschritt Picasso jedoch einen Weg, der direkt auf den Kubismus zuführte. Der Einfluss afrikanischer und ozeanischer Holzmasken, der Anfang des 20. Jh. auf die gesamte europäische Avantgarde wirkte (man denke an die deutsche Gruppe der »Brücke«), darf hierbei nicht unterschätzt werden. Gemeinsam mit Georges Braque, mit dem Picasso in den folgenden Jahren eine in künstlerischer Hinsicht nahezu symbiotische Beziehung verband, entwickelte er den Kubismus (Raum 3). Landschaften, Stillleben und Figuren, die oft mit einem Musikinstrument auftreten, erscheinen auf geometrische Grundformen beschränkt, das farbliche Spektrum ist auf Abstufungen von Ocker, Braun und Grün reduziert. Braque und Picasso, die ab 1909 jede persönliche Handschrift aus ihrer Malerei tilgen wollten und darum ihre Werke nicht mehr signierten, gaben nun auch jede Form von Perspektive auf und reduzierten die Darstellung auf Linien, die braune, graue oder silbrig schattierte Flächen gegeneinander abgrenzen. Diese Phase dauerte bis 1912 und wird als »Analytischer Kubismus« bezeichnet (Raum 4). In der Folgezeit begannen die beiden Künstler, Objekte wie Textilien, das Flechtwerk eines Stuhls oder Notenblätter auf die Leinwand zu kleben: Die Collage war geboren. Diese letzte, bis 1917 andauernde Richtung ist unter dem Namen »Synthetischer Kubismus« in die kunstgeschichtliche Terminologie eingegangen.

Im folgenden Raum ist Picassos private Kunstsammlung ausgestellt, unter anderem Werke von Cézanne, Matisse, dem Zöllner Rousseau und Modigliani. Nachdem die Möglichkeiten des Kubismus ausgereizt waren, vollzog Picasso eine Kehrtwendung. Die Bilder der Jahre bis 1924 zeigen einerseits Einflüsse der Antike und von Ingres, weshalb man auch von der »Klassischen Periode« Picassos spricht (Saal 6), andererseits deformierte der Künstler seine Vorbilder. Griechische Profile, zugleich aber plumpe, überdimensionierte Extremitäten charakterisieren die Figuren dieser Bilder. Die Begegnung mit Jean Cocteau löste Picassos Begeisterung für das Theater aus. Bühnenbildentwürfe für verschiedene avantgardistische Inszenierungen sind in Saal 6-bis zu sehen.

Während man bis 1924 die einzelnen Perioden in Picassos Schaffen klar umreißen kann, wird ab den 30er Jahren eine begriffliche Einteilung seiner Werke praktisch unmöglich. Picasso hatte nunmehr einen Stil gefunden hatte, der sich nicht mehr wesentlich ändern sollte: Räumliches Empfinden und Perspektive sind einer Zersplitterung der Körper gewichen. Eine im Profil gesehene Nase etwa inmitten eines frontal dargestellten Gesichts überträgt Erfahrungen aus der Skulpturbetrachtung in das Medium der Malerei. Ansichten, die man für gewöhnlich nacheinander erlebt, fallen in einer einzigen Darstellung zusammen. Der polnische Philosoph Jean Gebser hat diese Besonderheit im Œuvre Picassos als Ausdruck des »Aperspektivischen« bezeichnet. Charakteristisch ist auch die aus der Graphik übernommene schwarze Linie, die teils kräftige bunte Farbflächen umreißt, teils sich unabhängig auf der Leinwand bewegt (Saal 7 und folgende).

Neben der Malerei spielte die Graphik (zweiter Stock) zeitlebens eine wichtige Rolle innerhalb seines Schaffens. Saal 8 zeigt verschiedene Interpretationen zum Thema »Badende Frauen«, unter anderem die berühmten »Figuren am Meeresufer« (1931). In Saal 9 sind Werke aus der Zeit zwischen 1930 und 1935 zu sehen, die Bilder von Saal 10 thematisieren die Kreuzigung und vor allem den Stierkampf (»Minotauromachie«, 1935, Radierung). Durch den »Skulpturengarten« (Saal 12) gelangt man in Saal 13, wo Porträts von Picassos Frauen ausgestellt sind. 1946 erschloss sich der künstlerische Allrounder in Vallauris in der Provence, einem traditionsreichen Zentrum des Töpferhandwerks, ein neues Medium, das ihn über Jahre fesselte: die Keramik. Die unkonventionellen Lösungen zu diesem Thema sind in Saal 14 ausgestellt. Die Säle 15 bis 17 zeigen Werke, in denen sich die dunklen und spannungsvollen Kriegsjahre widerspiegeln.

Im Unterschied zu vielen avantgardistischen Künstlern des 20. Jh. hat sich Picasso immer der Tradition verpflichtet gefühlt. Zahlreiche Abwandlungen bedeutender Werke der abendländischen Malerei, wie etwa des »Frühstücks im Freien« von Manet, das seinerseits auf Giorgione beziehungsweise Tizian verweist (1960; Saal 19), belegen das nachdrücklich. In anderen Werken erkennt man Zitate nach Velazquez, Goya, Ingres und weiteren berühmten Meistern. Die Bilder der letzten Jahre (Saal 20) sprühen vor Erotik. Sie sind das Manifest eines alternden Mannes, der die Frauen geliebt und das Leben bis zur Neige ausgekostet hat.

Musée Cognacq-Jay

(7) Südlich der Place de Thorigny beginnt die schmale Rue Elzévir. Auf halber Strecke zwischen dem Platz und der Einmündung der Straße in die Rue des Francs Bourgeois liegt das **Hôtel Donon,** ein unprätentiöser Bau aus dem späten 16. Jh. Darin wurde 1990 das Musée Cognacq-Jay eröffnet. Den Schwerpunkt dieser Sammlung bilden Kunst und Kunsthandwerk des Rokoko. In 20 Räumen erlebt der Besucher Exponate aus den Bereichen Zeichnung, Malerei, Porzellan und Gebrauchsgegenstände wie Tabaksdosen, Bonbonnieren, Toilettengeschirre sowie Möbel aus der Zeit Ludwigs XVI. Wir heben besonders hervor: in Saal 1 ein Zyklus von Zeichnungen Antoine Watteaus, in Saal 3 zwei venezianische Veduten von Canaletto (1697–1768) und Porträts von Jean-Marc Nattier (1685–1766), in Saal 4 ein Stillleben von Jean-Baptiste-Siméon Chardin (1699–1779) und ein Jugendwerk Rembrandts mit der Darstellung des falschen Propheten Balaam. In Saal 9 sieht man – als eines der wichtigsten Werke der Sammlung – ein querformatiges Bild, das die Rückkehr Dianas von der Jagd zeigt. Es ist ein Meisterwerk von François Boucher, dessen Blautönigkeit darauf verweist, dass viele Bilder des Ma-

Ernest Cognacq, der 1839 in dem Fischerdorf St-Martin auf der Atlantikinsel Ré zur Welt kam und 1928 in Paris starb, gründete das traditionsreiche Kaufhaus Samaritaine, mit dem er ein Vermögen erwirtschaftete. Einen Teil seines Reichtums investierte der Geschäftsmann in eine Kunstsammlung, die er testamentarisch dem Staat vermachte.

lers als Vorlagen für Gobelins dienten. In Saal 12 hängen Pastellporträts von Maurice Quentin de la Tour (1704–88), in den Sälen 13 und 14 Bilder englischer Künstler des 18. Jh., in Saal 15 eine Ansicht des Markusplatzes in Venedig und eine Lagunenstimmung von Francesco Guardi (1712–1792). In den Sälen 16 bis 19 sind erlesene Beispiele des Kunsthandwerks ausgestellt.

Die Rue des Francs-Bourgeois

Die Rue Elzévir stößt südlich auf die Rue des Francs-Bourgeois, die das Marais von der Place des Vosges bis zum Hôtel de Soubise durchzieht. Ihr Name erinnert an die bereits im 14. Jh. hier errichteten Armenhäuser, deren Insassen von der Steuer befreit waren (*francs bourgeois* = freie Bürger). Gegenüber der Straßenmündung steht das **Hôtel Barbes** (8) (Baubeginn 1634) mit stimmungsvollem Innenhof, flankiert von den **Hôtels de Coulanges** (rechts, 18. Jh., darin heute das Europahaus) und **d'Albret** (16. Jh., Fassade 18. Jh., Innenhof mit kolossaler Pilasterordnung, seit 1989 Sitz der Pariser Kulturverwaltung).

Ein paar Schritte zurück in Richtung auf die Place des Vosges erhebt sich an der Ecke der Rue des Francs-Bourgeois/Rue Pavée (der Südseite des Musée Carnavalet benachbart, Hofeingang in der Rue Pavée) das **Hôtel de Lamoignon** (9), das ab 1610 für Diane de France, eine uneheliche Tochter Heinrichs II. und der Herzogin von Angoulême, in Bau war. Der Name des Architekten ist nicht gesichert. Die Forschung vermutet als Baumeister Baptiste Androuet Du Cerceau, den Sohn Jacques Androuet Du Cerceaus. Die Auftraggeberin starb bereits 1619. Danach wechselte das Anwesen mehrfach den Besitzer und trägt heute den Namen der Familie Lamoignon, die das Palais 1688 erwarb. In den 1960er Jahren wurde das Gebäude restauriert, sodann hielt die Bibliothek zur Stadtgeschichte von Paris darin Einzug. An der Straßenecke fällt eine kleine Besonderheit auf, eine so genannte Echauguette, ein vorspringendes Türmchen als Relikt mittelalterlicher Wehranlagen. Durch Erweiterungen im 18. und 19. Jh. ist ein umfangreicher Baukomplex entstanden, der seit 1928 Besitz der Stadt Paris ist.

Wir wenden uns wieder stadteinwärts und folgen der Rue des Francs-Bourgeois in westlicher Richtung. An der Kreuzung der Rues des Francs-Bourgeois/Vieille du Temple steht die **Maison de Jean Hérouet** (10, Schatzmeister Ludwigs XII.) aus dem frühen 16. Jh., eines der ältesten Häuser im Marais. Schräg gegenüber liegt die unscheinbare Kirche **Notre-Dame-des-Blancs-Manteaux** (11), deren Name an das Gewand eines Bettelordens erinnert, den Ludwig der Heilige hier im 13. Jh. gegründet hatte. Das Bauwerk im Stil eines kühlen Neobarock ist weitgehend das Resultat eines Wiederaufbaus im 19. Jh. Sehenswert ist die zierliche Rokokokanzel. Die nach Süden zur Rue des Blancs-Manteaux ausgerichtete Fassade (1703) stammt von der abgebrochenen Kirche St-Eloi, die sich einst auf der Ile de la Cité befand. Baltard verpflanzte sie 1863 hierher. Vorbei an den Hôtels Jaucourt, de Fontenay und d'Assy, die alle zum weitläufigen Komplex des Staatsarchivs gehören, gelangt man am Ende der Rue des Francs-Bourgeois zum Hôtel de Soubise.

Hôtel de Soubise

(12) Die stattlichste Residenz des Marais geht auf einen Bau des 14. Jh. zurück, den der Adlige Clisson hatte errichten lassen. Ein von Türmchen flankiertes gotisches Portal steht noch davon; es ist zur Rue des Archives gerichtet. Im 16. Jh. befand sich das Gebäude im Besitz der Herzöge von Guise, die hier wiederholt Zusammenkünfte der katholischen Ligisten organisierten. Erst Parteigänger der letzten Valois, machte Heinrich von Guise unverhohlen seine Ambitionen auf die Krone deutlich. Heinrich III., den er zu beerben gedachte, ließ ihn 1588 im Schloss von Blois heimtückisch ermorden. Im Jahr 1700 kam das Hôtel de Clisson in den Besitz des Herzogs François de Rohan, Prinz von Soubise, dessen Frau ein Verhältnis mit dem Sonnenkönig gehabt hatte, eine Schmach, die der Monarch dem gehörnten Ehemann durch generöse Entschädigung wieder gutmachte. Der neue Besitzer ließ das bereits durch die Guise vergrößerte Bauwerk erneut umbauen und erweitern. Außerdem erhielt das Hôtel zwischen 1705 und 1709 den weit gezogenen Ehrenhof, den man von der Rue des Francs-Bourgeois aus betritt.

Die stattlichste Residenz des Marais': Hôtel de Soubise

Heute befinden sich in dem Gebäude das **Staatsarchiv** und das **Musée de l'Histoire de France.** Ein Teil des Hôtel de Soubise ist deshalb dem Besucher zugänglich. Im Parterre durchschreitet man einige prunkvoll dekorierte Räume, an deren Ausstattung (ausgeführt 1735 bis 40) so bedeutende Künstler wie François Boucher und Carle van Loo beteiligt waren. Während der Architekt Alexis Delamair am Außenbau als Zeichen der Zurückhaltung gegenüber dem Monarchen auf jedweden Dekor verzichtet hat, gönnte sich der Auftraggeber im Innern denselben Luxus, wie er am Hofe in Versailles gepflegt wurde. Weitere verschwenderisch aufgemachte Prunkräume erlebt man im Stockwerk darüber. Hier ziehen aber auch besonders jene Räume das Interesse auf sich, in denen wichtige Dokumente französischer Geschichte in Vitrinen ausgestellt sind. Wer historisch interessiert ist, wird sich hier sicher länger aufhalten und von den Exponaten in Bann ziehen lassen. Besonders gut ist das Entstehen des französischen Königreichs im Mittelalter dokumentiert. Karten und Schemata helfen beim Verstehen der Expansion der Krondomäne vom 12. bis zum 14. Jh.

Hôtel de Rohan

(13) Dem Hôtel de Soubise ist das Hôtel de Rohan direkt benachbart (Zugang entweder vom Ehrenhof des Hôtel de Soubise oder von der Rue Vieille du Temple). Gleichfalls von Delamair 1705 für den Sohn des Prinzen von Soubise, den nachmaligen Bischof von Straßburg, Kardinal de Rohan, errichtet, gehört das Gebäude seit 1927 zum weit-

Eine Meisterschöpfung des 18. Jh.: das Relief im Innenhof des Hôtel de Rohan von Robert Le Lorrain

läufigen Komplex des Staatsarchivs. Der Ehrenhof ist sehr viel kleiner und noch nüchterner als jener des Hôtel de Soubise. Eine Kostbarkeit aber birgt der rechts angrenzende Seitenhof mit den einstigen Stallungen. Über deren Tor befindet sich ein großformatiges Relief mit einer Darstellung der Sonnenrösser bzw. deren morgendlichen Aufbruchs. Die Arbeit stammt von der Hand des Bildhauers Robert Le Lorrain. Die kraftvollen Körper der Pferde und des Mannes, der sie aus einer muschelähnlichen Schale tränkt, sind in einigen Partien in extrem flachem Relief von nur wenigen Zentimetern Tiefe gehalten, an anderer Stelle lösen sich z.B. einzelne Köpfe vollplastisch vom Grund. Der Künstler zeigt eine virtuose Beherrschung aller Schattierungen des Reliefs, wie sie ähnlich zuerst Brunelleschi an den »Paradiestüren« des Baptisteriums in Florenz (15. Jh.) realisiert hat. Dieses Relief im Innenhof des Hôtel de Rohan gehört zu den Meisterschöpfungen des französischen 18. Jh. In den Innenräumen, die zum Teil gut erhaltene Wandbilder des Rokoko zeigen (erster Stock), finden regelmäßig Sonderausstellungen statt.

Hôtel de Guénégaud

(14) Die Hôtels de Soubise und de Rohan beeindrucken durch Größe, das Hôtel de Guénégaud in der nahen Rue des Archives dagegen besticht durch seine Intimität. Mansart ist der Architekt des 1650 errichteten Palais, von dessen Corps de logis die seitlichen Trakte nur geringfügig fluchten. Heute befindet sich darin das **Musée de la Chasse et de la Nature** (Jagdmuseum) mit Jagdtrophäen aus allen Erdteilen, einer sehenswerten Sammlung von Handfeuerwaffen und historischen Bildern mit Darstellungen von Jagdhunden, Treibjagden und Jagdtrophäen. Bei den jagdleidenschaftlichen Franzosen genießt das kleine Museum außerordentliche Beliebtheit und ist immer gut besucht.

Weitere Sehenswürdigkeiten nördlich der Rue St-Antoine

Eine lückenlose Beschreibung aller historischen Denkmäler im Marais würde hier zu weit führen. Wir benennen nur noch kurz einige interessante Bauten, die abseits des oben beschriebenen Rundgangs liegen: in der Rue Vieille du Temple das **Hôtel Amelot de Bisseuil** (15) mit aufwendiger Portaldekoration (17. Jh.); in der Rue des Archives Nr. 40 Reste des Hauses des Sohnes von Jacques Cœur, des genialen und durch Intrigen gestürzten Finanzministers Karls VII. (15.

Jh.); ebenfalls in der Rue des Archives die kleine Kirche **Les Billettes** (16), die 1756 von Karmelitern erbaut wurde (heute eine protestantische Kirche, deshalb sehr eingeschränkte Öffnungszeiten!), daneben ein kleiner gotischer Kreuzgang, der einzige vollständig erhaltene aus dem Mittelalter in Paris; in der Kirche **Ste-Croix-de-Paris** (17) in der Rue Charlot (heute die Kirche der armenischen Gemeinde) eine Statue des hl. Franziskus von Germain Pilon (16. Jh.); in der Kirche **St-Denis-du-St-Sacrément** (18) (19. Jh.) in der Rue de Turenne ein Altar von Eugène Delacroix (1844) mit einer Darstellung der Kreuzabnahme (erste Kapelle rechts).

Von Ste-Marie nach St-Gervais-et-St-Protais

Der südlich der Rue St-Antoine gelegene Teil des Marais, der von der Bastille bis an das Rathaus von Paris reicht und dessen Kernteil man Village St-Paul nennt, ist weit weniger spektakulär als der Abschnitt zwischen Place des Vosges und Hôtel de Soubise, aber wer Paris bereits kennt, wird sich hier mit Freuden ein Stück Neuland erschließen; und mit dem Hôtel de Sens erlebt man ein hochrangiges Baudenkmal.

Temple des Filles de la Visitation Ste-Marie und benachbarte Hôtels

Wir beginnen den Rundgang nahe dem Bastilleplatz bei der Kirche **Temple des Filles de la Visitation Sainte-Marie** (19), die ihre Fassade der Rue St-Antoine zuwendet. Sie gehörte zu dem (in der Revolution zerstörten) Kloster, das François de Sales 1610 an dieser Stelle gegründet hatte. Die Kirche wurde 1632–34 von dem jungen François Mansart erbaut, der sich mit dem für Paris damals ungewöhnlichen Denkmal in die vorderste Reihe prominenter Architekten katapultierte. Das Muster des Rundbaus war in Frankreich in der Hauptsache von Schlosskapellen bekannt, deren Grundriss durch die Anlage in Rundtürmen zwingend vorgegeben war. Mit dieser Rotunde, die sich eher an italienische Vorbilder anlehnt, hielt der Zentralbau Einzug in die Pariser Stadtbaugeschichte. Der Grundgedanke ist von der Renaissance inspiriert. Die komplizierte Raumstruktur dagegen zeigt die Sprache des Barock. Das Vestibül beschreibt einen trapezförmigen Grundriss, der sich zum Hauptraum hin verengt. Ihn flankieren zwei Kapellen über ovalem Grundriss. Des Weiteren umfangen drei größere Kapellen über querovalem Grundriss die Rotunde. Obwohl das Gebäude wegen des nur begrenzt zur Verfügung stehenden Baugrun-

Temple des Filles de la Visitation Sainte-Marie, Aufriss der Fassade von Mansart

des relativ klein ausfiel, verlieh Mansart der Kirche dennoch eine durchaus monumentale Wirkung, denn ihre Höhe beträgt stattliche 33 m bei nur 13,5 m Durchmesser der Rotunde.

Der Kirche direkt benachbart steht das **Hôtel de Mayenne** (20), Anfang des 16. Jh. für Charles de Lorraine, Herzog von Mayenne, errichtet. Zeitgleich mit den Pavillons an der Place des Vosges entstanden, zeigt es eine ähnliche Erscheinung wie jene: Zweigeschossigkeit, wechselnde Verwendung von Ziegel und Haustein. Allerdings ist die Fassade breiter angelegt. Den Mitteltrakt mit drei vertikalen Fensterachsen begleiten zwei leicht vorspringende Seitenrisalite von fast identischer Breite.

Durch die neben dem Hôtel de Mayenne von der Rue St-Antoine nach Süden abzweigende Rue du Petit Musc gelangt man nah ans Seineufer. Dort steht auf der Ecke Rue du Petit Musc/Quai des Célestins das **Hôtel Fieubet** (21) aus dem späten 17. Jh., möglicherweise nach einem Entwurf von Jules Hardouin-Mansart erbaut. Das Palais nimmt jenen Platz ein, wo sich einstmals das Hôtel St-Pol befand, die zeitweilige Residenz Karls V. Kurios an dem Bauwerk, das heute als Schule dient, ist seine überladene Bauornamentik. Doch ist nur ein Teil davon original, das meiste wurde Mitte des 19. Jh. nachträglich hinzugefügt.

Das Hôtel de Sens

(22) Vom Quai des Célestins zweigt bald schräg nach rechts die Rue de l'Avé Maria ab, die geradlinig auf das Hôtel de Sens zuführt. Es ist das architekturgeschichtlich bedeutendste Denkmal zwischen Rue St-Antoine und rechtem Seineufer und verdankt seine Erbauung der kirchenrechtlichen Sonderstellung der Erzbischöfe von Sens. Während des Frühmittelalters tobte ein erbitterter Streit zwischen den Bischöfen von Arles, Vienne und Sens um den Anspruch auf den Titel des Primas von Gallien. Im 12. Jh. sprach der Papst ein Machtwort und erkannte fortan den Erzbischof von Sens als Primas von Gallien an. Zwar hatte das faktisch keinen Kompetenzzuwachs zur Folge, aber der Prestigegewinn war enorm. Man vergegenwärtige sich, dass der kleinen nordburgundischen Erzdiözese so wichtige Bistümer wie Auxerre, Chartres und sogar Paris unterstanden! (Paris wurde erst im 17. Jh. abgetrennt und selbst zum Erzbistum erhoben.) Folglich unterhielt der Erzbischof von Sens eine Residenz in der Landeshauptstadt. Diese wurde 1475–1507 erbaut, in einer Zeit also, als die Renaissance die Gotik abzulösen begann. Demzufolge sprechen beide Stile im Erscheinungsbild des Bauwerks mit. Mittelalterlich sind nicht nur das spitzbogige Portal an der Ostseite und unterschiedliche Dekorationsformen im Innenhof, sondern auch der ganze Zuschnitt über einem unregelmäßigen Dreieck. Die Vielzahl großer Fensteröffnungen sowie deren regelmäßige Form mit geradem Abschluss dagegen künden vom Einzug der frühen Renaissance in Paris. Das Gebäu-

de ist vorzüglich erhalten. Seit 1961 ist darin die Bibliothèque Forney untergebracht, eine Fachbibliothek zu den Themen Handwerk und Kunsthandwerk. Entsprechend der neuen Bestimmung des Hôtel de Sens finden im Parterre des Gebäudes Wechselausstellungen zu ebendiesen Bereichen statt.

Village St-Paul

(23) Wir wenden uns noch einmal ein Stück zurück und folgen der Rue de l'Avé Maria bis zur bald nach Norden abzweigenden Rue des Jardins St-Paul. Diese beiden Straßenzüge sowie die Achsen der Rue St-Paul und der Rue Charlemagne fassen jenes Gebiet ein, das man Village St-Paul nennt. In der Rue des Jardins St-Paul steht ein stattliches Fragment von der Stadtmauer König Philipps II. August. Das Village St-Paul ist ein verkehrsfreier Zusammenschluss mehrerer Hinterhöfe, in denen sich eine Vielzahl von Antiquitätengeschäften angesiedelt hat – eine Freude fürs Auge, eine akute Gefahr fürs Portemonnaie!

St-Paul-et-St-Louis

(24) Durch die Rue St-Paul erreicht man wieder die Rue St-Antoine, der die Kirche St-Paul-et-St-Louis ihre Fassade zuwendet. Sie wurde 1627–41 von den Jesuiten errichtet. Die Schauseite, die man am besten aus einiger Entfernung betrachtet, ist in ihrer steilen Proportionierung mit drei hoch aufragenden Geschossen typisch französisch. Nachteil dieser Vertikalbetonung: Der Blick auf die Kuppel bleibt verstellt, sie spricht in der Gesamterscheinung nur dann mit, wenn man sich der Kirche von der Chorseite her nähert (Rue des Jardins St-Paul). Das Innere dagegen ist stark vom jesuitischen Barock römischer Herkunft geprägt: Saalbau mit seitlichen Annexen, die in Rundbögen zueinander geöffnet sind (dadurch pseudobasilikaler Eindruck), breite Querhausarme, die jedoch nicht über die Außenmauern des Langhauses fluchten, und ein stark betonter Altarraum.

Weitere Hôtels im südwestlichen Marais

Weitere Adelspalais in diesem Sektor: Im **Hôtel Henault de Cantobre** (25) aus dem frühen 18. Jh. in der Rue François Miron veranstaltet heute die Maison européenne de la Photographie sehenswerte Ausstellungen (Eingang durch einen Neubau in der Rue de Fourcy); das **Hôtel d'Aumont** (26), Anfang des 17. Jh. von Le Vau erbaut, beherbergt das Pariser Verwaltungsgericht. Einen schönen Blick auf dessen großzügig durchfensterte Südfassade hat man von der Rue de

Fourcy. Das **Hôtel de Beauvais** (27) in der Rue François Miron besitzt einen reizvollen Innenhof (seit 1999 Restaurierungsarbeiten); in der Rue Geoffroy l'Asnier steht das **Hôtel de Châlons-Luxembourg** (28) aus der ersten Hälfte des 17. Jh., dem Hôtel de Mayenne und den Pavillons an der Place des Vosges eng verwandt. Schräg gegenüber wurde 1956 das Denkmal für die Opfer des Holocausts angelegt, **Mémorial du Martyr Juif Inconnu** (29). Auf einem schlichten runden Bronzebecken sind die Namen der Konzentrationslager der Nazis eingelassen. An den Wänden, die das Geviert seitlich rahmen, sieht man Bronzereliefs des jüdischen Bildhauers Alexandre Blatas. Sie schildern Szenen der Deportation und des Massenmordes. Nachgüsse einiger dieser Reliefs sind auch in Venedig im alten Ghetto angebracht.

In der Rue François Miron sollte man vor den Häusern Nr.11 und 13 innehalten. Sie gehören zur ältesten profanen Bausubstanz in der Stadt (15. Jh.). Es sind extrem schmale Fachwerkhäuser mit nur zwei vertikalen Fensterreihen. Derart muss man sich die mittelalterliche Bebauung von Paris denken, die zu großen Teilen noch bis zu der Sanierungsepoche Haussmanns im 19. Jh. stand.

St-Gervais-et-St-Protais

(30) Unser Rundgang führt schließlich zur Kirche St-Gervais-et-St-Protais (zwei Märtyrer aus diokletianischer Zeit). Die 1616–21 errichtete Fassade, die sich der Rückseite des Hôtel de Ville zuwendet, ist wie jene von St-Paul-et-St-Louis dreigeschossig und von Vertikalstreben geprägt. Sie wurde nach einem Plan von Salomon de Brosse errichtet, des Erbauers des Palais du Luxembourg. In Anlehnung an ein römisches Schönheitsideal schichtete der Architekt in den drei Stockwerken die drei antiken Säulenordnungen übereinander: unten die dorische, im mittleren Geschoss die ionische und zuoberst die korinthische. Es ist die erste Kirchenfassade des barocken Klassizismus in Frankreich.

Spätgotische »Schöne Madonna« in St-Gervais-et-St-Protais

Ganz unerwartet findet man sich nach Betrachtung der barockklassizistischen Schauseite im Innern in einem spätgotischen Bauwerk wieder (Baubeginn 1494, Fertigstellung erst zu Beginn des 17. Jh.). Das Langhaus der dreischiffigen Basilika mit Querhaus und tief fluchtendem Chor zeigt Sternmuster in den Rippengewölben, in der Chorscheitelkapelle einen tief herabhängenden Schlussstein, wie es für die späte englische Gotik typisch ist. Man beachte in der ersten Kapelle links vom Eingang das Holzmodell der Fassade. Kostbarster Schatz der Kirche ist eine am Nordostpfeiler der Vierung angebrachte **spätgotische Madonna,** ein Musterbeispiel des Typs der »Schönen Madonna«, der überall in Europa in der Zeit zwischen 1350 und 1430 Hochkonjunktur hatte.

Hôtel de Ville – Das Rathaus von Paris

(31) Unser Rundgang endet beim Rathaus von Paris. Ein erstes Rathaus aus dem 14. Jh. war bereits im 16. Jh. derart heruntergekommen, dass Franz I. einen Neubau veranlasste. Dieses Renaissancegebäude wurde 1871 beim Aufstand der Kommune ein Raub der Flammen. 1874–1882 erfolgte der mindestens doppelt so große Wiederaufbau in Anlehnung an

Hôtel de Ville
Das alte Rathaus war das Hauptquartier der Pariser Commune. Bei ihrem Rückzug 1871 ging der Bau in Flammen auf. Die dritte Republik ließ das Rathaus als vergröberte Kopie des ursprünglichen Renaissancebaus aus dem 16. Jh. wieder errichten.

den Vorgänger aus dem 16. Jh. Der pompöse neoklassizistische Bau sollte vielen Rathäusern im Lande als Vorbild dienen. 146 Statuen berühmter Persönlichkeiten schmücken die Fassade, das Innere, wo oft bedeutende Empfänge stattfinden, ist aufwendig dekoriert.

Der Platz vor dem Rathaus hieß bis ins frühe 19. Jh. Place de grève, wörtlich: Strandplatz, weil er bis ans Seineufer reichte. Hier wurden öffentlich die Hinrichtungen vollstreckt, es trafen sich aber auch die Beschäftigungslosen auf diesem Platz. Das Wort *grève* ist deshalb im Französischen zugleich ein Synonym für Streik geworden.

Der Louvre

Louvre ☆☆

Als größte Königsresidenz und seit Abschluss der Umbau- und Erweiterungsmaßnahmen der Jahre zwischen 1983 und 1999 zugleich größtes Museum der Welt nimmt der Louvre einen einzigartigen Rang ein. Wir referieren zunächst seine Baugeschichte in ihren Grundzügen, es folgt eine Beschreibung der Architektur. Die uferlosen Sammlungen können unmöglich lückenlos vorgestellt werden. Vor das Problem einer Auswahl und einer didaktischen Gliederung gestellt, haben wir uns dazu entschlossen, dem Besucher einen chronologischen Leitfaden an die Hand zu geben, der durch alle Epochen der europäischen Kultur führt.

Baugeschichte

Als König Philipp II. August Anfang des 13. Jh. Paris mit einer Stadtmauer umgürten ließ, wurde zur Sicherung der westlichen Flusseinfahrt ins Stadtgebiet eine Festung errichtet, die damals noch vor den Mauern lag. Die Herkunft des Namens Louvre ist nicht verbindlich geklärt. Etymologisch wäre eine Ableitung von lateinisch *lupus* (Wolf) denkbar, es könnte aber auch eine einstige Leprösenstation gemeint sein. Der erste Louvre war eine geradezu idealtypische Burg mit einer quadratischen Festungsmauer um einen runden Bergfried (frz. Donjon). Die Fundamente dieser Wehranlage wurden freigelegt und sind jetzt im Untergeschoss des Museumskomplexes zu sehen.

Bis ins 14. Jh. diente der Louvre als Schatzkammer der Krone. Erst unter Karl V. wurde der Louvre Wohnstatt der Könige. Unter dem Schock des Volksaufstandes von 1348 hatte der Monarch die Residenz auf der Ile de la Cité aufgegeben und den Louvre zur neuen Heimstatt ausersehen, der im Falle einer erneuten Revolte leichter zu verteidigen war. Zugleich wurde das Bauwerk in den Ring der neuen Stadtmauer einbezogen.

1546 ließ Franz I. den mittelalterlichen Louvre abreißen. An seiner Stelle sollte ein Renaissanceschloss entstehen. Doch schon im Jahr darauf starb der König, sodass der Plan Pierre Lescots nur zum Teil realisiert wurde. Fortan sollte der Louvre über Jahrhunderte eine Baustelle bleiben. Heinrich II. ließ den von Lescot begonnenen Flügel vollenden (Südhälfte des Westflügels der Cour Carrée). Katharina von Medici, die Witwe Heinrichs II. und zeitweilige Regentin, erbaute, westlich abgesetzt vom Louvre, das Tuilerienschloss.

Nachdem der erste Bourbone, Heinrich IV., in Abweichung von der Politik seiner Vorgänger die Loireresidenzen aufgegeben hatte, setzte er mit dem Ausbau des Louvre ein unübersehbares architektonisches Signal für seinen Entschluss, Paris als Zentrum des Landes festzuschreiben. Parallel zum rechten Seineufer entstand ein 460 m langer Verbindungstrakt zwischen Cour Carrée und Tuilerien. Zwar hatte bereits Katharina von Medici eine beide Bauten verbindende

◁ *Louvre, die Cour Marly im Richelieu-Flügel*
Hier sind Skulpturen von Antoine Coysevox und dessen Neffen Guillaume Coustou ausgestellt, die einst den Garten des Schlosses Marly zierten.

Galerie geplant, die aber Fragment blieb, da die Religionskriege alle Aktivitäten zum Erliegen gebracht hatten. Ludwig XIII. installierte darin die Münze und die königliche Druckerei, ansonsten wurde unter seiner Regierung an der Cour Carrée weitergebaut (Nordhälfte des Westflügels). Ihre abschließende Gestalt gewann die Cour Carrée unter Ludwig XIV. und erhielt nun die der Stadt zugewandte kolossale Fassade, die so genannten Louvre-Kolonnaden. Die Bedachung allerdings unterblieb zunächst, denn die Umsiedlung des Hofes nach Versailles brachte die Baumaßnahmen über einen längeren Zeitraum zum Erliegen. Künstler bezogen in einem Teil des aufgelassenen Schlosses Quartier, außerdem wurden die verschiedenen Akademien im Louvre zusammengeführt.

Während der Revolution wurde der Louvre, der inzwischen stark heruntergekommen war, zum nationalen Museum erklärt. Mit Napoleon I. setzten die Bauarbeiten großen Stils wieder ein. Erst jetzt wurden die noch unfertig gebliebenen oberen Abschlüsse der Trakte um die Cour Carrée vollendet, zugleich entstand als Gegenüber zum Trakt Heinrichs IV. ein Teil der nördlichen Verbindung zwischen Louvre und Tuilerienschloss. Napoleon III. griff diesen Plan auf und gab diesem Trakt seine endgültige Form, wie auch die Südgalerie durch einen Anbau zur Hofseite erweitert wurde. Seither besitzt der Louvre neben dem geschlossenen Geviert der Cour Carrée den lang gezogenen offenen Hof mit dem Namen Cour Napoléon.

Der stetig anschwellende Besucherstrom führte schließlich in den 1970er Jahren zu chaotischen Zuständen. François Mitterrand verfügte deshalb schon kurz nach seiner Wahl zum Präsidenten der Republik eine völlige Neugestaltung des Louvre. Ein großer Teil der

Der Louvre, Grundriss

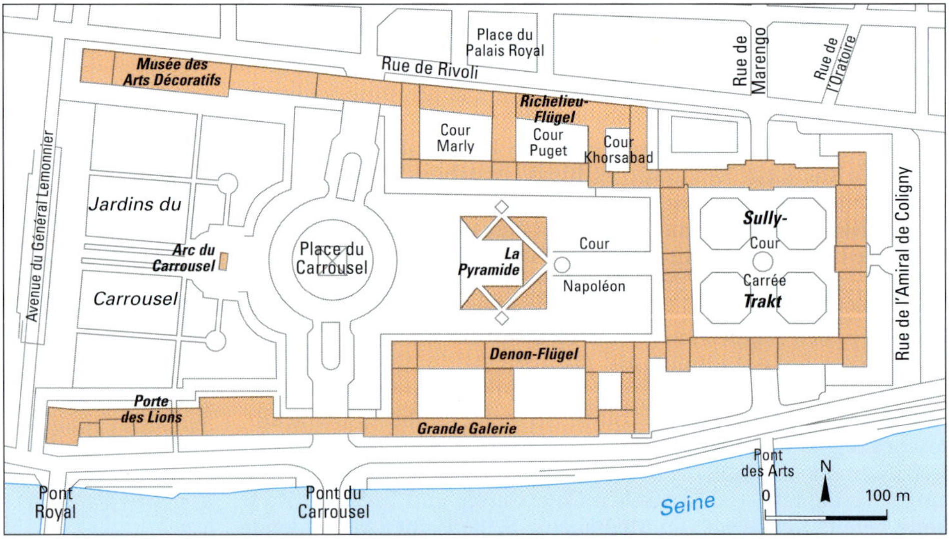

Cour Napoléon wurde unterkellert und unter der gläsernen Pyramide ein neuer Eingangsbereich geschaffen. Der Ausbau zum »Grand Louvre«, wie der Museumskomplex seit 1989 offiziell heißt, wurde erst durch den Umzug des Finanzministeriums in den Neubau im Bercy-Viertel möglich. Jetzt unterscheidet man zwischen drei Haupttrakten: der Sully-Flügel umfasst die Bautengruppe um die Cour Carrée, Denon-Flügel ist der Name für den südlichen Trakt der Cour Napoléon, und Richelieu-Flügel nennt man den Nordtrakt (vormals Finanzministerium). Zur 200-Jahr-Feier der Französischen Revolution 1989 war jedoch nur ein Teil fertig. Erst 1999 kamen die Umbau- und Renovierungsarbeiten zum Abschluss.

Baubeschreibung

Infolge seiner Weitläufigkeit bietet der Bautenkomplex des Louvre verschiedene Ansichten. Die imposante Größe der einstigen Königsresidenz erschließt sich am besten vom linken Seineufer. Zu dieser Seite weist die **Flussufer-Galerie,** die der Architekt Louis Métezeau 1595–1607 im Auftrag Heinrichs IV. errichtete.

Als Hauptansicht ist jedoch die **Ostseite** zu verstehen, die sich der Kirche St-Germain-l'Auxerrois zuwendet. 1665 hatte Ludwig XIV. einen Architekturwettbewerb ausschreiben lassen, der europaweit Beachtung fand und auch Lorenzo Bernini, das damals beherrschende Genie der italienischen Baukunst, nach Paris führte. Zwar erhielt letztlich der von dem Team Perrault, Le Vau und Le Brun eingereichte Entwurf den Zuschlag, doch ist deutlich erkennbar, dass Anregungen Berninis darin zum Niederschlag gekommen sind. Die Fassade besteht aus einem hoch gezogenen Sockelgeschoß und der Kolonnadenreihe darüber. Die korinthischen Säulen sind paarweise angeordnet und tragen das abschließende Gebälk. In der Mitte springt ein Risalit geringfügig vor. Dank seiner dreieckigen Giebelbekrönung hat dieser Abschnitt eine tempelartige Wirkung. Von römischer Antike ist auch das Verhältnis von Sockel zu Kolonnade inspiriert. Derart hohe Sockelzonen waren der griechischen Architektur fremd, sind dagegen für den römischen Podiumtempel charakteristisch. Ein grundlegender Unterschied zwischen italienischer und französischer Architektur ist die Gestalt der Dächer; in Frankreich sind sie in der Regel spitz und hoch, in Italien dagegen extrem flach. Hier ist die Bedachung stark abgeflacht, womit Berninis Projekt zitiert wird. Klarheit der Gliederung, Nüchternheit der Gesamtkonzeption, Verhaltenheit im Dekor – das sind die Kennzeichen einer klassizistischen Gesinnung. Die französische Architektur dokumentiert an dieser Stelle besonders nachhaltig ihre Eigenständigkeit und ihre Reserviertheit gegenüber der dröhnenden Sprache des italienischen, speziell römischen Barock. Die Louvre-Kolonnaden sind »style classique« in Reinkultur.

Louvre
Klarheit der Gliederung, Nüchternheit der Gesamtkonzeption, Verhaltenheit im Dekor – das sind die Kennzeichen einer klassizistischen Gesinnung, wie sie an der Kolonnadenfassade der Ostseite sichtbar wird.

Dass der Bau insgesamt fast zu ernst erscheint, resultiert aus der Tatsache, dass er nicht ganz vollendet wurde. Es fehlen die im Plan vorgesehenen Statuen auf der Attika, die einen Hauch von Verspieltheit und Leichtigkeit bewirkt hätten. Umso deutlicher gibt sich andererseits das Bauwerk als Hoheitsarchitektur zu verstehen, die den Betrachter auf Distanz hält.

Die einheitliche Gesamterscheinung der **Cour Carrée,** die man durch das Hauptportal in der Kolonnaden-Fassade betritt, täuscht über den Umstand hinweg, dass die verschiedenen Baukörper in großem zeitlichen Abstand entstanden. In das Hofpflaster sind die Umrisse des alten Louvre Philipp Augusts eingelegt. Im aufgehenden Mauerwerk ist draußen von dem mittelalterlichen Vorgänger nichts zu sehen. Ältester Teil ist jetzt der südliche Abschnitt im Westtrakt, 1548 bis 1553 erbaut von Pierre Lescot und mit Skulpturen aus der Werkstatt Jean Goujons geschmückt. Mit diesem Bauwerk hielt die Renaissance Einzug in Paris. Der nördliche Abschnitt entstand zwar erst im 17. Jh., wurde aber aus Gründen der Symmetrie dem älteren Vorbild angeglichen. Und auch die übrigen Trakte aus der Zeit Ludwigs XIV. (Architekten Jacques Lemercier und Jacques Sarazin) unterscheiden sich nicht fundamental von dem Renaissanceflügel.

Ein Durchgang im Untergeschoss des turmartig erhöhten Mitteltrakts im Westflügel vermittelt zwischen der Cour Carrée und der **Cour Napoléon.** Letztere fassen in der Hauptsache die Bauten aus der Zeit Napoleons III. ein. Die Architekten Ludovico Visconti und dessen Nachfolger Hector Lefuel orientierten sich in ihrer Formensprache an der Epoche Ludwigs XIV. So erreichten sie einerseits eine optische Angleichung an die bestehende Bausubstanz, zugleich wurde dem imperialen Anspruch des zweiten Kaisers sinnfällig Ausdruck verliehen.

Seit 1989 markiert die **Glaspyramide** die Mitte des Gevierts. Der Entwurf stammt von dem sino-amerikanischen Architekten Ieoh Ming Pei. Das filigrane Bauwerk besteht aus einem Gerüst von rostfreiem Stahl und einer durchgehenden Bedachung aus Glas. Hier befindet sich heute der Haupteingang des Louvre. Das Bauwerk war heftig umstritten. Kritiker bemängelten den angeblich schrillen Kontrast zwischen historischer Kulisse und der Moderne des 20. Jh. Nun gut, über Geschmack lässt sich bekanntlich nicht streiten, aber wir meinen, dass die Pyramide durchaus ihre Berechtigung hat. Unsere Argumente: Nach der Erweiterung zum Grand Louvre hat sich die Museumsfläche von vormals 30 000 m^2 auf jetzt 60 000 m^2 verdoppelt. Wer die beiden am weitesten voneinander entfernt gelegenen Räume nacheinander aufsuchen wollte, müsste einen Fußmarsch von annähernd 2 km Länge absolvieren. Den veränderten Verhältnissen war die vormalige Eingangssituation im Denon-Flügel nicht mehr gewachsen, der Museumskomplex musste von einem Zentraleingang erschlossen werden. Ein Bauwerk aus Stein hätte zwangsläufig zu einer Beeinträchtigung geführt. Die transparente Glaspyramide verstellt den Blick nicht, denn sie ist durchlässig. Zudem ist die Gestalt der Pyramide eine archaische und zugleich völlig zeitlose Form, die sich jedem Milieu anpasst. Kurz – wir halten die Lösung für durchaus gelungen.

Die Kunstsammlungen

Franz I. gilt als der erste König, der in großem Umfang Kunstwerke unterschiedlicher Epochen sammelte. Bereits unter Ludwig XIV. keimte die Idee, die von den Königen im Louvre zusammengetragenen Kunstschätze einer breiteren Öffentlichkeit zugänglich zu machen. Seit 1699 veranstaltete die Akademie alljährlich eine Ausstellung von Arbeiten ihrer Mitglieder. Die Ausstellung fand traditionell im Salon carré statt, wonach die Veranstaltung später den Namen ›Salon‹ erhielt. Doch allen Schichten des Volkes stehen die Tore zum Louvre erst seit der Revolution offen. Die Sammlertätigkeit riss auch unter den Herrschern des 19. Jh. nicht ab. Während der Regierungsjahre Napoleons I. schwoll der Bestand kurzfristig gigantisch an, da der ehrgeizige Eroberer aus aller Herren Länder Kunstwerke als Kriegsbeute nach Paris schleppen ließ. Das meiste davon wurde 1815 den rechtmäßigen Besitzern zurückerstattet. Auch heute werden die Bestände durch Ankäufe stetig erweitert, und nicht selten fielen – und fallen nach wie vor – dem Louvre durch testamentarische Übereignungen wertvolle Ergänzungen zu.

Die Fülle von mehr als 30 000 Exponaten macht eine Selektion unerlässlich, bestimmte Abteilungen können nur gestreift werden. Wir beschränken uns auf Rundgänge, die den Besucher chronologisch

Tipps zum Louvre-Besuch:
– Durch den Seiteneingang »Porte des Lions« im Denon-Flügel gelangt man normalerweise ohne Schlangestehen ins Museum.
– Alternativ zu den Kassenschaltern kann man jetzt auch bis 17 Uhr Eintrittskarten an Automaten lösen.
– Montag und Mittwoch ist der Louvre bis 21.45 Uhr geöffnet. In der Regel fallen an diesen Tagen ab 18 Uhr keine Wartezeiten mehr an.

Die Sammlungen afrikanischer, asiatischer und ozeanischer Kunst wurden im Jahr 2000 eröffnet. Sie befinden sich im Denon-Flügel nahe der Porte des Lions.

durch alle Epochen der europäischen Kunst führen. So entsteht ein gewachsenes Bild von 2500 Jahren europäischer Kulturgeschichte. Wer etwa nur Zeit zu einem Kurzbesuch hat, konzentriert sich am besten auf eine, höchstens zwei Abteilungen. Wer das gesamte Programm absolvieren möchte, wird mindestens zwei Tage dafür einkalkulieren müssen. An den Anfang stellen wir die Skulpturensammlungen, in einem zweiten Teil erfolgt eine Übersicht über die Epochen der Malerei.

Griechische Antike

Wir beginnen den Rundgang durch die Epochen der europäischen Kunstgeschichte im Zwischengeschoss des **Denon-Flügels,** wo Werke der griechischen Archaik ausgestellt sind.

Das griechische Altertum wird generell in drei Hauptphasen gegliedert: Archaik (650–490 v. Chr.), Klassik (490–330) und Hellenismus (330–100). Aus allen zeitlichen Bereichen besitzt der Louvre Hauptwerke.

Archaik

In der Mitte von **Saal 1** steht eine Frauenstatue – in der Fachsprache Kore genannt – aus der Zeit um 630, die so genannte *Dame von Auxerre.* Sie ist mit 75 cm Höhe halblebensgroß, aus Kalkstein gearbeitet und, abgesehen von einer Beschädigung der linken Gesichtshälfte, ungewöhnlich gut erhalten. Strenge Frontalität, Flächigkeit und die parallele Fußstellung sind Merkmale der Archaik und lassen zugleich erkennen, dass die frühe Skulptur der Griechen von ägyptischen Vorbildern inspiriert ist (auch an der Frisur zu erkennen). Frauenstatuen sind in dieser Zeit prinzipiell bekleidet, in der Regel mit einem stoffreichen Peplos. Die Dame von Auxerre trägt dagegen ein eng gegürtetes Gewand.

Der männliche Statuentypus der Archaik heißt *Kouros* (Plural Kouroi) und ist im selben Raum mit drei Torsi vertreten (in der hinteren Saalhälfte rechts). Die Kouroi sind im Gegensatz zu den Koren stets unbekleidet und in einer Art Schreithaltung wiedergegeben. Dennoch ist nicht mit Sicherheit zu entscheiden, ob Stehen oder Schreiten gemeint ist, denn beide Füße liegen platt auf dem Boden (bei den Beispielen im Louvre nicht erhalten). Dadurch bekommt die archaische Skulptur etwas scheinbar Schwebendes und Unwirkliches. In Werken der frühen Archaik (650–600) ist die menschliche Anatomie von ornamentaler Abstraktheit, im Laufe des 6. vorchristlichen Jahrhunderts vollzieht sich ein Wandel zu einer immer stärker an der Lebenswirklichkeit orientierten Auffassung.

Ein Hauptwerk der Archaik ist der so genannte *Rampin-Reiter* (in der Vitrine hinter den Kouroi) aus der Zeit um 550 v. Chr. (nur der Kopf original, der Torso des Reiters sowie der Pferdetorso Abguss nach dem Original in Athen). Hier hat die Archaik bereits zu einem hohen Maß an Verlebendigung gefunden. Untrügliches Kennzeichen archaischer Skulptur ist das entrückte Lächeln. An der kunstvoll gearbeiteten Frisur sind noch Reste der einstigen farbigen Fassung auszumachen, denn auch die archaischen Bildwerke waren wie alle Steinskulptur nachfolgender Epochen grundsätzlich bemalt.

Klassik

Chronologisch setzt sich der Rundgang im Erdgeschoss des Sully-Flügels fort. In den Sälen 4 bis 16 sind Skulpturen der Klassik und des Hellenismus ausgestellt. In **Saal 7** sieht man *Fragmente vom Parthenon in Athen.* Kurz zur Geschichte: Im Jahr 490 hatten die Perser unter Dareios die Niederlage bei Marathon einstecken müssen. Zehn Jahre danach gelang Dareios Sohn Xerxes die Eroberung von Athen, doch bereits wenige Tage später vernichteten die Griechen die persische Flotte bei Salamis und brachten Athen wieder in ihre Gewalt. Der zerstörte Parthenon wurde neu aufgebaut. Ungezählte archaische Statuen wurden damals für eine Terrainaufschüttung vergraben und haben dergestalt die Jahrhunderte bis zu ihrer Wiederauffindung gut überdauert (man spricht vom »Perserschutt«). Der welthistorisch bedeutsame Sieg der Griechen fällt nicht zufällig mit dem Wandel der Kunst zusammen. Die realitätsferne, idealisierende Archaik endet, und mit der Klassik tritt um 490/480 v. Chr. ein neues Menschenbild in Erscheinung, das die Figur in ihrer anatomischen Wirklichkeit und ihre Kleidung in ihrer natürlichen Stofflichkeit wiedergibt. Man sieht hier im Louvre Skulpturenfragmente vom Parthenon des 5. Jh. v. Chr. aus der Werkstatt des Phidias, eine Metope und eine Szene aus dem Panathenäenfries (alljährlicher Festumzug in Athen). Der größte Teil der Skulpturen gelangte im 19. Jh. jedoch ins Britische Museum in London.

Die Statuen in den folgenden Sälen 14 bis 16 sind ausnahmslos römische Kopien nach verlorenen griechischen Originalen. In Rom kam nach der Eroberung Griechenlands (146 v. Chr.) griechische Kunst groß in Mode. Bald war der Markt leergefegt, und fortan musste man sich mit Nachbildungen begnügen. Ohne die Kopierkunst der Römer hätten wir heute nur noch ein bruchstückhaftes Bild von der griechisch-antiken Kunst. In **Saal 14** (rechts vom Durchgang zu Saal 15) steht die *Torso-Statue des Diadoumenos* von Polyklet (um 440–430). Sie zeigt einen nackten Jüngling, der sich ein Band ins Haar flicht. Statt der undefinierbaren Haltung der archaischen Kouroi sieht man hier den klassischen Kontrapost, die Verteilung des Körpergewichts auf ein (belastetes) Stand- und ein (entlastetes) Spielbein. Die Wiedergabe des männlichen Körpers zeigt nicht nur die perfekte Beherrschung menschlicher Anatomie, sondern ist zugleich ein Hymnus auf die Schönheit der Schöpfung.

Zwei weitere bedeutende Werke befinden sich links im hinteren Teil von **Saal 15,** eine *Statue der Göttin Artemis* und der *Apollo Sauroktonos* (Eidechsentöter) des Bildhauers Praxiteles. Beide Skulpturen stammen aus der Mitte des 4. Jh. v. Chr. und kennzeichnen den so genannten Reichen Stil der späten Klassik. Die weibliche Figur ist in ein vielfach geknittertes Gewand gekleidet. Während in der frühen Klassik die schwere Stofflichkeit der Gewänder den Körper verhüllt (»Strenger Stil«), wird in einem solchen Werk der späten

Klassik das Leinen derart dünn und durchsichtig um den Körper geschlungen, dass es dessen Schönheit zur Schau stellt. Der Apoll ist in einer ungemein lässigen Haltung erfasst. Man denke an die herben Gestalten der Kouroi am Beginn des Rundgangs zurück, und es wird der weite Entwicklungsweg deutlich, den die griechische Skulptur in den 300 Jahren zwischen 650 und 350 v. Chr. gegangen ist.

In **Saal 16** sind weitere römische Kopien nach Originalen des Praxiteles aufgestellt. Hier fallen besonders zwei Frauenstatuen auf: links die *Aphrodite von Arles* (dort gefunden 1651 und von der Stadt Ludwig XIV. zum Geschenk gemacht) und rechts vor der apsidialen Nische die *Aphrodite von Knidos* (Torso). Die Venus ist um 360 entstanden und stellte damals ein Novum dar. Erstmals wagte es ein Bildhauer, eine weibliche Gestalt mit entblößtem Oberkörper zu zeigen. Wenige Jahre später ging derselbe Künstler noch einen Schritt weiter. Mit der Statue der Liebesgöttin, die auf der Insel Knidos im wichtigsten Aphrodite-Heiligtum Griechenlands aufgestellt war (datiert zwischen 350 und 330 v. Chr.), schuf Praxiteles den ersten weiblichen Ganzkörperakt der abendländischen Kunstgeschichte. Diese Neuerung galt damals als revolutionär und sicherte dieser Skulptur schon in der Antike Weltberühmtheit. Die Männer, so heißt es, seien in Scharen nach Knidos gepilgert, um dieses unerhörte Werk zu bewundern.

Hellenismus

Im angrenzenden **Saal 13** beginnt das Thema Hellenismus, zu dem der Louvre Werke von höchster Qualität besitzt. Hellenismus nennt man jene Epoche, die den Eroberungszügen Alexanders des Großen (336–323 v. Chr.) folgte. Auch wenn sein über Nacht gezimmertes Riesenreich rasch wieder in die so genannten Diadochenreiche zerfiel, fand unabhängig davon die griechische Kultur Verbreitung über den gesamten Mittelmeerraum und wurde über Persien bis nach Indien vermittelt.

Die Venus von Milo

In **Saal 12** steht mit der *Venus von Milo* eine Inkunabel dieser Epoche. Während die frühe hellenistische Skulptur verspielt ist und expressive Themen bevorzugt, kehrt der späte Hellenismus, dem die Venus von Milo zuzurechnen ist (datiert um 100 v. Chr., gefunden 1820, vom Louvre erworben 1821), zu den Idealen der Klassik des 5./4. Jh. zurück. Ähnlich wie die Aphrodite von Arles erscheint die Göttin als Halbakt. Es ist ein eklektizistisches Werk, was bedeutet, dass der Künstler aus zeitlich voneinander differenten Quellen geschöpft hat: In der Strenge der ebenmäßigen Gesichtszüge sowie der Schwere des Gewandes zitiert er die Klassik des 5. Jh., mit der Gestalt des Halbaktes (vgl. Aphrodite von Arles) und der leichten Drehung der Figur (vgl. Apollo Sauroktonos) greift er auf die Errungenschaften des 4. Jh. zurück.

Weitere Werke aus hellenistischer Zeit sind in den Sälen 12 bis 9 ausgestellt. Ein Abstecher führt von Saal 8 in den angrenzenden **Saal 17,** den so genannten **Karyatidensaal** (Festsaal des Alten Louvre, erbaut von Pierre Lescot), so benannt nach der von Karyatiden getragenen Empore (Skulpturen von Jean Goujon, 16. Jh.). Hier sind weitere römische Kopien griechischer Originale aus Klassik und Hellenismus ausgestellt; bemerkenswert: *Hermes,* der seine Sandale zubindet (im vorderen Raumabschnitt), die *kauernde Aphrodite* aus Vienne (im vorderen Teil des Hauptraums), *liegender Hermaphrodit* (ganz hinten vor der Karyatiden-Empore) – alles Arbeiten, die dem Bildhauer Lysipp und seinem Umkreis zugeschrieben werden.

Wir gehen durch den runden Saal 5 und Saal 4 zum **Escalier Daru.** Vom Fuß der großen Freitreppe, die in das erste Stockwerk hinaufführt, schaut man auf die auf dem oberen Treppenabsatz postierte *Nike von Samothrake,* deren Aufstellung ein museumsdidaktisches Meisterstück ist. Die überlebensgroße Statue der Siegesgöttin ist in das frühe 2. Jh. v. Chr. datiert und erhob sich einst über der Hafeneinfahrt von Samothrake. Die geflügelte Gestalt erinnert an einen Seesieg, den die Griechen bei Rhodos errungen hatten. Sie ist auf einem steinernen Schiffsbug postiert und scheint im Sturmschritt auf den Betrachter zuzueilen. Der Gegenwind bauscht ihr faltenreiches Gewand und drückt es an einigen Stellen eng an den Körper, sodass die Gestalt einer vollendet schönen Frau erkennbar wird. Die Nike zeigt eindrucksvoll, welch hohes Maß an Virtuosität die Bildhauer des Hellenismus erreicht hatten.

Geht man links an der Nike von Samothrake vorbei, gelangt man in die **Säle 32 bis 47,** in denen Kleinkunst, Bronzen (32–34), Terrakotten (35–38) und vor allem griechische Keramik (39–47) ausgestellt sind.

Wer sich für die Kunst des alten Ägypten interessiert, kommt in der angrenzenden Sammlung (Säle 20 bis 30) voll auf seine Kosten, die sich im Erdgeschoss darunter fortsetzt (Säle 1 bis 19).

Ein weiteres Hauptwerk des Hellenismus befindet sich im Erdgeschoss in dem lang gestreckten **Saal B** (nahe dem Ausgang): der *Borghesische Fechter,* in dessen Händen man sich Schild und Speer ergänzend vorzustellen hat (datiert um 100 v. Chr., gefunden Anfang des 18. Jh., für den Louvre erworben 1808). In einer ungemein schwungvollen Bewegung sieht man den Kämpfer in athletischer Schönheit. Anders als die Klassik mit ihrer statuarischen Ruhe und Überzeitlichkeit sieht man hier eine spontane Momentaufnahme, ähnlich der rauschenden Erscheinung der Nike von Samothrake.

Römische Antike

Römische Porträts

Die Zählung der Säle knüpft an die Sammlung griechischer Antike an. Von Saal 4 gelangt man zunächst in **Saal 22** (dieser und die folgenden Räume die ehemaligen Appartements der Anna von Österreich) mit *Porträtköpfen aus republikanischer Zeit.* Es schließen sich die **Säle 23 bis 26** mit *Porträts der Kaiserzeit* an. Römische Porträts sind im Louvre besonders gut vertreten; es ist dies eines der zentralen Themen der römischer Kunst. Während die Römer vieles von den Griechen übernommen hatten und als eifrige Kopisten wesentlich zum Erhalt griechischer Kultur beigetragen haben, gelang ihnen mit der Gattung des Porträtkopfes beziehungsweise der Porträtbüste die Schaffung eines eigenen Kunstzweiges. Der Ursprung liegt im Totenkult. Von Verstorbenen wurden Wachsmasken angefertigt, um sie in der Erinnerung folgender Generationen wach zu halten. Seit der Zeit um 100 v. Chr. ging man jedoch von dem vergänglichen Material ab und meißelte die Gesichter in Marmor. Diese Genese erklärt den krassen Verismus der frühen Porträts aus republikanischer Zeit in Saal 22, in denen jede Falte, jede noch so kleine Runzel akribisch nachgezeichnet ist. Zu dieser Zeit beschränkte man sich allein auf die Wiedergabe der Köpfe. In augustäischer Zeit emanzipierte sich das Porträt zu einer eigenen Kunstform. Es entstand der Typus der Büste mit einem Segment des Brustkorbes, dem Hals und dem Kopf darüber. Zudem wandelt sich der Stil, wie die *drei Köpfe des Augustus* in Saal 23 zeigen (rechts vor dem Durchgang zwischen den Säulen). Es ist die erste Phase eines Klassizismus in der europäischen Kunst.

Die Porträts der frühen Kaiserzeit sind Darstellungen der griechischen Klassik nachempfunden und zeigen den Kaiser mit glatten Gesichtszügen und in idealtypischer Schönheit. Die Porträts seiner Nachfolger *Tiberius* (in Saal 23 den Augustusköpfen gegenüber), *Caligula* (in Saal 24 links vom Durchgang) und *Claudius* (ebenda, rechts vom Durchgang, dem Caligulakopf gegenüber) knüpfen stilistisch an den augustäischen Klassizismus an, jedoch wirken ihre Gesichter ausdrucksarm und charakterlos. Die Porträtkunst des 1. Jh. n. Chr. spiegelt lebendig den Dekadenzprozess der julisch-claudischen Dynastie wider, die mit dem Selbstmord Kaiser Neros im Jahr 69 erlosch.

Es folgte das Geschlecht der Flavier (Vespasian, Titus, Domitian). Die Porträts aus dieser Zeit zeigen wenig Kontur und gefallen sich vor allem (besonders bei den Frauenporträts, Saal 25 links) in verspielten Frisuren. Die Archäologen sprechen vom »flavischen Impressionismus«. Dieses Haus war einem noch rascheren Niedergang geweiht als das julisch-claudische und endete mit dem Tod Domitians im Jahr 96.

Mit dem Prinzip der Adoptionsfolge anstelle des Bluterbes, begründet von Kaiser Nerva (96–98), folgte auf die Flavier mit der Reihe der »Adoptivkaiser« im 2. nachchristlichen Jahrhundert die für die römische Geschichte stabilste Epoche. *Kaiser Trajan* (98–117; Saal 25 rechts) war der erste in dieser Reihe, ein soldatisch strenger Herrscher, wie das Porträt mit den hart gemeißelten Gesichtszügen und der straff nach vorn gekämmten Frisur eindrucksvoll belegt. Unter seinem Nachfolger *Hadrian* (117–138) hob ein zweiter Klassizismus an (Porträt in Saal 25, rechts, nahe dem Durchgang zu Saal 26). Das Haar ist leicht gewellt, die Gesichtszüge erscheinen ebenmäßig und doch zugleich charaktervoll und intelligent. Hadrian war ein großer Bewunderer griechischer Kultur. Als Zeichen des Philosophentums führte er das Tragen des Bartes als Mode in Rom ein – Bärte ließen sich die Römer bis dahin als ein Zeichen der Trauer nach dem Tod eines nahen Verwandten stehen. Im selben Raum ist das *Bildnis des Antinous* ausgestellt, des Lieblingsepheben Hadrians, der unter mysteriösen Umständen im Nil ertrank. Er ist geradezu Inbegriff des schönen griechischen Jünglings. In Saal 26 links sieht man das *Porträt des Lucius Verus* (161–169, Mitregent des Marcus Aurelius). Bei ihm ist aus dem gestutzten Bärtchen Hadrians ein stolzer Vollbart geworden. Nun hat auch die Entwicklung der Büstenform ihre verbindliche endgültige Form gefunden. Der Brustausschnitt ist bis zum Bauchansatz herabgezogen, zwischen Büste und profiliertem Sockel ein Inschriftentäfelchen eingefügt. Dieser Typus sollte fortan noch bis in die Porträtkunst des 20. Jh. hinein verbindlich bleiben.

Marcus Aurelius (161–180) brach mit dem Prinzip der Adoptionsfolge und machte seinen Sohn Commodus zum Nachfolger (180–192), der in Wahnsinn verfiel. Es folgte das Severische Haus. Die erste Familie dieser Dynastie ist in Saal 26 (nahe dem Durchgang zu Saal 27) beinahe vollzählig versammelt. Dort sieht man die Porträts des *Kaisers Septimius Severus* (193–211), seiner Frau *Julia Domna* und ihres Sohnes *Caracalla* in kindlichem Alter. Septimius Severus war ein autokratischer, unnachgiebiger Potentat. Das Porträt von Septimius Severus mit dem barock voluminösen Bart, der zu einer verspielten Dekorationsform verkommen ist, entlarvt den Charakter des Tyrannen. Ärger noch war sein Sohn und Nachfolger Caracalla (211–217), hier in einem weiteren Porträt gegenwärtig, das ihn als Erwachsenen zeigt und das Wesen eines brutalen Potentaten zu erkennen gibt. Am Tage seiner Thronbesteigung hatte er seinen Bruder Geta, der zum Mitregenten bestimmt worden war, ermorden lassen.

Das 3. Jh. mit der Serie der »Soldatenkaiser« brachte für das Imperium den Beginn des Niedergangs. Zwar konnten Diokletian (284–305) und Konstantin der Große (306–337) den Zerfallsprozess noch einmal bremsen, aber die römische Kunst hatte zu dieser Zeit ihren großen Atem verloren, wie die etwas flauen Köpfe in Saal 27 verraten (z. B. Porträts der *Kaiser Gordian III.* und *Theodosius II.*). Für die Geschichte von Paris ist die *Statue Julian Apostatas* bedeutsam (Saal 27), da dieser Herrscher vorübergehend Residenz auf der Ile de la Cité bezogen hatte.

Seit dem 4. Jh. begann das Interesse an der Porträtkunst zu erlahmen. Das lag auch am Vordringen des Christentums, dessen Blickrichtung nicht mehr auf das Diesseits, sondern auf die Heilserwartung im Jenseits zielte. Entsprechend nahm in der späten Kaiserzeit bis zum Ende Westroms (im Jahr 476) die Grabskulptur in Gestalt geschmückter Sarkophage den ersten Rang ein, wie Beispiele am Ende der Sammlung römischer Kunst vor Augen führen.

Sehenswert ist auch die anschließende Sammlung etruskischer Kunst mit Kultgegenständen, Schmuck, Terrakottaskulpturen und vor allem plastisch gestalteten Graburnen und Sarkophagen. Das bedeutendste Stück der Sammlung ist der vorzüglich erhaltene »Sarkophag der Ehegatten« aus dem 4. Jh. v. Chr. in Saal 18.

Kunsthandwerk des frühen und hohen Mittelalters

Zur Fortsetzung der Besichtigungen begibt man sich in den ersten Stock des **Richelieu-Flügels.**

Dem Zusammenbruch des römischen Imperiums folgte eine Epoche der völligen Neuordnung der mittelmeerischen Welt. Das Kunstschaffen der jungen germanischen Völker war anfangs bescheiden, nennenswerte Leistungen gingen im 7. Jh. n. Chr. vor allem aus dem westgotischen Spanien hervor (Votivkronen im Musée de Cluny). Erst in karolingischer Zeit, nachdem sich das Frankenreich konsolidiert hatte, setzte wieder eine regere Kunsttätigkeit ein. Vom 8. bis zum 11. Jh. dominierten die Kleinkünste: Elfenbeinschnitzerei, Buchmalerei und Goldschmiedekunst. In den ersten Räumen der kunsthandwerklichen Abteilungen des Louvre wird diese Epoche gegenwärtig.

In **Saal 1** zieht die bronzene *Reiterstatuette Karls des Großen* den Blick auf sich (freistehende Vitrine gegenüber dem Eingang). Sie ist erkennbar von den antiken Reiterstandbildern römischer Kaiser inspiriert, die allerdings in christlicher Zeit alle eingeschmolzen wurden, da man sie als heidnische Götzenbilder betrachtete. Einzig die Statue des Marcus Aurelius in Rom überdauerte die Zeiten, da man sie fälschlicherweise für ein Standbild Konstantins des Großen, des ersten christlichen Kaisers, gehalten hatte. Ross und Reiter passen maßstabsmäßig nicht ganz zusammen, das Pferd ist zu klein. Die Unstimmigkeiten erklären sich aus dem zeitlichen Abstand zwischen beiden Teilen. Während das Reittier aus der Spätantike stammt, wurde nur die Figur des Reiters im frühen 9. Jh. angefertigt. Die Unterschiede sind auch im Stil zu erkennen. Das Pferd ist lebendig und naturgetreu, der Kaiser dagegen wirkt etwas hölzern und steif. Man vermutet, dass die Arbeit in Aachen angefertigt wurde, wo zur Zeit Karls des Großen eine Bronzegießer-Werkstatt tätig war und die Ausstattung der Pfalzkapelle mit Türen und Gittern besorgte. Von dort gelangte das repräsentative Werk in den Domschatz der Kathedrale in Metz und von dort wiederum nach der Revolution in den Louvre.

Elfenbeinschnitzereien

In den Vitrinen ringsum sind *byzantinische Elfenbeintafeln* ausgestellt, die ältesten aus der Spätantike, die jüngsten aus dem 11. Jh. Sie dokumentieren die hohe Blüte dieser Kunstgattung im zeitlichen Übergang vom Altertum zum Mittelalter. Die meisten von ihnen gelangten als Beutegut nach Frankreich, nachdem sich das Heer der Kreuzfahrer im Rahmen des 3. Kreuzzuges 1204 vom venezianischen Dogen Enrico Dandolo dazu hatte anstiften lassen, Byzanz zu erobern.

In **Saal 2** sind weitere erlesene Werke der Kleinkünste zu bewundern. Wendet man sich nach Betreten dieses Raumes nach rechts, sieht man in der letzten Vitrine Teile eines aus Elfenbein geschnitzten *Kreuzes* aus dem spanischen Kloster S. Millan de la Cogolla. Es

Die bronzene Reiterstatuette Karls des Großen zeugt vom Synkretismus der frühmittelalterlichen Kunst: Während das Reittier aus der Spätantike stammt, wurde nur die Figur des Reiters im frühen 9. Jh. angefertigt.

handelt sich um eine mozarabische Arbeit des 10. Jh., als die christliche Kunst Nordspaniens unter dem Einfluss der islamischen Kunst Südspaniens stand.

Gegenüber, im linken Teil dieses Saales, sind – ebenfalls in der letzten Vitrine – *ottonische Elfenbeinarbeiten* zu beachten. Besonderen Wert besitzen zwei quadratische Täfelchen, die einst zu einem Antependium im Magdeburger Dom gehörten. Das eine zeigt die wundersame Brotvermehrung, auf dem anderen sieht man Christus, der ein Kind segnet. Die Arbeiten stammen aus der Mitte des 10. Jh. und wurden wahrscheinlich in Mailand angefertigt. Von einstmals 40, vielleicht sogar 50 Tafeln (damit der bilderreichste Zyklus der gesamten ottonischen Kunst) blieben nur 16 erhalten, die heute auf sieben verschiedene Museen in aller Welt verstreut sind.

Goldschmiedekunst

Gleich daneben (freistehende Vitrine) sieht man ein wichtiges Zeugnis der Goldschmiedekunst des 12. Jh., das *Armreliquiar Karls des Großen.* Nachdem Kaiser Barbarossa die Heiligsprechung des fränkischen Herrschers 1165 in Rom durchgesetzt hatte, wurden dessen Gebeine in Aachen erhoben und alsbald in den berühmten Karlsschrein gebettet, der auch heute noch in der dortigen Pfalzkapelle steht. Ein Armknochen wurde indes vom Corpus abgetrennt und fortan in diesem kleinen Kastenreliquiar aufbewahrt. Es ist in staatspolitischer Hinsicht ein bemerkenswertes Denkmal, denn das Bildprogramm unterstreicht die Heiligkeit der deutschen Herrscherwürde. In kleinen getriebenen und vergoldeten Kupferplatten erkennt man neben Christus und Maria sowie zwei Engeln und den Heiligen Petrus und Paulus folgende Kaiser: Karl den Großen, Ludwig den Frommen, Otto III., Konrad III. und Friedrich Barbarossa nebst seiner Gemahlin Beatrix von Burgund und außerdem Herzog Friedrich von Schwaben. Diese Ahnengalerie ist zugleich als Stammbaum und Legitimationsnachweis des Staufers zu verstehen. Besonders kunstvoll sind die schmückenden Emailplättchen mit Ornamenten, die in Grubenschmelz gearbeitet sind. Das Reliquiar ist demnach als ein Werk der rhein-maasländischen Schule anzusehen, wo diese spezielle Emailtechnik in der zweiten Hälfte des 12. Jh. zu höchster Vollendung fand. Beim Grubenschmelz wird das Glaspulver in eine Vertiefung gestreut; die Farben fließen beim Schmelzvorgang leicht ineinander, woraus ein besonders malerisches Kolorit resultiert.

In der benachbarten Vitrine in der Raumecke sieht man einen reich verzierten *Bucheinband* aus spätottonischer-frühsalischer Zeit (erste Hälfte des 11. Jh.). In der Mitte erscheint in vergoldetem Kupferblech als Relief eine Kreuzigungsgruppe. An den vier Ecken sind in quadratischen Feldern die Symbole der Evangelisten dargestellt. Hier beobachtet man Email in Gestalt des Zellenschmelzes. Bei dieser Technik werden kleine Metallstege auf die Platte gelötet und in die Hohlräume dazwischen das Glaspulver gestreut. Die Farben sind so voneinander getrennt und können nicht ineinander übergehen wie beim Grubenschmelz. Die Rahmenleisten sind dicht mit Edel- und Halbedelsteinen besetzt.

Kirchenschatz von St-Denis

Des Weiteren sind in Saal 2 Exponate aus Frankreich zu sehen, die zu einem Großteil aus dem in der Revolution aufgelösten Kirchenschatz der Abtei St-Denis stammen. Der berühmte *Adler des Abtes Suger* (freistehende Vitrine in der vorderen Hälfte von Saal 2), eine liturgische Vase in Adlerform, besteht wie die Reiterstatuette Karls des Großen aus unterschiedlichen Teilen: Die Vase selbst ist spätantik, die Metallteile (Füße, Flügel, Hals und Kopf) entstanden im 12. Jh. Eine andere kostbare Vase aus Bergkristall, vergoldeten Kupferteilen und Edelsteinen stammt aus dem frühen 12. Jh. und wurde vom Kalifen von Saragossa Wilhelm IX. von Aquitanien zum Geschenk gemacht (in derselben Vitrine). Dieser vererbte das Stück an seine Enkelin Eleonore, die es in ihre Ehe mit Ludwig VII. einbrachte, der die Vase seinerseits an Abt Suger weitergab. Die Vase trägt den okzitanischen Namen Eleonores: *Vase d'Aliénor.*

Email

In weiteren Vitrinen (in der hinteren Raumhälfte von Saal 2) sind etliche *Emails* des 12. und 13. Jh. aus Limoges, vor allem kleine Reliquiare, ausgestellt. Limoges-Email erkennt man nicht nur am Zellenschmelz, sondern an einer lokalen Besonderheit, die nur in den Limousiner Ateliers gepflegt wurde: Köpfe von dargestellten Personen sind in der Regel plastisch appliziert.

Elfenbeinschnitzereien vom Hof Ludwigs des Heiligen

In **Saal 3** belegen zwei Elfenbeinarbeiten von höchster Vollendung das Spitzenniveau der Künstler am Hofe Ludwigs des Heiligen um die Mitte des 13. Jh. Das eine ist eine 40 cm hohe *Madonna* (freistehende Vitrine gegenüber dem Durchgang). Sie besitzt ein bezaubernd schönes, jugendliches Antlitz. Spielerisch greift das Christusknäblein nach einem Apfel, den die Mutter ihm entgegenhält. Das Gewand fließt in zart geschwungenen Schüsselfalten kaskadenartig abwärts. Die leichte Biegung der Figur ist nicht nur ein Stilmittel des 13. Jh., sondern in diesem Fall durch die gebogene Form des Elefantenstoßzahns vorgegeben. Die Statuette befand sich ursprünglich als Kultbild in der Sainte-Chapelle, die einen würdigen Rahmen für dieses Kleinod bot. Von ähnlicher Delikatesse sind die kleinen Figuren einer *Kreuzabnahmegruppe* (nächste freistehende Vitrine links).

Als diese Werke entstanden, hatten die Kleinkünste die Führungsrolle an andere Kunstgattungen abgetreten. Mit der Romanik waren die großformatige Wandmalerei und vor allem die Monumentalskulptur nach 500jährigem Dornröschenschlaf zu neuem Leben erwacht. Das Kunsthandwerk blieb dennoch ein wichtiges Aufgabenfeld und hat auch in nachmittelalterlicher Zeit viele originelle Schöpfungen hervorgebracht. Bis ins 19. Jh. sind alle Epochen im Louvre lückenlos vertreten. Wer nicht sogleich in die Abteilung französischer Skulptur hinüberwechselt, kann die folgenden Säle im Richelieu- und im Sully-Flügel abschreiten – ein Marathon, der durch weitere 85 Räume führt.

Französische Skulptur des Mittelalters

Die Sammlung französischer Skulptur nimmt fast das gesamte Erdgeschoß des Richelieu-Flügels ein. Man erreicht den ersten Saal über die Cour Marly.

Frühmittelalterliche Steinskulptur

In **Saal 1** stehen zwei verzierte *Marmorsäulen* aus der Klosterkirche La Daurade in Toulouse (zerstört 1761) aus dem 5. Jh. Sie bezeugen, dass im Pyrenäenraum das Medium der Steinskulptur nicht völlig in Vergessenheit geraten war, sodass die frühe Romanik des 11. Jh. konkrete Anknüpfungspunkte vorfand und keineswegs einen voraussetzungslosen Neubeginn darstellte, wie es die traditionelle Kunstgeschichte immer noch glauben machen will. Auch für die Form des Figurenkapitells lieferte vor allem das westgotische Spanien Vorformen. In diesem Raum befindet sich ein gelbtöniges *Marmorkapitell* mit einer Darstellung Daniels in der Löwengrube (direkt neben den beiden Säulen). Es stammt aus der Pariser Kirche Ste-Geneviève und ist in das frühe 12. Jh. datiert. Die Forschung schreibt die Arbeit einem Bildhauer aus Südfrankreich zu. Die besonders kompakte Darstellungsweise lässt jedoch eher an einen aus Spanien gebürtigen Künstler denken. Nordspanien und Südfrankreich waren auf der Wende vom 11. zum 12. Jh. die internationalen Schrittmacher in der Entwicklung der Skulptur.

Romanische Portalskulptur

Hauptträger des romanischen Ausdruckswillens wurde gerade zu dieser Zeit das Kirchenportal. Wir sehen hier ein *Kirchenportal* aus Ste-Cécile in Estagel (Landschaft Languedoc, Département Gard) frei in der Mitte des Raumes aufgestellt. Es ist ein früher Vertreter des »Stufenportals« mit einer in die Wand getreppten Verjüngung nach innen und eingestellten Halbsäulen, darüber der Architrav und das Tympanon mit einer abschließenden Archivolte. Während romanische Tympana in der Regel eine Christusfigur im Zentrum zeigen (als Teil eines Weltgerichts, einer Parusie, einer Himmelfahrt u. a.), sieht man hier ein kunstvoll verschlungenes Rankenmuster und einen Vogel im Zenit. Es handelt sich um einen Phönix, ein antikes Fabelwesen, das wegen seiner Wiedergeburt im christlichen Mittelalter ein gängiges Christussymbol war. Das Vorherrschen ornamentaler Formen gegenüber gegenständlicher Darstellung ist für die französische Romanik ungewöhnlich und ist aus der Kunst Spaniens herzuleiten, wo bereits in mozarabischer Zeit (10. Jh.) derartige Tympana entstanden (San Miguel de Escalada), denen in der Romanik vergleichbare Schöpfungen folgten (z. B. Cervatos im Norden Altkastiliens).

Romanische Holzskulptur

In wie engem Austausch die Kunstlandschaften Frankreichs bei aller Eigenständigkeit mit benachbarten Regionen und Ländern in der Zeit der Romanik standen, führen die Exponate in Saal 2 vor Augen, die überwiegend aus Burgund stammen. Der *Torso eines kleinen Adlers* (Symbol des Evangelisten Johannes; links neben der Vitrine mit dem großen Holzkruzifix) stammt von dem zerstörten Portal der Abteikirche Cluny III. Burgund wurde Anfang des 12. Jh. auf dem Gebiet der Skulptur zur zweiten treibenden Kraft neben dem südwestlichen Frankreich. Aus Holz geschnitzt ist die große *Christusfigur* in der verglasten Vitrine aus der Zeit um 1150. Ihr Oberkörper ist zur Seite gesunken, und der rechte Arm hängt nach unten. Es handelt sich also nicht um einen Kruzifixus, sondern um die einzig erhaltene Figur einer Kreuzabnahmegruppe. In der burgundischen, ja in der gesamten französischen Kunst besitzt dieses Thema Seltenheitswert. In Spanien, besonders in Katalonien, vereinzelt auch in Oberitalien sind dagegen Kreuzabnahmegruppen fester Bestandteil der christlichen Ikonographie. Vom Grab des hl. Lazarus in Autun stammt der fein gearbeitete *Kopf des Petrus* (rechts neben der Vitrine), dessen Lebendigkeit die Skulptur als ein Werk des Übergangs von der Romanik zur Gotik (datiert um 1170/1180) zu erkennen gibt.

Aus der Auvergne stammt die holzgeschnitzte *Madonna mit dem Kind* (unter Glas, frei im Raum aufgestellt). In ihrer strengen Frontalität und ihrer Unnahbarkeit ist sie ein typisches Werk der Romanik. Man fühlt sich hier spontan an die Maria im Annenportal von Notre-Dame erinnert. Der Bildtyp trägt die Bezeichnung *sedes sapientiae,* Sitz oder Thron der Weisheit, eine neutestamentliche Gegenüberstellung zu König Salomon, dem Inbegriff alttestamentlicher Weisheit.

Spätromanische Skulptur

Kennzeichnend für die späte Romanik ist das *Kapitell* aus Notre-Dame-de-la-Couldre in Parthenay (Landschaft Poitou, Département Deux-Sèvres) mit einer Darstellung des Isaakopfers (gegenüber der Vitrine mit dem Holzkruzifix). Die expressive Bewegtheit, die man den »barocken Spätstil« der Romanik nennt, ist typisch für die Zeit um 1150.

In **Saal 3** begegnet uns der Bildtypus der *sedes sapientiae* noch einmal als Teil eines in drei Szenen unterteilten steinernen Altarvorsatzes der Spätromanik (in der Glasvitrine, Blickrichtung zur Cour Marly), einer der ältesten der französischen Kunst. Die Madonna bildet den Mittelpunkt, ihr zu Seiten sieht man die Verkündigung und die Taufe Christi.

Frühgotische Skulptur

Bereits um 1140 entwickelte sich in Nordfrankreich die frühe Gotik, wo in anderen Provinzen des Landes die Romanik gerade in voller Blüte stand – im Süden sollte sie sich noch bis in das anbrechende 13. Jh. beharrlich halten. Die frühen gotischen Skulpturen erscheinen gegenüber den barock bewegten Werken der späten Romanik wie erstarrt. Zugleich gewinnt die Skulptur an Größe, es entsteht der Typ der Säulenstatue im Gewände gotischer Portale. Die ältesten Vertreter sind die (zerstörten) Figuren von der Fassade der Abteikirche in St-Denis und die Königsgestalten am Portail Royal der Westfassade der Kathedrale in Chartres.

In **Saal 4** sieht man zwei besonders schöne Beispiele frühgotischer *Säulenstatuen.* Sie stammen von der Kirche Notre-Dame in Corbeil (der Ort liegt auf halber Strecke zwischen Paris und Fontainebleau) und werden als König Salomon und die Königin von Saba gedeutet (zu beiden Seiten des Fensters). Gegenüber den strengen Chartreser Figuren sind diese – vom Ende des 12. Jh. und damit um etwa 40 bis 50 Jahre jünger als jene – lebendiger, gelöster und besitzen ein stärkeres plastisches Volumen. In diesen Anzeichen kündigt sich die nahende Skulptur der Hochgotik des 13. Jh. an, wie sie hier in Paris an den Portalen von Notre-Dame in vorzüglichen Beispielen vertreten ist.

Während sich die Skulptur des 12. Jh. und damit in der Hauptsache der Romanik ausschließlich in symbolischen und theologischen Darstellungen formulierte, brachte das 13. Jh. ein stärkeres Interesse für die Lebenswirklichkeit mit sich. Wir sehen das in einem reizenden Detail sehr deutlich. Gemeint ist ein *Kapitell* vom (1763 zerstörten) Lettner der Kathedrale in Chartres aus dem zweiten Viertel des 13. Jh. (Saal 4, in der Vitrine). Dort ist Matthäus mit der Niederschrift seines Evangeliums dargestellt. Und damit sich auch ja kein Fehler einschleicht, zeigt ihm ein von oben herabschwebender Engel (zugleich das Symbol des Matthäus) oberlehrerhaft mit ausgestrecktem Zeigefinger, an welcher Stelle er was zu berichten habe.

Madonnen des 13. und 14. Jh.

Die zwangsläufige Folge dieser Entwicklung war eine breite Auffächerung der Themen. Der Bildhauerei wuchsen schnell völlig neue Aufgabenbereiche zu. Seit Mitte des 12. Jh. nahm der Marienkult einen raschen Aufschwung, der bis dahin kaum eine Rolle gespielt hatte. Ein emsiger Förderer der Marienverehrung war der große Zisterzienserabt Bernhard von Clairvaux. In der frühen Gotik wurde Maria an den Kathedralen tympanonwürdig (vgl. die Portale an Notre-Dame). Seit dem 13. Jh. wurde die Muttergottes mehr und mehr als freiplastische Statue dargestellt.

In **Saal 6** ist eine Vielzahl gotischer Madonnen des 14. Jh. aus unterschiedlichen Landesteilen Frankreichs aufgestellt. In der Zeit um 1400 erreichen die Madonnen ein Höchstmaß an Lieblichkeit und Weichheit der Linienführung. Das gilt übrigens nicht für Frankreich allein, sondern ist gleichfalls in der deutschen und italienischen Skulptur zu beobachten. Man nennt deshalb diese Epoche den »Internationalen weichen Stil um 1400«.

Pleurants (Trauernde) im Großformat ersetzen im Grabmal für Philippe Pot den Sarkophag. So sieht sich der Betrachter leibhaftig einer spätmittelalterlichen Trauerprozession gegenüber.

Im 14. Jh. wurde das Porträt, seit Ende des Römerreichs – also über fast 1000 Jahre! – kein Gegenstand der Kunst, zu neuem Leben erweckt. Die *Statuen Karls V. und seiner Frau Johanna von Bourbon*

Grabskulptur

(3. Viertel des 14. Jh.; in **Saal 9**) gehören zu den ältesten Porträts der Nachantike. Sie standen wahrscheinlich an einem der Tore des mittelalterlichen Louvre. Ein anderes Thema, das seit dem 13. Jh. verstärkt Beachtung fand, war die Grabskulptur. In dieser Zeit kommt der »Gisant« auf, wie man mit einem französischen Terminus die Liegefigur eines Verstorbenen auf einer Grabplatte oder einem Sarkophag nennt. In den Sälen 7, 9 und 10 sind zahlreiche Gräber und Grabfragmente ausgestellt, u. a. die *Grabstätten Karls IV. und seiner Frau, der Johanna von Evreux*, geschaffen von Jean de Liège. Besondere Beachtung verdient das ungewöhnliche *Grabmal des Seneschalls Philippe Pot* aus Burgund in **Saal 10.** Pot war nach dem Tod Karls des Kühnen von Ludwig XI. zum Gouverneur von Burgund ernannt worden. Nach seinem Tod (1493) wurde er in Cîteaux, dem Mutterkloster des Zisterzienserordens, beigesetzt. Acht fast lebensgroße Mönche in schwarzen Kutten tragen eine Steinplatte, darauf ruhend der Gisant. Der Typ der »Pleurants« (= Trauernde) erscheint in Relief bereits an Sarkophagen des 13. Jh. An den von Claus Sluter geschaffenen Figuren am Grab Herzog Philipps des Kühnen in Dijon emanzipierten sich die Pleurants zu einer freiplastisch gearbeiteten personenstarken Gruppe. Der Künstler, der das Denkmal für Philippe Pot geschaffen hat, geht noch einen Schritt weiter. Er steigert die Gruppe der Pleurants ins Großformat und lässt sie den Sarkophag ersetzen. Vom mittelalterlichen Grabtyp bleibt nur die Liegefigur des Verstorbenen auf der Steinplatte.

Der Weg der Skulptur vom 16. bis zum 19. Jh.

Mit der anhebenden Renaissance wird aus der Geschichte der Kunst mehr und mehr eine Geschichte der Künstler, die seit dem 15. Jh. aus der Anonymität heraustreten, zu der sie das Mittelalter verurteilt hatte. In **Saal 11** ist ein *Relief mit der Darstellung des Kampfes des hl. Georg gegen den Drachen* ausgestellt. Es stammt von der Hand des Bildhauers Michel Colombe (um 1430–1511). Es handelt sich um ein spätes Werk des Künstlers (datiert 1508/09), der noch zunächst im Stil der späten Gotik begonnen hatte und in fortgeschrittenem Alter den Übergang zur Renaissance vollzog. Die sichere Erfassung von Ross und Reiter und vor allem das differenzierte Abstufen von Vorder- zu Hintergrund mit der exakten Wiedergabe der Perspektive sind Errungenschaften der italienischen Renaissance, die in Frankreich zu Beginn des 16.Jh. Einzug hielt und die späte Gotik verdrängte.

Michel Colombe

Die in den **Sälen 13 bis 19** ausgestellten Werke der Renaissance machen deutlich, dass religiöse Themen mehr und mehr in den Hintergrund traten und den Gattungen Porträt, Grabplastik, Mythologie und Allegorie das Feld überließen. Zugleich ist nicht zu übersehen, dass die Bildhauer des französischen 16. Jh. ihre Werke in enger Anlehnung an die Kunst Italiens schufen. Die *Flachreliefs Jean Goujons* (datiert 1547/49; Saal 14) mit Darstellungen von Nymphen sind

Skulptur der Renaissance

eine Ode an die Schönheit des weiblichen Körpers. In der ganzfigurigen *Gestalt des Charles de Maigny* (um 1557; im selben Saal, schräg gegenüber), der den Kopf gedankenschwer mit dem Arm stützt, zitiert der Bildhauer Pierre Bontemps (um 1505–1568) Gestalten von den Mediceergräbern Michelangelos in Florenz. Dasselbe gilt für den liegenden Genius aus Bronze vom *Grabmal des Christophe de Thou* (1583/85; Saal 15, nahe der Verbindungsarkade zur Cour Marly), eine Arbeit des Protestanten Barthélemy Prieur (1536–1611).

Germain Pilon

Nicht nur an der italienischen Hochrenaissance, sondern auch am Manierismus nahmen die Bildhauer Frankreichs lebhaften Anteil. Ein besonders schönes Beispiel für diese Phase des Übergangs von der Renaissance zum Barock ist in Saal 15a die *Gruppe der drei Grazien* (um 1560; Saal 15, vor dem Fenster zur Rue de Rivoli) von Germain Pilon (1528–1590). Die Frauengestalten sind extrem gelängt und in sich gedreht, die typische »figura serpentinata« des Manierismus. Manieristisch ist auch die Funktion des Kunstwerks, dem man beileibe nicht ansieht, dass es sich um ein Grabmal handelt! In dem Goldgefäß, das die Frauen auf ihren Häuptern tragen, war das Herz Heinrichs II. beigesetzt worden.

Ein weiterer Hymnus auf die Schönheit des weiblichen Körpers ist die *Marmorskulptur der liegenden Jagdgöttin Diana* aus dem Schloss Anet (Mitte 16. Jh.; im selben Saal, den drei Grazien gegenüber), vermutlich ein Werk Goujons, das von einem Bronzerelief Benvenuto Cellinis inspiriert ist (von 1542, ehemals im Schloss Fontainebleau, jetzt in der Abteilung italienischer Skulptur im Louvre).

Im 17. und 18. Jh. lockerten sich die Bande zwischen Italien und Frankreich wieder. Während in Italien die Kunst, vor allem die Skulptur, kirchenpropagandistisch in den Dienst der Gegenreformation gestellt wurde, entwickelte sich in Frankreich das Kunstschaffen zu einer höfischen Angelegenheit der Krone und der Aristokratie. Religiöse Kunst war damit zwar nicht vollends vom Tisch, aber der Denkmälerbestand des Louvre dokumentiert nachdrücklich, dass weltliche Themen unangefochten an erster Stelle rangierten.

Die Cour Marly war früher nach oben offen. Bei der Neugestaltung des Louvre wurde sie überdacht und so dem Museum als zusätzliche Ausstellungsfläche erschlossen. Sie ist nach dem Schloss Marly benannt, dessen einstige Gartenskulpturen hier Aufstellung fanden. Marly diente Ludwig XIV. als privates Refugium.

Wir betreten nun die **Cour Marly.** Ende des 17. Jh. schuf Antoine Coysevox die *Ruhmesallegorien,* eine tubablasende Göttin auf Pegasus reitend, und die Figur des Götterboten Merkur, ungemein beschwingte Gestalten. Der Neffe des Bildhauers, Guillaume Coustou d. Ä. (1677–1746), meißelte 50 Jahre später (1739–1745) die *Gruppe sich aufbäumender Pferde,* jetzt höchst wirkungsvoll auf hohen Postamenten in Szene gesetzt. Einerseits wird hier das antike Thema der Dioskuren Castor und Pollux zitiert, andererseits nehmen die Skulpturen konkret Bezug auf das königliche Gestüt Ludwigs XV. in Marly. Der ungestümen Kraft der Rösser wirken ihre Bändiger entgegen, antikisch athletische Männergestalten (vgl. Abb. S.162).

Im Durchgang von der Cour Marly zur Cour Puget kommt man durch die so genannte **Girardon-Krypta,** wo auf einem Sockel der *Bozzetto (Modell) für das große Reiterdenkmal Ludwigs XIV.* von Bouchardon aufgestellt ist, das einst die Mitte der Place Vendôme markierte (in der Revolution zerstört). Selbst in dem kleinen Format wirkt die Reiterfigur monumental und erscheint wie die Verewigung des Absolutismus.

Pierre Puget

In der **Cour Puget** sind Hauptwerke des Bildhauers Pierre Puget ausgestellt, die wie eine Verschmelzung von Antike, italienischem Barock und unterkühlter französischer Gesinnung anmuten. Die Gestalt des *Milo von Kroton* hat exemplarischen Charakter für das Œuvre Pugets (in der Hofmitte aufgestellt). Der Künstler schildert den dramatischen Tod des berühmtesten Athleten der Antike, der sechs Mal die olympischen Spiele gewonnen hatte und bei dem Versuch, einen durch einen Keil gespaltenen Baum mit den Händen in zwei Hälften auseinanderzudrücken, eingeklemmt und von einem Löwen zerrissen wurde. Mit großem expressivem Ausdruck gelingt es dem Künstler, die heroische Kraft des Menschen und doch zugleich seine Hilflosigkeit und Todesangst miteinander zu verbinden. Zusammen mit der gleichfalls hier ausgestellten Gruppe *Perseus und Andromeda* (entstanden zwischen 1670 und 1683) stand der Milo einst im Schlosspark von Versailles.

Desjardins

Der Bildhauer Desjardins (1637–1694) schuf die bronzenen Kolossalfiguren von vier Gefangenen (direkt unterhalb der Figur des Milo), die einstmals den Sockel des zerstörten Reiterdenkmals Ludwigs XIV. auf der Place de la Victoire umlagerten. Sie lehnen sich motivisch an die Flußgötter Berninis an dessen Vier-Ströme-Brunnen auf der Piazza Navona in Rom an.

Klassizismus

In den der Rue de Rivoli zugewandten **Sälen 23 bis 33** schließt sich der zeitliche Bogen mit Skulpturen vom mittleren 18. bis zum frühen 19. Jh., einer Zeit, in der der Spätbarock in den Klassizismus übergeht. Besonders zu beachten: nackte *Sitzstatue des Philosophen Voltaire* von Jean-Baptiste Pigalle (1776) in Saal 24, in Saal 25 Skulpturen, denen die betreffenden Künstler ihre Aufnahme in die königliche Akademie verdankten, in Saal 27 die *Porträtbüste der Madame Dubarry* von Augustin Pajou (1730–1809), ebenda vom selben Künstler die Gestalt der verlassenen *Psyche,* in Saal 28 der eindringliche *Porträtkopf des greisen Voltaire* von Jean-Antoine Houdon (1741–1828; im mittleren Durchgang). Im letzten Raum, Saal 33, sind Werke von Antoine-Louis Barye und François Rude ausgestellt, der auch etliche der Reliefs am Arc de Triomphe geschaffen hat.

Italienische und deutsche Skulptur

Wer genügend Zeit hat und dem Thema der Skulptur im Louvre noch weiter nachspüren möchte, komplettiert die Besichtigungen mit einem Besuch der Sammlungen italienischer und deutscher Skulptur im Erdgeschoß und im Zwischengeschoss des **Denon-Flügels.** Wir erwähnen kurz die wichtigsten der dort ausgestellten Exponate. In **Saal 1** (Erdgeschoss) mit Werken des italienischen Mittelalters und der Frührenaissance fasziniert eine *Kreuzabnahmegruppe* aus Holz (rechte Längswand). Sie stammt aus Umbrien und entstand um die Mitte des 13. Jh. Obwohl ein Abstand von etwa 100 Jahren zwischen diesen Skulpturen und dem Christus aus Burgund in der Abteilung französischer Skulptur liegt, verblüfft die enge stilistische Verwandtschaft. An derselben Wand entdeckt man in einer Nische eine *Madonna* von Jacopo della Quercia (um 1372–1438), in dessen Œuvre sich der Übergang von der Spätgotik zur Frührenaissance vollzieht. Die aufwendige Gewanddraperie atmet noch den Geist der Gotik, die anmutige Natürlichkeit der jugendlichen Mutter dagegen kündet vom Anbruch der Renaissance. In **Saal 2** befinden sich farbig glasierte *Terrakotten* aus der Werkstatt der Familie della Robbia aus Florenz und aus deren Umkreis.

In den **Sälen A, B und C** werden Skulpturen aus nordalpinen Ländern, vor allem aus Deutschland, aufbewahrt. In Saal B befinden sich u.a. *schöne Madonnen* des weichen Stils um 1400. Wichtigstes Exponat ist am Durchgang von Saal B zu Saal C die lebensgroße *Holzfigur der Büßerin Maria Magdalena* (Anfang 16. Jh.) des Augsburger Künstlers Gregor Erhart (um 1470–1540), die den Aufbruch der deutschen Kunst ins Zeitalter der Renaissance markiert.

Einer der Sklaven, die Michelangelo 1513 für das Monumentalgrab von Papst Julius II. geschaffen hat

In der **Grande Galerie** des Zwischengeschosses **(Saal 4)** erlebt man Hauptwerke der italienischen Hochrenaissance, des Barock und des Klassizismus. Hier stehen zwei der berühmten *Sklaven,* die Michelangelo 1513 für das Monumentalgrab von Papst Julius II. geschaffen hat, heroische Athletengestalten, die im Gegensatz zu den vier anderen unfertig gebliebenen (in der Accademia in Florenz) fast vollendet sind. Das für den Petersdom geplante Projekt blieb unausgeführt, beziehungsweise fand eine Realisierung in deutlich verkleinertem Maßstab. Es befindet sich in Rom in S. Pietro in Vincoli. Dort ist eine weitere Gestalt Michelangelos aufgestellt, der berühmte Moses. Benvenuto Cellini schuf das bezaubernde *Bronzerelief mit der Darstellung der ruhenden Diana* (Vorbild für die Marmorskulptur Jean Goujons). Von Lorenzo Bernini (1598–1680) stammt ein *Engel,* Modell für eine der Skulpturen auf der Engelsbrücke in Rom. Ein Hauptwerk des Klassizismus ist die 1793 entstandene Gruppe mit *Amor und Psyche* von Antonio Canova (1757–1822), der bedeutendsten Bildhauerpersönlichkeit auf der Wende vom 18. zum 19. Jh. in Europa. Unerreicht ist die Meisterschaft Canovas in der Entmaterialisierung des Marmors, der wie durchsichtig erscheint.

Epochen der europäischen Malerei

Jede Epoche hat zum Thema Malerei ihre eigenen Vorstellungen und Lösungen entwickelt. In der auf Kleinformate beschränkten Aufbruchphase des frühen Mittelalters beherrschte die Buchmalerei das Feld (berühmte Beispiele in der Bibliothèque Nationale; sie sind der Öffentlichkeit nicht zugänglich). Mit der frühen Romanik schob sich die großflächige Wandmalerei in den Vordergrund. Die späte Romanik begann mit ihrer fortschreitenden Aufbrechung der Wände dem Fresko die Existenz streitig zu machen, die Gotik eliminierte die Wandfläche zur Gänze und entzog der Wandmalerei damit endgültig das Betätigungsfeld. Fortan verlegte man sich auf die farbige Glasmalerei.

Die Entstehung des Tafelbildes im 13. Jh. ist – nicht ausschließlich, aber doch hauptursächlich – einer Reform der Liturgie (zweites Laterankonzil, 1215) zu verdanken. Der Priester, der bis dahin hinter dem Altar mit Blick zur Gemeinde gestanden hatte, postierte sich nun vor dem Altar mit dem Rücken zur Gemeinschaft der Gläubigen (Ausdruck für den Universalitätsanspruch der Kirche; wurde durch das Zweite Vatikanische Konzil 1962 wieder rückgängig gemacht). Entsprechend wurden die Antependien überflüssig, sie ersetzte als neuer Bildträger das auf der Altarmensa aufgestellte Bild. Der Ursprung der Tafelmalerei liegt deshalb auch in Italien; die Niederlande, Deutschland und Frankreich folgten mit geringem zeitlichen Abstand. Wir tragen dieser chronologischen Situation Rechnung und stellen als erstes die Sammlung italienischer Gemälde vor.

Die Malerei Italiens

Die Sammlung befindet sich in der Hauptsache in der **Grande Galerie** im ersten Stock des Denon-Flügels. Sie ist damit die einzige unter allen Sammlungen des Louvre, die im Zuge der Neugestaltung der Museumsräumlichkeiten an ihrem angestammten Platz verblieb; selbst die Hängung der Bilder wurde kaum verändert. Die hervorragend bestückte Galerie ermöglicht nicht nur einen Überblick über die Entwicklung der italienischen Malerei vom 13. Jh. bis zum Ende des 18. Jh., sondern lässt, da alle Schulen vertreten sind, darüber hinaus einen Vergleich zwischen den Besonderheiten der unterschiedlichen Kunstzentren in Italien zu.

Das Mittelalter

Wir durchschreiten zunächst die **Säle 1 und 2** (Zugang rechts neben der Nike von Samothrake) mit *Fresken* von Sandro Botticelli, Fra Angelico und Bernardino Luini. Der zeitliche Faden ist in **Saal 3** aufzunehmen. Dort hängt links vom Eingang eine *Maestà* (thronende Muttergottes mit Engeln) von Cimabue (um 1240–1302). Die frühe italienische Malerei konnte auf keine eigenen Vorbilder und Erfahrungen zurückgreifen. Das erklärt den starken Einfluss der byzantinischen Ikonenmalerei. Die Malerei des 13. und noch der ersten Jahre des 14. Jh. wird treffend *maniera bizantina* genannt. Der Goldgrund als Hoheitszeichen und Abbild des Paradieses, die Uniformität der Gesichter mit den mandelförmigen Augen und das Fehlen einer räumlichen Vorstellung sind deren wichtigste Merkmale. Dennoch gibt die Maestà Cimabues, entstanden um 1280, zu erkennen, dass dieser Maler eine erste behutsame Abwendung von der Maniera bizantina anstrebte.

Cimabue

Der klare symmetrische Aufbau, der Blickkontakt, den die Madonna zwischen sich und dem Betrachter herstellt, und die ungemein lebendige Gewanddraperie, die auf ein Empfinden für körperliches Volumen hindeutet, sind Kennzeichen florentinischer Kunst und stellen einen ersten Bruch mit den Prinzipien der byzantinischen Kunst dar. Zudem fehlen die golden gehöhten Betonungen der Gewandfalten, unverbrüchlicher Bestandteil der Maniera bizantina.

Giotto: Die Stigmatisation des hl. Franziskus Mit der Entdeckung menschlicher Lebenswirklichkeit – Körperlichkeit und Seelenleben – sowie der beginnenden Beschäftigung mit dem Problem der Perspektive überwand Giotto als erster Künstler das Mittelalter und stieß das Tor zur Renaissance auf.

Giotto

In seinem Schüler Giotto (um 1267–1337) fand Cimabue einen genialen Nachfolger, der der Abkehr von der starren Maniera bizantina entscheidende Impulse verlieh. Von ihm sieht man in diesem Raum ein Bild mit der *Stigmatisation des hl. Franziskus von Assisi* (an der Stellwand schräg gegenüber der Maestà), in der Predella darunter drei Szenen: Traum Papst Innozenz' III., in dem ihm Franziskus als Retter der Kirche erscheint, die Bestätigung der Ordensregel der Franziskaner durch den Papst und die Vogelpredigt des hl. Franziskus. Drei Eigenheiten fallen vor allem auf: In einer Zeit, die in der menschlichen Gestalt nur eine Art Kleiderbügel sah, um die herum kunstvolle Gewanddraperien inszeniert wurden, besitzt der kniende Franziskus von Giotto eine beachtliche körperliche Plastizität. Während die Maniera bizantina keine Gefühlsregungen kennt – darin der archaischen Kunst des alten Griechenland verwandt –, zeigt das Antlitz des Heiligen eine Mischung aus ungläubigem Staunen und Schmerz; dieses Erleuchtungserlebnis, das völlige Einswerden mit dem Erlöser, war ja mit heftigen körperlichen Schmerzen verbunden. Schließlich überrascht Giotto mit seinem sicheren Gespür für Räumlichkeit, besonders in der mittleren der drei Predellenszenen zu erkennen. Mit der Entdeckung menschlicher Lebenswirklichkeit – Körperlichkeit und Seelenleben – sowie der beginnenden Beschäftigung mit dem Problem der Perspektive überwand Giotto als erster Künstler das Mittelalter und stieß das Tor zur Renaissance auf. Die Meister des 16. Jh., vor allem Giorgio Vasari, sahen in ihm den Wegbereiter der Renaissance, auch wenn diese erst um 1420 in Florenz zum Durchbruch kam. Der bedeutende deutsche Kunsthistoriker Kurt Badt hat die These aufgestellt, dass es in der europäischen Malerei nur drei Genies gegeben habe, die mit ihrem Werk ein neues Zeitalter einläuteten. Giotto ist einer von diesen. Die anderen zwei sind – nach Badt – Caravaggio als Bahnbrecher eines neuen Realismus und Cézanne (seine Werke im Musée d'Orsay) als Wegbereiter der Abstraktion in der Malerei des 20. Jh.

Malerei des Trecento

Dass Giotto in seiner Zeit ziemlich isoliert stand und kaum eine unmittelbare Nachfolge auslöste, zeigen einige kleinformatige Bilder in dem benachbarten **Saal 4** (Zugang durch die »Grande Galerie« = Saal 5, rückwärtiger Teil). Die meisten Maler des Trecento (= 14. Jh.) blieben vorerst noch den Traditionen der Maniera bizantina verhaftet. Eine gewisse Eigenständigkeit zeigen die Maler Sienas, die durch eine feine Pinselführung und die Liebe zum Detail auffallen. Als Hauptvertreter nennen wir Simone Martini (um 1284–1344), von dem in Saal 4 eine kleine *Kreuztragung* zu sehen ist (hintere Koje, mittlere Vitrine), und Pietro Lorenzetti (um 1300–1345), von ihm ist eine *Anbetung der Könige* ausgestellt (in derselben Koje, rechte Vitrine). Da Simone Martini in das päpstliche Avignon berufen wurde, kam damals eine erste Berührung zwischen Frankreich und Italien zustande, die für die französische Kunst weit reichende Folgen hatte – dazu am Beginn des Rundgangs durch die Säle mit französischer Malerei ausführlicher. Im selben Saal noch zu erwähnen: *Profilpor-*

trät (typisch toskanisch!) *des Sigismondo Malatesta* von Piero della Francesca (um 1416–1468; der Blick fällt bei Betreten des Raumes gleich darauf) und – ebenfalls im Profil – *Porträt einer jungen Prinzessin* von Pisanello (um 1395–1455; an der übernächsten Stellwand, Rückseite).

Das 15. Jahrhundert: Die Frührenaissance

Wir bleiben in **Saal 3** (beziehungsweise kehren nach dem Abstecher in Saal 4 dorthin zurück), wo exemplarische Werke der toskanischen Frührenaissance des Quattrocento (= 15. Jh.) den Entwicklungssprung zeigen, den die Malerei des 15. Jh. gegenüber der des 14. Jh. gemacht hat. Dem Durchgang von Saal 2 zu Saal 3 gegenüber hängt ein *Altar* des Fra Beato Angelico (um 1400–1455) mit einer Darstellung der Krönung Mariens (um 1430/35). Der Aufbau mit einem erhöhten Thron, den ein spätgotischer Baldachin überfängt, und das personenreiche Aufgebot von Heiligen drumherum entsprechen noch einem traditionellen Typus der spätmittelalterlichen Malerei. Verschwunden ist allerdings der Goldgrund, und Hauptkriterium für die Feststellung, dass wir hier einem Werk der frühen Renaissance gegenüberstehen, ist die Umsetzung der Zentralperspektive, die der Florentiner Brunelleschi kurz zuvor wieder entdeckt hatte. Die Heiligen sind nicht in einer Ebene übereinander gestaffelt, wie die Engel in der Maestà des Cimabue, sondern erscheinen tiefenräumlich in mehreren Ebenen hintereinander angeordnet und umschließen die Krönungsszene in einem weit gezogenen Kreis. Entsprechend wenden die Figuren im Vordergrund, zugleich die größten, dem Betrachter den Rücken zu, während die am weitesten hinten stehenden, logischerweise die kleinsten, in Frontalansicht auftreten. Die Lust der frühen Renaissancekünstler am Spiel mit der Zentralperspektive lassen besonders auch die Predellentafeln mit Szenen aus dem Leben des hl. Dominikus und einer Pietà im Zentrum erkennen.

Fra Angelico

An der Wand schräg gegenüber zieht die Darstellung der *Schlacht bei San Romano* (um 1455) von Paolo Uccello (1397–1475) die Blicke auf sich. Sie ist Teil eines größeren Zyklus (die anderen Bilder in der National Gallery in London und in den Uffizien in Florenz), in dem der Künstler Episoden aus dieser Schlacht festgehalten hat, in der die Florentiner 1432 gegen Siena gesiegt hatten. Das Pariser Bild zeigt die von Michelotto da Cotignola angeführte Offensive der Kavallerie. Die Hauptfigur ist in das Zentrum der Komposition gestellt und an keiner Stelle überschnitten – ein ehernes Gesetz der frühen Renaissance. Auch sonst zeigt sich das Bild klar gegliedert und im Aufbau nach geometrischen Gesichtspunkten geordnet. Bezeichnend toskanisch ist der silhouettenhafte Umriss der Reiter und ihrer Lanzen vor einem dunklen Hintergrund. Die kristallische Klarheit der toskanischen Landschaft ist in der Kunst zum Niederschlag gekommen. Die Maler von Florenz setzen auf den *disegno,* die wie mit einem Griffel geführte exakte Umrisszeichnung. Weitere Werke von

Paolo Uccello

Hauptmeistern der florentinischen Frührenaissance in Saal 3: *Madonna mit Heiligen* von Filippo Lippi (um 1406–1469; rechts neben dem Schlachtengemälde von Ucello) und drei kleinformatige *Madonnenbildnisse* von Sandro Botticelli (um 1445–1510; gegenüber Filippo Lippi).

Von Saal 3 geht es durch einen schmalen Durchgang in die lang gestreckte **Grande Galerie (= Saal 5).** Zur zweiten Generation der Frührenaissancemaler in Florenz gehört Domenico Ghirlandaio (1449–1494), vom dem zwei wichtige Werke an der rechten Wand hängen. In der Darstellung der *Heimsuchung* (1491), einem Spätwerk des Künstlers, kündigt sich der Übergang von der Früh- zur Hochrenaissance an. Die Figuren erscheinen gedrängter, der Raum tiefer als auf Bildern der ersten Jahrzehnte der Renaissance. Triumphal ist die Architektur in Szene gesetzt, im Durchblick durch den Bogen sieht man auf eine Vedute Roms. Strahlend leuchten die Farben. Dies hängt auch mit einer neuen Technik zusammen. Während die Maler noch bis etwa 1470 ausschließlich in Tempera (wasserlöslich) malten, kam danach die Ölmalerei auf, die der Wanderkünstler Antonello da Messina (nachweisbar seit 1456 – gest. 1479) in den Niederlanden kennen gelernt und nach Italien vermittelt hatte. Von ihm hier zwei kleinformatige Bilder: *Porträt eines Mannes, genannt der Condottiere* (1475), und ein *Christus an der Geißelsäule* (etwa 1476), schräg gegenüber den Bildern Ghirlandaios. Die Ölfarbe ist nicht nur beständiger als Tempera, sondern lässt auch eine größere Entfaltung des Kolorits zu. Von Ghirlandaio stammt auch das *Gruppenporträt eines Großvaters mit seinem Enkelkind.* Einerseits sieht man in der von Wucherungen verunstalteten Nase des alten Mannes einen schonungslosen Realismus, andererseits spricht in der zärtlichen Verbindung zwischen den beiden Personen sensibles Gespür für Seelenzustände mit.

Domenico Ghirlandaio und Antonello da Messina

Gegenüber sieht man die *Kreuzigung* (um 1458) von Andrea Mantegna (um 1430–1506), des Hauptvertreters der Schule von Padua. Das Bild lässt deren Eigentümlichkeiten besonders eindringlich erkennen. Zum einen fallen der krasse Realismus (Schädel in der Gruft links, die schmerzverzerrten Gesichter der trauernden Frauen) und der raffinierte Umgang mit der Perspektive auf (man beachte die Verkürzung der Beine des sitzenden Soldaten rechts, die Staffelung der zum Hintergrund kleiner werdenden Personen), zum anderen unterscheidet sich Mantegna von den toskanischen Meistern mit ihrer strahlenden Palette durch den metallischen Ton seiner Farbgebung, besonders deutlich in der Tönung des Himmels.

Andrea Mantegna

Über der Kreuzigung Mantegnas ist eine halbkreisförmige *Pietà* (datiert um 1480) von Cosmè Tura (1431–1495) aufgehängt, der die Malschule von Ferrara vertritt. Ferrara ist Hauptstadt der Romagna, deren Menschen auch heute noch als ebenso liebenswürdig wie skurril gelten. Der überzeichnete Realismus mit den wie zerknautscht wirkenden Gesichtern, dem knorrigen Leib des Heilands und den zerknitterten Gewändern ist typisch für Cosmè Tura und die anderen

Cosmè Tura

Andrea Mantegna, Kreuzigung

Vertreter der ferraresischen Malerei (Cossa, Garofalo, Roberti als die wichtigsten).

Giovanni Bellini

Wie völlig anders nimmt sich dagegen die Malerei Venedigs aus! Von Giovanni Bellini (um 1430–1516) sieht man an derselben Wand nur wenige Schritte weiter eine *Sacra conversazione* (um 1465/70), stehender Terminus für das Thema Madonna mit Heiligen. Schon das Querformat ist gleichermaßen kennzeichnend für die Malerei Venedigs, wie es untypisch für die übrige italienische Malerei ist. Statt der zeichnerischen Gesinnung der toskanischen Meister sieht man eine malerische, die sich in weich modellierten Konturen und samtig anmutenden Farbschattierungen artikuliert. Diese betont malerische Ausrichtung ist mit dem Milieu der Lagune zu erklären, wo alles in Dunst und Wasserspiegelungen verschwimmt. Toskanische und venezianische Auffassung von Malerei markieren die beiden extremsten Pole innerhalb der italienischen Kunst.

Perugino

Schräg gegenüber hängen Werke Pietro Vannuccis genannt Perugino (um 1445–1523), eine *Madonna* und (etwas weiter nach links) eine *Darstellung des hl. Sebastian.* Die Malweise ist jener der Toskana eng verwandt, besitzt jedoch nicht deren messerscharfe Umrisszeichnung, sondern zeigt sich milder und lieblicher. Wiederum scheint geographisches Umfeld den Stil beeinflusst zu haben. Perugino stammte aus Umbrien. Die Valle Umbra mit den sie begrenzenden sanft geschwungenen Hügeln besitzt eine weichere Kontur als die

Toskana. Perugino galt im 15. Jh. als der berühmteste Maler Italiens. Ein Chronist preist an seinen Werken, dass sie »einen süßen, engelsgleichen Anhauch besitzen«.

Sammlung der Isabella d'Este

Der Hof der Este in Ferrara, politisch wenig bedeutungsvoll, besaß als Musenhof einen ersten Rang. Als die hochgebildete Isabella d'Este (1474–1539) nach Mantua heiratete (Ehe mit Francesco Gonzaga), richtete sie sich dort ihr »studiolo« ein, das mit Bildern aller bedeutenden Maler ihrer Zeit ausgestattet werden sollte. Ein Teil dieses Zyklus hängt im nächsten Saalabschnitt, dem Sebastian Peruginos schräg gegenüber. Er kam schon im 17. Jh. mit zahlreichen Tizian-Gemälden nach Paris, als die in Geldnot geratenen Mantuaner Herzöge einen Großteil ihrer Kunstsammlung veräußerten; der andere Teil gelangte nach London. Zwei Hauptwerke Andrea Mantegnas sind die *Darstellung des Parnass* (1497) und der *Triumph der Tugenden über die Laster* (1504), heiter beschwingte Kompositionen, die das Lebensgefühl im Zeitalter der Renaissance widerspiegeln und zugleich symbolisch verklausuliert sind. Die folgenden Bilder stammen von Perugino: *Kampf Amors gegen die Keuschheit* (1505) und Lorenzo Costa (um 1460–1535): *Reich der Musen* (eine Anspielung auf den Hof der Isabella d'Este) und *Herrschaft des Comus:* (entstanden zwischen 1505 und 1512).

Cima da Conegliano

Wenige Schritte weiter befinden sich an derselben Wand die Bilder von Hauptvertretern der venezianischen Frührenaissance, die gegenüber Florenz (dort Beginn um 1420) mit knapp einem halben Jahrhundert Verzögerung in der konservativ gesonnenen Lagunenrepublik Einzug hielt. Von Cima da Conegliano (1459/60–1517/18) stammt eine *Sacra conversazione* mit Johannes dem Täufer und Maria Magdalena zu Seiten der thronenden Muttergottes, eine ungemein ruhige, gesammelte Darstellung von meditativer Grundstimmung. Zwischen Cima und Giovanni Bellini besteht eine enge Verwandtschaft. Cima steht deshalb auch immer noch im Schatten Bellinis. Aber gerade dieses Bild macht deutlich, dass der Maler durchaus seine eigene Sprache gefunden hat. Während Landschaft im Œuvre Bellinis nur am Rande eine Rolle spielt, besitzt sie bei Cima einen hohen Stellenwert. Anmutig porträtiert er die in ein mildes Abendlicht getauchte Landschaft der Terraferma zwischen Venedig und den Alpen. Im Hintergrund ist auf steiler Anhöhe eine Andeutung seines Geburtsortes Conegliano zu erkennen, der auf fast keinem seiner Bilder fehlt. Cima gehört zu den Wegbereitern der Landschaftsmalerei in Italien. Völlig anders ist der Charakter von Vittore Carpaccio (um 1460/65–1525/26), dessen Darstellung der *Predigt des Stephanus* beispielhaft für sein Werk ist (rechts neben Cima). Als wortreicher Erzähler gibt er, darin typisch venezianisch, dem Breitformat gegenüber dem Hochformat den Vorzug, denn nur so lässt sich in aller Breite plaudern. Den Prediger umsteht eine prachtvoll in orientalische Gewänder gekleidete Zuhörerschaft, einer darunter trägt die spitze Judenmütze. Am Boden kauern drei Frauen, die wie gebannt an den Lippen des Erzmärtyrers zu hängen scheinen. Carpaccio ist zugleich

Chronist seiner Zeit. Er hat ein Völkergemisch gemalt, wie er es täglich in seiner Heimatstadt vor Augen hatte. Ganz nebenbei hat er in der vielgestaltigen Stadtarchitektur im Hintergrund ein kleines Lexikon unterschiedlicher Baustile geschrieben. Man erkennt islamische Minarette, einen römischen Triumphbogen, Wohnhäuser mit Arkaden im Untergeschoss, wie sie für Venedig typisch sind, und ganz links einen Zentralbau, das Architekturideal der Renaissance.

Das 16. Jahrhundert: Hochrenaissance und Manierismus

Leonardo da Vinci

Um 1500 endet die Frührenaissance, und es vollzieht sich der Übergang zur Hochrenaissance, in Florenz etwas früher (um 1500), in Venedig, das sich mit Neuerungen immer schwerer tat, etwas später (um 1520). Einer der wichtigsten Künstler, die diese Wandlung eingeläutet haben, ist Leonardo da Vinci. Um dessen Werke zu bewundern, muss man nun in der Grande Galerie einige Schritte zurückgehen. Sie befinden sich dem Este-Zyklus gegenüber. Leonardo da Vinci (1452–1519) ist Inbegriff des Renaissancemenschen, dessen höchstes Ideal der »uomo universale« war, das Allroundgenie, das sich auf unterschiedlichen Feldern betätigt. Leonardo war Maler, Architekt und Bildhauer, aber auch Techniker, Ingenieur, Anatom, Physiker, Geologe und Erfinder (von ihm stammt u.a. die erste Zeichnung eines Fahrrades, wie es erst mehr als 300 Jahre nach seinem Tod tatsächlich gebaut wurde; er entwarf funktionstüchtige Panzer und Flugmaschinen). Er hob die Grenzen zwischen Kunst und Wissenschaft auf, Sehen war ihm gleichbedeutend mit Erkennen. Abgesehen von dem großen Wandbild des Abendmahls in Mailand kennen wir kaum mehr als ein Dutzend Bilder von seiner Hand. Der Tatsache, dass Leonardo 1516 der Einladung des jungen Franz I. nach Frankreich folgte, wo er drei Jahre später – in Amboise – starb, ist es zu verdanken, dass beinahe die Hälfte seines malerischen Œuvres in den Louvre gelangte. Die übrigen Bilder sind über alle Welt verstreut (Washington, London, Mailand, Florenz, Rom, München, Krakau, St. Petersburg).

Hier in der Grande Galerie hängen fünf Werke: *Anna Selbdritt* (1508/10), ein *Halbakt des Täufers* (um 1513), die *Felsgrotten-Madonna* (1483), das *Porträt einer jungen Frau* (1495/99) und ein *Bildnis Johannes' des Täufers* (um 1516). Das Frauenporträt, das eine Dame vom Mailänder Hof zeigt, ist gleichermaßen tiefgründig wie distanziert – eine Vorstufe zur Mona Lisa. Die Felsgrotten-Madonna ist ebenso anmutig wie rätselhaft. Dem Ideal der Renaissance folgend, ist die Personengruppe als Dreieck aufgebaut. Der Arm der Muttergottes ruht auf der Schulter des Johannesknäbleins, das sich anbetend dem Christuskind nähert, das seinerseits von einem Engel behutsam gestützt wird. Der Aufbau ist klassisch, die Konfiguration dagegen singulär. Engel und Madonna zeigen eine jugendlich-idealtypische Schönheitlichkeit. Der Hintergrund, eine beinahe groteske, verschattete Felslandschaft, mutet wie die Vorwegnahme surrealisti-

Ebenso anmutig wie rätselhaft: die Felsgrottenmadonna von Leonardo da Vinci

scher Traumphantasien an. Ganz hinten aber dringt helles Licht durch die Steinformationen, Zeichen für das Heil, das mit der Geburt des Erlösers in die Welt gekommen ist. Die Anna Selbdritt erscheint ebenfalls wie zwischen zwei Welten stehend. Einerseits behält der Künstler die Dreieckskomposition bei, andererseits entsteht in dem verwirrenden Spiel von Armen, Beinen und Köpfen der Anna, Marias und des Christuskindes eine in sich geschraubte Bewegung, die die Künstler des Manierismus zu ihrer Leitfigur machten (Figura serpentinata). Die Gruppe wirkt genauso wie der gebirgige Hintergrund (möglicherweise ein Alpenpanorama) wie überhaucht; es ist das *sfumato,* für das Leonardo berühmt ist und das die Maler Venedigs alsbald zu ihrem Markenzeichen machen sollten.

Das Brustbild Johannes des Täufers, vermutlich das letzte Bild Leonardos, in Rom kurz vor seiner Übersiedlung nach Amboise entstanden, löste in seiner Zeit einen Skandal aus. Nicht an der Nacktheit nahm man Anstoß, sondern die mädchenhafte Anmut und die spürbare körperliche Sinnlichkeit des jugendlichen Heiligen empörten die Gemüter und sind zudem als Indizien für Leonardos vermeintliche Homosexualität interpretiert worden (Sigmund Freud). Doch sollte auch dieses Bild in der Kunst fortwirken. Das Motiv des emporweisenden Fingers wurde zum stehenden Topos, gern und oft in der Malerei zitiert (z. B. von Tizian im Bild des Johannes in der Accademia in Venedig).

Wir bleiben bei Leonardo da Vinci. Von der Grande Galerie zweigt im rechten Winkel ein Quertrakt ab mit Schlüsselwerken der italienischen Hoch- und Spätrenaissance **(Saal 6).** In der Mitte der rechten Wand hängt, durch Panzerglas vor Beeinträchtigungen geschützt, mit dem Porträt der *Mona Lisa* das wohl berühmteste Bild der Welt, stets von Scharen von Touristen belagert. Ströme von Tinte sind in der kunstgeschichtlichen Literatur zu diesem Werk geflossen – aber schlüssig gedeutet ist es bis heute nicht. Das Porträt zeigt die zweite Frau des Florentiner Bürgers Giocondo, weshalb auch der Name »la Gioconda« gebräuchlich geworden ist. Die junge Frau hat ein ebenmäßiges, großflächiges Gesicht, kann aber keinesfalls als Inbegriff weiblicher Schönheit gelten – da gibt es durchaus attraktivere Erscheinungen in der Kunst. Das Bild hat etwas Unwirkliches, beinahe Träumerisches. Dieser Eindruck resultiert zum einen aus dem leonardesken Sfumato, zum anderen aus dem Lächeln, das jedoch nur leicht angedeutet ist. Die junge Frau scheint tief in sich zu ruhen. Was bedeutet dieses Lächeln, das die Menschen derart in Bann zieht? Ist es ein Fragen, ein Aufmuntern, vielleicht sogar Ausdruck von Überheblichkeit? Vielleicht hat Leonardo, der als unehelicher Sohn eines Notars und eines Bauernmädchens zunächst bei seiner Großmutter aufwuchs, seinem lebenslang problembehafteten Verhältnis zum weiblichen Geschlecht künstlerischen Ausdruck verliehen, wie die moderne Psychologie meint, vielleicht drückt das Unbestimmbare des Bildes aber auch das »infinito« aus, das Grenzenlose, namentlich nicht Fassbare, dem sich der experimentierfreudige Wissenschaftler Leonardo in seiner Forschertätigkeit immer wieder ausgesetzt sah.

Tizian

Während für Leonardo die Malerei nur einen Teil seiner universellen Tätigkeiten ausmachte, war Tizian (geb. wohl gegen 1490–1576) mit Leib und Seele Maler – er ist der Gigant unter den Künstlern der Hochrenaissance, die er selbst miteingeläutet hatte. Dass der Louvre

15 Bilder von Tizian besitzt, obwohl dieser zeitlebens vor allem im Auftrag der Habsburger tätig war, muss überraschen und erklärt sich aus der Tatsache, dass bereits Franz I. wichtige Werke des großen Venezianers erworben hatte. In den ersten Jahren nach Beendigung seiner Lehrzeit im Atelier von Giovanni Bellini in Venedig schloss sich der junge Tizian eng an Giorgione an, der mit seinen hintergründigen Bildern damals die Kunstszene revolutionierte. Nach dessen frühem Tod 1510 malte Tizian anfangs ganz in der Art seines Vorbildes weiter. Für die ersten Jahre nach 1510 ist das allegorisch gemeinte *Bild des ländlichen Konzertes* kennzeichnend (entstanden 1511), das Edouard Manet als Motiv in seinem »Frühstück im Freien« zitiert. Giorgionesk ist nicht nur das rätselhafte Thema, sondern auch das gedämpfte Kolorit mit einem brauntönigen Grundakkord. Um 1514 löste sich Tizian von Giorgione. Die Palette hellt sich auf, die Komposition gewinnt klassische Ausgewogenheit. Hierfür steht exemplarisch das *Bildnis einer jungen Frau mit Spiegel* (etwa 1515, direkt daneben), das zugleich ein Hymnus auf die Schönheit des weiblichen Geschlechts ist, das Tizian bis ins Greisenalter (wie zuletzt Picasso) in Bann hielt. Der Riesenaltar der Assunta in der Frarikirche in Venedig (1518) machte Tizian weltberühmt. Fortan war er als Porträtist ein gesuchter Mann. Mit dem *Bildnis eines jungen Mannes mit Handschuh* (1523; vermutlich ein Prinz aus dem Haus Gonzaga, hängt rechts gleich neben der Mona Lisa) sehen wir ein typisches

Tizian, Grablegung Christi
Ein Hauptwerk aus der klassischen Phase des großen Venezianers, gemalt für Federico Gonzaga von Mantua, danach im Besitz Karls I. von England und später Ludwigs XIV. von Frankreich. Der schmelzende Stil Giorgiones, das Wechselspiel von Licht und Schatten im Dämmerlicht sowie die gebrochenen Farbtöne verdichten sich zu einer eigentümlichen Atmosphäre.

Porträt Tizians, dem es wie keinem zweiten seiner Epoche gelungen ist, nicht nur die äußere Erscheinung eines Menschen perfekt zu erfassen, sondern auch dessen Seele und Charakter auf die Leinwand zu bannen. Vermutlich ebenfalls aus den 1520er Jahren stammen: die *Madonna mit den Heiligen Stephanus, Hieronymus und Mauritius* (neuartig daran: die Madonna ist aus dem Zentrum entfernt und an den Rand gerückt; Bruch mit dem Harmonieideal der frühen Renaissance!); *Madonna mit der hl. Katharina und einem weißen Hasen sowie einem Fruchtkorb* (neuartig daran: das traditionelle Thema der Sacra conversazione wird zur Pastoralidylle uminterpretiert); ferner die *Darstellung des Heilands mit den Aposteln in Emmaus* (die Komposition zwar wieder klassisch ausgewogen, Christus im Zentrum, aber durch die Anwesenheit eines Hündchens, eines Dieners sowie des Wirtes stark profaniert; die Gestalt des überrascht zurückweichenden Jüngers Zitat nach dem Abendmahl Leonardos in Mailand); und schließlich die *Grablegung Christi* (neuartig daran: die spürbare Schwere des Leichnams, unter dessen Last Nikodemus und Joseph von Arimathia sich krümmen).

In den 1530er Jahren malte Tizian das allegorisch verschlüsselte Breitformat der *Venus von Pardo,* wo Mensch und Natur miteinander verschmelzen. In die 1540er Jahre ist die bewegte Gruppe der *Dornenkrönung* datiert (im angrenzenden Kabinett Saal 7), in der Tizian Skulpturen Michelangelos (der muskelbepackte halbnackte Folterknecht links ähnelt stark einem der beiden hier im Louvre befindlichen Sklaven), aber auch die hellenistische Laokoongruppe zitiert, die 1509 in Rom bei Grabungen gefunden worden war und die Künstler des 16. Jh. zutiefst beschäftigt hat. Das lebendige Kolorit sollte bald einer dumpferen Palette im Alterswerk des Künstlers weichen, das hier im Louvre nicht präsent ist.

Veronese

Die gesamte Breite der Rückwand von Saal 6 nimmt die monumentale Darstellung des *Weinwunders von Kana* ein, das Paolo Cagliari genannt Veronese (1528–1588) 1562 für das Refektorium des Klosters S. Giorgio Maggiore in Venedig gemalt hat. Veronese ist der Carpaccio des venezianischen Cinquecento (= 16.Jh), ein Chronist des Lebens in der Lagunenrepublik. Das Wunder der Verwandlung von Wasser zu Wein wird beiläufig am rechten Rand abgehandelt, in der Hauptsache schildert der Künstler eines der rauschenden Feste, für die Venedig in der Zeit des beginnenden Niedergangs berühmt war – Heinrich III., der letzte Valois, soll bei solcher Gelegenheit den Verstand verloren haben.

Tintoretto

Jacopo Robusti genannt Tintoretto (bedeutet: das Färberlein; Anspielung auf seinen Vater, der den Beruf des Färbers ausübte, ital. *tintore;* 1518–1594) ist neben Tizian und Veronese die dritte große Gestalt unter den venezianischen Malern des 16. Jh. Die Darstellung der *Susanna im Bade,* ein frühes Werk des Malers, ist erotisch, beinahe anzüglich. Im Hintergrund sieht man die beiden alten Männer, die sich voyeuristisch am Anblick der nackten jungen Frau ergötzen. Die räumliche Tiefenillusion ist besonders charakteristisch für Tintoretto, der in Venedig zum Hauptvertreter des Manierismus werden sollte.

Raffael

Wir verlassen Saal 6, betreten erneut die Grande Galerie und wenden uns nach rechts, wo beidseits des Durchgangs Gemälde von Raffael hängen (1483–1520). Er stammte wie Perugino, dessen Schüler er war, aus Umbrien und hat dessen Neigung zur Lieblichkeit übernommen. Neben Tizian gehört Raffael in vorderster Front zu jenen künstlerischen Triebkräften, die der Hochrenaissance zum Durchbruch verhalfen. Das Bildnis der Madonna genannt *Die schöne Gärtnerin* von 1507 zeigt noch das vollkommene Harmonieideal der frühen Renaissance. Das 10 Jahre später entstandene Bild mit dem *Kampf des Erzengels Michael gegen den Drachen* (hängt im nächsten Abschnitt der Grande Galerie, rechts) ist dagegen eine dramatisch bewegte Szene, in der die Prinzipien von Ausgewogenheit und Ruhe über Bord geworfen werden. Die 1518 gemalte *Große Heilige Familie Franz' I.* (dem Michaelsbild gegenüber) macht im Vergleich zur »Schönen Gärtnerin« den Unterschied besonders deutlich. Kein Freiraum umgibt die Figuren mehr, die nun dicht gedrängt sind und sich vielfältig überschneiden.

Manierismus

Von Raffaels Schüler Giulio Romano (1499–1546) hängt links daneben (im vorangegangenen Raumabschnitt) eine Darstellung der *Anbetung des Christuskindes* (ca. 1531), die stilistisch an das Spätwerk Raffaels anknüpft und zugleich die Brücke zum Manierismus schlägt (extreme Hell-Dunkel-Kontraste). Dieser ist nur ein paar Schritte weiter in der **Grande Galerie** in einigen Werken vertreten – jedoch nur in wenigen; offenbar behagte die Gekünsteltheit dieser kurzen Epoche dem französischen Geschmack nicht. Von Jacopo Carrucci genannt Pontormo (1494–1556) sehen wir ein Bild von etwa 1527. Collagenartig werden zwei Bildtypen – Sacra conversazione und Anna Selbdritt – miteinander kompiliert. Extrem betont der Künstler den Gegensatz zwischen der jugendlich schönen Maria und ihrer greisenhaften Mutter Anna – das Bild allegorisiert nebenbei die drei Alter des Menschen. In den unterschiedlichen Farbschattierungen erweist sich Pontormo als ein Meister des Kolorits. Die betonte Streckung der Gestalten und die schraubenförmige Drehung der Madonna (Figura serpentinata) sind typische Erkennungsmerkmale des Manierismus. Von Agnolo Bronzino (1503–1572) hängen in der Grande Galerie ein *Noli me tangere,* eine *Madonna, Porträts.* Der Florentiner fasziniert durch seine überragende Maltechnik. Zugleich sind seine Farben unterkühlt und distanziert – im 19. Jh. berief sich Ingres auf ihn als Vorbild.

Correggio

Zu den Vollendern der Hochrenaissance gehört Correggio (1489–1544). Von ihm hängen hier zwei Gemälde: die mystische *Vermählung der Katharina mit dem Christusknaben* und die *Darstellung eines Satyrs, der die schlafende Venus enthüllt.* Das weiche Kolorit, die schmelzenden Konturen und die betonte Sinnlichkeit des zuletzt genannten Bildes sind Kennzeichen, die auf die Barockmalerei vorausweisen.

Arcimboldo

Inkunabeln des Manierismus sind die Allegorien der vier Jahreszeiten von Giuseppe Arcimboldo (1527–1593), Collagen aus Früchten, Blättern und Gemüse, zugleich Ausdruck der für die Künstler der Lombardei bezeichnenden Skurrilität.

17. und 18. Jahrhundert: Barock und Rokoko

Der Manierismus bedeutet eine Krise in der Kunst. Die nachfolgende Generation des Frühbarock suchte deshalb bewusst eine Rückkehr zu Klarheit und Ordnung. Zugleich verlagerten sich die Kunstzentren. Rom, Neapel und Bologna waren in der zweiten Hälfte des 16. und im 17. Jh. die Städte, in denen die Geschichte der italienischen Malerei geschrieben wurde. Eine zentrale Gestalt der neuen Epoche ist Michelangelo Merisi genannt Caravaggio (1573–1610). Die Darstellung der *Wahrsagerin* (1588; hängt schräg gegenüber Arcimboldo) ist ein Jugendwerk des damals erst Fünfzehnjährigen, das bereits das Malergenie zu erkennen gibt. Als gesellschaftlich fragwürdig musste die Zusammenstellung eines jungen Mannes von Stand und einer Zigeunerin wirken. Caravaggios Bilder haben immer etwas Überzeitliches, da er niemals Raumgrenzen definiert. Indem er Leute aus dem einfachen Volk zu Modellen nahm, brach er mit allen Traditionen. Ein weiteres Stilmittel Caravaggios ist der starke Kontrast zwischen Hell und Dunkel.

Die »Wahrsagerin« ist ein Jugendwerk des damals erst fünfzehnjährigen Caravaggio, das bereits das Malergenie zu erkennen gibt.

Caravaggio

Sein radikaler Naturalismus ist eindringlich in der Darstellung des *Todes der Maria* zu beobachten (wahrscheinlich gemalt 1606 in Neapel, nachdem der Künstler wegen wiederholter Skandale Rom hatte verlassen müssen; hängt an derselben Wand als vorletztes Bild in diesem Raumabschnitt). Die Muttergottes erscheint aller Sakralität beraubt, sie ist ein bleicher, hingestreckt liegender Leichnam, ihre Füße dreckverschmiert. Die trauernden Apostel, ebenfalls barfuß, sind zum Teil bäuerische Gestalten. Dieser Verismus schockierte in seiner Zeit, und viele Bilder Caravaggios wurden von den kirchlichen Auftraggebern zunächst abgelehnt. So ist Caravaggio, der auch als Mensch eine offenbar zutiefst zerrissene Persönlichkeit war, in hohem Maße widersprüchlich. Indem er die biblische Heilsbotschaft in die alltägliche Lebenswirklichkeit einbindet, mit der sich besonders die Dargestellten, der »kleine Mann von der Straße«, identifizieren konnten, stellte er sich in den Dienst der Gegenreformation, die die Kunst zu ihrer Werbemaschine funktionalisierte, andererseits stieß er gerade bei der Kirche wegen seiner Kühnheit auf heftige Kritik. Caravaggio hat in Italien, trotz der ihm von den Kollegen gezollten Bewunderung, kaum Nachfolge gefunden. In anderen Kunstzentren aber bildeten sich ganze Schulen, die dem Vorbild nacheiferten, die so genannten Caravaggisten, die bedeutendste von ihnen in Utrecht.

Ludovico, Agostino und Annibale Carracci

Ludovico Carracci (1555–1619) und seine Vettern Agostino Carracci (1557–1602) und Annibale Carracci (1560–1609) sind die Hauptvertreter der Schule von Bologna. Ihre Bilder sind in der ersten Hälfte des folgenden Raumabschnitts aufgehängt. Die Carraccis wollten die Malerei explizit zu Kompositionsidealen der Renaissance zurückführen. Speziell Raffael galt ihnen als leuchtendes Vorbild. Zugleich verbanden sie diesen Klassizismus mit den Neuerungen ihrer Zeit: dem Naturalismus und dem barocken Illusionismus, scheinbar unvereinbaren Gegensätzen. Ludovicos Bild der *Muttergottes, die dem hl. Hyazinth erscheint,* zeigt diese Verschmelzung vermeintlich widersprüchlicher Richtungen. Die Madonna ist von raffaelesker Schönheit, der Engel ihr gegenüber von michelangelesker Körperlichkeit, der Aufbau des Bildes klar und übersichtlich gegliedert; Gesicht und Hände des greisenhaften Heiligen dagegen zeigen einen gnadenlosen Naturalismus. Das dampfende Gewölk und die glühende Aura, die die Maria hinterfängt, sind andererseits Ausdruck des barocken Illusionismus.

Guido Reni und il Guercino

Guido Reni (1573–1642) und Giovanni Francesco Barbieri genannt il Guercino (bedeutet der Bucklige; 1591–1666) traten in die Fußstapfen der Carracci und bilden die zweite Generation der Schule von Bologna (ihre Bilder in der zweiten Hälfte dieses Raumabschnitts sowie im anschließenden letzten Raumabschnitt der Grande Galerie). Die Darstellung der *Schlüsselübergabe an Petrus von Guercino* (etwa 1619; rechts vom Durchgang vom vorletzten zum letzten Raumabschnitt) zeigt die besondere Gabe dieses Künstlers zu dramatischer Inszenierung (effektvolles Wechselspiel zwischen Hell und Dunkel), Reni dagegen setzt ganz auf antikische Größe und Klarheit der Linienführung; man beachte die verschiedenen *Darstellungen des Herkules* (um 1620; gegenüber Guercino).

Am Ende der Grande Galerie betritt man **Saal 13** mit Vertretern und Beispielen der römischen Barockmalerei des 17. Jh. Egal, ob man auf die Bilder Pietro da Cortonas (1596–1669) schaut: *Geburt der Maria, Romulus und Remus werden von Faustulus aufgenommen* (1643), oder auf solche von Salvator Rosa (1615–1673): *Der Schatten Salomos erscheint Saul,* oder auf Arbeiten Luca Giordanos (1634–1705): *Vermählung der Maria,* insgesamt zieht sich ein Leitfaden durch den römischen und neapolitanischen Barock des 17. Jh.: Er ist auftrumpfend und pathetisch, er liebt die große Pose und das Theatralische.

In den angrenzenden letzten Räumen dieses Traktes hängen die Bilder spanischer Meister, eine kleine Sammlung nur, aber mit einigen wichtigen Werken. Wir heben hervor: Kreuzigung des großen Manieristen El Greco (1541–1614; Saal 26), eine eindringliche Grablegung von Jusepe de Ribera (1591–1652; im selben Saal), und ganz am Ende der Galerie Porträts des Gesellschaftskritikers Francisco de Goya (1746–1828; Saal 32).

In **Saal 14** folgt die Malerei des 18. Jh., des Rokokos mit seinen heiteren Pastoralszenen, subtilen Porträts und festlichen Inszenierungen. Venedig, einst von Malergenies geradezu berstend, hatte im pathetischen 17. Jh. keine nennenswerten Persönlichkeiten hervorgebracht. Im beschwingten Zeitalter des Rokoko, im 18. Jh., meldete sich die inzwischen politisch bedeutungslos gewordene Lagunenstadt noch einmal mit großen Begabungen auf der Kunstbühne zurück. Ein Hauptwerk dieser Zeit ist die *Himmelfahrt Mariens* von Giovanni Battista Piazzetta (1683–1754; hängt an der Eingangswand, extrem steiles Hochformat); spezielles Erkennungszeichen dieses Künstlers: Schattierungen in Brauntönen.

Ein besonderer Schatz erwartet den Besucher in **Saal 23**, wo 13 Bilder von Francesco Guardi (1712–1793) hängen, ein Zyklus mit *Darstellungen venezianischer Feste.* Guardi ist der unübertroffene Meister in der Wiedergabe des Sfumatos in der Lagune. Im selben Raum eine herrliche *Stadtvedute* – Blick vom Bacino di San Marco auf den Dogenpalast – von Canaletto (1697–1768). In den abschließenden Kabinetten (Saal 24 und 25) weitere venezianische Meister des Settecento (= 18. Jh.): Pietro Longhi (1710–1785), der liebenswerte Chronist dieser Epoche, Sebastiano Ricci (1659–1734), der als Klassiker im Rokokozeitalter gilt (er folgt Kompositionsgesetzen der Renaissance), und als der bekannteste Venezianer dieser Epoche Giovanni Battista Tiepolo (1696–1770). Beachtung verdienen zuletzt auch die heiteren Karnevalsszenen dessen Sohnes Giandomenico Tiepolo (1727–1804), mit dessen Werk die große Zeit der venezianischen Malerei zu Ende ging.

Niederländische Malerei

Die altniederländische Malerei

Die nachfolgenden Rundgänge führen den Besucher in den **zweiten Stock des Richelieu-Flügels.**

Während in Italien die Tafelmalerei sich bereits im 13. Jh. als eigenständige Kunstgattung herauszubilden begann, emanzipierte sich die

Malkunst nördlich der Alpen erst im Spätmittelalter, und zwar auf der Schwelle vom 14. zum 15. Jh. Die Niederlande waren damals mit dem Herzogtum Burgund verbunden, in dessen Auftrag fast alle Maler der ersten und zweiten Generation tätig waren. Vergleicht man die Wege der italienischen und der nordischen Kunst miteinander, dann fällt auf, dass Italien zwar früh begonnen hatte, dann aber einen langen Weg zurücklegte, um sich aus der Maniera bizantina zu lösen und zu einer eigenen Sprache zu finden, wohingegen die Niederlande ohne erkennbare Vorstufen gleich zu Beginn ein unverwechselbares Profil annahmen. So kommt es, dass Italien keinen nennenswerten Vorsprung hatte, als sich auch die niederländische Kunst daran machte, im 15. Jh. ein neues Verständnis der Wirklichkeit auszubilden.

Jan van Eyck

Der Rundgang beginnt in dem kleinen **Saal 4** (die Räume 1 bis 3 sind der frühen burgundischen Malerei gewidmet, auf die wir im Zusammenhang mit der französischen Malerei eingehen). Den Auftakt bildet eines der berühmtesten Bilder des Louvre, die *Madonna des Kanzlers Rolin* (1436) von Jan van Eyck (um 1390–1441). Es ist ein Andachtsbild, das links den Stifter, Nicolas Rolin (1376–1462), den Kanzler Philipps des Guten, und rechts die Madonna zeigt. Die mittelalterliche Bedeutungsperspektive, die es verlangte, einen Stifter kleiner zu zeigen als die angebetete Heiligengestalt, ist aufgegeben. Gleichgroß sind Kanzler und Maria einander gegenübergestellt. Einzig die kniende Haltung Rolins spricht am Rande von einer Hierarchie der Personen. Ansonsten schaut der Kanzler nicht demütig nieder in das aufgeschlagen vor ihm liegende Buch, sondern sucht mit forschendem Blick den Sichtkontakt mit der Gottesmutter, die jedoch wie geistesabwesend niederschaut. Dagegen wendet sich das Christuskind Rolin zu und segnet diesen. Die Gruppe befindet sich in einem nach hinten offenen Raum. Dieser besitzt einen quadratischen Grundriss und ist nach allen Seiten durch Arkaden durchbrochen. Unübersehbar zitiert der Maler die Beschreibung, die Johannes in der Offenbarung vom Aussehen des Himmlischen Jerusalem gibt. So wird zwischen Paradies und irdischer Wirklichkeit unterschieden. Diese erscheint im Durchblick im Hintergrund, kompositorisch in der Mitte, wo eigentlich der traditionelle Platz einer Hauptfigur angesiedelt war. Von einer Terrasse beugen sich zwei Personen neugierig über eine Brüstung, um die vor ihnen ausgebreitete Flusslandschaft mit einer Stadt zu beiden Seiten des Ufers anzuschauen. Dort wird das Auge des Betrachters auf eine kleine Brücke gelenkt, die exakt in der Mittelachse des Bildes liegt, also eine zentrale Bedeutung haben muss.

Das Bild, das übrigens für das Grab des Stifters in der Kathedrale seiner Heimatstadt Autun bestimmt war, entstand unmittelbar nach der Aussöhnung zwischen Burgund und Frankreich im Frieden von Arras, der das Ende des Hundertjährigen Krieges einläutete. Philipp der Gute war an der Seite Englands in diesen Krieg eingetreten, um Rache für den Tod an seinem Vater Johann Ohnefurcht zu nehmen, der 1419 auf der Brücke von Montereau ermordet worden war. Der

Vertrag von Arras war das Werk Rolins, in dem sich König Karl VII. zu verschiedenen Bußleistungen verpflichtete, unter anderem zur Aufstellung eines Kreuzes auf der besagten Brücke. Auf der Brücke des Andachtsbildes ist ein Kreuz zu erkennen, jeder Zweifel ist ausgeschlossen: Der Maler hat die Brücke von Montereau dargestellt, mit der sich Rolins größter politischer Triumph verband. Himmlische und weltliche Sphäre werden in dem Bild ineinander verschränkt. Rechts thronen mit Maria und Christus die Vertreter und Herrscher der Civitas Dei, links der Mensch und Vertreter weltlicher Herrschaft als Repräsentant der Civitas humana, vorn der Himmel, hinten die Welt. Das Bild ist insgesamt gleichermaßen spirituell wie wirklichkeitsnah. Seine hohe künstlerische Qualität resultiert aus der Gleichrangigkeit von tief dimensionierter Inhaltsschwere und malerischer Perfektion.

Jan van Eyck gehört zur ersten Generation altniederländischer Maler. Er hatte seinen Weg als Miniaturist und Buchillustrator begonnen. Die Liebe zum Detail ist ihm auch später als Tafelmaler größerer Formate nicht abhanden gekommen. Man beachte nur allein die filigranhafte Gestalt der Krone, die der schwebende Engel über dem Haupt der Muttergottes hält, oder die fein gezeichneten Kapitelle der Architektur.

Rogier van der Weyden

Während Jan van Eyck für sich allein blieb, wurde Rogier van der Weyden (um 1398–1464) zum Begründer einer eigenen Malschule. Von ihm sehen wir im selben Raum eine *Verkündigung* (um 1435), einst Mittelteil eines Triptychons (die Seitenflügel sind erhalten und befinden sich in Turin). Die Begegnung des Engels mit Maria findet in einer großbürgerlichen Schlafstube statt, deren rustikaler Ausstattung der Künstler dieselbe Aufmerksamkeit widmet wie der Personengruppe. Das neue Verhältnis zur Wirklichkeit ist auch im Umgang mit dem Licht zum Niederschlag gekommen. Als Folge eines realen Lichteinfalls werfen die Gegenstände einen Schatten. Nur zehn Jahre zuvor hatte der Lehrer Rogiers, der Meister von Flémalle, zum ersten Mal in der Geschichte der Malerei dieses Wechselspiel von Licht und Schatten bildlich erfasst (Weihnachtsbild von 1425; im Museum in Dijon). Das *Triptychon der Familie Braque* malte Rogier kurz vor seinem Tod. Hier konzentriert er sich ganz auf die Figuren und verzichtet auf rahmendes Beiwerk. Diese gewandelte Auffassung hängt mit seinem Aufenthalt in Italien zusammen, wohin er 1450 gereist war. Der klare Aufbau der Gruppe von vier Heiligen um Christus im Zentrum steht mit der florentinischen Frührenaissance in Verbindung. Rogier hinterließ seinerseits tiefen Eindruck in Italien, wo er als der beste Niederländer neben Jan van Eyck galt.

Dirk Bouts

Im selben Raum hängt eine kleinformatige *Beweinungsgruppe*, die Dirk Bouts (um 1420–1475) zugeschrieben wird, der vermutlich zum Kreis der Schüler von Rogier van der Weyden gehört. In diesem Bild stoßen zwei Epochen aufeinander. Noch spätgotisch erscheint das Verhältnis des Künstlers zum menschlichen Körper. Steif und unnatürlich liegt der Leichnam des Erlösers quer über dem Schoß der

Mutter. Dagegen zeugt die anmutige Landschaft vom neuen Verhältnis zur Wirklichkeit.

Niederlande ist der historische Oberbegriff für Holland und Flandern (letzteres weitgehend identisch mit dem heutigen Belgien), die damals noch zusammengehörten und Teil des Burgunderreichs waren. In der Entwicklung der Malerei war im 15. Jh. das südlichere Flandern offenbar der Schrittmacher. Erst im 16. Jh. stehen die Malschulen beider Gebiete gleichrangig nebeneinander. In der Darstellung der *Lazarus-Auferweckung* von Geertgen tot Sint Jans (ca. 1460/65 –1488/93) sehen wir das erste bedeutende Bild der hollän-

Van Eyck: Die Madonna des Kanzlers Rolin Die mittelalterliche Bedeutungsperspektive, die es verlangte, den Stifter kleiner zu zeigen als die angebetete Heiligengestalt, ist aufgegeben.

Am Ende des schmalen Korridors von Saal 6 befinden sich die Räume mit altdeutscher Malerei (Säle 7 und 8), die, verglichen mit Italien, den Niederlanden und Frankreich, zahlenmäßig überraschend unterrepräsentiert, jedoch in einigen hervorragenden Beispielen vertreten ist. Die wichtigsten sind: eine großfigurige Kreuzabnahme des Bartholomäusmeisters aus Köln (spätes 15. Jh.), die nach einem berühmten Vorbild des Rogier van der Weyden gemalt wurde (heute im Prado in Madrid); ein mit Szenen aus dem Leben Davids bemalter Tisch des Nürnbergers Hans Sebald Beham (1534), dessen perspektivische Darstellungen die Auseinandersetzung mit den Errungenschaften der italienischen Renaissance zeigen; ein jugendliches Selbstporträt Albrecht Dürers (1493); eine anmutige Venus von Lucas Cranach d. Ä. (1493); »Ritter, Mädchen und Tod« von Hans Baldung Grien (um 1504) sowie einige eindringliche Porträts von Hans Holbein d. J.

dischen Malerei (der Künstler lebte als Laienbruder in Haarlem). Die stille Verhaltenheit der versammelten Zeugen im Augenblick eines unerhörten Ereignisses, die Einbeziehung der Natur in die Komposition, die hier nicht – wie bei Rogier – Hintergrundstaffage bleibt, und die aus diesen Faktoren resultierende Innigkeit in der Gesamtwirkung sind Merkmale, die für die spätere Malerei Hollands kennzeichnend werden sollten.

In **Saal 5** sind Werke von Hans Memling ausgestellt (etwa 1435–1495), der aus dem Atelier Rogier van der Weydens hervorgegangen war. Von keinem anderen der alten Niederländer sind derart viele Werke erhalten. Unter den Bildern im Louvre fallen besonders das *Auferstehungs-Triptychon* und die *Madonna des Jacques Florein* auf. Es sind Arbeiten, die von höchster malerischer Kultur Zeugnis ablegen. Andererseits ist erkennbar, dass Memling der Malerei keine neuen Impulse vermittelte. Er wirkt wie ein Nachlassverwalter seines Lehrers. Ähnliches gilt für Gerard David (1450/60–1523), hier mit einem *Madonnen-Triptychon* und einer Darstellung der *Hochzeit zu Kana* vertreten: höchstes malerisches Können, jedoch keine erkennbaren Neuerungen. Offenbar brauchte die Generation der Künstler, die auf van Eyck und van der Weyden folgte, eine Weile, um den Schub, den diese ausgelöst hatten, erst einmal zu verarbeiten. Auch Giotto hat ja nicht sofort eine konsequente Fortsetzung gefunden. Großartig aber ist das Gruppenporträt im Hochzeitsbild, Vorwegnahme der späteren niederländischen Gruppenbildnisse.

Ein Einzelgänger, der sich in keine stilistische Entwicklung eingliedern lässt, ist Hieronymus Bosch (um 1450–1516), in dem die Surrealisten des 20. Jh. ihren Wegbereiter sahen. Hier ist von ihm das *Narrenschiff* (um 1500) zu sehen.

Niederländische Malerei des 16. Jahrhunderts

Die Galerie niederländischer Malerei setzt sich in den **Räumen des Nordtraktes** fort, der parallel zur Rue de Rivoli liegt.

In **Saal 10** hängen eine *Madonna* (1529) von Quentin Massys (1465–1530) sowie das berühmte Bild *Der Geldwechsler und seine Frau* (1514). Der Betrachter sieht ausschnittsweise in die Wohnstube des Bankiers, der mit dem Abwiegen von Goldmünzen beschäftigt ist. Seine Frau schaut ihm dabei aufmerksam zu, anstatt in dem Stundenbuch zu lesen, in dem ihre Finger anscheinend unbeteiligt blättern. Es handelt sich um ein frühes Beispiel von Genremalerei. Während für das 15. Jh. das Porträt als neue Bildgattung bahnbrechend war, ist es für das 16. Jh. die Entdeckung des Alltagslebens, das bildwürdig wurde. Die Malerei löst sich aus der engen Bindung an kirchliche oder höfische Auftraggeber und wird im Dienste des Bürgertums tätig. In seiner Detailgenauigkeit bleibt Massys dem Erbe van Eycks verpflichtet, mit der Erschließung eines neuen Bildthemas schlägt er die Brücke zu Jan Vermeer und der Genremalerei des 17. Jh.

Ein frühes Beispiel von Genremalerei: Quentin Massys, Der Geldwechsler und seine Frau (1514)

Zu derselben Generation gehört Joos van Cleve (um 1485–1540/41), von dem hier eine figurenreiche *Beweinungsgruppe* hängt (Mittelteil eines Triptychons, dazu gehören die Predella mit einer Darstellung des Abendmahls sowie der Halbtondo mit der Stigmatisation des hl. Franziskus). Vergleichen wir die Darstellung mit der Beweinung von Dirk Bouts, erkennt man sogleich, dass nun nicht nur die Landschaft, sondern auch der menschliche Körper in seiner Wirk-

Niederländische Malerei des 16. Jh.

lichkeit sicher erfasst wird. Eine charakteristische Eigenheit dieses Malers ist der sprechende Gestus der Hände seiner Personen.

Weitere wichtige Vertreter der niederländischen Kunst in der ersten Hälfte des 16. Jh. sind Joachim Patinir (um 1480–1524), hier *Der hl. Hieronymus in der Wüste,* der dem Thema der Landschaftsdarstellung zum Durchbruch verhalf, Jan Gossaert genannt Mabuse (um 1494–1532), ein Meister der charaktervollen Porträtkunst, hier das *Diptychon des Jean Carondelet*, und Lucas van Leyden (1494–1533), der gleichermaßen religiöse wie Genre-Themen bearbeitete, man beachte hier das Bild der *Kartenlegerin.*

Winzig (nur 18 x 21 cm) ist das Bild mit der *Darstellung der Krüppel* (1568) von Pieter Brueghel d. Ä. Der Realismus in der Kunst geht nun so weit, dass sogar Außenseiter der Gesellschaft den Weg auf die Leinwand finden. Sicher ist das Bild als Allegorie auf die Unvollkommenheit des Menschen zu verstehen.

Bald nach der Mitte des 16. Jh. geht das erste »Goldene Zeitalter« der niederländischen Malerei zu Ende. (dass die Niederlande aber nicht von der internationalen Entwicklung abgekoppelt waren, beweisen die Bilder von Pieter Lastman (1583–1633): *Das Opfer Abrahams* (1616), und von Joachim Wtewael (1556–1638): *Perseus und Andromeda* (1611) in den folgenden Sälen, die zu erkennen geben, dass der Manierismus nicht auf Italien beschränkt blieb, sondern eine internationale Stilrichtung in der zweiten Hälfte des 16. Jh. war). Das Land bäumte sich gegen die habsburgische Vormacht auf. Nach vierzigjährigem Freiheitskampf erklärten sich die nördlichen Niederlande 1581 für unabhängig, die südlichen Landesteile blieben für rund weitere einhundert Jahre unter spanischer Herrschaft. Damit zerriss die Einheit der Niederlande endgültig. Holland und Flandern (Belgien wurde erst 1830 aus der Taufe gehoben) gingen fortan nicht nur politisch, sondern auch konfessionell getrennte Wege. Während die Holländer protestantisch wurden, blieb Flandern katholisch. Auch wirtschaftlich tat sich nun eine Kluft auf. Während Holland dank seines Überseehandels zu einer Weltmacht aufstieg, fristete das vormals reiche Flandern ein eher bescheidenes Dasein. Erst im 19. Jh. konnte Belgien gegenüber Holland gleichziehen. Die Geschichte der Niederlande ist auch in der Malerei deutlich zum Niederschlag gekommen.

Flämischer Barock des 17. Jahrhunderts

Seit der Zeit um 1600 unterscheidet man zwischen einer holländischen und einer flämischen Kunst. Die beiden Hauptvertreter der Richtungen sind Rembrandt (für Holland) und Rubens (für Flandern). Das 17. Jh. hat in dem Nordteil der Niederlande eine Legion hochtalentierter Künstler hervorgebracht, während ihre Zahl in Flandern geringer blieb. Dennoch sind auch aus Flandern neben Rubens mit van Dyck und Jacob Jordaens überragende Künstlerpersönlichkeiten hervorgegangen.

Der Medici-Zyklus von Peter Paul Rubens

Wir betreten von Saal 17 aus dem Quertrakt **Saal 18** mit dem Medici-Zyklus von Peter Paul Rubens (1577–1640). Rubens, der wichtigste Vertreter der flandrischen Kunst des Barock, erhielt den Auftrag zu dem monumentalen Zyklus im Alter von 43 Jahren, als er auf der Höhe seines Ruhmes stand. Die 24 Bilder (jetzt im Louvre 21, 3 befinden sich in Versailles), die zwischen 1621 und 1625 entstanden, waren für das Palais de Luxembourg bestimmt, den Witwensitz der Maria de Medici. Die Auftraggeberin ließ darin ihre Lebensgeschichte – vor allem ihr Zerwürfnis mit dem Sohn und die anschließende Versöhnung – mit Allegorien gespickt verherrlichen. In chronologischer Reihenfolge sieht man:
Die drei Parzen, die den Lebensfaden der ungeborenen Maria de Medici spinnen.
Die Geburtsgöttin Lucina bringt das neu geborene Kind der weiblichen Personifikation von Florenz dar.
Die Erziehung der jungen Maria: Minerva unterrichtet sie im Lesen, Apoll und Merkur lehren sie Musik und Rhetorik, die drei nackten Grazien verleihen ihr Schönheit.
Heinrich IV. betrachtet das Porträt der Maria de Medici.
Die Eheschließung am 5. 10. 1600 (der König hat einen Stellvertreter nach Florenz entsandt).
Landung der Maria in Marseille am 3. 11. 1600, es empfängt sie eine Personifikation Frankreichs.
Begegnung Heinrichs IV. mit Maria in Lyon am 9. 11. 1600 (zu olympischen Göttern stilisiert und auf Wolken schwebend).
Geburt Ludwigs XIII. in Fontainebleau am 27. 9. 1601.
Heinrich IV. bricht in den Krieg gegen Österreich auf und übergibt Maria den Sohn und die Regentschaft am 20. 3. 1610.
Krönung der Königin in St-Denis am 13. 5. 1610.
Apotheose des am 14.5.1610 durch den Dominikanermönch François Ravaillac ermordeten Heinrichs IV., den Jupiter und Saturn himmelwärts tragen, und die Übergabe der Regentschaft durch die Personifikation Frankreichs an die in schwarzen Trauerornat gekleidete Königin.
Die Königin im Kreis der olympischen Götter; von Zeus erbittet sie die Zustimmung der von ihr geplanten Allianz mit Spanien.
Einnahme der Stadt Jülich durch Maria de Medici am 1. 9. 1610.
Austausch der Prinzessinnen in Hendaye am 9. 11. 1615, die die Thronfolger des jeweiligen Nachbarlandes heiraten sollen zur Festigung der Allianz zwischen Frankreich und Spanien.
Allegorie der guten und gerechten Herrschaft der Königin.
Volljährigkeit Ludwigs XIII. am 20. 10. 1614; das Staatsschiff rudern Personifikationen der Stärke, des Glaubens, der Gerechtigkeit und der Vorsicht.
Flucht der Königin aus dem Schloss von Blois am 21. 2. 1619, wo Ludwig XIII. die Mutter inhaftiert hatte.

Eines von 24 Bildern aus dem Medici-Zyklus von Rubens: Die Landung der Maria von Medici in Marseille am 3. 11. 1600, es empfängt sie eine Personifikation Frankreichs.

Der Vertrag von Angoulême am 30. 4. 1619; die Königin stimmt der Aussöhnung mit dem Sohn zu und empfängt aus der Hand Merkurs einen Olivenzweig.
Der Frieden von Angers am 10. 8. 1620; Merkur geleitet die Königin in den Tempel der Eintracht, während die weiß gewandete Personifikation der Unschuld den Gestalten von Wut, Betrug und Neid den Weg dorthin verstellt.
Versöhnung zwischen Maria de Medici und ihrem Sohn.
Triumph der Wahrheit.

Das Pathos und die Monumentalität dieses Herrscherzyklus (ca. 300 m^2 gemalte Fläche!) wird heute nicht mehr den Geschmack eines jeden treffen. Desungeachtet muss man unvoreingenommen feststellen, dass allein die Leistung überwältigend ist und die Bilderfolge Zeugnis ablegt von einem außergewöhnlichen Malertalent. Was der Zyklus nicht erzählt: Am 11. 11. 1630 (»Tag der Betrogenen«) brach Ludwig XIII. unter dem Druck Richelieus endgültig mit seiner Mutter Maria de Medici, deren prohabsburgische Haltung dem ersten Minister des Königs ein Greuel war. Sie ging zunächst nach Brüssel ins Exil und von dort 1638 weiter nach Köln, wo sie im Oktober 1641 beinahe mittellos starb.

Wir begeben uns zurück zu Saal 17 und von dort ein paar Stufen treppauf in die Folge der **Säle 21 bis 29** mit weiteren Hauptwerken der flämischen Malerei. Zunächst folgen weitere zum Teil großformatige Bilder von Rubens. Man staunt über das schier uferlose Œuvre dieses Malerfürsten, dessen Umfang sich nur aus dem gut organisierten Betrieb seines Ateliers erklärt. Oft malte Rubens selbst nur einen kleinen Teil eines Bildes, bei einem Porträt etwa lediglich das Gesicht. Den Rest überließ er Gehilfen, die zum Teil hoch spezialisiert waren. So hatte Rubens eigene Fachkräfte zur Darstellung von Früchten, von Tieren, von Landschaften und so fort. Nicht selten durchlief ein Bild mehrere Hände und Stationen im Atelier.

Van Dyck, Jacob Jordaens und Frans Hals

Van Dyck

In **Saal 25** sind Werke von Anthonis van Dyck (1599–1641) ausgestellt. Da der früh vollendete – mit zehn Jahren Schüler von Hendrik van Balen, mit 18 im Atelier von Rubens, der ihn als seinen besten Schüler rühmte, mit 19 Meister in der Antwerpener Gilde, doch schon zuvor Herr über ein eigenes Atelier – offenbar in der Heimat Antwerpen nicht hinreichend ausgelastet war, führten ihn längere Aufenthalte nach Italien und England, wo er für die dortige Hocharistokratie als Porträtist tätig war. Das großformatige ganzfigurige *Porträt König Karls I. von England* (1635) lässt erkennen, dass van Dyck aus zwei Quellen schöpfte: aus dem Werk Tizians und Rubens'. Von Rubens stammt das Gespür für große Inszenierung und Monumentalität, von Tizian die psychologische Erforschung des Darzustellenden. In der Einfühlsamkeit in sein Gegenüber ist van Dyck der Tizian des 17. Jh. geworden. In den Gesichtszügen des glücklosen Herrschers, der 1649 wegen seiner gegen das Parlament gerichteten Politik hingerichtet wurde, spiegeln sich gleichermaßen eine etwas arrogante Überheblichkeit, aber auch die Labilität eines unsicheren Charakters wider. Eine gänzlich eigene Bilderfindung ist die Idee, den Monarchen in einer spontanen Momentaufnahme zu verewigen, nachdem dieser gerade vom Pferd gestiegen ist. So mischen sich offizielles Herrscherporträt und scheinbar privat gestimmte Intimität miteinander. Ganz auf Repräsentation ist dagegen das *Bildnis der Marquise Geromina Spinola-Doria von Genua* angelegt. Nur selten ist es einem Künstler gelungen, eine Frau in derartiger Würde und doch zugleich mit dem ganzen Ausdruck weiblicher Grazie festzuhalten. Die unerschöpfliche Bandbreite van Dycks offenbart sich in Betrachtung anderer Werke wie der *Madonna mit Stiftern* oder der Darstellung der *Venus, die von Vulkan Waffen für Aeneas erbittet.*

Jacob Jordaens

Jacob Jordaens (1593–1678) hat den flämischen Barock vollendet. Nach dem Tode von Rubens und van Dyck war er der wichtigste Vertreter der südlichen Niederlande und belieferte in den 1640er Jahren die Höfe in England und Frankreich sowie hochgestellte Auftraggeber in Holland und Skandinavien. Die Berührungspunkte mit Rubens sind nicht zu übersehen. Aber Jordaens ist weit entfernt vom Epigonentum! Die personenreichen Massenszenen, bei Rubens – etwa im Medici-Zyklus – in die Aura mythisch-heroischer Erhabenheit getaucht, wenden sich bei Jordaens ins Humorvolle, beinahe Burleske. Das gilt nicht nur für genrehafte Gruppenporträts wie die *Darstellung einer feiernden Familie am Dreikönigstag,* sondern auch für religiöse Bilder wie hier die *Vertreibung der Händler aus dem Tempel* (um 1650).

Frans Hals

In der Gestalt des Frans Hals (um 1581/85–1666), dessen Bilder in **Saal 29** ausgestellt sind, finden Flandern und Holland zu einer Syn-

Die Geburt einer durch und durch malerischen Malerei: Der Lautenspieler von Frans Hals

these. Der Künstler wurde in Antwerpen (Flandern) geboren, kam aber wohl schon in sehr jungen Jahren nach Haarlem (Holland), wo er zeitlebens blieb und als gesuchter Porträtist ein gutes Auskommen hatte. Er ist deshalb auch ganz für die holländische Kunst vereinnahmt worden und gilt als Hauptvertreter Hollands, nicht Flanderns. (Die Direktion des Louvre hat kluge Diplomatie bewiesen, indem sie die Werke von Hals am Ende der Sammlung flämischer und am Beginn der Galerie der holländischen Malerei positioniert hat.) In einigen Bildern zeigt er sich verhalten und konservativ, sicher ein Entgegenkommen gegenüber seinen überwiegend protestantischen Auftraggebern. Ungestüme Malfreude aber und schalkhafter Witz brechen in genrehaften Porträts durch, als bekannteste machen wir auf den *Lautenspieler* und die *Zigeunerin* aufmerksam. Der lautenschlagende Spaßvogel ist Inbegriff strotzender Lebensfreude, die Zigeunerin mit ihren eng geschnürten und dem Betrachter sich herausfordernd entgegenwölbenden Brüsten Ausdruck lasziver Sinnlichkeit. Vor allem in der Maltechnik zeigt sich Hals revolutionär. Mit derart lockerem Pinsel und jedes Gebot von Linienführung vom Tisch fegend hatte zuvor noch kein Maler Farbe auf eine Leinwand geschmissen. Es ist die Geburt einer durch und durch malerischen Malerei. Nicht zufällig haben sich gerade die Impressionisten, aber auch Maler wie Corinth und van Gogh auf Frans Hals berufen.

Die holländische Malerei des 17. Jahrhunderts

In der frühen niederländischen Malerei sind keine gravierenden Unterschiede im Stil der nördlichen (Holland) und südlichen Landesteile (Flandern) festzustellen. In der zweiten Blütezeit, dem 17. Jh., dagegen haben Politik und Religion, aber sicher auch wirtschaftliche Faktoren und die unterschiedlichen Bedürfnisse der Auftraggeber dazu geführt, dass wir so deutlich zwischen einer flämischen und einer holländischen Kunst unterscheiden können. Während die Malerei Flanderns in Lebensfreude und Sinneslust schwelgt, Masseninszenierungen und Feste liebt, sich in Fleischesorgien ergeht und auf das große Pathos setzt, artikuliert sich die Malerei Hollands in stilleren Tönen, bevorzugt ein gedämpftes Kolorit und kultiviert andere Themen: Stillleben, Landschaften, Seestücke, Genre- und ruhige Interieurszenen. Religiöse Malerei und Mythologie bleiben natürlich auch hier wichtige Themen, aber nicht mehr als Aufträge der Kirche und der Hocharistokratie, sondern als Auftragsarbeiten wohlhabender Bürger und damit als Ausdruck privater Frömmigkeit und privater Sammlerleidenschaft.

Rembrandt

Das größte Genie des holländischen 17. Jh. ist Rembrandt Harmenszoon van Rijn (1606–1669), von dem der Louvre eine ansehnliche Sammlung besitzt. Seine Biographie in dürren Stichworten:

Rembrandt

Als Sohn eines Müllers gehörte Rembrandt zur Schicht des damals aufsteigenden niederen Bürgertums. Er besuchte die Lateinschule und die Universität, entschied sich aber mit 15 Jahren für die Malerei. 1631 siedelte er von seiner Geburtsstadt Leiden nach Amsterdam über, wo er für den Rest seines Lebens blieb. Hier machte er rasch Karriere und wurde mit Aufträgen überschüttet. Von den 600 uns bekannten Gemälden sind allein 30 in das Jahr 1632 datiert. Gründung eines eigenen Ateliers mit einer Vielzahl von Schülern, 1634 Eheschließung mit Saskia van Uylenburgh, 1639 Kauf eines großen Hauses, mit dessen Erwerb sich der Künstler hoch verschuldete. 1642 Tod der Ehefrau. Seit 1649 lebte er mit Hendrickje Stoffels zusammen, die ihm gleichermaßen als Hausfrau, Modell und Lebensgefährtin zur Seite stand, ohne dass die beiden geheiratet hätten – damals ein Skandal! Da die Bilder Rembrandts immer eigenwilliger wurden, zo-

Der Louvre besitzt vier von Rembrandts Selbstporträts, darunter dieses Altersbildnis vor der Staffelei (1660)

gen sich viele Auftraggeber zurück, die Einnahmen sanken, die Schulden wuchsen. 1656 wurde er für zahlungsunfähig erklärt, 1657 zuerst sein Besitz (er hatte eine umfangreiche Kunstsammlung aufgebaut), 1658 sein Haus versteigert. Fortan lebte der Künstler zurückgezogen und in ärmlichen Verhältnissen. 1663 starb Hendrickje, 1668 sein Sohn Titus. Rembrandt zog jetzt zu seiner Schwiegertochter, bei der er am 4. 10. 1669 starb.

Die Gemälde Rembrandts befinden sich in **Saal 31.** Vier *Selbstbildnisse* besitzt der Louvre. Zwei aus jungen Jahren (1633) zeigen uns ein ernstes, fragendes, beinahe ein wenig skeptisches Gesicht. Ergreifend das Altersbild (von 1660), wo sich der Künstler vor der Staffelei zeigt! Rembrandt hat zu dieser Zeit alle Höhen und erst recht alle Tiefen des Lebens durchgemacht. Er erscheint nicht gebrochen oder resigniert, sondern, wie der greise Tizian, von Weisheit erfüllt.

Das Bild des *meditierenden Philosophen* (1642) ist ein Schlüsselwerk mit einer tiefen Botschaft: Nicht das Studium in den Büchern, auch nicht das tätige Leben, die *vita activa* (symbolisiert durch die Feuer schürende Frau im Vordergrund), sondern die stille Versunkenheit, die *vita contemplativa,* führt aufwärts (Wendeltreppe), führt zur Erkenntnis (das natürliche, von Gott geschaffene Licht, das durch das Fenster auf die Treppe fällt). Das extreme Hell-Dunkel, für die gesamte Kunst Rembrandts kennzeichnend, wird hier zugleich der inhaltlichen Aussage dienstbar gemacht. Stille und Verinnerlichung beherrschen gleichfalls die Darstellungen der *Heiligen Familie* (1640) und des *Mahles in Emmaus* (1648). Selbst ein weiblicher Akt, die *Bathseba im Bade* (1654) ist nicht wie bei Rubens eine Verherrlichung weiblicher Schönheit, sondern mutet wie eine Meditation über das Wesen der Frau an.

Rembrandt ist weit über seine Zeit hinausgewachsen, hat alle sozialen, nationalen und konfessionellen Grenzen überstiegen. Zu seinen großen Bewunderern gehörten u. a. Delacroix und van Gogh. Den Klassizisten dagegen war er ein Greuel. Man bemängelte seine angeblich schlampige Malkultur und seinen vermeintlichen Hang zum Hässlichen (z. B. die Darstellung eines geschlachteten und ausgeweideten Ochsen von 1655).

Im Jahr 2001 wurden sechs neue Säle (A–F) zum Thema der deutschen, flämischen, holländischen, belgischen, russischen, skandinavischen und österreichischen Malerei des 18. und frühen 19. Jh. eröffnet. Das bekannteste unter den ausgestellten Gemälden ist das 1822 entstandene Ölbild »Eiche mit Raben« des deutschen Romantikers Caspar David Friedrich (1774 – 1840).

Themenvielfalt in der holländischen Malerei

In den folgenden Sälen ist der ganze Reichtum des zweiten »Goldenen Zeitalters« niederländischer Malerei ausgebreitet: *Landschaften* von Aelbert Cuyp (1620–1691), Nicolas Berchem (1620–1683), Govaert Flinck (1615–1660), Meindert Hobbema (1638–1709) und vielen anderen; zu größter Meisterschaft brachten es Jacob Isaacszoon van Ruisdael (1628–1682) und Jan van Goyen (1596–1656). *Interieurs und Genreszenen* stammen von Gerard Dou (1613–1675), Gabriel Metsu (1629–1667), Gerard ter Borch (1617–1681), Pieter de Hooch (1629–1684), Adriaen van Ostade (1610–1685), Jacob van

Velsen (1625–1656), Pieter Jacobszoon Codde (1599–1678) und Willem Corneliszoon Duyster (1599–1635);

Stillleben schufen Jan Davidszoon de Heem (1606–1684), Frans Snyders (1579–1657) und andere; Architekturansichten Pieter Janszoon Saenredam (1597–1665) und Jan van der Heyden (1637–1712).

Eine eigene Gruppe bilden die so genannten Utrechter Caravaggisten, hier etwa vertreten durch Hendrick ter Brugghen (1588–1629), *Das Duett* (1628), und Gerrit van Honthorst (1590–1656), Der Zahnzieher (wohl 1628). Wie ihr bewundertes Vorbild Caravaggio stellen sie Leute aus dem Volk dar und setzen auf das Gegeneinander von Hell-Dunkel-Effekten. Nur folgen sie dem Italiener nicht in seinem krassen Verismus. Die Utrechter Meister legen Wert auf eine gefälligere Wirkung.

Ein interessanter Einzelfall ist Jan Steen (1626–1679), dessen *Wirtshausansichten* **(Saal 36)** in humorvoller Weise Allegorien auf Sprichwörter, Redensarten sowie volkstümliche Spiele, Sitten und Gebräuche sind (dieses Genre hatte bereits die Malerei des 16. Jh. hervorgebracht). 800 Bilder kennen wir von diesem schaffens- und lebensfrohen Maler!

Jan Vermeer

Besondere Wertschätzung des Publikums genießt der Delfter Maler Jan Vermeer (1632–1675), ja in manchen Darlegungen zur niederländischen Malerei wird er als die bedeutendste Künstlerpersönlichkeit neben Rembrandt genannt. Zwei seiner Werke sind im Louvre zu sehen (**Saal 38**, neben dem Durchgang zu Saal 39), die *Spitzenklöpplerin* (nicht datiert) und der *Astronom* (1668). Der Maler zeigt uns Menschen bei ihrer jeweiligen Berufstätigkeit, einen mit einer handwerklichen, den anderen mit seiner wissenschaftlichen Arbeit beschäftigt. Vollkommen anders als Rembrandt, der Schlaglichter setzt und weite Partien seiner Kompositionen in Dunkel versinken lässt, erscheinen die Interieurszenen Jan Vermeers hell, durchlichtet und freundlich. Die unterschiedlichen Themen Stillleben, Porträt und Genre finden in diesen Bildern zu einer Synthese. Die Momenthaftigkeit des Augenblicks und der wie mit einer Photokamera gewählte Ausschnitt erzeugen eine emotionale Beziehung zwischen dem Betrachter und der dargestellten Person, eine beinahe schon intime Vertrautheit. Diese überzeitliche Poesie sichert den Werken des Delfters ihren bleibenden Ruhm.

Jan Vermeer verdiente seinen Lebensunterhalt mehr als Kunsthändler denn als Maler. Er malte langsam und mit äußerster Sorgfalt, man sieht es den Bildern an. Wir kennen ein Œuvre von nur 40 Werken.

Französische Malerei

Die Erweiterung der Ausstellungsfläche, die mit der Neugestaltung des Louvre in den letzten Jahren des 20. Jh. einherging, hat dazu geführt, dass viele Bilder der französischen Malerei, die zuvor im Magazin schlummerten, den Weg in die Museumsräume gefunden haben. Dabei ist aber auch manches in den Rang der Museumswürdigkeit aufgerückt, das von minderer Qualität ist. Die Zahl von annähernd 4000 Bildern der französischen Malerei gegenüber 1100 der italienischen und 1200 der niederländischen führt zu einer Verzerrung der Verhältnisse. Andererseits macht der umfangreiche Bestand eine unbestreitbare Tatsache deutlich: Frankreich hat Architekten und Bildhauer von hohem Rang hervorgebracht, doch die führende Kunstgattung des Landes ist (spätestens seit der Zeit um 1600) zweifellos die Malerei.

Die Sammlung befindet sich gegenüber der Abteilung niederländischer Malerei im 2. Stock des Louvre und zieht sich vom Richelieu-Flügel durch das gesamte Obergeschoss des Denon-Flügels.

Die Anfänge in Burgund

Der Beginn der französischen Tafelmalerei liegt im 14. Jh. und ist anfangs eng mit der Entstehung der niederländischen Malerei verwoben. Die Maler des späten 14. Jh. galten noch als Handwerker und waren auf unterschiedlichen Feldern tätig. Besonders von jenen, die im Dienst des Herzogs von Burgund tätig waren, wissen wir, dass sie Flaggen und Wimpel bemalten, Prunkrüstungen dekorierten, Truhen und andere Möbel schmückten. Erst das 15. Jh. brachte die Spezialisierung auf das Fach der Tafelmalerei und damit den Berufsstand des Kunstmalers. In derselben Zeit vollzog sich ein Wandel in der Hierarchie der Kunstgattungen. Bis dahin stand die Skulptur im Ansehen an oberster Stelle. In dieser Rolle wurde sie bald nach 1400 von der Malerei abgelöst.

In **Saal 1,** dem Entree zur Sammlung, hängt als einziges Bild ein Porträt (um 1360), das *König Johann II. den Guten* (1350–1364) im Profil zeigt (s. Abb. S. 24). Obwohl der Hintergrund im mittelalterlichen Gold gehalten ist, ist das Gesicht des glücklosen Königs ungemein realistisch, ein absolutes Novum zu dieser Zeit. Dieses Herrscherbild ist das erste Porträt der Nachantike. Als Künstler vermutet die Forschung den Maler Girard d'Orléans, der seit 1352 als Hofmaler Johanns II. in Paris tätig war.

Jean de Beaumetz

Saal 2 führt an den burgundischen Herzogshof. Von einstmals 24 kleinen Andachtsbildern (um 1390) des Jean de Beaumetz (tätig seit 1361–1396), dem 1375 Philipp der Kühne die Leitung der herzoglichen Malerwerkstatt in Dijon übertragen hatte, sind nur zwei erhalten geblieben (die andere in Cleveland, USA). Sie befanden sich ursprünglich in den Zellen der Mönche der Kartause von Champmol, die der erste Valois-Herzog gegründet und zur dynastischen Grablege bestimmt hatte (linke Vitrine). Dargestellt ist eine Kreuzigung mit drei trauernden Frauen und einem knienden Kartäusermönch. Das Bild ist noch ganz dem Mittelalter verpflichtet. Doch schon in dieser frühen Zeit knüpft die Kunst Frankreichs Beziehungen zu Italien an. Die schlitzförmigen Augen und die spindeldürren Hände sind typische Merkmale der Malkunst Sienas, dessen bedeutendster Vertreter, Simone Martini, erst kurz zuvor in Avignon tätig gewesen war.

Jean Malouel

Der Nachfolger des Jean de Beaumetz am Burgunderhof war der Niederländer Jean Malouel (vor 1370–1415), von dem hier ein Tondo mit einer *Pietà* ausgestellt ist (um 1400), in der verschiedene Bildthemen, die bis dahin streng getrennt waren, miteinander verschmelzen: Beweinung, Grablegung und Trinität – man achte auf die kleine Taube (= hl. Geist) zwischen den Köpfen des Sohnes und Gottvaters, der dessen Leichnam hält. Die zarte Kontur zeigt, dass in der Malerei um 1400 dieselben Stilmerkmale bestimmend sind wie in der Skulptur.

Henri de Bellechose

In **Saal 3** ist die dritte Generation der burgundischen Hofmaler durch einen großen *Altar* von Henri Bellechose (tätig in Dijon 1414–1440/44) präsent (1416). Er zeigt vor goldenem Hintergrund eine Kreuzigung, links und rechts davon die Kommunion des hl. Dionysius (St-Denis) im Gefängnis und dessen Hinrichtung. Der Stil erinnert erneut an die spätmittelalterliche Malerei Sienas. Neu ist der Typus der Halbfigur Gottvaters über dem Kreuz, ein Muster, das kurz darauf Masaccio in einem der ersten Fresken der frühen toskanischen Renaissance aufgriff (Florenz, Sta. Maria Novella).

Mit Henri Bellechose ging die große Bedeutung der Malschule von Dijon zu Ende. Die Vertreter der nachfolgenden Generation der Niederländer, Jan van Eyck und Rogier van der Weyden, waren zwar weiterhin im Dienst des burgundischen Hofes tätig, arbeiteten jedoch nicht mehr in Dijon, sondern blieben in ihrer Heimat. Das ist der Beginn der altniederländischen Malerei.

Die Schule von Avignon

In **Saal 4** sind Werke der Schule von Avignon ausgestellt. Während Nordfrankreich in der ersten Hälfte des 15. Jh. im Kriegschaos versank und sich deshalb begreiflicherweise in Paris keine Hofmalerei zu dieser Zeit entfalten konnte, blühte die Kunst in drei Gebieten, die abseits der Kriegsschauplätze lagen: in Burgund, im Herzogtum Berry und in der Provence. Burgund ist hier im Louvre gegenwärtig.

Von der Kunst am Hof des Herzogs Jean de Berry ist wenig erhalten. Aber das berühmte Stundenbuch der Brüder Limburg, die »Très riches heures du Duc de Berry« (das Original heute im Musée Condé im Schloss Chantilly nördlich von Paris), wirft ein Schlaglicht auf das Niveau, das im 15. Jh. in Bourges herrschte. Um die Provence war es seit dem frühen 15. Jh. ruhig geworden, nachdem die Päpste Avignon aufgegeben hatten und nach Rom zurückgekehrt waren. Das Konzil zu Konstanz (1415) hatte mit dem Großen Schisma – ein Papst in Rom, ein Gegenpapst in Avignon – aufgeräumt. Beim Bau des Papstpalastes Mitte des 14. Jh. waren italienische Künstler nach Avignon berufen worden, unter ihnen Simone Martini und Mateo Giovanetti da Viterbo. Bei ihnen waren junge Franzosen in die Lehre gegangen, die die Schule von Avignon begründeten. Als Mitte des

Die Pietà von Villeneuve-lès-Avignon von Enguerrand Quarton: ein Werk des Übergangs vom Spätmittelalter zur beginnenden Renaissance

Enguerrand Quarton

15. Jh. mit dem Grafen René, Titularkönig von Jerusalem, Sardinien und Neapel und Herzog von Lothringen, ein kunstsinniger Fürst in Aix residierte, blühte die Schule von Avignon auf. Deren Hauptvertreter sind Enguerrand Quarton (um 1410–1461) und Nicolas Froment (1435–1485). Von Quarton befindet sich hier die ergreifende *Pietà,* die der Künstler um 1455 für die Kartause in Villeneuve-lès-Avignon gemalt hat, ein Werk des Übergangs vom Spätmittelalter zur beginnenden Renaissance. Das Bild steht aber nicht nur zeitlich gesehen in einem Grenzbereich, es markiert gleichfalls die Berührung zweier geographischer Regionen, nämlich der Niederlande und Italiens. Mittelalterlich ist der punzierte Goldgrund, neuartig ist die Andeutung einer Landschaft. Italienisch geprägt und zugleich Zeichen der aufkeimenden Renaissance ist die Monumentalität der menschlichen Gestalt. Der Stifter erscheint gleich groß wie die Heiligen. Von der Kunst Rogier van der Weydens ist der Realismus etwa im Porträt des knienden Stifters beeinflusst. Ungeachtet der verschiedenen Einflüsse hat Enguerrand Quarton aber auch seine eigene Handschrift eingebracht. Die wie gemeißelt wirkende Statuarik der Madonna findet man weder in der gleichzeitigen niederländischen noch in der italienischen Kunst. Ein neues Motiv ist auch die Handhaltung des Johannes, der dem Leichnam des Herrn die Dornenkrone vom Kopf nimmt. Man gewinnt den Eindruck, als spielten die Finger seiner rechten Hand Harfe in den Strahlen, die vom Haupt des Erlösers ausgehen. Noch nie zuvor hatte ein Künstler so eindringlich verschiedene Gestimmtheiten von Trauer nuanciert: Versteinerung bei der Mutter, hemmungsloses Schluchzen bei Magdalena, stille Ergebenheit in das Unabwendbare bei Johannes, seliges Vertrauen bei dem Stifter.

Nicolas Froment

Während Enguerrand Quarton aus Nordfrankreich in die Provence gezogen war, stammte Nicolas Froment aus dem Süden (geboren in Uzès). Er hat die beiden kleinen Porträts des so genannten *Matheron-Diptychons* gemalt, die den letzten Anjou-Herrscher über die Provence, den »guten König René«, und dessen zweite Frau, Jeanne de Laval, zeigen. In der zweiten Hälfte des 15. Jh. war das realistische Porträt bereits fest in der Kunst etabliert. Nach dem Tode Renés 1480 fiel die Provence an die Krone, zugleich erlosch die kulturelle Blüte dieser Landschaft. Erst in der Kunst des 20. Jh. sollte die Provence wieder zur Geltung kommen (Cézanne, van Gogh, Matisse, Picasso).

Das Porträt in der altfranzösischen Malerei

Der Niedergang Burgunds und der Provence sowie das Ende des Hundertjährigen Krieges waren die entscheidenden Faktoren, die in der zweiten Hälfte des 15. Jh. wieder zu einem Aufblühen der Hofkunst führten, die uns in **Saal 6** gegenwärtig wird. Ihr wichtigster Vertreter ist Jean Fouquet (um 1420–etwa 1480). Er hat das berühmte *Porträt Karls VII.* gemalt (um 1445, s. Abb. S. 22). Der Goldgrund ist verschwunden, das Porträt von einer überraschenden Schonungslosigkeit. Man erkennt in den leicht aufgedunsenen Gesichtszügen den Charakter eines schwächlichen, wankelmütigen Monarchen. Bis in die Kunst des 20. Jh. hat dieses Bildnis nachgewirkt. Chaim Soutine etwa ließ sich von Fouquet zu seinen schrill überzeichneten Charakterstudien inspirieren (in der Orangerie im Tuilerienpark zu sehen).

Jean Fouquet

Jean Hey: der Meister von Moulins

Wie eng auch noch im späten 15. Jh. die Beziehung zwischen Frankreich und den Niederlanden war, erweist das Werk des Meisters von Moulins, den die Forschung inzwischen mit dem Namen des Künstlers Jean Hey identifiziert hat (Lebensdaten unbekannt; wirkte in der zweiten Hälfte des 15. Jh.). Er stammte aus den Niederlanden und war über Jahre am Hof der Herzöge von Bourbon beschäftigt. Wir sehen hier zwei Porträts, *Pierre II. von Bourbon und seine Frau Anne de Beaujeu* (um 1492) mit den Heiligen Petrus und Johannes, einst die Seitenflügel eines Triptychons (gegenüber dem Porträt Karls VII. in der Vitrine). Das niederländische Element herrscht vor: Realismus, Landschaftsausblick, Detailgenauigkeit. Als ein Charakteristikum französischen Empfindens ist die ruhige Verhaltenheit zu betrachten, die über die Malerei des Impressionismus hinaus ein Grundelement der Kunst Frankreichs geblieben ist.

Jean Clouet

Es folgt der schmale Durchgang **Saal 7,** wo ein prachtvolles *Porträt Franz' I.* hängt (s. Abb. S. 25). Den sinnenfrohen Valois-Herrscher hat Jean Clouet konterfeit (wohl um 1480–1540/41). Durch sein Wirken wurde das Porträt als Bildtyp in der Kunst Frankreichs endgültig fest verankert. Größere Bekanntheit als der Vater genießt sein Sohn François Clouet (um 1505/10–1572), der gleichfalls als Hofmaler und Porträtist tätig war. Von den Bildern, die er zu Lebzeiten von Franz I. gemalt hat, haben wir keine Kenntnis; erst in der Regierungszeit Heinrichs II. tritt François Clouet in Erscheinung. Besonders schöne Beispiele seiner Malkunst sind (in dem Kabinett **Saal 8**) die Porträts der *Elisabeth von Österreich* (um 1571; rechte Vitrine, Mitte), der Frau Karls IX. und des *Herzogs von Guise* (um 1560; rechte Vitrine, rechts unten). Sie dokumentieren nicht nur die hohe Malkultur von François Clouet, sondern lassen zugleich das Bemühen erkennen, hinter der äußeren Erscheinung der Person deren Wesen zu ergründen, ein psychologisches Studium, das Tizian als erstem so glänzend geglückt war.

Die Schule von Fontainebleau

Die Säle 9 und 10 sind der Schule von Fontainebleau gewidmet. Franz I., politisch eher erfolglos, war für die französische Kunstgeschichte ein Glücksfall! Er war ein leidenschaftlicher Sammler, und er berief zahlreiche Künstler aus Italien an den Hof. Hatte im 15. Jh. eine symbiotische Beziehung zwischen Frankreich und den Niederlanden bestanden, so ist die Kunst des 16. Jh. durch die enge Verbindung Frankreichs mit Italien gekennzeichnet. Man unterscheidet zwischen einer ersten (1530–1570) und einer zweiten (1590–1610) Schule von Fontainebleau. Der Name leitet sich von dem Schloss südöstlich von Paris ab, das Franz I. von bedeutenden italienischen Künstlern dekorieren ließ. Sie machten damals den Manierismus in Frankreich heimisch, jedoch nicht in der gestelzten Form, wie er sich in Italien äußerte, sondern in einer poetischeren, subtileren Form, die mehr dem französischen Geschmack entsprach. Die Arbeiten begannen unter der Leitung von Rosso Fiorentino, dem alsbald Niccolò dell'Abate und Francesco Primaticcio folgten (= erste Schule von Fontainebleau). Sie nahmen Franzosen in die Lehre, von denen wir allerdings kaum einen mit Namen kennen. Die Religionskriege brachten die Arbeiten in Fontainebleau für längere Zeit zum Erliegen. Erst Heinrich IV. ließ die Dekoration des Schlosses ab 1590 fertig stellen. Jetzt waren keine Italiener mehr beteiligt, sondern es waren ausschließlich Franzosen am Werk (= zweite Schule von Fontainebleau).

Ein Hauptwerk der ersten Schule von Fontainebleau ist das anonyme *Bild der Diana,* das die Jagdgöttin fast vollständig entblößt und als strahlend schöne Frau zeigt (hintere Schmalseite). Es ist zugleich ein Porträt der Diana von Poitiers, der Mätresse Heinrichs II. In der Ausgewogenheit meint man eher ein Werk der Renaissance als eines des Manierismus vor sich zu haben. Das ist die französische Spielart des Manierismus, der lediglich in dem erotischen Knistern zum Niederschlag gekommen ist. Stärker vom Manierismus italienischer Prägung durchdrungen ist der liegende Akt der *Eva Prima Pandora* (um 1550) von Jean Cousin d. Ä. (um 1490–1560; Längswand, links). Der Frauenkörper ist extrem in die Länge gezogen, das Kolorit kühl und distanziert.

Das Hauptwerk der zweiten Schule von Fontainebleau, zugleich eines der bekanntesten Bilder des Louvre, ist die *Darstellung zwei-*

Schule von Fontainebleau: Zwei Damen im Bade
Das Gemälde zeigt Gabrielle d'Estrée, die Lieblingsmätresse Heinrichs IV., und ihre Schwester.

Schule von Fontainebleau

er Damen im Bade **(Saal 10).** Es geht auf ein Bildnis der Diana von Poitiers von François Clouet zurück, das erhalten ist, sich aber jetzt in der National Gallery in Washington befindet. Es handelt sich um Porträts der Gabrielle d'Estrée, der Lieblingsmätresse Heinrichs IV., und ihrer Schwester. Der Künstler zeigt sie als Halbfiguren in einer mit einem Leinentuch ausgeschlagenen Badewanne. Die Szene wird von einem roten Vorhang gerahmt, der in der Mitte leicht zurückgezogen ist und den Blick auf einen Kamin freigibt, neben dem eine strickende Frau sitzt. Die Schwester der königlichen Gespielin berührt mit Zeigefinger und Daumen ihrer linken Hand die rechte Brustwarze der Gabrielle, ein Gestus, mit dem der Künstler ausdrückt, dass die Mätresse schwanger ist. Auf ihre Gravidität bezieht sich auch die Frau im Hintergrund, die die Babywäsche herrichtet. Trotz einer gewissen Kühle, die aus der metallenen Farbigkeit resultiert, hat das Bild einen erotischen Charakter. Man nimmt teil an der Intimität, die zwei miteinander vertraute Menschen verbindet. In einem solchen Bild löst sich Frankreich von Italien und beginnt, seine eigenen Weg zu beschreiten.

Malerei aus der Zeit Ludwigs XIII.

Die in **Saal 11** ausgestellten Bilder führen vor Augen, dass Caravaggio auch in Frankreich eine treue Anhängerschar hatte. Während bei Claude Vignon (1593–1670), *Der junge Sänger* (linke Wand), und Nicolas Régnier (1590–1667), *Die Wahrsagerin* (genau gegenüber), jedoch der Realismus Caravaggios geglättet und die Lichtkontraste gemildert erscheinen, rückt Valentin de Boulogne (1594–1632), *Die*

Wahrsagerin (rechte Wand, Mitte), *Das Konzert* (rechts vom Eingang, oben), *Urteil des Salomo* (linke Wand, letztes Bild), deutlich näher an den großen Italiener, dessen Werken er auch durch seinen langen Romaufenthalt räumlich enger verbunden war. Letztlich aber blieben die Caravaggisten eine isolierte Gruppe. Die großen Richtlinien der Malerei diktierten andere.

Philippe de Champaigne

Unter den Bildern in **Saal 12** ist das lebensgroße *Porträt Kardinal Richelieus* (1635), das bekannteste (linke Schmalseite, rechts, s. Abb. S. 31). Es stammt von Philippe de Champaigne (1602–1674). Der Künstler war Flame und kam in jungen Jahren nach Paris (1621). Da er nicht nur eine hohe Begabung besaß, sondern als Katholik auch politisch auf der richtigen Linie lag, genoss er schon bald die Wertschätzung des Hofes. Champaigne wurde neben Poussin die wohl wichtigste Leitfigur des französischen 17. Jh. Zusammen mit diesem baute er Dämme gegen den italienischen, speziell römischen Barock und verhalf dem *style classique* zum Sieg. Das Porträt zeigt den Ersten Minister des Königs im farbenglühenden Ornat seiner Kardinalswürde, hoheitsvoll und unnahbar. Richelieu stand, als das Bild gemalt wurde, auf der Höhe seiner Macht. Seine Rivalin Maria de Medici hatte er ausgeschaltet, die Opposition des Adels war mundtot gemacht, Richelieu bestimmte die Richtlinien der Politik Frankreichs.

Nicolas Poussin und Claude Lorrain

Zwei Gestalten, die zum Inbegriff des französischen Barock-Klassizismus geworden sind, beherrschen die folgenden **Säle 13 bis 16,** Nicolas Poussin und Claude Lorrain. Nicolas Poussin (1594–1665) ließ sich 1624 in Rom nieder. Nur ein einziges Mal kehrte er nach Frankreich zurück, um 1640–42 an der Ausmalung des Louvre mitzuarbeiten – eine Aufgabe, der er sich nur widerwillig unterzog. Danach lebte er bis zu seinem Tod wieder in Rom. Das Leben Poussins erscheint relativ arm an äußeren Ereignissen, sein Werk, seine Bedeutung und der Einfluss, den er auf seine Zeitgenossen hatte, sind indes gigantisch.

Nicolas Poussin

In Rom beugte sich Poussin zunächst dem Zeitgeschmack und malte im Stil des herrschenden Barock. Dies zeigt das Bild der *Madonna, die dem Apostel Jakobus erscheint* (1629; noch in Saal 12, letztes Bild vor dem linken Durchgang). Bis zu dieser Zeit muss der Künstler ein lockeres Bohemienleben geführt haben, als dessen Folge er sich 1629 ein Geschlechtsleiden zuzog. Nach der Genesung vollzog sich ein tief greifender Wandel gleichermaßen im Privatleben wie in der Malerei des Künstlers. Er heiratete und wurde bürgerlich. Statt weiter auf kirchliche Aufträge zu spekulieren, suchte Poussin nun die Nähe akademischer Kreise und fand unter den Humanisten und Wissenschaftlern neue Auftraggeber. Seine Bilder nehmen fortan eine ruhige Würde an, der Künstler geht dazu über, minutiös durchdachte Kompositionen aufzubauen. Eines der ersten Bilder dieser neuen Phase ist die *Inspiration des Dichters,* das in seiner klaren

Ordnung und der verhaltenen Stimmung einen Gegenpol zum gleichzeitigen lärmigen Barock Italiens bildet. Dramatik lässt Poussin nur noch dann zu, wenn das Thema dies verlangt, wie etwa in der Darstellung des *Raubes der Sabinerinnen* (Saal 14, linke Längswand, erstes Bild). Der Mensch steht immer im Mittelpunkt von Poussins Kunst. Landschaftsbilder machen nur einen kleinen Teil seines Œuvre aus. Diese zeigen, wie im Bild des *Diogenes in einer Landschaft* (hintere Schmalseite, Mitte), das Aussehen eines verklärten Arkadiens, in dem man die Bauten römischer Antike entdeckt, deren Größe der Künstler uneingeschränkte Bewunderung zollte. Das *Selbstbildnis* von 1650 (linke Längswand, vorletztes Bild) zeigt uns ein ernstes, kluges Gesicht, dessen Augen forschend auf den Betrachter gerichtet sind. Annäherung und Distanz halten einander die Waage. Mit stupender Beharrlichkeit hat Poussin den um 1630 eingeschlagenen Weg bis zum Lebensende durchgehalten. Le Sueur und Le Brun, die großen Hofmaler des 17. Jh., übernahmen den Stil Poussins, der damit das offizielle Kunstschaffen bis an die Wende zum 18. Jh. beeinflusste. Der wache Intellekt des Malers hat seine Entsprechung in der gleichzeitigen Literatur Racines.

Claude Lorrain

Obwohl Claude Lorrain (1602–1682) sich in der klassizistischen Gesinnung mit Poussin trifft, besitzen seine Bilder (in Saal 15) doch einen völlig anderen Charakter. Er stammte aus Lothringen und hieß bürgerlich Claude Gellée. 1626 siedelte er nach Rom über, wo er wie Poussin bis zum Lebensende blieb. Dort gab man ihm den Namen ›Le Lorrain‹, der Lothringer. Er kennt praktisch nur ein Thema: die Landschaft. Manche Bilder tragen die Namen biblischer, mythologischer oder historischer Themen wie etwa die *Landung der Kleopatra auf Tarsos.* Doch sind die Personen immer klein gehalten und verschmelzen mit der sie umgebenden Natur zu einer Einheit. Selten nur hat Claude Lorrain exakte Veduten gemalt, wie z. B. die Ansicht des Forum Romanum. Überwiegend handelt es sich um Ideallandschaften mit antiken Phantasiebauwerken. Unvergleichlich sind die Morgen- und Abendstimmungen mit auf- oder untergehender Sonne, deren Licht sich im Wasser eines Hafens spiegelt. Die lyrische Zartheit dieser Bilder vermag den Betrachter zutiefst anzurühren. Von Claudes Freund und Biograph Joachim von Sandrart sind wir darüber unterrichtet, dass der Künstler beobachtend und skizzierend derartige Stimmungen rund um Rom aufmerksam studierte. Damit ist Claude Lorrain zum Wegbereiter der Freilichtmalerei geworden, und mit Recht gilt er als einer der wichtigsten Väter der europäischen Landschaftsmalerei. Goethe, der etliche Radierungen von Claude Lorrain besaß, bemerkte gegenüber Eckermann 1829 in einem Gespräch über dessen Kunst: »Diese Bilder haben die höchste Wahrheit, aber keine Spur von Wirklichkeit.«

Im anschließenden oktogonalen **Saal 16,** von vielen Besuchern achtlos durchschritten, sieht man den geschickt gehängten *Jahreszeiten-Zyklus* von Poussin, der zum Spätwerk des Künstlers gehört (entstanden 1660–64). Der Frühling mit einer Darstellung des ersten

Claude Lorrain: Landung der Kleopatra auf Tarsos
Claude Lorrain malte lyrische Ideallandschaften mit antiken Phantasiebauwerken. Unvergleichlich sind die Morgen- und Abendstimmungen mit auf- oder untergehender Sonne, deren Licht sich im Wasser eines Hafens spiegelt.

Menschenpaares verzichtet auf Farbkontraste. Alles erscheint in unterschiedlichen Grünschattierungen. Im Bild des Sommers, auf dem man Ruth und Boas erkennt, setzt der Künstler dagegen auf die kontrastreiche Wirkung vereinzelter Akzente der Primärfarben. Der Herbst mit einer Darstellung der Trauben aus dem verheißenen Land ist wiederum dem Frühling ähnlich. Hier ist alles aus dem Grundton von Braun entwickelt. Im Bild des Winters – er zeigt die Sintflut – zeichnen sich vor düsterem Hintergrund schlaglichtartig farbige Partien ab. Diese vier Bilder führen noch einmal die ganze künstlerische Bandbreite in der Malerei Poussins vor Augen.

Georges de la Tour und andere Maler des 17. Jh.

Wir durchschreiten **Saal 19** mit großformatigen Altarbildern des 17. Jh. (darunter auch Poussin und Champaigne; in den **Sälen 20–23** rechterhand Kartons, Rötelzeichnungen und Pastelle des 17. Jh.)

In **Saal 24** hängen Werke des Malers Eustache Le Sueur (1616–1655), der im 17. Jh. hohes Ansehen genoss. Seine Bilder zeigen eine von Poussin inspirierte klare Ordnung und eine an Raffael geschulte Lieblichkeit. Für den heutigen Geschmack wirken sie vielleicht ein wenig zu süßlich. In den **Sälen 25–27** weitere Beispiele der Malerei des 17. Jh.

Georges de la Tour

Neben Poussin und Claude Lorrain ist Georges de la Tour (1593–1652) eine der herausragenden Gestalten in der Kunst des französischen 17. Jh. Seine Bilder hängen in **Saal 28.** Er stammte aus Lothringen und muss in seiner Zeit viele Bewunderer gehabt haben, denn es wurde eine Flut von Kopien nach seinen Bildern gemalt. Im 18. Jh. war der Künstler jedoch praktisch in Vergessenheit geraten. Erst das 20. Jh. hat Georges de la Tour wieder entdeckt und zu erforschen begonnen. Seine Bilder sind ausnahmslos Nachtstücke, in der

Der Maler des Kerzenlichts: Georges de la Tour, die hl. Maria Magdalena

Regel von nur einer einzigen Lichtquelle erhellt, die aus dem Bild selbst heraus leuchtet – darin der Kunst Rembrandts verwandt. Anders jedoch als der große Holländer setzt de la Tour auf klare Umrisszeichnung und Linienführung, erweist sich also wie andere bedeutende Franzosen seiner Zeit als strenger Klassizist. Auch Caravaggio schwingt mit. Der gemäßigte Realismus lässt jedoch vermuten, dass nicht Caravaggio selbst, sondern eher die Utrechter Caravaggisten bei de la Tour zum Niederschlag gekommen sind. Ungeachtet der verschiedenen Quellen, aus denen der Künstler geschöpft hat, besitzen seine Bilder einen unverwechselbaren eigenen Charakter. Ob man sich die *Auffindung des Leichnams des hl. Sebastian* anschaut, ein Bild verhaltener, stummer Trauer, die sitzende meditierende *Magdalena,* den konzentriert arbeitenden *Joseph* oder die innerliche *Anbetung des Christuskindes* (alle nicht datiert), immer herrscht eine Grundstimmung gesammelten Ernstes. Das Breitformat mit dem Thema der *Falschspieler* (an der Stellwand) fällt aus dem Rahmen. Ein wenig zu plump will es erscheinen, wie der Betrachter auf den Betrug aufmerksam gemacht wird, merkwürdig beziehungslos stehen die Figuren zueinander. Es ist nicht sicher, ob dieses Bild tatsächlich von Georges de la Tour gemalt wurde. Möglicherweise handelt es sich um eine Kopie oder um die Arbeit eines – allerdings außerordentlich begabten – Epigonen.

Brüder Le Nain

Saal 29 ist den drei Brüdern Le Nain gewidmet, Louis (um 1600/1610–1648), Antoine (um 1610–1648) und Mathieu (etwa 1607–1677). Da sie ihre Bilder prinzipiell nicht signierten, lässt sich keines mit Bestimmtheit einem der drei zuschreiben. Sie sind erkennbar vom Caravaggismus berührt, zeigen aber – ebenso wie die Utrechter Caravaggisten – eine gemilderte Sprache. Besonders eindrucksvoll sind jene zwei Werke, bei denen man jeweils eine bäuerliche Familie um einen Tisch versammelt sieht. Während die meisten Bauern des 17. Jh. ein Leben in bitterer Armut führten, geht es den hier dargestellten offenbar noch ganz erträglich. Die Kleidung ist in gutem Zustand, auf dem Tisch steht Brot anstatt des damals bei Armen üblichen Haferbreis, und man trinkt Wein. Die Bilder sind also keinesfalls als soziale Anklage zu verstehen, sondern sie zeigen vielmehr, dass auch der Mensch unterer sozialer Schichten seine Würde hat. Damit führen die Brüder Le Nain ein Thema in die französische Malerei ein, das über Chardin im 18. Jh. an Millet und Corot im 19. Jh. weiter vermittelt wurde.

Philippe de Champaigne

In **Saal 31** sehen wir weitere Werke von Philippe de Champaigne, als bekanntestes das Doppelbildnis der *Äbtissin Cathérine Agnes Arnauld und der Nonne Cathérine de Sainte-Suzanne* (Ex-Voto von 1662; rechts vom Durchgang), die eine Tochter des Malers war. Diese war an einem rätselhaften Fieber erkrankt, das sie über mehr als ein Jahr ans Bett fesselte. Nach einem langen Gebet mit der Mutter Oberin genas sie urplötzlich. Das Bild ist nicht nur Ausdruck der Dankbarkeit des besorgten Vaters, es hatte in seiner Zeit auch eine kirchenpolitische Bedeutung. Die Nonnen des Klosters Port-Royal hatten sich dem Jansenismus angeschlossen, der vom Vatikan als Häresie verurteilt worden war. Die Wunderheilung galt als Bestätigung für die Rechtmäßigkeit des Glaubens der Nonnen. Im selben Raum (der Blick fällt beim Betreten sogleich darauf) ein repräsentatives Staatsporträt von Charles Le Brun (1619–1690), das den *Kanzler Pierre Séguier* hoch zu Rosse zeigt.

In **Saal 32** hängen Riesenformate desselben Künstlers, in denen er die Taten Alexanders des Großen verherrlicht. In kleineren Formaten zeigt sich Le Brun als Anhänger des Klassizismus Poussinscher Prägung. In den Großformaten rückt er jedoch nah an die gleichzeitige römische Malerei eines Pietro da Cortona.

Jean Jouvenet

Die Bilder Jean Jouvenets (1644–1717) im anschließenden **Saal 33** verdeutlichen, dass der von Poussin, Le Sueur und Le Brun geprägte Klassizismus des mittleren 17. Jh. auf der Wende zum 18. Jh. einer sinnlicheren Malerei Platz machte, die in der Nachfolge von Rubens steht und zugleich die Kunst des Rokoko vorbereitet hat.

Hyacinthe Rigaud

Der wichtigste Hofmaler in den letzten Regierungsjahren des Sonnenkönigs war Hyacinthe Rigaud (1659–1743), dessen berühmtes *Porträt Ludwigs XIV.* (1701, s. Abb. S. 32) in **Saal 34** hängt. Es zeigt den Monarchen in selbstbewusster Pose, umspielt von einem artistisch gemalten Hermelinmantel. Das Bild war eigentlich als Geschenk an den spanischen König gedacht. Ludwig XIV. war aber von dem Werk so begeistert, dass er es lieber selbst behielt. Sein Enkel musste sich mit einer Kopie begnügen.

Malerei des Rokoko

Man erreicht nun den **Ostflügel des Sully-Traktes,** dessen Säle (36 bis 48) der Rokokomalerei gewidmet sind. In **Saal 36** hängt der bekannte *Pierrot* von Antoine Watteau (1684–1721). Theater und ländliches Fest, die beiden Hauptvergnügen der Gesellschaft des 18. Jh., finden in dieser Szene zueinander. Hinter dem Pierrot sieht man als Halbfiguren den Doktor auf seinem Esel und andere Gestalten der Commedia dell'Arte in ausgelassener Runde. Der Pierrot aber ist abgesondert, isoliert und wirkt eher melancholisch als heiter. Watteau erlag im Alter von 37 Jahren einem Tuberkuloseleiden. In seinem Werk, in dem sich Fröhlichkeit und Hintersinn paaren, wie auch in seiner persönlichen Biographie erkennt man Parallelen zu Wolfgang Amadeus Mozart, dessen Musik am Ende dieser Epoche steht, zu deren Begründern Watteau zählt.

Antoine Watteau

François Boucher

An der linken Wand des **Saales 38** sehen wir mit dem Bild der *Diana, die dem Bad entstiegen ist* (1742) ein Hauptwerk von François Boucher (1703–1770). Das eben zur Frau erblühte Mädchen und ihre Begleiterin verkörpern das Weiblichkeitsideal zur Zeit Ludwigs XV. Die Hintergrundfarben erinnern stark an Gobelins. Boucher war Direktor der königlichen Gobelinmanufaktur, wo viele Teppiche nach seinen Bildern gewebt wurden. Die erotische Anzüglichkeit dieses wie auch anderer Bilder Bouchers fand bei Hof Applaus, die bür-

Der »Pierrot« von Antoine Watteau: Theater und ländliches Fest, die beiden Hauptvergnügen der Gesellschaft des 18. Jh., finden in dieser Szene zueinander.

gerliche Aufklärung sah darin ein Zeichen der Dekadenz. Diderot ließ kein gutes Haar an Boucher. Auguste Renoir war dagegen von den weiblichen Akten Bouchers fasziniert und kam durch sie zur Malerei.

Chardin

Das übernächste Bild ist ein berühmtes Stillleben. Es zeigt einen enthäuteten und ausgeweideten Rochen. Mit diesem Bild erreichte 1728 J.-B. Siméon Chardin (1699–1779) seine Aufnahme in die königliche Akademie. Warum stößt das Bild trotz des blutigen Sujets nicht ab? Schon Rembrandt hatte mit dem Bild des geschlachteten Ochsen den Blick auf die Ordnung der Natur gelenkt. Fleischstillleben gehörten seit dem 17. Jh. zum festen Repertoire der Malerei, und noch Picasso und Soutine haben sich diesem Thema gewidmet. Bei Chardin sind der Rochen, die Katze, die über einige geöffnete Austern hinwegsetzt, und die Krüge zu einem eigenen kleinen Kosmos gruppiert. Der ganze **Saal 39** ist dem Œuvre Chardins gewidmet. Die

Siméon Chardin, »Der Rochen«
Fleischstillleben gehörten seit dem 17. Jh. zum festen Repertoire der Malerei. Bei Chardin sind der Rochen, die Katze, die über einige geöffnete Austern hinwegsetzt, und die Krüge zu einem eigenen kleinen Kosmos gruppiert.

kleinformatigen Stillleben reduzieren die Zahl der dargestellten Gegenstände auf ein Minimum und bringen so das Wesen des einzelnen zur Geltung. Im Katalog zum Salon von 1765 wurde Chardin als »der große Zauberer mit den stummen Kompositionen« bezeichnet. Die Interieurszenen erinnern in ihrer Intimität an Jan Vermeer. Die Wiedergabe bürgerlichen Milieus in einer Zeit, deren Kunst ganz in den Dienst der herrschenden Klasse gestellt war, ist geradezu revolutionär. Der Künstler fällt völlig aus dem Rahmen seiner Zeit und hat nichts mit dem Rokoko Bouchers oder Fragonards zu tun. Die Wirkung, die von Chardin ausging, war gewaltig. Zahlreiche Maler des 19. Jh. sahen in ihm ihr Vorbild, und noch Cézanne berief sich in seinen Stillleben auf Chardin.

Jean-Honoré Fragonard

Saal 46 zeigt weitere Bilder François Bouchers. Die Werke des dritten großen Malers des Rokoko neben Boucher und Watteau, Jean-Honoré Fragonard (1732–1806), sind in **Saal 48** ausgestellt (rechte Wand). Er greift die Malkultur eines Frans Hals und Rembrandt auf und vollzieht die Auflösung der äußeren Umrisse eines Gegenstandes oder der menschlichen Figur. Erotisch, ja beinahe schon lasziv wirkt die Darstellung der Badenden (um 1772; zweites Bild der unteren Reihe), spontan und lebendig das Porträt Diderots (letztes Bild vor dem Durchgang). In dem späten Bild mit dem Titel *Der Riegel* **(Saal 49),** in dem es bei Licht betrachtet um eine Vergewaltigung geht, erstarrt Fragonards Kunst zu Formelhaftigkeit, der große Atem scheint ausgehaucht. So ist Fragonard zugleich der letzte Chronist des Ancien Régime, das 1789 unter dem Sturm der Revolution zerbrach.

Klassizismus

Schon in den Jahren, die der Revolution unmittelbar vorausgingen, bahnte sich ein tief greifender Wandel in der Kunst an, eine erneute Hinwendung zu Antike und als klassisch geltenden Idealen. Einer der Wegbereiter dieser neuen Richtung war Hubert Robert (1733–1808), dessen *Ansichten römischer Altertümer* in **Saal 48** ausgestellt sind (gegenüber den Bildern Fragonards). 1784 erhielt der Maler den Auftrag, die Gemäldeausstellung in der Grande Galerie des Louvre neu zu organisieren. Er hat sich dieser Aufgabe intensiv gewidmet, hat verschiedene *Ansichten vom Innern des Louvre* gemalt. Eine von 1796 zeigt das Projekt eines Oberlichts, wie es später tatsächlich realisiert wurde (ausgestellt in **Saal 51**). Den Zeitgenossen, vor allem Diderot, war der Klassizismus Roberts nicht streng genug. Seine lockere Malweise und der skizzenhafte Charakter seiner Bilder galten als Manko, während spätere Generationen gerade darin den Reiz dieses Künstlers erblickten.

Hubert Robert

Im benachbarten **Saal 49** hängen *Italienansichten* von Joseph Vernet (1714–1789, rechte Seite), der ebenfalls zu den Wegbereitern des Klassizismus zu rechnen ist. Er knüpft an die Malkultur Claude Lorrains an. In den **Sälen 51 und 52** sieht man in der Hauptsache Bilder des aus Burgund stammenden Frühklassizisten Jean-Baptiste Greuze (1725–1805).

Joseph Vernet

Höchstes malerisches Können verraten die Werke François Gérards (1770–1837) in **Saal 53.** Wie aus Marmor gemeißelt wirken seine Gestalten. Am berühmtesten ist das Bild mit *Amor und Psyche* (hängt rechts neben dem Durchgang zum nächsten Raum). Es ist das gemalte Pendant zu Canovas plastischer Amor-Psyche-Gruppe hier im Louvre.

François Gérard

Der Hauptvertreter des Klassizismus, der seine große Zeit während des Empire hatte, ist Jacques Louis David (1748–1825). In **Saal 54** sind *Porträts* von David und Bilder seiner Schüler ausgestellt. Die wichtigsten Werke Davids hängen allerdings nicht hier, sondern im Denon-Flügel und werden deshalb erst am Ende dieses Kapitels besprochen.

Jacques-Louis David

Die unterschiedlichen Stilrichtungen im 19. Jahrhundert

Immer hat es einzelne Künstler gegeben, die als Individuen eigene Wege gingen und sich einem in ihrer Zeit herrschenden Stil verweigerten. Chardin ist dafür ein gutes Beispiel. Die Befreiung des Individuums und damit auch des Künstlers aus seinen vorgestanzten Bindungen – beim Künstler die Abhängigkeit vom Auftraggeber – hat im 19. Jh. ein neues Phänomen hervorgebracht: Zur gleichen Zeit entfalten sich unterschiedliche Stile. Die Jahrzehnte von etwa 1820 bis kurz nach der Mitte des 19. Jh. sind gekennzeichnet von der spannungsvollen Auseinandersetzung zwischen Spätklassizismus (Hauptvertreter: Ingres) und Romantik (Hauptvertreter: Delacroix). An dieser Stelle gilt es, einem Missverständnis vorzubeugen. In der französischen Kultur bedeutet der Begriff Romantik etwas anderes als in der deutschen, aus der der Begriff ursprünglich stammt. In Deutschland versteht man darunter den Subjektivismus des Individuums, in Frankreich ist Romantik der Terminus für eine neue Form von Realismus.

Ingres

Jean Auguste Dominique Ingres (1780–1867) setzte den Klassizismus und dessen Ideale fort **(Saal 60)**, doch ging es ihm nicht mehr um inhaltliche Ideale, um patriotisches Engagement wie bei David, sondern um das Ideal der äußeren Form, der Schönheit. Bereits mit den Werken der Zeit um 1810, etwa der Rückenakt der so genannten *Badenden von Valpinçon* (1808), ist sein Stil festgelegt. Der Werkprozess vollzieht sich in drei Schritten: Zeichnen, Kolorieren, Modellieren. Die Zeichnung, der genaue Umriss, ist für Ingres die Grundlage der Malerei, seine bewunderten Vorbilder waren Raffael und Bronzino, der kühle florentinische Manierist. So sind denn auch die Bilder Ingres' einerseits von einer bestechenden handwerklichen Perfektion, andererseits sieht man einen Akademismus, der am Ende zu einer Erstarrung führte. Es ist keine Entwicklung erkennbar. Das bekannte *Türkische Bad* von 1862, ein Spätwerk, unterscheidet sich nicht von den weiblichen Akten der Zeit um 1810.

Ingres, Das türkische Bad
Die Zeichnung, der genaue Umriss, ist für Ingres die Grundlage der Malerei.

Théodore Géricault und Eugène Delacroix

In den folgenden **Sälen 61 und 62** sieht man die Werke der Romantiker, die den Gegenpol zu Ingres darstellen, als wichtigste Théodore Géricault (1781–1824, Saal 61) und Eugène Delacroix (1798–1863; Saal 62). Géricaults Darstellung des *Corso di Barbari* (hängt als vorletztes Bild vor dem linken der beiden Durchgänge zu Saal 62), eines Pferderennens, mit dem in Rom der Karneval zu Ende ging, zeigt in der geballten Kraft der Rosse und der Stallknechte, die die ungestümen Tiere zu bändigen suchen, die Auseinandersetzung des Künstlers mit Michelangelo und der Hochrenaissance. Auch geht es um das Festhalten des Momenthaften. Dies tritt noch deutlicher in der Darstellung des *Derbys in Epsom* (1821; Mitte zwischen den beiden Durchgängen), in England gemalt, in den Vordergrund. Anatomische Wirklichkeit übergeht der Maler großzügig. Die im Galopp dahinrasenden Pferde scheinen zu fliegen, keines berührt den Boden. Das Thema ist Schwung, Dynamik, die Augenblickssituation. Das *Porträt einer geistesgestörten Greisin* (etwa 1822; links daneben) war in seiner Zeit revolutionär, stellte es doch einen Bruch mit sämtlichen Konventionen dar.

Delacroix' Bilder wirken nicht selten wie skizziert. Dies gilt besonders für das eindringliche *Porträt Frédéric Chopins,* den der Maler über die Schriftstellerin George Sand kennen gelernt hatte (Eingangswand, links). Bei Betrachtung des Bildes mit der *Darstellung des Meeres bei Dieppe* (1852) wird dem Besucher deutlich, wie eng die Bezüge zwischen Delacroix und der folgenden Generation der Impressionisten sind (viertletztes Bild auf der linken Seite). Zu Delacroix ausführlicher am Ende dieses Kapitels.

Théodore Chassériau

Es folgen Werke von Théodore Chassériau (1819–1856), der eine Sonderstellung in der Malerei der ersten Hälfte des 19. Jh. einnimmt **(Saal 63).** Einerseits fühlte er sich der akademischen Tradition verbunden, wie das Bild der *Andromeda mit den Nereiden* zeigt (1840; links neben dem Durchgang zu Saal 64), andererseits hatte er Sympathien für die romantischen Ideale Delacroix' und versuchte, die beiden konträren Richtungen miteinander zu versöhnen. Das locker gemalte Bild der *Esther bei der Toilette* (Eingangsseite, Mitte) steht jedenfalls Delacroix näher als dem Akademisten Ingres.

Théodore Rousseau

In **Saal 64** hängen Bilder des Landschaftsmalers Théodore Rousseau (1812–1867), der zu den Mitbegründern der Schule von Barbizon gehört. Anstelle spektakulärer Naturinszenierungen richtet Rousseau sein Augenmerk auf Bäume und deren Urwüchsigkeit. Die Salonjury erteilte diesen Arbeiten wiederholt die Absage mit dem Vermerk, sie seien unfertig.

In den folgenden letzten Sälen **(65–73)** sind die Schenkungen Thomy Thiéry, Moreau-Nélaton sowie Bilder ausgestellt, die der Louvre vom Salon gekauft hat.

Charles-François Daubigny

Ebenso wie Rousseau verzichtete Charles-François Daubigny (1817–1878) auf die Sensation (Saal 66). Während Rousseau jedoch brauntönig und erdenschwer malte, sind die Bilder Daubignys hell und lichterfüllt. Seine Naturbilder sind Stillleben von meditativer

Camille Corot

Konzentriertheit. Neben einigen Darstellungen aus dem bäuerlichen Alltag von Jean-François Millet (1814–1875) dominieren in diesen letzten Räumen die Bilder von Camille Corot (1796–1875), anmutige Frauenporträts, z. B. das bekannte Bildnis der *Dame mit der Perle* (1869), aber vor allem Landschaftsbilder, die im Zentrum seines Schaffens standen. Corot war ein unermüdlicher Reisender. Drei Reisen führten ihn nach Italien, und auch die Provinzen Frankreichs erschloss er sich auf zahllosen Fahrten. Unterwegs malte Corot kleinformatige Ölskizzen. Im heimischen Atelier entstanden nach diesen Vorlagen sowie aus der Erinnerung die großen Versionen, von denen zahlreiche, trotz wiederholter Ablehnung durch die Kritiker, im Salon ausgestellt wurden. Ähnlich wie Daubigny verzichtet auch Corot auf spektakuläre Inszenierungen. Allen Bildern wohnt die gleiche ruhige Gestimmtheit inne. Unvergleichlich ist seine Meisterschaft, unterschiedliche Lichtsituationen einzufangen. Dies war der entscheidende Ankúpfungspunkt für die Impressionisten.

Die Großformate des 19. Jahrhunderts

Der Rundgang durch die Sammlung französischer Malerei im Louvre endet mit einem Besuch im ersten Stock des Denon-Flügels in den **Sälen 75 und 77.** Hier hängen die Großformate der Malerei des 19. Jh. (Eingang gegenüber der Nike von Samothrake). In Saal 75 dominiert der Klassizismus.

Jacques Louis David

Mit seinem Bild *Der Schwur der Horatier* (1784; linke Wand, 5. Bild) hatte Jacques Louis David dem Klassizismus zum Durchbruch verholfen. Klarheit des Bildaufbaus, Exaktheit der Linienführung und das antikische Thema sind die auffallenden Eigenschaften. David ist der erste politische Maler gewesen. Das Thema – Horatius lässt seine Söhne schwören, für Rom zu siegen oder zu sterben – ist zugleich Ausdruck der politischen Haltung Davids, denn der Staat, für den die Helden zu sterben bereit sind, ist die römische Republik. Ungeschminkt ruft der Maler zum Widerstand gegen die Tyrannei auf. »Der Schwur der Horatier« ist das kunstgeschichtlich schwer wiegendste Bild am Vorabend der Revolution. Mit späteren Arbeiten wie den *Sabinerinnen* (1799; direkt gegenüber) oder *Leonidas an den Thermopylen* (1814, links vom Kolossalgemälde mit der Krönung Napoleons) wies David der akademischen Malerei Ingres' und seines Umkreises den Weg. Heute wird sich nicht jeder von dem kühlen Pathos dieser Historienbilder angesprochen fühlen. Anders steht es mit den Porträts, in denen sich David von einer intimeren Seite zeigt. Ein Meisterwerk der Bildniskunst ist das Porträt der *Madame Récamier* (1800, gegenüber der Napoleon-Krönung) auf einer Ottomane. Ein weiteres Hauptwerk Davids ist die festliche Darstellung der *Krönungszeremonie Napoleons* am 2. Dezember 1804 (gemalt 1806/07), ein Staatsbildnis, das in seiner repräsentativen Pracht elegant darüber hinwegtäuscht, dass hier eigentlich ein Usurpator den Thron besteigt.

Jacques Louis David, Der Schwur der Horatier

Ingres ist mit einem berühmten Frauenakt gegenwärtig, *Die große Odaliske* (1814, zwischen den beiden Durchgängen zu Saal 76), von Bewunderern wegen seiner technischen Perfektion mit höchstem Lob bedacht, von Kritikern als kalt und unnahbar getadelt.

Eugène Delacroix

Delacroix und Géricault beherrschen das Feld in Saal 77. Eine Inkunabel der französischen Malerei ist das gewaltige Gemälde *Die Freiheit führt das Volk an* (linke Wand, Mitte, s. Abb. S. 42), das Delacroix 1830 als Verherrlichung der Julirevolution malte. Schockierend war damals an diesem Werk die Tatsache, dass der Künstler das Thema nicht heroisierte, sondern einfache, zum Teil zerlumpte Gestalten aus dem Volk in den Rang der Bildwürdigkeit erhob. Wie sehr Delacroix, dessen Malstil die Zukunft gehören sollte, von Rubens beeinflusst ist, lehrt der Blick auf das 4 mal 5 m große Monumentalgemälde *Der Tod des Sardanapal* (1827/28, direkt gegenüber). Scheinbar ein wenig blasiert schaut der liegende Herrscher zu, wie vor seinem Freitod seine Haremsdienerinnen und seine Lieblingspferde erdolcht werden. Die Haltung der Haremsdame, die rechts im Vordergrund gerade den tödlichen Streich empfängt, ist motivisch einer Frauengestalt in dem Bild mit der Darstellung der Landung der Maria de Medici im Hafen von Marseille (hier im Louvre) entlehnt. Auch das Getümmel, die räumliche Ver-

Seinem anti-akademischen Malstil gehörte die Zukunft: Eugène Delacroix, Die Frauen von Algier

unklärung und die Lust an der sinnlichen Fleischlichkeit sind Merkmale der Rubensschen Malerei. Das Thema ist ebenso wie das Bild der *Frauen von Algier* (1834, direkt daneben) Ausdruck des Orientalismus, der während des ganzen 19. Jh. en vogue blieb. Politisch hoch ambitioniert ist die Wiedergabe der Ermordung der Griechen durch die Türken auf der Insel Chios (geschehen 1822, gemalt 1824 und im Salon ausgestellt; direkt daneben), eine engagierte Stellungnahme des romantischen Künstlers gegen den Genozid und als Thema noch heute von bleibender bedrückender Aktualität.

Géricault

Das Hauptwerk von Géricault ist das Kolossalgemälde *Das Floß der Medusa* (1819, Format 5 mal 7 m). Der Künstler schildert ein Ereignis aus dem Jahr 1816. Damals war das französische Passagierschiff Medusa gesunken, einige hundert Menschen ertranken. Nur eine kleine Gruppe von etwa 50 Menschen konnte sich auf ein Floß retten, das zwei Wochen den Unbilden der Natur ausgesetzt war. Dabei müssen sich unglaubliche Szenen zugetragen haben, es soll zu Kannibalismus gekommen sein. Am Tag der Rettung konnten nur noch 15 Überlebende geborgen werden – ein Ereignis, das damals die Welt erschütterte. Géricault hat lange an dem Thema herumexperimentiert, bevor er sich entschied, jenen Augenblick wiederzugeben, in dem die Überlebenden das rettende Schiff am Horizont entdecken. Die meisten von ihnen sind von Todesblässe überzogen, einige lassen erkennen, dass sie offenbar irre geworden sind. Bei seinen Studien für dieses Werk ging der Künstler akribisch und planvoll vor. In einer Irrenanstalt porträtierte er Geisteskranke, wiederholt fuhr er in die Normandie ans Meer, um den Ozean genau zu beobachten. Ja, er ließ in seinem Atelier das Floß nachbauen und postierte darauf seine Modelle als lebensgroße Wachsfiguren. Diese Form von Realismus war eine Sensation und bedeutete die Abkehr von allen Idealen des spätklassizistischen Akademismus. Im Salon von 1819 erhob sich deshalb das Geheul der offiziellen Kunstkritik, doch bereits 1824, im Todesjahr des Künstlers, erwarb der Louvre das Gemälde, das ein Meilenstein in der Entwicklung der abendländischen Kunst ist.

Am Ende des Saals hängt das bekannte *Doppelporträt zweier Schwestern* von Chassériau, das beste Bild dieses Malers, der es versucht hatte, die Brücke zwischen Klassizismus und Romantik zu schlagen. Das Bild, das die alttestamentliche *Susanna* zeigt (hoch gehängt, rechts neben dem Durchgang zur Cafeteria), lässt diesen Spagat besonders deutlich erkennen. Die kühle Schönheitlichkeit des Aktes neigt der Tradition Ingres' zu, die locker gemalten Stoffdraperien und der malerische Hintergrund dagegen weisen auf den Einfluss Delacroix' hin. Ingres schmähte seinen vormaligen Schüler wegen eines solchen Bildes als »Verräter, der in das Lager der Farbe übergegangen ist«.

Théodore Géricault, Das Floß der Medusa Für eine möglichst realistische Darstellung des Themas ließ der Künstler in seinem Atelier das Floß nachbauen und postierte darauf seine Modelle als lebensgroße Wachsfiguren.

St-Germain-des-Prés

Westlich vom Quartier Latin erstreckt sich das St-Germain-Viertel, das man in zwei Bereiche gliedern kann, einmal den Sektor rund um die alte Abtei, die dem Viertel seinen Namen gab, zum anderen den weiter westlich gelegenen Abschnitt, der bis an den Invalidendom reicht.

Vom Palais Bourbon aus durchzieht der breite Boulevard St-Germain das gesamte Viertel und setzt sich auch östlich des Boulevard St-Michel im Quartier Latin fort. Heute ist das Viertel beidseits des Boulevard St-Germain wieder ein »Quartier chic« mit Luxusboutiquen und ebenso begehrtem wie sündhaft teurem Wohnraum. Das Café aux Deux Magots und das Café de Flore sind beliebte Treffpunkte der Prominenz aus Politik und Kultur – und der Touristen aus aller Welt, die hier dem Flair der 50er Jahre nachspüren wollen, als Jean-Paul Sartre und Simone de Beauvoir in den Cafés arbeiteten und Hof hielten. Der Rundgang erschließt die Nordhälfte des 6. und die Osthälfte des vornehmen 7. Arrondissements. Im Mittelpunkt stehen Denkmäler des 18. Jh., also der Epochen Ludwigs XV. und Ludwigs XVI.

Keimzelle dieses Stadtviertels ist die Abtei, deren Namenszusatz *des-Prés* (= auf den Feldern) darüber Aufschluss gibt, dass sie im Mittelalter vor den Toren der Stadt lag. Rund um St-Germain bildete sich schon damals eine kleine Ansiedlung. Der Sektor westlich des Boulevard de Raspail, der Faubourg St-Germain, blieb indes noch bis in das 17. Jh. unbebaut. Als erste ließ hier Margarete von Valois Anfang des 16. Jh. eine Residenz errichten, in einer Zeit also, als das Marais noch den Vorzug des Adels genoss. Im 18. Jh. begann die Glanzzeit des Faubourg St-Germain. Die Familien der Aristokratie gaben das Marais auf und wandten sich dem neuen »In-Viertel« zu, wo bald ein Hôtel nach dem anderen aus dem Boden schoss. Es handelt sich um groß proportionierte Palais, die ursprünglich inmitten weitläufiger Parks lagen. In einigen Fällen sind die Gärten noch erhalten, andere wurden später überbaut. Im 19. Jh. war die große Zeit des Faubourg schon wieder vorbei. Alles, was Rang und Namen hatte, zog nun an die Champs-Elysées. Das 20. Jh. hat den Faubourg seinem Dornröschenschlaf wieder entrissen. Nachdem schon im 19. Jh. im Palais Bourbon die Nationalversammlung ihren Sitz bezogen hatte, kaufte der Staat Zug um Zug die einstigen Adelswohnsitze auf und richtete darin Ministerien ein. So entstand das heutige Regierungsviertel. Ein anderer Teil der historischen Baulichkeiten wurde von ausländischen Regierungen erworben, die darin ihre Botschaften unterbrachten. Daraus ist allerdings ein Nachteil für den Besucher entstanden: Die meist von starken Polizeiaufgeboten bewachten Gebäude zeigen sich verschlossen und sind für eine Besichtigung nicht zugänglich. Gelegentlich erhascht man einen Blick durch ein gerade sich öffnendes oder schließendes Tor.

Zwei Museen setzten im Faubourg St-Germain einen besonderen Akzent: das Musée Rodin im Hôtel Rodin und das Museum, das dem Spätwerk seines Schülers Aristide Maillol gewidmet ist.

St-Germain-des-Prés☆
Besonders sehenswert:
St-Sulpice☆
Hôtel Biron (Rodin-Museum)☆
Hôtel des Invalides und Invalidendom☆

◁ Die ehemalige Abteikirche St-Germain-des-Prés, im Vordergrund eine zeitgenössische Bodenskulptur

St-Germain und Faubourg St-Germain
1 St-Germain-des-Prés
2 St.Sulpice
3 Musée Eugène Delacroix
4 Institut de France
5 Hôtel de Monnaie
6 Ecole des Beaux-Arts
7 Musée d'Orsay
8 Hôtel de Salm
9 Hôtel de Beauharnais
10 Hôtel de Seignelay
11 Palais Bourbon
12 Hôtel de Lassay
13 Außenministerium
14 Hôtel de Noirmoutiers
15 Hôtel de Villars
16 Temple de Pentémont
17 Hôtel d'Estrées
18 Fontaine des Quatres-Saisons
19 Musée Maillol
20 Hôtel de Boisgelin
21 Hôtel de Gallifet
22 Hôtel de Matignon
23 Hôtel de Villeroy
24 Hôtel Biron (Musée Rodin)
25 Hôtel des Invalides, St-Louis-des-Invalides, Invalidendom

Abteikirche St-Germain

(1) Bereits im 6. Jh. gründete Childebert, der Sohn Chlodwigs, die Abtei, die zunächst dem hl. Kreuz und dem hl. Vinzenz geweiht war. Fortan ließen sich die merowingischen Könige in der Klosterkirche beisetzen. Erst seit der Zeit König Dagoberts (gest. 639) ging der Rang der königlichen Grablege auf St-Denis über. Auch Bischof Germanus von Paris, der die Weihe der Childebert-Gründung vollzogen hatte, war hier beigesetzt worden. Nach seiner Kanonisation im 8. Jh. nahm das Kloster das Germanus-Patrozinium an, St-Germain. Nach wiederholten Zerstörungen durch die Normannen erfolgte 990–1021 der

Wiederaufbau. Teile dieser frühromanischen Kirche sind noch in dem bestehenden Bau erhalten. Im Hochmittelalter war St-Germain das bedeutendste unter den rund um Paris gelegenen Klöstern und bezog aus weitläufigem Grundbesitz beträchtliche Einnahmen, die zum Teil in den weiteren Ausbau der Abtei investiert wurden. Wie weitläufig dieser Bautenkomplex schließlich gediehen war, zeigt anschaulich eine Illustration im »Monasticon Gallicanum« aus dem 17. Jh. Zu dieser Zeit war der Konvent, der eine Epoche des Niedergangs erlebt hatte, durch die Kongregation von St-Maur erneuert worden. Mit der Revolution ging das Klosterleben abrupt zu Ende. Man begnügte sich nicht mit dem Massaker an Mönchen und anderen Klosterinsassen – 300 Menschen fielen dem Gemetzel von 1792 zum Opfer! –, sondern trug auch die Abtei bis auf die Kirche ab.

St-Germain-des-Prés, Grundriss der Abteikirche

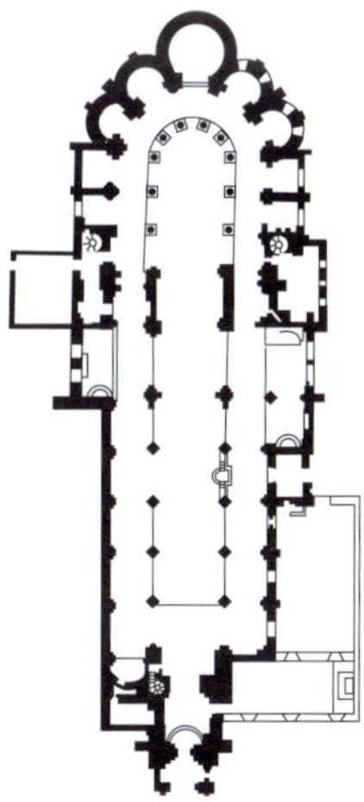

St-Germain-des-Prés, Blick in das Mittelschiff der ehemaligen Abteikirche

Man betritt den Kirchenraum durch einen kleinen Narthex im Untergeschoss des Turmes, der noch zur Bausubstanz des frühen 11. Jh. gehört. Vom Portal, das Mitte des 12. Jh. entstand, ist nur noch der Architrav mit einer Darstellung des Abendmahls erhalten. Alles andere wurde in der Revolution zertrümmert. Die Kirche ist eine dreischiffige Basilika, fünf Joche tief. Aus dem 11. Jh. stammen noch die Pfeiler sowie die Nordwand. Ursprünglich besaß der Raum einen offenen hölzernen Dachstuhl (das Einwölben der Kirchenbauten begann großen Stils erst in der Zeit nach 1050). Die jetzige Wölbung wurde erst im 17. Jh. eingezogen, zugleich wurde aus statischen Gründen die Südwand erneuert. Die Kapitelle sind Nachbildungen. Die Originale befinden sich im Musée de Cluny. Teile des Querhauses sind gleichfalls noch Substanz des 11. Jh., die Vierungspfeiler dagegen stammen wiederum aus dem 17. Jh. Der ausladende Chor mit Kapellenkranz entstand Mitte des 12. Jh. Er wurde 1163 von Papst Alexander III. geweiht.

St-Germain-des-Prés, romanisches Kapitell

Leider werden die Schlichtheit und der Ernst des frühromanischen Bauwerks durch eine schwülstige Ausmalung aus der Mitte des 19. Jh. beeinträchtigt. Da die Kirche in der Revolution geplündert wurde, besitzt sie kaum noch bemerkenswerte Ausstattung. Sehr schön und vorzüglich erhalten ist allerdings die Statue der Notre-Dame-de-Consolation rechts neben dem Eingang aus der Zeit um 1340, ein lebensgroßes **Standbild der Muttergottes mit dem Kind.** In St-Germain wurden der Geschichtswissenschaftler Mabillon und der Theologe Montfaucon – beide waren Mönche des Klosters gewesen – sowie der Philosoph René Descartes bestattet (2. Kapelle rechts im Chor).

St-Sulpice

(2) Die Abtei St-Germain bezog ihren Wohlstand in der Hauptsache aus der Landwirtschaft, die direkt vor den Toren des Klosters betrieben wurde. Da die mittelalterliche Abteikirche die beiden unterschiedlichen Personengruppen – Mönche und Bauern – nicht aufnehmen konnte, wurde bereits im 12. Jh. St-Sulpice als Pfarrkirche gegründet. Das romanische Bauwerk verschwand im 17. Jh. und wurde durch den bestehenden Bau ersetzt, dessen Grundstein 1649 gelegt wurde – Architekt war Christophe Gamard, ihm folgten bis zur Fertigstellung vier weitere Baumeister. Die unruhige Zeit der Fronde und finanzielle Engpässe führten wiederholt zum Erliegen der Arbeiten, sodass diese erst im 18. Jh. zum Abschluss kamen. Den Wettbewerb um die Fassade gewann 1732 der Florentiner Giovanni Niccolò Servandoni. Die Nüchternheit dieser Fassade zeugt für das klare Bekenntnis der Pariser zum Klassizismus (ein anderer Entwurf, von Gilles-Marie Oppenord, hatte eine reich verspielte Fassade des Rokoko vorgesehen). In zwei offenen Galerien übereinander werden die beiden unterschiedlichen antiken Säulenreihungen exemplifiziert: unten die Kolonnade mit geradem Abschluss (griechisch), oben die Arkade mit Bögen über den Stützen (römisch). An gotische Tradition erinnern nur noch die beiden seitlichen Türme. Das Giebelfeld, das sich ursprünglich zwischen ihnen befand, erlitt beim Einschlag eines Blitzes 1766 schweren Schaden und wurde vollständig abgetragen, was die Herbheit der Fassade eher noch gesteigert hat.

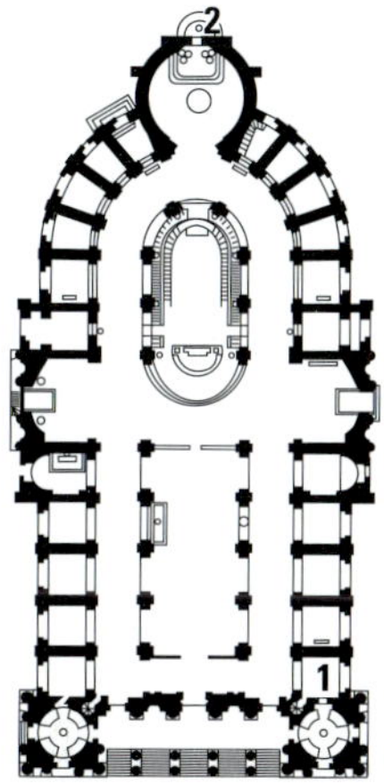

St-Sulpice, Grundriss
1 Fresken von Delacroix
2 Maria auf der Weltkugel von Pigalle

Der Innenraum ist dagegen stärker von der Tradition Pariser Gotik geprägt. Westliches Langhaus – Basilika mit fünf Jochen – und Chor mit Umgang und Kapellenkranz sind beide durch ein wenig betontes Querhaus getrennt und nahezu gleich gewichtet. Imposant sind die Abmessungen: 118 m Länge, 57 m Breite. Sie erklären sich aus der Tatsache, dass das St-Germain-Viertel zur Zeit der Erbauung von St-Sulpice seine zunehmende Beliebtheit bei den aristokratischen Familien erfuhr. Einige von ihnen wählten denn auch St-Sulpice zur Grablege: die Condé, Luynes, Conti. Wie in den meisten Pariser Kirchen ist es nach den Plünderungen der Revolutionszeit um die Ausstattung dürftig bestellt. Zu beachten sind die beiden gewaltigen **Muscheln,** die nahe dem Eingang als Weihwasserbecken dienen. Die Republik Venedig hatte sie König Franz I. zum Geschenk gemacht. In der ersten Kapelle der Südseite hat Eugène Delacroix zwei Alterswerke geschaffen (1858–61). Die **Fresken** zeigen Jakobs Kampf mit dem Engel und den Tempelschänder Heliodor. In der Marienkapelle ist die Figur der **Madonna auf der Weltkugel** sehenswert, ein Meisterwerk des Bildhauers Pigalle.

Der Platz vor der Kirche sollte nach einem Entwurf Servandonis halbrunde Gestalt annehmen. Das Projekt wurde nicht ausgeführt. Seine heutige Gestalt erhielt er erst Mitte des 19. Jh. Damals wurde auch der Brunnen in seiner Mitte geschaffen (von Ludovico Visconti, 1847), dessen Gestalt von der Fontaine des Innocents inspiriert zu sein scheint. Vor den Bögen des kleinen Monopteros sitzen die Statuen von vier großen Theologen, weshalb der Brunnen auch **Fontaine des Quatre-Evêques** genannt wird: Bossuet, Fléchier, Massillon und – als der bekannteste unter ihnen – Fénelon, Erzbischof von Cambrai und der bedeutendste Mystiker des französischen 18. Jh.

St-Sulpice, Blick in das Mittelschiff nach Westen
Den von Säulen getragenen Orgelprospekt entwarf 1776 Jean François Thérèse Chalgrin (1739–1811), ein Schüler Servandonis. das Instrument gehört zu den bekanntesten Orgeln Frankreichs.

Die Bauten am Seineufer

Auf dem Weg von St-Sulpice bzw. von St-Germain Richtung Seineufer sollte man durch die hübsche Rue Furstemberg gehen. Am gleichnamigen Platz (Haus Nr. 6) hatte Delacroix sein Atelier und in den letzten Lebensjahren auch seine Wohnstatt, die heute als **Musée Eugène Delacroix** (3) zugänglich ist.

Die Rue de Seine führt zum **Institut de France** (4), das seine Hauptansicht dem Fluss zuwendet. Dominanter Mittelpunkt ist die Kuppel der Institutskapelle, an die nach links und rechts die ausladenden zweigeschossigen Bauten der einstigen Lehranstalten anschließen. Elegant ausschwingend beschreiben sie den Grundriss eines halben Ovals. Louis Le Vau hat den Baukomplex 1663–1670 geschaffen. Ihm musste die Tour de Nesle weichen, ein Teil der Stadtmauer Philipps II. August. Im Vestibül der Kapelle, die man nur an Wochenenden zu bestimmten Uhrzeiten besichtigen kann, steht das von Le Vau entworfene und von Coysevox 1697 ausgeführte Grabdenkmal Kardinal Mazarins, ein Hauptwerk der Skulptur im späten 17. Jh.

Kurz zur Geschichte: 1657 plante Kardinal Mazarin die Stiftung eines Kollegs, die er jedoch erst 1661, drei Tage vor seinem Ableben, tatsächlich verfügte und testamentarisch reich bedachte. Der Name »Collège des Quatre Nations« wurde gewählt, weil darin Schüler aus jenen Gebieten Aufnahme fanden, die Frankreich durch den Westfälischen Frieden (1648) und durch den Pyrenäenfrieden (1659) zugefallen waren: Flandern (Artois), Piemont, Elsass und das Roussillon. In der Revolution wurde das Collège aufgelöst, 1805 führte Napoleon unter dem neuen Namen »Institut de France« all jene Akademien hier zusammen, die bis dahin im Louvre getagt hatten: die Académie Française, die Académie des Inscriptions et des Belles Lettres (1663), die Académie des Sciences (1666), die Académie des Beaux-Arts (1803) und die Académie des Sciences Morales et Politiques, die als letzte 1832 gegründet wurde. Die Académie Française, die über die Reinheit der französischen Sprache wacht, ist die bekannteste unter ihnen. Sie hat konstant 40 Mitglieder (ursprünglich waren es nur 13). Ein neues Mitglied kann erst dann in den Kreis der »Unsterblichen« gewählt werden, wenn ein anderes durch Tod ausgeschieden ist.

Links neben dem Institut de France befindet sich das Gebäude der Münze, **Hôtel de la Monnaie** (5), das 1768–1775 errichtet wurde. Es beherbergt ein interessantes numismatisches Museum. In dem Gebäudekomplex zwischen Rue Bonaparte und Rue des Saints-Pères, einst ein Kloster der Augustiner, gestiftet von Margarete von Valois, ist seit 1860 die **Kunsthochschule** (Ecole Nationale Supérieure des Beaux-Arts, 6) untergebracht.

Wir setzen den Weg entlang der Seine weiter stadtauswärts fort. Nach rechts hinüber hat man schöne Ausblicke auf die Südfront des

Louvre, die fast 1 km lang ist. Am Pont-Royal erreicht man die ehemalige Gare d'Orsay mit dem Museum der Kunst aus der zweiten Hälfte des 19. Jh., das im folgenden Kapitel separat und ausführlich vorgestellt wird. Sobald man am **Musée d'Orsay** (7) vorbei ist, zweigt man nach links und gleich wieder nach rechts in die Rue de Lille ab. Gleich auf der Ecke liegt das **Hôtel de Salm** (8), das 1786 für den deutschen Fürsten Friedrich von Salm-Kyrburg im klassizistischen Stil errichtet wurde. 1818 kaufte es der preußische Staat. Bis 1871 befand sich die Gesandtschaft Preußens darin, danach bis 1944 die deutsche Botschaft. Das Gebäude, dessen Flügel einen gepflegten Garten umschließen, ist heute Sitz der Ehrenlegion. Jenseits der Rue de Solférino folgt bald auf der rechten Seite das prächtige **Hôtel de Beauharnais** (9), 1714/15 von Germain Bouffrand erbaut. Es trägt seinen Namen nach dem Stiefsohn Napoleons, der 1803 darin Einzug hielt. Gleich daneben liegt das **Hôtel de Seignelay** (10), ebenfalls 1714 von Boffrand erbaut, darin jetzt das Ministerium für Handel und Handwerk.

Es fällt auf, dass alle diese Palais ihre Front nicht der Seine zuwenden, sondern vom Fluss abgewandt sind. Das gilt auch für den größten Adelssitz des Faubourg St-Germain, das **Palais Bourbon** (11) am Pont de la Concorde, seit 1826 Sitz der Nationalversammlung. Die zur Seine gerichtete kolossale tempelähnliche Front wurde dem Bauwerk erst 1803 unter Napoleon vorgeblendet. Der Ehrenhof öffnet sich dagegen nach Süden zur Place de Bourbon. 1722 begannen die Bauarbeiten auf Initiative der Herzogin von Bourbon, einer Tochter Ludwigs XIV. und der Marquise von Montespan. 1756 kaufte Ludwig XV. das Gebäude, um es wenig später (1764) an den Prinzen von Condé weiter zu veräußern. Zur Seineseite schließen sich dem Palais Bourbon zwei weitere stattliche Palais mit fensterreichen Fassaden an: das **Hôtel de Lassay** (12, 1722–1728), Amtssitz des Parlamentspräsidenten, und das 1845–1854 erbaute **Außenministerium** (13), umgangssprachlich oft nur kurz »Quai d'Orsay« genannt.

Das Palais Bourbon, größter Adelssitz im Faubourg St-Germain, ist seit 1826 Sitz der Nationalversammlung.

Adelspalais im Faubourg St-Germain

Weitere interessante Bauten des 18. Jh. findet man in den beiden Straßen Rue de Grenelle und Rue de Varenne, die parallel zueinander zwischen Boulevard des Invalides und Boulevard Raspail verlaufen. Wir beginnen den Rundgang in der Rue de Grenelle.

Den Innenhof des **Hôtel de Noirmoutiers** (14; 1720–1723, Architekt Jean Courtonne, der auch das Hôtel de Matignon erbaute) kann man in der Regel ungehindert betreten. Das im 17. Jh. geprägte Muster wurde im Grunde im 18. getreulich beibehalten: Corps de logis mit angrenzenden Flügeln. Nur die Fenster sind größer geworden. Heute darinnen Sitz des Präsidenten der Region Ile de France, in einem Seitenflügel die Direktion des IGN (Institut Géographique National).

Das **Hôtel de Villars** (15, 1712) mit kleinem Innenhof ist Rathaus des 7. Arrondissements. Weiter geht es vorbei am **Temple de Pentémont** (16, 1747–1777), einst Klosterkirche, mit gedrückter Kuppel, und am **Hôtel d'Estrées** (17, 1713) bis zur **Fontaine des Quatre-Saisons** (18), einem monumentalen Brunnen, aus dessen Wasserspeiern jedoch schon lange kein Wasser mehr fließt. Edmé Bouchardon schuf die Figuren (1739–1745) mit den Personifikationen von Paris und den Flüssen Marne und Seine in der Mitte sowie der Jahreszeiten an den ausgebuchteten Seiten. Rechts davon befindet sich der Eingang zum **Maillol-Museum** (19).

In der Rue de Varenne verdienen folgende Palais Beachtung: **Hôtel de Boisgelin** (20), darin die Botschaft Italiens. Gegenüber im weit von der Straße zurückversetzten **Hôtel de Galliffet** (21) befindet sich das italienische Kulturinstitut. Das **Hôtel Matignon** (22), 1721 von Courtonne erbaut, ist heute Amtssitz des Premierministers; im **Hôtel de Villeroy** (23) von 1724 residiert das Landwirtschaftsministerium. Das schönste und interessanteste aller Hôtels steht am Ende dieses Rundgangs, das Hôtel de Biron mit dem Rodin-Museum.

Aristide Maillol (1861–1944) ist neben Rodin die wichtigste Gestalt der Bildhauerei in der Aufbruchszeit zur Moderne. Maillol begann als Maler, erst um 1900 wandte er sich der Skulptur zu. Eine Griechenlandreise und die Begegnung mit den Werken der Antike prägte seinen Stil. Seine Skulpturen sind kompakt und voluminös, zugleich antikem Harmonieempfinden verpflichtet. Im Mittelpunkt von Maillols Schaffen steht der weibliche Akt, dem er in ungezählten Variationen huldigte.

Hôtel Biron und Rodin-Museum

(24) Das Stadtpalais ließ 1727–1732 Abraham Peyrenc de Moras, der durch Spekulationen zu Vermögen gekommen war, von den Architekten Jean Aubert und Jacques V. Gabriel errichten. 1753 erwarb es der Marschall Biron. Von 1829 bis 1902 diente es als Mädchenpensionat. 1904 ging das Hôtel in den Besitz des Staates über, der das Gebäude fortan Künstlern als Atelier und Wohnraum überließ. Von 1908 bis zu seinem Tode 1917 lebte und arbeitete der Bildhauer Auguste Rodin darin. Er hinterließ einen großen Teil seines während

Hôtel Biron
Das Stadtpalais aus dem frühen 18. Jh. diente dem Bildhauer Auguste Rodin von 1908 bis zu seinem Tode 1917 als Wohn- und Arbeitsstätte.

dieser Zeit entstandenen Werks dem Staat, der daraufhin das Hôtel Biron als Museum der Öffentlichkeit zugänglich machte.

Das Palais wirkt ungemein anziehend, obwohl es äußerlich eher schlicht erscheint. Statt der üblichen Seitentrakte fassen hier nur zwei turmähnliche kleine Anbauten das Corps de logis ein. Gärten breiten sich vor und hinter dem Gebäude aus, sodass alles von Grün gerahmt erscheint. Darin verteilen sich einige Skulpturen von Rodin, im Hintergrund steigt machtvoll die vergoldete Kuppel des Invalidendoms auf.

Schon in jungen Jahren brach Rodin mit dem Schönheitsideal des Klassizismus. An die Stelle heroischer und schönheitlicher Gestalten der Mythologie traten Menschendarstellungen von einem bis dahin ungekannten Realismus. Die Skulptur *Der Mann mit gebrochener Nase* (Bronze, Erdgeschoss, Saal 1) von 1864 wurde von der Salonjury mit der Begründung abgelehnt, dass das Werk zu realistisch sei. 1875 reiste der Bildhauer nach Italien, wo er die Skulpturen Michelangelos, seines bewunderten Vorbilds, studierte. *Das eherne Zeitalter* (Bronze, 1876; Saal 3) ist eine direkte Reaktion auf diese Auseinandersetzung mit Michelangelo. Erneut sah sich Rodin der Kritik ausgesetzt. Man warf ihm vor, direkt vom Modell einen Abguss genommen zu haben. Der Skandal bewirkte allerdings, dass Rodin bekannt wurde. Zwei Themen rückten in den Mittelpunkt seines Schaffens: die Frauen und die Liebe. Weltbekannt ist die Gruppe *Der Kuss* (Marmor, 1884; Saal 5), in dem sich Mann und Frau in zärtlicher Hingabe umarmen. Die Berührung der Lippen bleibt dezent durch den linken Arm der Frau, mit dem sie den Geliebten am Nacken umfasst, verborgen. Die Oberfläche der Körper erscheint durch das Spiel von Licht und Schatten belebt, der grob behauene Block, aus dem die beiden herauswachsen, kontrastiert reizvoll mit der erotischen Szene. Für die Frau soll Camille Claudel, Rodins Mitarbeiterin und langjährige Geliebte, Modell gesessen haben. Ihre Arbeiten sind in Saal 6 des Museums ausgestellt.

Die Arbeit am »Höllentor« sollte Rodin bis zu seinem Tod in Anspruch nehmen. Das Tor setzt sich aus ungezählten Figuren zusammen, die von Dantes »Inferno« in der »Göttlichen Komödie« wie von Baudelaires Gedichtzyklus »Les Fleurs du mal« gleichermaßen inspiriert sind.

Camille Claudel, deren Rang als Bildhauerin nur wenig bekannt ist, war 24 Jahre jünger als Rodin. Sie litt darunter, im Schatten des Lehrers und Geliebten zu stehen. Im Jahr des endgültigen Bruchs mit Rodin entstand die kleinformatige Skulpturengruppe *Das reife Alter.* Ein betagter Mann wird vom Alter, personifiziert durch eine Greisin, fortgezogen, während sich eine junge, am Boden kniende Frau verzweifelt an ihn klammert. Camille Claudel wurde 1913 in eine psychiatrische Klinik eingewiesen, wo sie 1943 in geistiger Umnachtung starb.

In den Sälen des ersten Stockwerks sind weitere bedeutende Skulpturen Rodins ausgestellt, der *Denker* (1880, Saal 10), ein Abguss der *Bürger von Calais* (1885, Saal 12), Porträtbüsten berühmter Zeitgenossen sowie Rodins persönliche Gemäldesammlung, darunter van Goghs *Die Schnitter* von 1888 (Saal 14), in Saal 16 und 17 Figurenassemblagen.

Auffälligstes unter den im Garten ausgestellten Werken ist das *Höllentor.* Den Auftrag für dieses Bronzetor erteilte 1880 der Staat. Die Arbeit sollte Rodin bis zu seinem Tod in Anspruch nehmen. Das Tor setzt sich aus ungezählten Figuren zusammen, die von Dantes »Inferno« in der »Göttlichen Komödie« wie von Baudelaires Gedichtzyklus »Les Fleurs du mal« gleichermaßen inspiriert sind. Der *Balzac* (1891–1898), ein Auftrag der Société des Gens de Lettres, ist ebenfalls im Garten aufgestellt. Rodin bezeichnete den Balzac als sein wichtigstes Werk.

Hôtel des Invalides und Invalidendom

(25) Vom Pont Alexandre III. führt eine breite begrünte Esplanade auf die knapp 200 m lange Fassade des Hôtel des Invalides zu. Ludwig XIV. rief die Institution zur Versorgung der Kriegsveteranen 1670 ins Leben. Sie wurde in der Hauptsache durch Einbehalt eines Teils des Soldes finanziert – früher Fall einer Sozialversicherung. 1671 begannen die Bauarbeiten unter Leitung des Architekten Libéral Bruant. Als dieser 1676 starb, übernahm Jules Hardouin-Mansart das Projekt. Nach Fertigstellung des Gebäudekomplexes, dessen Gestalt sich motivisch an den Escorial anlehnt, fanden 4000 Veteranen darin Unterkunft. Heute sind in den weitläufigen Trakten das sehenswerte **Armee-Museum** (mit interessanten Stadtmodellen Frankreichs im Obergeschoss) und das **Musée de l'Ordre de la Libération** untergebracht (mit Erinnerungsstücken an General de Gaulle, die Résistance und die Zeit der Befreiung von der Nazi-Herrschaft).

In den Gebäudekomplex ist die Garnisonskirche **St-Louis-des-Invalides** integriert, eine Emporenbasilika, die entsprechend ihrer Bestimmung als Gebetshaus für Soldaten ausgesprochen nüchtern erscheint. Der kühle Eindruck wird durch eine Vielzahl von Flaggen gemildert, Siegestrophäen der Armee aus den Kriegen, die Frankreich im 19. und 20. Jh. geführt hat (alle Flaggen aus der Zeit vor 1814 vernichtet; als die Verbündeten 1814 Einzug in Paris hielten, hatte der damalige Verwalter des Hôtel des Invalides sie verbrennen lassen, damit sie nicht in Feindeshand fielen).

Triumphaler Blickfang des weitläufigen Bautenensembles ist der **Invalidendom,** der nach einem Plan Hardouin-Mansarts errichtet wurde. Der Baumeister starb 1708, lange vor der Vollendung der Kirche, deren Fertigstellung erst 1735 erfolgte. Um das Bauwerk insgesamt zu erfassen, begibt man sich am besten auf die Place Vauban. Majestätisch wachsen die Baumassen empor und gipfeln in der mächtigen Kuppel, die zuletzt 1989 restauriert und neu vergoldet wurde. Im Innern des Zentralbaus sind bedeutende Feldherren bestattet. Die Krypta im Zentrum der Anlage wurde 1840 nach oben geöffnet, sodass man jetzt vom Umgang in die Vertiefung schauen kann, in deren Mitte der Porphyrsarkophag mit den sterblichen Überresten Napoleons steht, die hier am 15. Dezember 1840 zur letzten Ruhe gebettet wurden. So hat die Kirche doch noch ihre von Ludwig XIV. ins Auge gefasste Funktion als herrscherliche Grablege erhalten.

Hôtel des Invalides Triumphaler Blickfang des weitläufigen Bautenensembles ist der Invalidendom, der nach einem Plan von Hardouin-Mansart errichtet wurde.

Musée d'Orsay

Dem Louvre gegenüber liegt am linken Seineufer das Musée d'Orsay mit der bedeutendsten Sammlung an Gemälden des französischen Impressionismus. Der Name des Gebäudes geht auf jenes Palais d'Orsay zurück, das sich vormals an dieser Stelle befunden hatte und Sitz des königlichen Rechnungshofs war. 1871 steckten die Kommunarden den Bau in Brand, der danach zwanzig Jahre als Ruine stehen blieb.

Musée d'Orsay ☆☆
Besonders sehenswert: Die Sammlung impressionistischer Gemälde

Das Bauwerk und seine Geschichte

1898 fiel der Entschluss, an dieser Stelle einen Kopfbahnhof und ein Hotel zu errichten. Von hier verkehrten die Züge in den Südwesten Frankreichs. Architekt war Victor Laloux (1850–1937), der 1878 mit dem Rom-Preis ausgezeichnet worden war und an der Ecole des Beaux-Arts in Paris Architektur unterrichtete. Laloux entschied sich für eine Glas-Eisen-Architektur, wie sie derzeit in Mode war. Da das gesamte Gewicht der Wölbung von Eisenträgern aufgefangen wurde, konnte Laloux die Nordseite, die sich dem Seineufer zuwendet, durch große, verglaste Bögen öffnen. Abweichend von der Grundidee der Glas-Eisen-Architektur, nämlich der Sichtbarmachung des struktiven Gerüsts, sollte sich im Falle der Gare d'Orsay das äußere Erscheinungsbild sowohl der gravitätischen Fassade des Louvre als auch denen der angrenzenden Palais anpassen. In der Tat lässt die behauene Steinfassade mit Ausnahme der genannten Fensterbögen nichts mehr von der fragilen Struktur des Skelettbaus erkennen. Auch im Innern kaschieren Stein, Kassettendecken und Stuckarbeiten die Eisenträger.

Nach nur zwei Jahren Bauzeit wurden am 14. Juli 1900 im Rahmen der Weltausstellung Bahnhof und Hotel eröffnet. Unter den Arkaden des Erdgeschosses, also dort, wo heute die Gemälde der Realisten, der Maler von Barbizon, beziehungsweise die Kunstgewerbesammlung ausgestellt sind, befanden sich Fahrkartenschalter, Gepäckaufbewahrung und Wartesäle, im Untergeschoss die Gleiskörper und Bahnsteige. Die 400 Zimmer des Luxushotels wurden in die Ausstellungsräume der mittleren und oberen Ebene umgewandelt. Das Restaurant, in dem heute die Museumsbesucher bewirtet werden, sowie der in den Rundgang einbezogene angrenzende Festsaal haben ihr Erscheinungsbild bewahrt und vermitteln noch authentisch einen Eindruck vom Lebensgefühl der Belle Epoque.

◁ Die Bahnhofshalle aus dem 19. Jahrhundert wurde zum Museum umgebaut, die dekorative Bahnhofsuhr ist als nostalgische Erinnerung an die ursprüngliche Funktion des Baus geblieben.

Mit rund 200 Zügen, die täglich an der Gare d'Orsay verkehrten, war der Bahnhof einer der wichtigsten von Paris. Als jedoch am Ende der 1930er Jahre das Eisenbahnnetz elektrifiziert und die Züge in der Folge länger wurden, erwiesen sich die Bahnsteige der Gare d'Orsay als zu kurz. 1939 stellte man den Fernverkehr ein, wenig später auch den Nahverkehr. Nacheinander diente der aufgelassene Bahnhof als Aufnahmelager für Kriegsgefangene (1945), als Drehort für die Verfilmung von Franz Kafkas »Der Prozess« (1962) durch Orson Welles und bis 1973 als Theater der Gruppe Renaud-Barrault. Auch Versteigerungen wurden hier durchgeführt. Das Hotel dagegen konnte sich noch etwas länger behaupten, es schloss seine Tore erst im Januar des Jahres 1973 für immer. Nun hing das Damoklesschwert über dem Gebäude, es drohte der Abriss. Präsident Giscard d'Estaing setzte sich erfolgreich für den Erhalt der Gare d'Orsay und den Umbau zu einem Museum ein. 1979/80 nahmen die Architekten R. Bardon, P. Colboc und J. P. Philippon die Umwandlung in Angriff. Für den Innenausbau berief man die Italienerin Gae Aulenti. Nach sechsjähriger Bauzeit wurde das Musée d'Orsay am 1. Dezember 1986 eröffnet, das jetzt sowohl als Museumsarchitektur wie gleichfalls wegen seines Sammlungsbestandes zu den interessantesten Museen der Welt zählt.

Die Kunstsammlung

Als Museum der zweiten Hälfte des 19. Jh. ist das Musée d'Orsay das zeitliche Bindeglied zwischen dem Louvre und dem Musée d'Art Moderne im Centre Pompidou – in der ständigen Ausstellung sind neben Malerei und Skulptur auch die Sparten Graphik, Kunstgewerbe, Möbel, Film, Photographie und Geschichte vertreten. Das Herzstück des Museums ist die Malerei des Impressionismus, seiner Hauptvertreter, aber auch seiner Wegbereiter und seiner Nachfolger, die zuvor im Jeu de Paume im Tuilerienpark untergebracht war.

Betritt man das Museum, steht man zunächst im Mittelgang der unteren Ebene vor der Skulpturen-Sammlung mit Werken der neoklassizistischen Richtung des 19. Jh. Die Skulpturen auf den seitlichen Galerien darüber stammen von Auguste Rodin und seinem Umkreis. Hinter den großen Stellwänden gelangt man in die seitlichen Kojen. Auf der rechten Seite sind Werke der klassizistisch-akademischen Malerei (Ingres), der Romantik (Delacroix) sowie einiger Vorläufer des Symbolismus ausgestellt. Für den heutigen Betrachter ist das Revolutionäre des Impressionismus nur noch schwer nachvollziehbar. Wer sich jedoch an dieser Stelle die Dogmen der akademisch-glatten Salonmalerei des 19. Jh. vergegenwärtigt, wird den Schock, den Monet und seine Malerfreunde bei ihren Zeitgenossen auslösten, besser verstehen können.

Die Wegbereiter des Impressionismus

Honoré Daumier

Wir beginnen den Rundgang auf der linken Seite des Untergeschosses. Die erste Koje ist dem Maler und Graphiker Honoré Daumier (1808–1879) gewidmet, der seit 1832 für die satirische Zeitschrift »Le

Charivari« arbeitete. Der größte Teil seines Werkes sind Lithographien, daneben schuf er kleinformatige Tonskulpturen (»Ratapoil«, Büsten der Parlamentarier) und Ölbilder. Mit beißender Ironie karikierte Daumier seine Zeitgenossen. Sein Interesse für das Leben der kleinen Leute, das in der akademischen Malerei als nicht bildwürdig galt (*Die Wäscherin*, 1863/64), lässt die geistige Verwandtschaft Daumiers mit den Impressionisten erkennen, ohne dass man ihn deshalb deren Kreis zurechnen kann.

Schule von Barbizon

Die bereits in der ersten Hälfte des 19. Jh. zunehmende Industrialisierung Frankreichs verschärfte nicht nur die Kluft zwischen Reich und Arm, sie verschlechterte auch die Lebensqualität in den Großstädten. Schon damals zog es einzelne Naturliebhaber – geistige Urahnen der heutigen Grünen – aufs Land. So ließ sich in den 1830er Jahren eine kleine Gruppe von Künstlern in dem Dorf Barbizon südlich von Paris nieder. Nachdem um die Jahrhundertmitte Jean-François Millet, Gustave Courbet, Camille Corot und Charles-François Daubigny Teile des Jahres in Barbizon verbracht oder sich dort fest niedergelassen hatten, gelangte das Dorf zu größerer Bekanntheit. Allen gemeinsam war die Verbundenheit mit der Natur, die jeder jedoch auf eine eigene Weise künstlerisch umsetzte, sodass oft nicht ganz treffend von einer Schule von Barbizon gesprochen wird. Tatsächlich hatten die Künstler weder ein gemeinsames Programm, noch nahmen sie Schüler an. Jean-François Millet (1814-1875) etwa richtete im Gegensatz zu seinen Kollegen, die immer wieder Landschaften und Tiere malten, sein ganzes Interesse auf die bäuerliche Bevölkerung. Der

Jean-François Millet

Jean-François Millet, Das Angelusläuten
Der arbeitende Mensch steht im Vordergrund von Millets Schaffen, das von ihm urbar gemachte Land ist sein Umfeld.

arbeitende Mensch steht im Vordergrund, das von ihm urbar gemachte Land ist sein Umfeld. Seine beiden bedeutendsten Gemälde, *Das Angelusläuten* (1857–1859) und *Die Ährenleserinnen* (1857), verdeutlichen die Fähigkeit Millets, einen Augenblick einzufangen und diesen zugleich in eine zeitlose Allgemeingültigkeit zu erheben.

Théodore Rousseau

Théodore Rousseau (1812–1867), der seinem Freund Millet nach Barbizon gefolgt war, verlieh seiner pantheistischen Naturauffassung in der Darstellung von Bäumen und Wäldern in der Umgebung von Barbizon Ausdruck (*Allee im Wald von l'Ile-Adam*, 1849) und verhalf damit der Landschaftsmalerei, die bislang eine untergeordnete Rolle eingenommen hatte, zum Durchbruch. Pastose Braun- und Rottöne lassen die Gemälde, in denen der Mensch eine untergeordnete Rolle spielt, für den heutigen Geschmack etwas pathetisch erscheinen.

Camille Corot

Camille Corot (1796–1875) fing in seinen oft wie hingehaucht wirkenden Gemälden den Zauber von Morgen- und Abendstimmungen ein. Corot entwickelte eine Meisterschaft in der Nuancierung einzelner Farbwerte. In seinen Landschafts- und Flussansichten, die er oft mit Nymphen und ähnlichen Fabelwesen belebte, überwiegen zarte Silbertöne (*Morgen. Tanz der Nymphen,* 1850/51). Der Lyrismus Corots wirkte nachhaltig auf das Naturverständnis der Impressionisten.

Gustave Courbet

Das Werk von Gustave Courbet (1819–1877) nimmt eine Schlüsselstellung ein. Der politisch engagierte Künstler wurde 1871 nach der Niederschlagung der Pariser Kommune wegen der Zerstörung der Vendôme-Säule zu sechs Monaten Haft und einer hohen Geldstrafe verurteilt. Courbet emigrierte nach Abbüßen der Strafe in die Schweiz, wo er starb. Sein Aktivismus schlug sich auch in seinem künstlerischen Leben nieder. Soziale Themen nehmen eine zentrale Stellung in seinem Œuvre ein. Dies und die genaue Beobachtung der Dinge zeichnen ihn als Begründer und einen der Hauptvertreter des französischen Realismus aus. Das Programmbild dazu ist das Gemälde *Das Innere meines Ateliers, eine reelle Allegorie, die sieben Jahre meines Lebens als Künstler umfasst* aus dem Jahr 1855, das gleichermaßen Lebensbericht wie Zeitporträt ist. Courbet stellt zwei Bevölkerungsschichten einander gegenüber: auf der linken Seite Vertreter der unterprivilegierten Schicht, rechts die geistige Elite und den Geldadel. Als Bindeglied und Vermittler zwischen diesen Gegensätzen versteht Courbet den Künstler, den er in Gestalt eines Malers in der Mitte platziert, an seiner Seite stehen als seine Modelle eine nackte Frau und ein Knabe. Der Maler arbeitet jedoch an einer Landschaft und damit an einem Thema, das offensichtlich in keinem Zusammenhang mit seiner Umgebung steht. Courbet manifestiert in diesem Gemälde sein Selbstverständnis als Künstler, der sich nicht in Kategorien einzwängen lässt, sondern die Welt in einem ganzheitlichen, universellen Sinne begreift. Der Künstler hat Grenzen aufzureißen und Brücken zu bauen. Diese Botschaft Courbets fand bei seinen Zeitgenossen jedoch keine einhellige Zustimmung: Der offiziel-

le Salon von 1855 lehnte das Bild ab. Als Reaktion ließ der Maler mit finanzieller Unterstützung eines Gönners einen eigenen kleinen Ausstellungspavillon errichten, über dessen Pforten ein Schild mit der Aufschrift »Der Realismus« prangte. (Den Terminus des Realismus hatte er dem Vokabular Flauberts entlehnt. Malerei und Literatur hängen Mitte des 19. Jh. zum Teil eng zusammen.) Neben dem »Atelier des Künstlers« stellte er dort noch einige andere Werke aus.

Gustave Courbet, Das Innere meines Ateliers, eine reelle Allegorie, die sieben Jahre meines Lebens als Künstler umfasst
Das programmatische Gemälde illustriert Courbets Selbstverständnis als Künstler, der sich nicht in Kategorien einzwängen lässt, sondern die Welt in einem ganzheitlichen, universellen Sinne begreift.

Der Protest Courbets kann in seiner Bedeutung und in seiner Folgewirkung gar nicht hoch genug eingestuft werden. Courbet, der damit die erste Einzelausstellung in der Geschichte der Kunst organisiert hatte, stärkte mit diesem Affront gegen die Jury des Salons einer ganzen Malergeneration den Rücken, die unter den anhaltenden Zurückweisungen von offizieller Seite litt. In dem Schlagwort »Realismus« fühlten sich diese Maler künstlerisch und geistig mit Courbet verbunden. Mit seiner couragierten Aktion hat Courbet der berühmt gewordenen ersten Impressionistenausstellung im Jahr 1874 den Boden bereitet.

Beide Ausstellungen gingen also auf Privatinitiativen zurück, die sich von der offiziellen Salonkunst distanzierten. Jedem Salon stand eine Jury vor, die aus der Masse der eingesandten Gemälde eine Auswahl zu treffen hatte und einzelne Werke prämierte. Diese Jury bestand aus Professoren der staatlichen Ecole des Beaux-Arts sowie aus Malern, die bereits im Salon ausgestellt hatten und deren Werke ausgezeichnet worden waren. Intrigen und Seilschaften waren an der Tagesordnung. Die »Salonkunst« war eine von staatlicher Seite geförderte akademische Malerei, die sich im Kielwasser von Ingres bewegte und neben Porträts allegorische, historische und mythologische Themen im Überfluss produzierte. Das Problem Courbets und der Impressionisten war es, dass es außerhalb des Salons keine Möglichkeit gab, Werke einem breiten Publikum zu zeigen. Darüber hinaus war eine Ausstellung im Salon die einzige Möglichkeit, zu Bekanntheit und damit zu Aufträgen zu gelangen. Die Annahme oder Ablehnung eines Werkes durch die Jury war von existenzieller Tragweite. Anfang der 1860er Jahre wurden die Proteste gegen die Institution der Salonjury von Seiten jener Künstler, deren Werke abgelehnt *(refusé)* worden waren, so heftig, dass sich Napoleon III. persönlich zum Handeln genötigt sah. Das Ergebnis war ein Teilsieg der »Realisten«. 1863 wurde eine zweite Ausstellung, der »Salon des Refusés«, organisiert, in der alle von der Jury abgewiesenen Bilder ausgestellt werden konnten.

Edouard Manet

Edouard Manet (1832–1883), der sich zeit seines Lebens im Spannungsfeld zwischen Anerkennung und Ablehnung seitens des Salons befand, stellte im ersten Salon des Refusés das Bild mit dem Titel »Das Bad« (1863) aus, das später unter dem Titel »Frühstück im Freien« berühmt wurde (es hängt im Obergeschoss des Museums). Sein Atelier war eine Begegnungsstätte junger Künstler, die in den 1860er Jahren Manet als ihren Wortführer betrachteten. Als die Impressionisten jedoch immer entschiedener ihren Weg der Plein-air-Malerei verfolgten und damit offen gegen die offizielle Kunst revoltierten, lehnte Manet fortan gemeinsame Ausstellungen ab. Er war überzeugt davon, dass einzig der Salon den Ruhm eines Malers sichern konnte.

Um sein Ziel einer reinen Malerei zu erreichen, kopierte Manet im Louvre Werke von Tizian, Velazquez, Delacroix und Frans Hals. Oft übernahm er deren Bilderfindungen und übersetzte die Kompositionen in ein zeitgenössisches Ambiente. Berühmtes Beispiel dafür ist die *Olympia* (1863), die im Salon des Refusés von 1865 einen ähnlichen Skandal auslöste wie zwei Jahre zuvor das »Frühstück«. Für die *Olympia* stand Tizians »Venus von Urbino« (1536; Florenz, Uffizien) Pate, die Manet auf seiner Italienreise 1853 gesehen hatte. Der Katalog an Vorwürfen gegen dieses Bild war umfangreich. Manet hatte aus der Göttin eine Kurtisane gemacht, die, nackt auf einem Bett liegend, den Betrachter ungeniert fixiert. Die Dienerin aus Tizians Gemälde machte Manet zu einer Negerin. Die Kombination einer nackten, weißen und einer schwarzen, bekleideten Frau wurde ebenso wie die schwarze Katze zu Füßen der Liegenden als maximal anstößig empfunden. Darüber hinaus beschritt Manet mit seiner Malweise einen neuen Weg. Im Gegensatz zur akademisch glatten Malweise sind einzelne Pinselstriche sichtbar, die das Momenthafte der Situation betonen. Auffallend sind zudem der ausgeprägte Hell-Dunkel-Kontrast und das Fehlen räumlicher Tiefe.

Dieselbe Flächenhaftigkeit beobachtet man in dem Gemälde *Das Frühstück im Freien* (1863), das im Obergeschoss des Museums zu sehen ist (über die Rolltreppen im hinteren Teil des Gebäudes erreichbar). Wie kein anderes Bild erhitzte es die Gemüter der Ausstellungsbesucher des ersten Salon des Refusés. Versuche, das Bild zu zerstören, konnten manchmal nur mit knapper Not von Ausstellungswärtern verhindert werden. Ebenso wie bei der »Olympia« gibt es auch für das »Frühstück« eine konkrete Vorlage; es handelt sich um das »Ländliche Konzert«, das früher Giorgione, heute Tizian zugeschrieben wird. Eine nackte Frau und zwei nach der zeitgenössischen Mode gekleidete Herren lagern in einer Waldlichtung. Manet entlarvt in diesem Bild die Doppelmoral seiner Zeit. In einem Brief verurteilte der Kaiser das Gemälde als »Verletzung des Schamgefühls«. Manet, der auch Anregungen aus der spanischen Malerei sowie von japanischen Holzschnitten in seinen Bildern verarbeitete, zog erst in der Mitte der 1870er Jahren mit der Staffelei in die freie Natur, um dort zu malen. Es war Berthe Morisot, Manets Modell und seit 1874 seine Schwägerin, die ihren Lehrer und Freund zur Arbeit unter freiem Himmel angeregt hatte.

Löste zur Entstehungszeit einen Skandal aus: Edouard Manets »Frühstück im Freien«

Der Impressionismus – eine kurze Einführung

Die Ablehnung der akademischen Malerei, die Bewunderung des Realismus sowie die Arbeit im Freien sind die drei wichtigsten Ideale, die schon zu Beginn der 1860er Jahre eine Gruppe junger Maler miteinander verband. Pierre-Auguste Renoir, Claude Monet, Frédéric Bazille (der 1870 im Krieg fiel) und Alfred Sisley hatten sich als Schüler im Atelier des Schweizer Malers Gleyre eingeschrieben. Bald schon zogen sich die jungen Männer von dort zurück, um nach eigenen Vorstellungen zu arbeiten. Die Gruppe zog immer mehr Künstler an: Edgar Degas, Camille Pissarro, Berthe Morisot und Paul Cézanne sind die bekanntesten. Bei regelmäßigen Zusammenkünften im Café Guerbois in der Grande Rue des Batignolles – nach ihr nannten sie sich bald »Gruppe von Batignolles« – diskutierten sie leidenschaftlich ihre Ansichten von Art und Umsetzung der neuen Ideen. Zu ihnen gesellten sich Schriftsteller wie Emile Zola und Kunsthändler, die entscheidenden Anteil an der Verfechtung der neuen Richtung hatten.

Obwohl die Maler die akademische Richtung ablehnten, bemühten sie sich aus wirtschaftlichen Gründen wiederholt um die Ausstellung ihrer Bilder im Salon. Als jedoch die Fruchtlosigkeit ihrer Anstrengung deutlich wurde und Anfang der 1870er Jahre die Ablehnung der neuen Strömung seitens der Salonjury immer rigider wurde, entschloss sich die Gruppe zur Eigeninitiative. Da sie sich andererseits nicht als einheitliche Gruppe verstanden, noch von der Kritik als »Neue Schule« kategorisiert werden wollten, einigten sich die Künstler auf die neutrale Bezeichnung »Anonyme Gesellschaft von Malern, Bildhauern, Radierern usw.«. Der Photograph Félix Nadar stellte sein Atelier für die Ausstellung zur Verfügung, die am 15. April 1874 eröffnet wurde. Die zahlreichen Besucher kamen in erster Linie, um sich zu amüsieren, Monets Gemälde »Impression, soleil levant« (Musée Marmottan) wurde von der Kritik mit Hohn übergossen. Am Tag nach Erscheinen des berühmt gewordenen Aufsatzes des Kritikers Louis Leroy, der nach dem Titel des Monetschen Bildes von »impressionistischer Malerei« sprach, hatten die Wärter alle Hände voll zu tun, um die Gemälde vor tätlichen Angriffen zu schützen. Monet und seine Freunde übernahmen das Schmähwort und nannten sich fortan – wenn auch zunächst nur aus Trotz – Impressionisten.

Dennoch ließen sich die Maler nicht entmutigen und setzten ihren Weg unbeirrt fort. Durch die Jahre tiefster finanzieller Nöte lavierten sie sich mit Hilfe von Freunden, die von Zeit zu Zeit ihre Bilder kauften. Manet sah sich aufgrund der anhaltenden Erfolglosigkeit seiner Freunde in seiner Weigerung, an den Gruppenausstellungen teilzunehmen, bestätigt. Tatsächlich stellte sich erst zu Beginn der 1880er Jahre allmählich der ersehnte Erfolg ein, und die existenziellen Sorgen nahmen – zumindest für die meisten von ihnen – ein Ende. 1876, 1877, 1879, 1880, 1881, 1882 und 1886 wiederholten die Impressionisten ihre selbstorganisierten Ausstellungen. Die letzte dieser Gemeinschaftsausstellungen belegte das Auseinanderbrechen der Gruppe. Sowohl Monet als auch Renoir und Sisley weigerten sich, noch einmal teilzunehmen, Pissarro war schließlich der einzige, der auf allen acht Ausstellungen vertreten war. Tatsächlich war bereits in den Katalogen der Begriff »impressionistisch« nicht mehr zu lesen. Dagegen zeigten Georges Seurat und Paul Signac erste Bilder. Seurat hatte die Technik der Impressionisten weiterentwickelt und damit den Schlusspunkt unter diese Stilrichtung gesetzt, um gleichzeitig die Türen zu einer neuen Bewegung aufzustoßen. Bezeichnenderweise ging diese unter dem Namen Neoimpressionismus, auch Pointillismus oder Divisionismus, in die Kunstgeschichte ein.

In ihrem Bestreben, ein Motiv möglichst wirklichkeitsgetreu wiederzugeben, verstanden sich die Impressionisten als Naturalisten, als welche sie sich in der Anfangszeit auch bezeichneten. (Den Terminus des Naturalismus nahm übrigens auch Emile Zola für die Literatur in Anspruch.) Indem die Maler ins Freie zogen, ersetzten sie das künstliche Atelierlicht durch das natürliche Licht. Damit ging automatisch eine Aufhellung der Palette einher, Schwarz, Grau und dunkle Brauntöne verschwanden aus den Bildern. Die Schatten wurden farbig, klare Konturen verschwanden. Um die Leuchtkraft der Farben zu steigern, begannen die Impressionisten damit, reine Farben in kleinen Pinselstrichen nebeneinander zu setzen. Die Farbmischung entsteht also erst – aus einer gewissen Entfernung gesehen – im Auge des Betrachters.

Die Maler des Impressionismus und ihre Werke

Im Musée d'Orsay ist das gesamte Obergeschoss dem Impressionismus gewidmet. Im zweiten Raum sind unter anderem zwei Werke von Künstlern ausgestellt, die seit jeher im Schatten der Berühmtheiten – Monet, Renoir u.a. – stehen: Berthe Morisot und Gustave Caillebotte.

Berthe Morisot

Anders als Monet, Renoir, Cézanne oder Degas beschritt Berthe Morisot (1841–1895), die neben Eva Gonzales und Mary Cassatt eine der wenigen Frauen in der Gruppe war, mit ihrer Malerei keine bahnbrechenden Wege. Sie verlieh ihren Werken jedoch eine eigene, zarte, ungemein feminine Stimmung. Immer wieder malte sie ihre Familie, ihr Haus und dessen Garten. Sensibles Einfühlungsvermögen zeigt eines ihrer Hauptwerke, *Die Wiege* (1872). Eine junge Mutter sitzt am Rande einer Wiege, in der unter weißen Schleiern ihr schlafendes Kind liegt, und betrachtet es versunken. Der enge Bildausschnitt und die nahezu zur Flächigkeit zusammengeschmolzene geringe Raumtiefe verstärken den Eindruck von Intimität.

Gustave Caillebotte

Gustave Caillebotte (1848–1894) ist weniger als Maler, sondern vielmehr als Mäzen in die Geschichte des Impressionismus eingegangen. Sein stattliches Vermögen erlaubte es ihm, seinen Freunden wiederholt in finanziellen Notlagen durch Bilderkäufe zu helfen. Aus seinem eigenen an Umfang geringen Œuvre ragen einzelne qualitativ hoch stehende Gemälde, wie etwa *Die Parketthobler* (1874), hervor. Aus einer ungewöhnlichen Perspektive heraus zeigt Caillebotte drei Männer mit nackten Oberkörpern bei ihrer Arbeit. Der kühn gewählte Ausschnitt verstärkt die Intention, ungeschönt den Alltag von Arbeitern zu zeigen, ein Thema, das die akademische Malerei niemals aufgegriffen hätte.

Edgar Degas

Der folgende Raum ist dem umfangreichen Werk von Edgar Degas (1834–1917) gewidmet. Degas entstammte wie Edouard Manet einer großbürgerlichen Familie und wählte wie dieser zunächst die akademische Laufbahn. Mehrfach stellte Degas seine Bilder im Salon aus, und es zeichnete sich bereits eine glänzende Karriere als »Salonmaler« ab. Komposition und Stil orientierten sich während der gesamten 1860er Jahre an seinem Vorbild Ingres. Die Kunst von Degas beruhte in den Anfangsjahren auf seinem zeichnerischen Talent, Fragen der Farbe und des natürlichen Lichts waren für ihn im Unterschied

Berthe Morisot, Die Wiege

zu Monet oder Renoir kein Thema. Allerdings widmete sich Degas gegen Ende der 1860er Jahre der Darstellung des alltäglichen Lebens. Wäscherinnen, Büglerinnen und immer wieder die Welt der Bühne und des Balletts sowie später die Pferderennbahnen waren seine bevorzugten Motive. Auch in seinen zahlreichen Gemälden von Frauen bei der Toilette erweist sich Degas als Meister in der Darstellung bislang nie gesehener Perspektiven und Ansichten. Mit diesen neuen Genres entdeckte er die Technik des Pastells für sich, die ihm ein schnelleres Arbeiten ermöglichte. Der zarte Hauch der Pastellkreide unterstreicht Degas' Bemühen, die Flüchtigkeit des Augenblicks festzuhalten. Zugleich gewann auch die Farbe wachsende Bedeutung. Degas wurde vor allem durch seine Ballettbilder berühmt. Ihn faszinierten die durchtrainierten Körper der Balletteusen, die sich in perfekter Körperbeherrschung auf der Bühne bewegen. Geradezu exemplarisch vereinigt das Bild *Wiederholung eines Balletts auf der Bühne* (1874) die Ideale Degas': das Studium der Bewegungsabläufe im grellen Schein der Lampen. Daneben sehen wir Degas als Meister einer subtilen Psychologie und als Gesellschaftskritiker. Immer wieder postiert der Künstler in seinen Bildern einen gut gekleideten Herrn mit Stock und Zylinder, der die Mädchen mit voyeuristischem Interesse beobachtet. Degas berührte damit ein offenes Geheimnis, denn die Tänzerinnen, die meist armen Familien entstammten, standen besagten Herren nicht selten zu bezahlten Liebesdiensten zur Verfügung.

Auch in dem Gemälde *Der Absinth* (1876) widmet sich Degas den Außenseitern der Gesellschaft. Eine Frau und ein Mann, Porträts der Schauspielerin Ellen Andrée und des Malers, Schriftstellers und Bohemiens Marcellin Desboutin, sitzen mit stumpfsinnigem Blick in einem Bistro.

Edgar Degas, Das Balletträckchen

Ab den 1880er Jahren gewinnt die Skulptur im Schaffen von Degas zunehmend an Bedeutung. Der Grund liegt in einem Augenleiden, das dem Künstler schon in seiner Jugend zu schaffen machte und das ihn in der 90er Jahren nahezu erblinden ließ. Zahlreiche Bronzefiguren von jungen Tänzerinnen (in Vitrinen ausgestellt) zeugen von seiner ungebrochenen Leidenschaft für das Ballett. Ein Hauptwerk ist die Bronzestatuette eines etwa vierzehnjährigen Mädchens, das ein Röckchen aus echtem Tüll trägt und dessen Haar mit einer Schleife aus Satin zusammengebunden ist. Die Skulptur, die Degas im Rahmen der Impressionistenausstellung 1886 gezeigt hatte, ging unter dem Titel *Das Ballettröckchen* in die Kunstgeschichte ein.

Alfred Sisley

Einige der wichtigsten Werke von Alfred Sisley (1839–1899) sind im folgenden Raum ausgestellt. Sisley ist neben Camille Pissarro und Claude Monet der dritte Künstler unter den Impressionisten, der sich fast ausschließlich der Landschaftsmalerei verschrieb. Seine Gemälde sind unspektakuläre und stille Kompositionen von vollendeter Farbharmonie. Das Herzstück seines Œuvres ist eine Reihe von sieben Bildern, die der Künstler anlässlich der Überschwemmung von

Marly-le-Roi 1876 malte. In *Überschwemmung von Port Marly* und *Boot bei der Überschwemmung* stellt Sisley die Naturkatastrophe so dar, als handle es sich auch hierbei um eine Idylle. Armand Silvestre, ein mit den Impressionisten befreundeter und ihnen wohlgesonnener Kritiker, hielt 1874 in einem Vergleich anlässlich der ersten gemeinsamen Ausstellung den Charakter der Gemälde Sisleys mit den Worten fest: »Herr Monet ist der gewandteste und waghalsigste, Herr Sisley der harmonischste und furchtsamste, Herr Pissarro der realste und unbefangenste.«

Camille Pissarro

1859 lernte Camille Pissarro (1830–1903) in der Académie Suisse Claude Monet kennen. Beide zog es mit der Staffelei in die Natur, um direkt vor dem Motiv zu malen, beide strebten nach einer lichterfüllten Malerei. Während Monet jedoch Landschaften und Seestücke zunehmend atmosphärisch auflöste, blieben die Bilder Pissarros immer erdhaft und real. In *Die roten Dächer* (1877) fängt Pissarro das Licht eines Vorfrühlingstages allein in den Reflexen auf den Hausmauern ein. Zart zeichnen sich die Schatten der Baumstämme vor der roten Erde ab. Wie ein Spinngewebe überziehen die Äste der kahlen Bäume im Vordergrund die Häuser und verweben sich mit denen, die hinter den Gebäuden aufragen, zu einer filigranen Struktur. Das helle, freundliche Sonnenlicht, das alles durchflutet, ist Hauptträger der atmosphärischen Verdichtung.

Pierre-Auguste Renoir

Pierre-Auguste Renoir (1841–1919) war von seiner Ausbildung her Porzellanmaler. Von den Kritikern der ersten Gruppenausstellungen als »Maler verwesenden Fleisches« verunglimpft, erfuhr er durch Künstler wie Cézanne, van Gogh, Matisse und Picasso höchste Wertschätzung. Jene Werke, die seinen Ruhm begründeten, stammen aus der impressionistischen Periode, die mit seiner Italienreise im Jahr 1881 endete. Seine Gemälde, gleichgültig aus welcher Periode, sind stets eine Huldigung an die Schönheit der Frau und Ausdruck geballter Lebensfreude. In der Tat wird man in Renoirs Bildern vergeblich psychologische Gründelei suchen. Porträts junger Frauen, Ausflügler, tanzende Paare, Wochenendvergnügungen und immer wieder weibliche Badende waren seine bevorzugten Themen. *Die Schaukel* (1876), heute ein beliebtes Postermotiv, stieß seinerzeit auf heftige Ablehnung. Im Schatten einer Allee steht eine junge Frau in einem weißen Kleid auf einer Schaukel. Zwei Herren, von denen einer dem Betrachter den Rücken zuwendet – in den Augen der Kritik ein Unding –, und ein kleines Mädchen beobachten sie; im Verständnis der Zeitgenossen ein vulgäres Thema. Als besonders schockierend empfand man die farbigen Schatten, die grüne und violette Reflexe auf Gesichter, Kleider und Wege werfen – etwas, woran sich unser Auge längst gewöhnt hat. Dasselbe beobachtet man auch im *Weiblichen Halbakt* (1875), einem der sinnlichsten Frauenakte der Kunstgeschichte. *Der Ball in der Moulin de la Galette* (1876) zählt zu den berühmtesten Gemälden Renoirs, eine Inkunabel des Impressionismus. Die alte Windmühle war ein beliebtes Ausflugslokal der Pariser, wo sich auch viele Künstler, die wie Renoir auf dem Montmartre leb-

Auguste Renoir, Die Schaukel
In den Augen der Zeitgenossen war das Thema skandalös.

ten, regelmäßg einfanden. So kann man auch einige der dargestellten Personen als Freunde des Malers namentlich benennen. Der blaue Grundton, der jetzt in dem Gemälde dominiert, ist möglicherweise das Resultat einer Farbveränderung, die durch die Beimischung von Lack entstanden ist. Die Impressionisten experimentierten gern und hatten dabei nicht immer zwingend den gewünschten Erfolg.

Claude Monet

Der folgende Raum ist Claude Monet (1840–1926), der wichtigsten Triebfeder der impressionistischen Bewegung, gewidmet. Kompromisslos suchte Monet den Weg in die Natur, um unter freiem Himmel direkt vor dem Motiv zu malen. In erster Linie war es die Landschaft, die ihn faszinierte, doch im Laufe seines Arbeitslebens grenzte er seinen Themenhorizont immer weiter ein. Die 1890er Jahre stehen unter dem Zeichen der Serienbilder. Monet malte dasselbe Motiv –

die *Kathedrale von Rouen* (1892–93 entstanden, von ihm selbst jedoch auf das Jahr 1894 nachdatiert), einen *Heuhaufen* (1891) oder das *Parlament von London* (1904; erster Raum nach dem Kabinett für Pastellmalerei) – zwar von kaum verändertem Standpunkt, jedoch zu verschiedenen Tageszeiten und unterschiedlichen Witterungsbedingungen, um die veränderte Lichtsituation zu studieren.

Im Grunde wollte Monet etwas schier Unmögliches: den Augenblickseindruck einer äußeren Erscheinungsform in den dauerhaften Fortbestand eines Bildes bannen. Monet kam es im Laufe seines Lebens immer weniger auf das Objekt an, das er malte, sondern vielmehr auf die atmosphärischen Bedingungen und auf das Licht, das sich als immaterielles Flimmern auf Blumen, Häusern oder Wasser abzeichnet. Daher rührte seine Liebe vor allem zum Wasser, das ihn durch den ständigen Wechsel der Lichtreflexe faszinierte. Genau dies begründete aber auch den Rückzug auf ein einziges Thema. In den letzten zwanzig Jahren seines Lebens malte er nahezu ausschließlich die Seerosen seines Teiches in Giverny. Monet, der sich selbst der strengste Kritiker war und viele seiner Bilder zerstörte, hatte erkannt, dass zur Umsetzung seines Ideals ein einziges Thema ausreichte. Bereits in den Serienbildern der 1890er Jahre zeichnet sich jene Abstraktion ab, die für die späten Seerosenbilder charakteristisch werden sollte.

Die Zeit des Nachimpressionismus

Anfang der 1880er Jahre gerieten die meisten Impressionisten in eine Krise, Renoir sprach sogar vom Ende des Impressionismus. In der Tat nahmen die meisten von ihnen nicht mehr oder nur noch unregelmäßig an den Gruppenausstellungen teil. Die Ironie des Schicksals wollte es, dass just zu dem Zeitpunkt, als dem Impressionismus von der breiteren Öffentlichkeit zunehmend Anerkennung zuteil wurde, als er sich selbst überlebt und die Gruppe sich aufgelöst hatte. Renoir trat in seine »klassizistische« Phase ein, Monet begann, Serienbilder zu malen, Pissarro experimentierte in Techniken, die ihm der junge Paul Seurat nahe brachte. Eine neue Generation, die zwar auf den Errungenschaften des Impressionismus aufbaute, diesen aber bald verließ, übernahm das Banner.

Vincent van Gogh

Für den Holländer Vincent van Gogh (1853–1890) war die Begegnung mit den Impressionisten in Paris, wo er ab 1886 lebte, eine Offenbarung. Bis dahin beherrschten Braun und Schwarz seine Bilder von den Arbeitern des Bergwerks, wo er als Prediger gewirkt hatte. Schlagartig hellte sich seine Palette auf. Doch erst nach van Goghs Umzug nach Arles 1888 explodierten die Farben zu einem wahren Feuerwerk. Das grelle Licht der Provence sowie deren extreme klimatische Bedingungen entsprachen dem problematischen Charakter van Goghs. Sein Nervenleiden, das bis heute nicht eindeutig diagnostiziert wurde, verstärkte sich, der Künstler ging für ein Jahr freiwillig in die psychiatrische Klinik in St-Rémy-de-Provence. Zwischen 1888 und seinem Todesjahr 1890 entstanden die berühmt gewordenen Gemälde von intensiver Leuchtkraft. Wie kein Maler vor ihm baute van Gogh auf den Komplementärkontrasten Rot-Grün, Gelb-Violett und Blau-Orange auf. *Die Arlesierin* (1888) oder *Van Goghs Zimmer in Arles* (1889) sind nur zwei Beispiele dafür. Darüber hinaus setzte van Gogh einen stets sichtbaren, ungezügelten Pinselstrich bewusst ein, um damit die Wirkung der Farben zu steigern. Ebendiese Technik wurde auch als Indiz für van Goghs umnachteten Geisteszustand gedeutet. Auch die 40 Selbstporträts – eines davon im Besitz des Musée d'Orsay (1889) – sind als Ausdruck einer Geisteskrankheit ins Feld geführt worden. Dagegen spricht andererseits der klare Bildaufbau und die feste Struktur eines Gemäldes wie etwa *Die Kirche von Auvers-sur-Oise* (Juni 1890), das wenige Tage vor seinem Freitod entstand. Van Gogh sprach fließend Französisch und korrespondierte auch mit seinem Bruder in der Fremdsprache, war in Astronomie bewandert und darüber hinaus ein hervorragender Kunstkenner – man vergleiche die zahlreichen Nachschöpfungen u.a. von Gemälden Rembrandts, Rubens' und Millets (*Die Mittagsruhe,* 1889/90). Das einsame Genie war wohl eher gemüts- als geisteskrank.

Wie kein Maler vor ihm baute van Gogh auf den Komplementärkontrasten Rot-Grün, Gelb-Violett und Blau-Orange auf: Van Goghs Zimmer in Arles.

Cézanne stellt die Prinzipien seiner Malerei über die Realität: Die Kartenspieler

Paul Cézanne

Gleich einem Monolith steht das Œuvre von Paul Cézanne (1839–1906) am Ende des 19. Jh. Zu Recht wird der Provençale heute als »Vater der Moderne« betitelt. Cézanne ebnete den Weg zur Abstraktion und damit zur Kunst des 20. Jh. Pissarro führte ihn in den Kreis der Impressionisten ein und machte ihn mit deren Anschauungen vertraut. Doch Cézanne, gleichermaßen energisch wie starrköpfig, beschritt schon bald seine eigenen Pfade. Landschaften und Stillleben wurden neben den »Figuren«, wie er seine Porträts nannte, und den »Badenden« seine Leitmotive. Cézanne vertrat die Ansicht, dass der menschliche Körper sich wenig von einer Landschaft unterscheide. Die Natur sei auf die Grundformen von Zylinder, Kugel und Kegel zurückzuführen – eine Auffassung, die später die Kubisten übernahmen. *Die Frau mit Kaffeekanne* (1890–1895) steht exemplarisch für diesen Leitsatz. Die in strenger Frontalität dargestellte Frau scheint keinen festen Halt auf dem Stuhl zu finden; der Tisch neben ihr ist in Aufsicht wiedergegeben, sodass Tasse und Kanne darauf schweben. Einzig der kassettenartige Hintergrund verleiht auf den ersten Blick Halt; doch bei genauerer Betrachtung stellt man fest, dass die Senkrechten stark vom Bildrand abweichen. Frau, Kanne und Tasse erhalten ihre Stabilität einzig aus sich selbst heraus. Cézannes Feststellung, dass »sich die Natur nicht an der Oberfläche, sondern im Inneren der Gegenstände manifestiert«, rückte ihn von den Impressionisten ab und rechtfertigte seinen Verzicht auf perspektivische Darstellung (*Stillleben mit Äpfeln und Orangen*, 1895–1900). Das Bild mit dem Titel *Die Kartenspieler* (1892–1895) ist die kleinste von drei Versionen zu diesem Thema. Es verdeutlicht, wie sehr Cézanne die Prinzipien seiner Malerei über die Realität stellt. Der rechte Arm des linken Spielers ist zu tief angesetzt, dagegen sind die Oberschenkel des rechten verkürzt. Die obere Tischkante ist verzogen und verläuft nicht parallel zur unteren. Licht und Schatten drückte Cézanne durch abgestufte Farbwerte aus. Er entwickelte eine Technik von verdichteten Farbflecken, die sich in einem Grenzbereich zwischen malerischer Modellierung und reiner Zeichnung befinden. »Wenn die Farbe ihren ganzen Reichtum entfaltet, dann hat auch die Form die größte Fülle«, formulierte Cézanne seine Erkenntnis.

In den drei auf das Museumscafé folgenden Räumen befinden sich einstige Privatsammlungen mit weiteren Werken vor allem der Impressionisten. In einem Kabinett sind bedeutende Bilder von Henri de Toulouse-Lautrec (1864–1901) ausgestellt. Wegen seiner Verkrüp-

Tipp
Ein Café lädt hier mit Erfrischungen und kleinen Imbissen zu einer Pause ein; wer am Fenster Platz nimmt, kann von hier aus herrliche Ausblicke auf Paris genießen. Bevor man den Rundgang wieder aufnimmt, sollte man sich in jedem Fall Zeit für die Pastellmalerei von Degas nehmen, die in dem neben dem Café liegenden Kabinett untergebracht ist.

Henri de Toulouse-Lautrec, Allein

Henri de Toulouse-Lautrec

pelung fühlte sich Lautrec als Außenseiter der Gesellschaft und hielt sich deswegen oft in den Pariser Kabaretts, in Bordellen und im Zirkus auf. So wurde er zum Chronisten der Halbwelt. Seine bevorzugten Techniken waren die stark mit Terpentin vermischte Ölmalerei, die er auf Pappe auftrug (*Der weibliche Clown Cha-U-Ko* von 1895), und das Pastell.

Der Symbolismus

Odilon Redon

Wie Toulouse-Lautrec sah sich auch Odilon Redon (1840–1916) (seine Werke im selben Raum) in der Rolle des Außenseiters. Mit den Impressionisten verband ihn lediglich der äußerliche Umstand, dass er sich wie diese überwiegend autodidaktisch das technische Können angeeignet hatte. In seinen Werken – bis zu seinem fünfzigsten Lebensjahr ausschließlich Lithographien und Kohlezeichnungen – verfolgte er Ideen, die ihn mit dem literarischen Symbolismus, besonders mit Stéphane Mallarmé, verbanden. Nicht mehr das äußere Erscheinungsbild der Natur war für ihn bedeutend, sondern die Spiegelungen der Seelenzustände. Er selbst, der unter den zeitgenössischen Künstlern wenig Anerkennung fand, formulierte das Credo seiner Kunst mit den Worten: »Wenn ich auch die Notwendigkeit der Wirklichkeitsbeobachtung als Grundlage anerkenne ..., die wahre Kunst liegt in einer Wirklichkeit, die empfunden ist.« Dies bedeutet zugleich seine Abgrenzung gegen den Impressionismus. Erst 1890 erschloss sich Redon die Welt der Farbe. Er entdeckte die Pastellmalerei, die in Frankreich auf eine lange Tradition zurückschaut und im Rokoko zu einer ersten Blüte gefunden hatte, und führte sie zu einem neuen Höhepunkt. In unvergleichlicher Meisterschaft entlockte Redon den Pastellfarben jene Leuchtkraft, die die Darstellungen seiner Visionen (*Der Buddha,* 1906), Phantasien und vor allem seiner Blumenstillleben kennzeichnet.

Sammlung Gachet

Der anschließende Raum beherbergt einen Teil jener Sammlung, die aus dem Besitz Dr. Gachets an das Museum gelangt ist. Der Arzt hatte Vincent van Gogh in seiner Krankheit begleitet und unermüdlich moralisch unterstützt. Die Sammlung dokumentiert die Verbundenheit Gachets mit einigen der bedeutendsten Künstler seiner Zeit.

Henri Rousseau – der Zöllner

Im folgenden Raum sind zwei Bilder von Henri Rousseau (1844–1910), genannt »der Zöllner«, ausgestellt. Mit 36 Jahren begann er zu malen, gab seinen Beruf als Steuerbeamter auf und widmete sich fortan seiner künstlerischen Laufbahn. Etliche Zeitgenossen waren fasziniert von seinen naiven Bildern, in denen er Traum- und Paradieszustände darstellte (*Die Schlangenbeschwörerin,* 1907). Rousseau, der sich selbstbewusst als einen der bedeutendsten Maler seiner Zeit betrachtete und sogar eine eigene Schule eröffnete, zählte zahlreiche

Künstler der damaligen Avantgarde zu seinen Freunden. Signac etwa verhalf ihm ab 1880 zu regelmäßigen Ausstellungen im Salon des Indépendants, die Fauvisten luden ihn zur Beteiligung an dem berühmt gewordenen Herbstsalon von 1905 ein, und Pablo Picasso unterstützte ihn durch Bilderkäufe. Künstler wie Guillaume Apollinaire und Robert Delaunay fühlten sich von dem Symbolgehalt der Bilder (*Der Krieg*, 1894) angezogen. Charakteristisch für alle Gemälde Henri Rousseaus sind die statische Ruhe sowie die undifferenzierte Behandlung aller Bildgegenstände, die, gleichgültig ob sie sich im Vorder-, Mittel- oder Hintergrund befinden, mit derselben Genauigkeit ausgeführt sind.

Die Schule von Pont Aven und der Cloisonnismus

Auch die Malerei von Paul Gauguin (1848–1903), dessen Bilder und Holzplastiken in den beiden nächsten Räumen ausgestellt sind, wurzelt – wie die von Cézanne und van Gogh – im Impressionismus.

Paul Gaugin, Und das Gold ihrer Körper

Doch wie diese wandte sich Gauguin nach einer Phase des Suchens von der impressionistischen Malweise ab, um einen neuen Weg zu beschreiten. Durch seinen Arbeitskollegen Emil Schuffenecker lernte der Bankangestellte Gauguin Camille Pissarro kennen, der ihn die genaue Beobachtung der Natur lehrte. Seine Suche nach Ruhe, Ausgeglichenheit und Ursprünglichkeit führten den zeitlebens Rastlosen wiederholt nach Pont Aven in der Bretagne. Doch erst das Erlebnis der Südsee bewirkte jenen Befreiungsschlag, der seine Malerei nachhaltig verändern sollte. Er fand kräftige, leuchtende Farben und harte Kontraste, die keine Nuancierungen zuließen. Die Körper verschmolzen zu Farbflächen. Was Gauguin hier in der Natur fand, übersetzte er in seine Malerei. Er vereinfachte die Formen und umriss sie mit einer scharfen Linie. Gauguin verlieh seinen Bildern Leuchtkraft, indem er oftmals unvermischte Komplementärfarben deutlich gegeneinander abgrenzte. Schatten existieren nicht mehr. Die rhythmische Aufteilung der Flächen und die kräftigen Farben besiegelten seine endgültige Abkehr vom Impressionismus (*Der Schimmel,* 1898). Während seines zweiten Aufenthalts in Pont Aven 1889/90 schlossen sich ihm einige junge Künstler an, allen voran der wortgewandte Emile Bernard, der die Grundsätze ihrer Malerei theoretisch formulierte und später die Vorreiterrolle in der Entwicklung des Synthetismus oder Cloisonnismus – so nennt man diese Malweise in Anlehnung an die Zellenschmelztechnik des Emails – für sich beanspruchte wie gleichfalls Sérusier und die Nabis. Das *Selbstbildnis mit gelbem Christus* (1891) steht exemplarisch für diesen Schaffensabschnitt.

Gauguin, der sich zunächst in seiner Rolle als Kopf der »Schule von Pont Aven« gefiel, empfand jedoch bald die Präsenz seiner Anhängerschaft als belastend und entfloh nach Tahiti. Hier suchte er – vergeblich – die Wahrhaftigkeit jenes ursprünglichen, von Zivilisation unbeeinträchtigten Lebens, von dem er träumte. Die üppige Vegetation und vor allem die sinnlichen Frauen mit ihrer bronzenen Hautfarbe (*Und das Gold ihrer Körper,* 1901) animierten Gauguin zu poetischen Kompositionen, die in ihrer stillen Heiterkeit und ihrer statischen Ruhe in den Bann ziehen. Keines dieser Bilder lässt die materielle Not des an Syphilis erkrankten Künstlers ahnen, der nur noch unter schweren körperlichen Schmerzen arbeiten konnte. Während die emotionale Malerei van Goghs auf die Expressionisten nachwirkte und die geometrisierenden Theorien Cézannes dem Kubismus den Boden bereiteten, fand Gauguins Prinzip der gegeneinander abgesetzten kräftigen Farbflächen in der Kunst der Fauvisten seine Nachfolge. Allen Dreien ist gemeinsam, dass sie die Errungenschaften der Malerei des 19. Jh. und insbesondere die des Impressionismus zunächst verinnerlichten, doch schließlich überwanden und so die Tür zu der Kunst des 20. Jh. aufstießen. In diesem Zusammenhang scheint ein Blick auf die Landkarte aufschlussreich. Während die Impressionisten und deren Vorläufer, die Maler von Barbizon, sich überwiegend im Norden Frankreichs aufhielten, suchten die Wegbereiter der Moderne das grelle Licht des Südens. Der unspektakuläre, pastelltonige Norden mit seinem gemäßigten Klima bot den nach Ruhe und Harmonie strebenden Malern des 19. Jh. das ideale Milieu. Der kontrastreiche, farbintensive Süden mit seinen extremen klimatischen Verhältnissen zog dagegen jene neue Künstlergeneration in Bann, die den Bruch mit allen Traditionen herbeiführte und der Malerei mit dem Schritt in die Abstraktion neue Ausdruckswelten erschloss.

Der Pointillismus

Georges Seurat

Eine weitere markante Gestalt am Übergang vom 19. zum 20. Jh. ist Georges Seurat (1859–91), dessen bedeutendes Werk *Der Zirkus* im folgenden Raum ausgestellt ist. Gleichermaßen hochintelligent wie ehrgeizig, widmete sich der finanziell unabhängige junge Mann be-

Ein exemplarisches Werk für den Pointillismus von Georges Seurat: Der Zirkus
An die Stelle von Mischtönen traten reine Farben, die Seurat in kleinen Punkten nebeneinander auf die Leinwand setzte. Basis dafür war die Erkenntnis, dass sich alle Farben – aus einer gewissen Distanz gesehen – auf der Netzhaut des menschlichen Auges vermischen, sodass zum Beispiel Blau und Rot als Violett erscheinen.

reits früh der Malerei. Wieder einmal war es Camille Pissarro, der einen jungen Kollegen mit den Prinzipien des Impressionismus vertraut machte. Erfüllt von analytischem Interesse, verinnerlichte Seurat die Technik der Impressionisten, die er in den folgenden Jahren konsequent weiterführen sollte. Grundlage dafür bildeten sein Studium der Farbenlehre Eugène Chevreuls (»Die Gesetzmäßigkeit der simultanen Farbkontraste«, 1839) und Charles Blancs (»Grammatik der Zeichenkunst«) sowie verschiedener wissenschaftlicher Abhandlungen unter anderem von Charles Henry, James Maxwell und Hermann von Helmholtz. Das Resultat seiner Studien spiegeln seine Bilder wider, die allesamt denselben Gesetzmäßigkeiten folgen und die man exemplarisch an dem Werk »Der Zirkus« (1890/91) nachvollziehen kann. An die Stelle von Mischtönen traten reine Farben, die Seurat in kleinen Punkten nebeneinander auf die Leinwand setzte. Basis dafür war die Erkenntnis, dass sich alle Farben – aus einer gewissen Distanz gesehen – auf der Netzhaut des menschlichen Auges vermischen, sodass zum Beispiel Blau und Rot als Violett erscheinen. Aus diesem Grunde bezeichnet man Seurats Malerei als Pointillismus (*point* = Punkt) beziehungsweise Divisionismus (abgeleitet von der Farbzerlegung). Auch Stimmungen wusste Seurat Gesetzmäßigkeiten zu unterwerfen: Heiterkeit drücke sich in der Dominante des Lichts, in warmen Farben und der aufsteigenden Diagonale aus, Ruhe in dem Gleichgewicht von Hell und Dunkel, von kalten und warmen Farben sowie in der Horizontalen, und die Trauer schließlich lasse sich in dunklen und kalten Farben beziehungsweise der fallenden Diagonale vermitteln. Diese Prinzipien machen deutlich, dass Seurat im Grunde etwas Unmögliches zu realisieren versuchte. Ihm schwebte vor, eine Synthese zwischen der von den Impressionisten postulierten Eigengesetzlichkeit der Farbe und der vollkommenen Form der großen Klassizisten – eines Poussin oder eines Ingres etwa – herbeizuführen. Das Ergebnis dieser Bemühungen sind Bilder, die jeglicher Emotionalität entbehren. Seurat hatte zwar einen Weg der Vollendung des Impressionismus beschritten und in Paul Signac, der brillante theoretische Schriften verfasste, auch in Henri Edmond Cross, Charles Angrand und Albert Dubois-Pillet eine treue Anhängerschaft gefunden, doch letztlich führte sein Werk in eine künstlerische Sackgasse und zur Erstarrung.

Der Aufbruch ins 20. Jahrhundert

Henri Matisse

Nur einmal noch wurde in der Moderne der postimpressionistische Pointillismus aufgegriffen. Henri Matisse (1869–1954) scheint allerdings in dem Bild *Luxe, calme et volupté* (1904/05), das den Schlussakzent in diesem Rundgang setzt, den Pointillismus eher karikieren zu wollen. Das Gemälde bildet das Scharnier zwischen Seurat und den »Wilden«, den Fauvisten, die ihren Namen ebenso wie die Impressionisten der hämischen Bezeichnung eines Kritikers verdankten

und deren Credo die ungebrochene, leuchtende Farbe war. Das Thema des Bildes, ein Frühstück im Freien, erscheint wie der letzte Gruß an das 19. Jh., das in diesem Gemälde endgültig den Stab an eine neue Generation und an das neue Jahrhundert weitergegeben hat.

Karikatur des Pointillismus?
Henri Matisse: Calme, Luxe et Volupté

An der Rückwand des nächstfolgenden Raumes hängen die großformatigen Tafeln, die Henri Toulouse-Lautrec für die Hütte von »La Goulue« gemalt hat. Der letzte Raum des Obergeschosses zeigt kleinformatige Bilder der Symbolisten, unter anderem von Denis, Bonnard, Vuillard und Vallotton. Als wichtigstes Werk erwähnen wir das nur 27 x 22 cm große Bild *Im Bois d'Amour,* das **Paul Sérusier** (1864–1927) 1888 unter Anleitung Gauguins auf die Rückseite einer Zigarrenkiste gemalt hatte und das zum »Talisman« (so der zweite Titel) der Nabis wurde.

Über eine Treppe erreicht man die mittlere Ebene des Museums. Hier befinden sich das Restaurant und der Große Festsaal des ehemaligen Hotels der Gare d'Orsay. Die anschließenden Ausstellungsräume vermitteln einen Überblick über die verschiedenen Kunstrichtungen des 19. Jh. außerhalb Frankreichs.

Forum des Halles und Umgebung

Forum des Halles und Umgebung ☆☆
Besonders sehenswert:
Centre Pompidou ☆☆
St-Eustache ☆

In diesem Kapitel beschreiben wir einen Rundgang, der bei der Metrostation Châtelet beginnt, zunächst in das Beaubourg-Viertel, dann in den Bereich der ehemaligen Markthallen führt und schließlich beim Louvre endet. Dieser Bereich hat sein Gesicht in der Zeit zwischen 1969 und 1980 radikal gewandelt. Das alte Beaubourg-Viertel, das aus einem mittelalterlichen Dorf hervorgegangen war, wurde zu einem großen Teil abgerissen, um dem Centre Pompidou Platz zu machen, und auch die Hallen wurden geschleift. Entsprechend erlebt man hier jetzt im Nebeneinander Denkmäler früherer Zeiten und des 20. Jahrhunderts. Der Rundgang erschließt die Osthälfte des 1. Arrondissements.

Place du Châtelet und Tour St-Jacques

Der Name der **Place du Châtelet** erinnert an eine Festung, die hier im Mittelalter den Pont au Change sicherte. Auf dem Platz steht ein Brunnen aus dem Jahr 1808 als Ruhmeszeichen für siegreiche Schlachten Kaiser Napoleons. Zwei Theater (beide von 1860–1862, Architekt Davioud) rahmen den Platz: das **Théâtre du Châtelet** (1), auch Théâtre Musical de Paris genannt, und das **Théâtre de la Ville** (2).

Gleich neben der Place du Châtelet erhebt sich einsam in einer kleinen Grünanlage die **Tour St-Jacques** (3), der spätgotische Turm der einstigen Kirche St-Jacques-de-la-Boucherie. Hier versammelten sich die Jakobspilger, bevor sie ihrem fernen Ziel in Nordwestspanien entgegenzogen. Die 1797 abgerissene Kirche wurde im frühen 16. Jh. errichtet und war eine der letzten rein gotischen Kirchen der Stadt. Der erhaltene Turm zeigt, dass es sich um ein schönes Beispiel des Flamboyantstils gehandelt haben muss. In luftiger Höhe steht ein Denkmal Pascals, der 1648 auf der Turmspitze den Versuch unternahm, das Gewicht der Luft zu messen.

Wir folgen der Rue St-Martin nordwärts vorbei an der spätgotischen **Kirche St-Merri** (4, erbaut 1520–1612 mit schönen Maßwerkfenstern) zum Plateau Beaubourg, wo sich beherrschend das Centre Pompidou erhebt.

Centre Pompidou

◁ Fontaine Stravinsky von Niki de Saint-Phalle und Yves Tinguely, dahinter die spätgotische Kirche St-Merri

(5) Im Herzen von Paris liegt das Centre Georges Pompidou. Präsident Georges Pompidou (1911–1974; Staatspräsident 1969–1974) wollte ein Kulturzentrum schaffen, das für jedermann zugänglich sein und ein weit reichendes Interessensspektrum abdecken sollte. Für den Bau des Gebäudes in den Jahren 1972–1977, dessen Ästhetik bis

Forum des Halles
1 *Théâtre du Châtelet*
2 *Théâtre de la Ville*
3 *Tour St-Jacques*
4 *St-Merri*
5 *Centre Georges-Pompidou*
6 *Fontaine Stravinsky*
7 *St-Nicolas-des-Champs*
8 *St-Martin-des-Champs*
9 *Forum des Halles*
10 *Fontaine des Innocents*
11 *St-Eustache*
12 *Bourse de Commerce*
13 *St-Germain-l-Auxerrois*

heute umstritten ist, fielen mehrere Häuserzeilen der Spitzhacke zum Opfer, das ehemals dicht bebaute Plateau Beaubourg liegt heute als großer Platz vor dem Kulturzentrum frei und ist ein beliebter Treffpunkt für Straßenkünstler und Gaukler.

Um eine möglichst große und durchgängige Ausstellungsfläche zu erhalten, verlegten die Architekten Renzo Piano und Richard Rogers den gesamten Versorgungsapparat in große Röhren nach außen. Während die gesamte Fassade zur Rue Beaubourg hin von einem Wust verschiedenfarbiger Leitungen überzogen ist, zieht sich eine gläserne Röhre, in der sich die Rolltreppe befindet, schräg über die lang gestreckte Westseite, die an dem zum Gebäude hin leicht abfallenden Plateau Beaubourg liegt. Neben dem Staatsmuseum für moderne Kunst (Musée National d'Art Moderne), das im dritten und vierten Stockwerk untergebracht ist, beherbergt das Centre eine Öffentliche Präsenzbibliothek (BPI), die sich über drei Etagen zieht, ein Museum für moderne Kunst/Zentrum für Industriedesign (MNAM/CCI; 3. und 4. Ebene), das Architektur, Städtebau und Design von 1900 bis heute dokumentiert, sowie eine Abteilung für Kulturförderung (DDC), die seit 1992 existiert und deren Zielsetzung es ist, moderne Kunst einem breiten Publikum nahe zu bringen. In der Salle Garance werden außerdem täglich drei Filme vorgeführt, die Grande Salle ist Schauplatz von Theater- und Ballettaufführungen. Im Souterrain unter der Place Stravinsky ist darüber hinaus das Institut zur Erforschung und Koordination von Akustik und Musik (IRCAM) untergebracht.

Musée National d'Art Moderne

Es gibt in Paris zwei bedeutende Museen zur Kunst der Moderne, die oft miteinander verwechselt werden: das »Musée d'Art Moderne de la Ville de Paris« im Palais de Tokyo nahe dem Trocadéro und das »Musée National d'Art Moderne« im Centre Pompidou. Ersteres ist, wie der vollständige Name verdeutlicht, Besitz der Stadt, letzteres Eigentum des Staates. Ursprünglich waren beide Sammlungen unter dem Dach des Palais de Tokyo vereint, mit der Eröffnung des Centre Pompidou 1977 kam es zur Trennung der Bestände. Das Musée National d'Art Moderne zählt zu den qualitativ wie quantitativ bedeutendsten Sammlungen moderner Kunst der Welt. Die Erben der Familien Matisse, Chagall, Picasso, Delaunay, Brancusi, Rouault, Kupka, Magritte und Kandinsky übertrugen dem Museum wichtige Arbeiten. Hinzu kamen Ankäufe von surrealistischen und dadaistischen Werken sowie von solchen der amerikanischen Malerei der 1960er Jahre. Beginnend mit dem Fauvismus sind alle Stile, Strömungen und bedeutenden Künstler des 20. Jh. gegenwärtig.

Das Musée National d'Art Moderne verfügt über einen derart reichen Bestand, dass immer nur ein Teil der Kunstwerke in den Ausstellungsräumen gezeigt werden kann. Wir verzichten deshalb auf die Besprechung einzelner Werke, da keine Garantie besteht, dass der Besucher sie auch tatsächlich zu sehen bekommt, und beschränken uns darauf, die Künstler und Stilrichtungen vorzustellen.

Kunstrichtungen und Künstler des 20. Jahrhunderts im Musée d'Art Moderne

Den Auftakt in der Abfolge der ungezählten »Ismen« des 20. Jh. bildet der »Fauvismus« (1905–1910; *les fauves* wörtlich: die Wilden), dessen Vertreter Maurice de Vlaminck (1876–1958), André Derain (1880–1954) und Henri Matisse (1869–1954), um die wichtigsten zu nennen, in bewusster Ablehnung des Impressionismus kräftige, ungebrochene Farben wie »Dynamitpatronen, die Licht entladen« (Derain), verwendeten. Lokalfarben und Perspektive waren bedeutungslos.

Tipp
Wer langes Schlangestehen an den Kassen vermeiden möchte, kann sich jetzt an auffälligen roten Kartenautomaten (»Billeterie automatique«), die sich neben den Eingängen befinden, mit der Kreditkarte eine Eintrittskarte lösen.

Der von Pablo Picasso und Georges Braque entwickelte »Kubismus« (1907–1918) bedeutete den endgültigen Bruch mit der perspektivischen Malerei und damit zugleich den Bruch mit allen Gesetzmäßigkeiten, die seit der Zeit der Renaissance – ungeachtet der jeweiligen Zeitstile – über ein halbes Jahrtausend Gültigkeit besessen hatten.

Als »Ausbruch von Lebensfreude und Wut« (Max Ernst) entstand während des Ersten Weltkrieges 1916 im Züricher Cabaret Voltaire die literarisch-künstlerische Bewegung des »Dadaismus« (1916–1922), der mehr eine Weltanschauung als eine definierte Kunstrichtung war. Gemeinsam war den Künstlern eine anti-bürgerlich-revolutionäre Grundhaltung, die mit hintergründigem Humor den Sinn der Konventionen in Frage stellte. Dada war die erste

Kunstbewegung, die über Europa hinaus auch in Amerika Anhänger fand. Zu den wichtigsten Vertretern zählen Hans Arp (1887–1966) und Kurt Schwitters (1887–1948). Letzterer kreierte die Collage als neues Ausdrucksmittel.

Auch der »Surrealismus« (ab 1917) ist gleichermaßen in der Literatur wie in der bildenden Kunst zum Niederschlag gekommen. Kennzeichnend ist das Einbrechen des Traumhaft-Unbewussten und des Irrealen in die sichtbare Welt, ein pessimistischer Grundzug durchwebt die Werke. Als Wegbereiter gilt die »pittura metafisica« (metaphysische Malerei) des Italieners Giorgio de Chirico (1888–1978). Hauptvertreter waren Max Ernst (1891–1976), Salvador Dalí (1904–1989), Joan Miró (1893–1983) und der Franzose Yves Tanguy (1900–1955).

Mit dem kleinformatigen Aquarell »Improvisation« von Wassily Kandinsky (1866–1944) von 1910 wurde die »Abstrakte Malerei« geboren, die bis auf den heutigen Tag eine beherrschende Stellung einnimmt und im Laufe der Zeit von der Kunstgeschichte je nach unterschiedlichen Strömungen mit zahllosen Unterbegriffen belegt worden ist. Der »Orphismus« Robert Delaunays (1885–1941) etwa verstand Farbe als Licht und beeinflusste unmittelbar die Kompositionen des Tschechen František Kupka (1871–1957). Der Mitbegründer der holländischen Gruppe »De Stijl«, Piet Mondrian (1872–1944), versinnbildlichte in seinen geometrischen Bildern die theosophische Vorstellung von horizontalen Kraftlinien und vertikalen Strahlenbewegungen von Erde und Sonne. Er war neben Theo van Doesburg (1883–1931) die treibende Kraft der Bewegung in den 1920er Jahren. Der russische Beitrag zur abstrakten Kunst drückte sich in »Suprematismus« und »Konstruktivismus« aus. Die Gestaltungsmittel der einander eng verwandten Richtungen fußen auf geometrischen Grundformen. Schlüsselbild des Suprematismus ist das »Schwarze Quadrat auf weißem Grund« (1913) von Kasimir Malewitsch (1878–1935), der darin das Ideal einer reinen, nichts bedeutenden und von Gefühlen und Assoziationen befreiten Kunst verwirklichte. Wladimir Tatlin (1885–1953) formulierte 1915 die eng verwandten Grundsätze des »Konstruktivismus«; ein weiterer wichtiger Vertreter dieser Richtung war außerdem El Lissitzky (1890–1941).

In den Jahren zwischen 1910 und 1940 siedelten sich im Montparnasse-Viertel in Paris zahlreiche Künstler aus dem Ausland an, die unter dem Begriff der »Ecole de Paris« zusammengefasst worden sind: Chaim Soutine (1894–1943), Marc Chagall (1889–1985) und Amedeo Modigliani (1884–1920). Aber auch Komponisten und Schriftsteller lebten und arbeiteten hier. Da die einzelnen Künstler allerdings nie ein einheitliches Programm verfolgten, sondern vielmehr jeder für sich ein ausgeprägtes Profil besaßen, ist die Bezeichnung »Schule« missverständlich.

In den 1950er Jahren war Paris erneut Zentrum und Ausgangspunkt einer künstlerischen Richtung, die alsbald weite Verbreitung finden sollte: der »Abstrakte Expressionismus«. Es handelt sich dabei um keinen einheitlichen Stil, Triebfeder des Ausdrucks sind viel-

Futuristische Kunstmaschine mitten im alten Beaubourg-Viertel: das Centre Pompidou
In den Jahren 1998/99 wurde das Gebäude grundlegend restauriert. Dabei fanden auch Umbaumaßnahmen im Innern statt, dem Museum der Kunst des 20. Jahrhunderts wurden 4000 qm neuer Fläche erschlossen. Seither beherbergt das Centre Pompidou der Welt größtes Museum klassischer Moderne.

mehr Spontaneität und die unmittelbare Wiedergabe eines Gefühls. Die Bewegung trägt erneut den Namen »Ecole de Paris« (in Abgrenzung zur Zeit 1910–1940 auch als »zweite« Schule von Paris apostrophiert), deren Mitglieder, teils Franzosen, teils Ausländer, zwar gemeinsam ausstellten, jedoch keine geschlossene Gruppe bildeten. Pierre Soulages (geb. 1919), Roger Bissière (1888–1964), Nicolas de Staël (1914–1955) und Hans Hartung (1904–1989) gelten als wichtigste Vertreter. »Lyrische Abstraktion«, »Tachismus«, »Informelle

Malerei« und »Action Painting« können als Spielarten des Abstrakten Expressionismus verstanden werden.

Spätestens ab den 1960er Jahren kann man nicht mehr von aufeinander folgenden Stilen sprechen, sondern von einem Pluralismus an Ausdrucksformen. Die letzten Jahrzehnte des 20. Jh. zeigen eine breit gestreute Diversifikation unterschiedlicher Auffassungen und Richtungen. So stehen etwa die monochrome Malerei der blauen Bilder eines Yves Klein (1928–1962) zeitlich neben der »Op Art« Victor Vasarelys (1908–1997), geometrische Formen und kräftig leuchtende Kunststofffarben kennzeichnen »Hard-Edge-Painting« und »Signal-Malerei« eines Frank Stella (geb. 1936). Andy Warhol (1928–1987), James Rosenquist (geb. 1933) und Roy Lichtenstein (geb. 1923) haben die »Pop Art« unsterblich gemacht. Den Tendenzen abstrakter Kunst stehen verschiedene Richtungen realistischer Malerei gegenüber. Der »Hyperrealismus« Gerhard Richters (geb. 1932) etwa nimmt nicht die Wirklichkeit, sondern die Photographie zum Ausgagangspunkt und wird deshalb auch »Photorealismus« genannt.

Fontaine Stravinsky

(6) Zwischen der Südfassade des Centre Pompidou und dem Chor der spätgotischen Kirche St-Merri befindet sich das lang gezogene Geviert der Fontaine Stravinsky mit ihren zum Teil beweglichen Figuren und Wasserspeiern. Die acht bunten Skulpturen stammen von Niki de Saint-Phalle, die sechs schwarzen eisernen Mobiles von Jean Tinguely. Sie verkörpern Gestalten aus Werken des Komponisten Igor Strawinsky, »Le Sacre du Printemps« und »Feuervogel«. Ein reizvoller Blick ergibt sich von der Nordkante des Wasserbeckens. Im Vordergrund sieht man die zum Teil kunterbunten Gestalten des Brunnens, die reizvoll zur Kulisse des spätgotischen Chores von St-Merri dahinter kontrastieren.

St-Nicolas-des-Champs und St-Martin-des-Champs

Ein kleiner Abstecher in nördlicher Richtung führt zu zwei gotischen Kirchen von Rang. **St-Nicolas-des-Champs** (7), als Pfarrkirche von den Mönchen des benachbarten Martinsklosters gegründet, wurde im 15. Jh. erbaut und im 16./17. Jh. erweitert. Die ersten fünf Joche der querhauslosen fünfschiffigen Basilika zeigen noch den gotischen Spitzbogen, die nach Osten anschließenden Joche erhielten unter dem Eindruck der Renaissance Rundbögen. Der doppelte Chorumgang beweist, dass der Einfluss von Notre-Dame noch bis in das Zeitalter der Renaissance Vorbildcharakter besaß.

St-Martin-des-Champs (8) war einstmals Klosterkirche und gehörte zu einem von Cluny abhängigen Priorat, das um 1060 gegründet worden war. Vom Kloster blieben nach der Revolution nur die Kirche und das Refektorium übrig. Beide Gebäude sind heute in das Conservatoire National des Arts et Métiers einbezogen, eine technische Forschungsstätte, darin das **Musée des Arts et Métiers-Techniques** mit seiner umfangreichen Sammlung.

Ältester Teil der Kirche ist der Chor aus dem zweiten Viertel des 12. Jh. Er ist ein Meilenstein in der französischen Architekturgeschichte, denn er macht den Übergang von der Romanik zur Gotik deutlich. Während der Chorumgang noch romanische Kreuzgratgewölbe zeigt, überfangen frühgotische Rippen die Kapellen. Diese sind nicht mehr, wie in der Romanik üblich, voneinander getrennt, sondern – auch das signifikant für die Gotik – räumlich miteinander in Verbindung gebracht. Der Architekt hat sogar auf die trennenden Zungenmauern verzichtet, sodass die Kapellen ineinander übergehen. Derart ist das Muster eines doppelten Umganges vorgebildet, der wenig später in Notre-Dame zu einer definierten Form fand, die dann in Paris über Jahrhunderte Gültigkeit behielt. Allerdings erkennt man zugleich die Unsicherheit im Umgang mit den damals neu kreierten Ausdrucksmitteln. Die Kapellen haben alle einen unregelmäßigen Grundriss, und auch die Rippen sind unterschiedlich ausgefallen. Das schlichte einschiffige Langhaus wurde im 13. Jh. errichtet. Im Kirchenschiff sind jene Gegenstände aufgestellt, die diesem Raum den Titel »Pantheon der Technik« einbrachten, z. B. der Gasmotor von Lenoir und der erste dampfbetriebene Autobus von Amédée Bollée. Das bekannteste Ausstellungsstück, das Foucault´sche Pendel befindet sich im Kirchenchor. Ein Meisterwerk der Gotik ist das ehemalige zweischiffige Refektorium – darin heute die Fachbibliothek zur Technik –, das dem Museumsbesucher jedoch leider nicht zugänglich ist.

Dehnt man den Abstecher noch bis zum Boulevard St-Denis/Boulevard St-Martin nach Norden aus, stößt man an der Kreuzung Rue St-Martin/Boulevard St-Martin auf den Triumphbogen der Porte St-Martin, 1674 zur Erinnerung an die Eroberung Besançons errichtet, und ein Stück weiter westlich an der Kreuzung Rue St-Denis/Boulevard St-Denis auf den zwei Jahre zuvor erbauten Triumphbogen der Porte St-Denis, der die Siege des Sonnenkönigs am Rhein verherrlicht.

Forum des Halles

(9) Seit dem Mittelalter befand sich an dieser Stelle der wichtigste Markt von Paris. Im Zuge der Neugestaltung von Paris unter dem Präfekten Haussmann im 19. Jh. errichtete Baltard 1854–1866 zehn große Hallen aus einer Eisenkonstruktion, die in Abwandlungen überall in Frankreich Nachahmung fanden. 1937 kamen zwei weitere Hallen nach demselben Muster hinzu. Mitte des 20. Jh. waren die Verhältnisse rund um die Hallen chaotisch geworden, eine Neustrukturierung des Großmarktes unumgänglich. 1969 wurde deshalb der Markt aus der Innenstadt in den Vorort Rungis verlagert. Dass man deshalb aber auch die berühmten Hallen Baltards abriss, hat damals einen Sturm der Entrüstung weit über Frankreichs Grenzen hinaus

ausgelöst. Nun lebt die Erinnerung an die legendären Hallen nur noch in Emile Zolas Roman »Der Bauch von Paris« und in historischen Fotografien fort. Einige Jahre gähnte mitten in Paris eine Riesenbaugrube, da beim Abriss der Hallen noch kein Konzept für die Neugestaltung des Terrains auf dem Tisch lag. Erst in den 1970er Jahren wurde dann das neue Forum des Halles geschaffen, das 1979 fertig gestellt war. Überirdisch entstanden Ladenpassagen, deren geschwungene Stahlträger an die Baltardschen Hallen erinnern sollen. Es wurde jedoch nur ein kleiner Teil bebaut. Der Rest ist jetzt eine begrünte Fläche, die sich südlich der Kirche St-Eustache auf 5 ha ausdehnt und das sakrale Bauwerk trefflich zur Geltung kommen lässt. Unterirdisch entstand ein ausgedehntes Einkaufs- und Freizeitzentrum, das sich bis in 25 m Tiefe über vier Etagen und auf einer Gesamtfläche von 7 ha erstreckt. Darin eine öffentliche Videothek, Kinos und sogar ein Hallenbad.

Fontaine des Innocents

(10) In der Südostecke des Forum des Halles liegt ein kleinerer Platz, in dessen Mitte sich die Fontaine des Innocents erhebt, ein Kleinod der frühen Renaissance. Ursprünglich stand hier das Kloster der »Unschuldigen Kinder« mit einem von Beinhäusern umstandenen Friedhof. Der Platz entstand erst nach dessen Abriss 1786. Der Brunnen befand sich ursprünglich an anderer Stelle und wurde hier 1788 neu aufgestellt. Er ist in seiner heutigen Form nur noch ein Teil einer vormals größeren Anlage. Jene bestand aus einer Doppelarkade über hohem Postament. Erhalten blieb nur eine turmähnliche Konstruktion. Eine der vier Seiten (zur Rue des Innocents) musste 1788 neu geschaffen werden, ebenfalls ist der kleine Kuppelaufsatz spätere Zutat. Die Treppe kam im 19. Jh. hinzu. Das Denkmal wurde 1547–1549 im Auftrag Heinrichs II. von Pierre Lescot (Architektur) und Jean Goujon (Skulptur) geschaffen. Meisterschöpfungen sind die Najaden, die Krüge haltend an den Ecken überlebensgroß dargestellt sind. Kunstvoll umspielen die Gewänder die Körper der sinnlich aufgefassten Frauen, deren Reize sie eher zur Geltung bringen als sie zu verhüllen.

St-Eustache

(11) Früher dicht von Bauten und Markthallen umstanden, genießt man heute einen wunderbaren Blick auf die Gesamterscheinung dieser bedeutendsten Pariser Kirche des 16. Jh. An der Stelle einer alten Eustachiuskirche entstand der jetzige Bau ab 1532 auf Initiative Franz' I. Das Projekt zog sich mit mehreren Unterbrechungen bis

Kirche der Markthändler und der Adelsfamilien – und mit ihrer reichen Ausstattung eine der schönsten von Paris: St-Eustache

1637 hin. Die Westfassade wurde erst Mitte des 18. Jh. nach einem Plan Jean Hardouin-Mansarts de Jouy errichtet, eines Enkels des großen Jules Hardouin-Mansart. Die Kirche diente nicht nur den Händlern des benachbarten Marktes als Pfarrkirche, auch die Adelsfamilien frequentierten St-Eustache, sodass viele Stiftungen an die Kirche flossen. Die einst reiche Inneneinrichtung erlitt in der Revolution erste Schäden, 1844 vernichtete ein Brand weitere wertvolle Ausstattungsstücke. Die Wiederherstellung unternahm Victor Baltard. In St-

Eustache wurden Colbert, Feuillade, Vaugelas, Marivaux und Scaramouche beigesetzt. Hier fanden die Totenfeiern für die Mutter Mozarts, für La Fontaine und Mirabeau statt. Molière, Richelieu und die Madame de Pompadour wurden in der Kirche getauft, Ludwig XIV. empfing hier die Erstkommunion. Auch in der Musikgeschichte der Stadt spielt St-Eustache eine zentrale Rolle. Der Komponist Rameau wurde in der Kirche begraben, Berlioz brachte hier sein »Te Deum« 1855 zur Uraufführung, 1860 folgte Liszts Messe von Gran.

Die Fassade ist in den strengen Formen des Klassizismus gehalten und in ihrer Monumentalität auf Weitsicht konzipiert. Die Betrachtung der reich verzierten Querhausfassaden mit Nischenfiguren und Renaissanceornamentik lässt vermuten, im Innern gleichfalls ein Denkmal der Renaissance zu erleben – weit gefehlt! Das Innere ist ein nachdrücklicher Beweis dafür, mit welcher Hartnäckigkeit sich die Gotik gegen die Renaissance noch bis weit hinein ins 16. Jh. behauptete. Die Übereinstimmungen mit Notre-Dame fallen ins Auge: fünfschiffige Basilika mit Querhaus, das nicht über die Außenseiten fluchtet, doppelter Chorumgang und Kapellenkranz. Gewaltig sind die Dimensionen: 108 m Länge, 44 m Breite und 34 m Höhe, also fast dieselben Maße wie die von Notre-Dame!

Obwohl so vieles untergegangen ist, besitzt St-Eustache immer noch einige sehenswerte Ausstattungsstücke. In der 2. Kapelle der rechten Seite befinden sich das **Grab Jean Philippe Rameaus** und eine Büste des aus Dijon stammenden Barockkomponisten, der zahlreiche Opern und Tafelmusiken für den Hof in Versailles geschrieben hat. Am Trumeau des Südquerhausportals steht eine **Statue Johannes' des Täufers** aus dem 16. Jh. In der nach Osten fluchtenden Chorscheitelkapelle zieht eine beschwingte **Madonna** von Pigalle den Blick auf sich. In der daneben befindlichen Umgangskapelle

St-Eustache, das von Coysevox nach einem Entwurf von Le Brun geschaffene Grabmal Colberts
Das Porträt des Verstorbenen ist in seiner Lebendigkeit und Beschwingtheit ein Hauptwerk der französischen Skulptur des 18. Jh.

(links) steht das von Coysevox nach einem Entwurf Le Bruns geschaffene **Grabmal Colberts.** Das Porträt des Verstorbenen ist in seiner Lebendigkeit und Beschwingtheit ein Hauptwerk der französischen Skulptur des 18. Jh. In der angrenzenden Kapelle ein **Jugendwerk von Rubens** mit einer Darstellung der Jünger in Emmaus.

Zwei Kapellen weiter wurde 1997 ein bemerkenswertes Werk aufgestellt, einer der originellsten Altäre von ganz Paris. Es ist eine Arbeit des amerikanischen Graffitikünstlers **Keith Haring** (1962–90). Der jung an Aids gestorbene Maler hatte testamentarisch verfügt, eines seiner Werke möge in Paris Aufstellung finden. So kam dieser aus Bronze gearbeitete Altar nach St-Eustache. Das Material ist mit Weißgold überzogen und deshalb strahlend hell. Haring hält sich in der äußeren Form an das konventionelle Muster eines Triptychons. Der Bronze sind die Darstellungen nur leicht eingraviert. Unten sieht man das Getümmel einer Menschenmasse, darüber erkennt man im Mittelteil ein liegendes Jesuskind, darüber ein Herz und zuoberst ein kleines Kreuz, auf den Seitenflügeln stilisierte Engel. Das schlichte Werk ist ergreifend. Man muss sich vor Augen halten, dass Keith Haring den Altar im Wissen um seinen nahenden Tod kurz vor dem Ableben geschaffen hat. Die Gemeinde von St-Eustache möchte den Altar auch als ein Denkmal für alle in der Pfarrei an Aids Verstorbenen (französisch *sida*) verstanden wissen.

Zuletzt erwähnen wir eine bunt bemalte **Skulpturengruppe von Raymond Mason** (linke Seite, 4. Kapelle). Sie stellt den Auszug der Gemüse- und Obsthändler aus dem Herzen der Stadt im Februar 1969 dar.

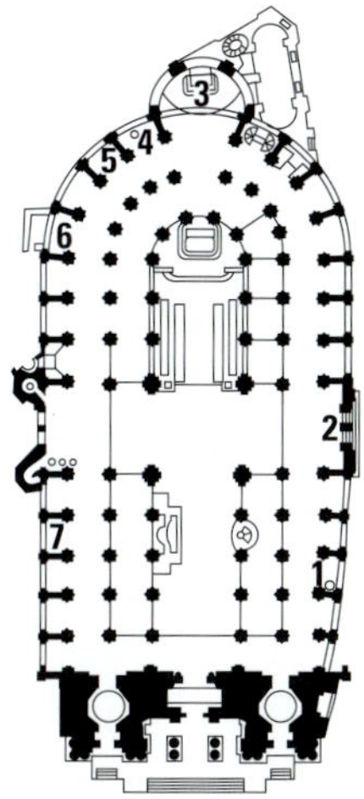

St-Eustache, Grundriss
1 *Grab und Büste Rameaus*
2 *Statue des hl. Jakob, 16. Jh.*
3 *Marienstatue von Pigalle*
4 *Grabmal Colberts*
5 *Rubens: Die Jünger in Emmaus*
6 *Altar von Keith Haring*
7 *Skulpturengruppe von Raymond Mason*

St-Germain-l'Auxerrois

Schräg gegenüber St-Eustache liegt das Gebäude der im 19. Jh. errichteten **Handelsbörse** (Bourse de Commerce, 12), ein klotziger Rundbau. Dort stößt man auf die Rue du Louvre, die in südlicher Richtung wieder hinab zur Seine führt. Gegenüber den Louvre-Kolonnaden steht die spätgotische Kirche **St-Germain l'Auxerrois** (13), erbaut 1420–25. Sie ist nicht dem heiligen Pariser Bischof, sondern dem ersten Bischof von Auxerre in Burgund geweiht, wie aus dem Namenszusatz l'Auxerrois hervorgeht. St-Germain war Hofkapelle des Louvre und Grablege zahlreicher am Hof beschäftigter Künstler. Hier fanden die letzte Ruhe: die Architekten Le Vau, Lemercier, Gabriel; die Bildhauer Coysevox, Vassé und Coustou sowie die Maler Boucher, Chardin, Nattier und Restout. Typisch burgundisch ist die offene Vorhalle, die der Kirche 1435–39 vorgeblendet wurde. Das Innere ist zwar nicht so betont vertikal wie bei den meisten anderen gotischen Kirchen, aber die Grundkonzeption gibt sich erneut als ein Ableger von Notre-Dame zu erkennen: fünfschiffige Basilika, nicht fluchtendes Querhaus, doppelter Chorumgang.

Vom Palais-Royal zur Place Vendôme

Vom Palais-Royal zur Place Vendôme ☆
Besonders sehenswert: Place Vendôme ☆

Auf diesem Rundgang erschließen wir die Westhälfte des 1. Arrondissements. Im Mittelpunkt der Besichtigungen stehen Denkmäler des 18. Jahrhunderts. In direkter Nachbarschaft zum Louvre war dieser Bereich im 17. und 18. Jh. ein mondänes Wohnviertel der Hocharistokratie, und auch in den ersten Jahren nach der Revolution spielten vor allem das Palais-Royal und sein Garten eine große Rolle im öffentlichen Leben. Das Viertel um die Place Vendôme besitzt auch heute noch das Flair der Prominenz. Juweliere und andere teure Geschäfte sowie das berühmte Hotel Ritz ziehen die Highsociety an.

Wir beginnen den Rundgang gegenüber der Nordostecke des Louvre, wo die kleine (heute protestantische) Kirche **Temple de l'Oratoire** (1) steht, ein Bau aus der ersten Hälfte des 17. Jh. von Lemercier. An der dem Louvre zugewandten Chorseite befindet sich ein Denkmal für Admiral Coligny, das militärische Haupt der Hugenotten und prominentestes Opfer der Bartholomäusnacht. Ein paar Schritte weiter beginnt parallel zur lang gestreckten Nordseite des Louvre der weitläufige Gebäudekomplex des so genannten **Louvre des Antiquaires** (2) mit zahllosen Antiquitätengeschäften, eine gleichermaßen ergiebige wie kostspielige Fundgrube für den ambitionierten Kunstsammler. Eine der schönsten Pariser Passagen, die **Galerie Véro-Dodat** (3), findet man nahebei. Sie verbindet die Straßen Rue des Petits Champs und Rue J. J. Rousseau (dort Haus Nr. 52 die einstige Wohnstatt des Philosophen) miteinander. 1822 erbaut, ist sie eine der ältesten Passagen der Stadt.

◁ Einkaufspassage aus dem 19. Jh.: die Galerie Vivienne

Palais-Royal

(4) Gegenüber der Nordfassade des Louvre steht das Palais-Royal. Nachdem Richelieu den Machtkampf gegen die Königinmutter Maria de Medici für sich entschieden hatte, die zeitweilig sogar ins Exil musste, ließ sich der Erste Minister Ludwigs XIII. 1627–29 das Palais-Royal als standesgemäße Bleibe von dem Architekten Lemercier errichten. Der Kardinal vermachte das Gebäude testamentarisch dem König. 1692 ging es in den Besitz von Gaston d'Orléans über, dem jüngeren Bruders Ludwigs XIV., und war seither Residenz des Orléans-Zweiges des Hauses Bourbon. Nach dem Tod Ludwigs XIV. 1715 war das Palais-Royal zeitweilig Mittelpunkt des höfischen Lebens, da Gaston, nun in der Rolle des Regenten für den noch unmündigen Ludwig XV. (man nennt diese Epoche deshalb Régence), eine Übersiedlung nach Versailles ablehnte. Im 18. Jh. suchten verschiedene Brände das Gebäude heim, das jedes Mal wieder neu aufgebaut wurde. Nach Erweiterungen des 19. Jh. ist ein Komplex entstanden, der nichts mehr mit der ursprünglichen Anlage gemein hat. Heute befinden sich im Palais-Royal der Staatsrat (Conseil de l'Etat) und das Kulturministerium.

Im Ehrenhof des Palais-Royal erlebt man einen reizvollen Kontrast zwischen der Architektur des 18. und der Kunst des späten 20. Jh. Dort sind nämlich 260 unterschiedlich hohe Säulenstümpfe, schwarz-weiß bemalt, von Daniel Buren aufgestellt. Kinder zeigen wenig Respekt vor der »hehren Kunst« und nutzen die Säulenstümpfe zu Hüpfspielen.

Eine Oase der Ruhe im hektischen Trubel der Großstadt: der Garten des Palais-Royal

Anstelle des ursprünglich rechts des Palais-Royal befindlichen Theaters des 17. Jh., an dem Molière lange Zeit tätig war, erbaute Victor Louis 1786–90 links davon die **Comédie Française** (5). Der Architekt hatte sich als Baumeister des Grand Théâtre in Bordeaux einen Namen gemacht. Unter den Arkaden, die beide Bauten miteinander verbinden, gelangt man in den lang gestreckten Garten des Palais-Royal.

Der Park erhielt seine bauliche Rahmung Ende des 18. Jh. Philippe, Herzog von Orléans, der Vater des späteren Bürgerkönigs Louis-Philippe, sah sich 1780 in finanzieller Bedrängnis und wagte einen spekulativen Coup. Victor Louis errichtete in seinem Auftrag 1781–84 entlang den drei Seiten des Gartens einheitliche Wohnhäuser, die dann zum Verkauf angeboten wurden. Die Rechnung ging auf, die Häuser fanden reißenden Absatz, und der Bauherr sah seine Finanzen alsbald saniert. Die heutige idyllische Ruhe des Gevierts täuscht über die Situation, die man sich hier in früheren Zeiten zu denken hat, hinweg. Der Polizei war der Zutritt zum Besitz des Herzogs von Orléans verwehrt. Unter den Arkaden und in den Geschäften, Lokalen und Spielhallen wurden allerlei zwielichtige Geschäfte getätigt. Am Vorabend des Sturms auf die Bastille rief im Garten des Palais-Royal Camille Desmoulins das Volk zu den Waffen. Der Herzog erwies sich als »Wendehals« und nahm den Namen Philippe Egalité an, konnte damit aber seine Hinrichtung nicht verhindern. Das Palais-Royal wurde Staatsbesitz. Die einträglichen Spielhallen hielten ihren Betrieb aufrecht. 1815 soll General Blücher hier in einer einzigen Nacht ein Vermögen verspielt haben. In der Restauration wurde der Besitz dem Haus Orléans vorübergehend wieder übereignet. 1838 wurden die Spielhöllen für immer geschlossen, und es kehrte Ruhe in dem Geviert ein.

An der rückwärtigen Schmalseite verlässt man den Garten und gelangt in die Rue de Beaujolais und weiter in die Rue des Petits Champs. Durch das Hôtel Colbert führt die einladende elegante **Galerie Colbert** (6), die auf die parallel dazu angelegte **Galerie Vivienne** (7) mündet. Wendet man sich hier nach links, steht man nach wenigen Schritten vor der Rückseite der alten Bibliothèque Nationale, die sich über ein Ensemble von mehreren Stadtpalais erstreckt. Der Haupteingang befindet sich in der Rue Richelieu.

Alte Nationalbibliothek

(8) Nach dem Umzug der Nationalbibliothek in den neuen Gebäudekomplex im Tolbiac-Viertel 1997 verblieben wichtige Abteilungen in den alten Räumlichkeiten beim Palais-Royal: die Handschriften-

Vom Palais-Royal zur Place Vendôme

1 Temple de l'Oratoire
2 Louvre des Antiquaires
3 Galerie Véro-Dodat
4 Palais-Royal
5 Comédie Française
6 Galerie Colbert
7 Galerie Vivienne
8 Alte Nationalbibliothek
9 Place des Victoires
10 Notre-Dame-des-Victoires
11 Fontaine Molière
12 St-Roch
13 Place Vendôme
14 Hôtel Ritz

sammlung mit kostbaren Codices aus dem Mittelalter (Evangeliar Karls des Großen, Bibel Karls des Kahlen, Psalter Ludwigs des Heiligen, Apokalypse von St-Sever), Graphiken, Fotografien, Karten, Pläne sowie eine Spezialabteilung mit Büchern zu Archäologie und Kunstgeschichte. Ein Teil der Medaillen und Münzen ist ausgestellt und allgemein zugänglich.

Man kann die Bibliothèque Nationale als Tourist getrost betreten. Die Ausstellungsräume befinden sich im ersten Stockwerk. Man sieht eine erlesene Sammlung: römisch-antike Gemmen und Kameen unterschiedlicher Größe, königliche Siegel, Münzen aus diversen Jahrhunderten und Medaillen. Der berühmte Lesesaal aus dem 19. Jh. im Parterre mit seiner eleganten Eisengewölbe-Konstruktion ist zwar weiterhin in Benutzung (kunstgeschichtliche Bibliothek), aber wenn man sich ganz still verhält, kann man einen Blick in den Saal werfen, in dem die Studentinnen und Studenten über ihren Referaten brüten.

Place des Victoires

Die Rue des Petits Champs mündet auf die **Place des Victoires** (9). Dieser Platz steht in der Reihe der großen repräsentativen Königsplätze, deren Tradition als Bautypus durch die Place des Vosges Heinrichs IV. begründet worden war. In diesem Fall war der Auftraggeber jedoch nicht der Monarch selbst, sondern der Marschall de la Feuillade, der hier mit großer Geste seine Huldigung gegenüber Ludwig XIV. zum Ausdruck bringen wollte. 1686 fand im Zentrum der Anlage ein von dem Bildhauer Desjardins geschaffenes 12 m hohes Bronzestandbild des Königs Aufstellung (in der Revolution eingeschmolzen). 1688 inspizierte Ludwig XIV. die Baustelle. Die von Hardouin-Mansart entworfenen Gebäude waren zu diesem Zeitpunkt noch weit von der Fertigstellung entfernt. Anstelle der nicht aufgeführten Fassaden wurden eiligst Holzgestelle errichtet, über die man bemalte Leinwände spannte – ein in früheren Jahrhunderten gern verwendeter Kunstgriff. Nach Abschluss der Bauarbeiten hielten Geschäfte in den Arkaden der Untergeschosse Einzug, die Beletage (1. Stock) diente Familien der Aristokratie als Wohnraum. Ihre Fensterachsen sind durch große Pilaster getrennt. Auch das Dachgeschoss wurde ausgebaut und zeigt die typischen Mansardenfenster. Heute besitzt der Platz nicht mehr dieselbe stringente Geschlossenheit wie zur Zeit der Erbauung, denn anstelle von ursprünglich nur drei Straßen münden jetzt insgesamt sechs auf die Place des Victoires.

Das 1822 neu geschaffene **Reiterdenkmal** des Königs ist eine freie Neuschöpfung und hat nichts mit dem untergegangenen Original gemein. Jenes zeigte den Sonnenkönig stehend in der Pose eines Triumphators. Konkret versinnbildlichte das Denkmal den Erfolg des Bourbonen im Frieden von Nimwegen. Die besiegten Nationen Piemont,

Huldigung an Ludwig XIV.: die Place des Victoires

Holland, Spanien und das Deutsche Reich waren in Gestalt Gefangener dargestellt, die am Fuße des Sockels lagen. Diese überlebten die Zerstörung von 1792 und sind heute in der Skulpturenabteilung des Louvre ausgestellt.

Etwas vom Platz in nordwestlicher Richtung abgerückt liegt die volkstümliche Kirche **Notre-Dame-des-Victoires** (10), die bereits 1629 erbaut worden war. Ihr Name erinnert daran, dass Ludwig XIII. mit dieser Stiftung dem Sieg über das protestantische La Rochelle ein Denkmal setzen wollte. Im Inneren der konventionell gehaltenen Frühbarockkirche wurde der Komponist Jean Baptiste Lully beigesetzt (zweite Kapelle der linken Seite). Seit dem 19. Jh. ist Notre-Dame-des-Victoires eine der beliebtesten Wallfahrtskirchen des Marienkultes in Frankreich. Ihre Pfeiler und Wände sind von mehr als 35 000 Ex-Voto-Täfelchen bedeckt.

Fontaine Molière und St-Roch

Fontaine Molière

Wir folgen der Rue des Petits Champs stadtauswärts und bei der Bibliothèque Nationale der Rue de Richelieu in Richtung auf den Louvre. Dort, wo die Rue Molière und die Rue de Richelieu im spitzen Winkel aufeinander stoßen, wurde 1844 ein **Brunnen mit der sitzenden Statue Molières** (11) errichtet (von Pradier). Schräg gegenüber, in Hausnummer 40 der Rue de Richelieu war der berühmte Komödiendichter, Regisseur und Schauspieler am 17. Februar 1673 verschieden. Der erst 51jährige erlag einer Herzattacke, die ihn auf der Bühne ereilt hatte, wo er selbst an diesem Abend die Hauptrolle in der von ihm verfassten Komödie »Der eingebildete Kranke« gespielt hatte.

Von der Place André Malraux vor der Comédie Française führt die Rue St-Honoré stadtauswärts. An der Kreuzung von Rue St-Roch/Rue St-Honoré steht die äußerlich eher unscheinbare Eglise **St-Roch** (12). Die Kirche des Pestheiligen Rochus war seit 1653 im Bau. Die Realisierung des von Lemercier gelieferten Entwurfes zog sich bis in das 18. Jh. hin, da Finanzierungsschwierigkeiten zu einer längeren Bauunterbrechung geführt hatten.

Das Innere der dreischiffigen Basilika mit seitlichen Kapellen überrascht durch die Großzügigkeit ihrer Dimensionen. Erneut erleben wir einen Bau, der ungeachtet seiner stilistischen Zuordnung zum Style classique seine Wurzeln auf Notre-Dame zurückführt. Langhaus und Chor sind nahezu gleich proportioniert, das dazwischen eingeschobene Querhaus fluchtet nicht über die Außenmauern. Hardouin-Mansart entwarf die kreisrunde Marienkapelle, die sich ostwärts an den Chor anschließt. In den Kapellen sieht man zahlreiche qualitätvolle Büsten und Grabdenkmäler des 18. Jh.

Place Vendôme

(13) Die Place Vendôme bildet das Herz des vornehmen Faubourg St-Honoré, der das Äquivalent des Faubourg St-Germain auf dem anderen Seineufer ist. Hier ließen sich im 18. Jh. einflussreiche Adelsfamilien nieder. Zwar war zum Zeitpunkt, als die Bauarbeiten 1688/89 begannen, bereits ein Platz zur Verherrlichung Ludwigs XIV. im Entstehen begriffen, die Place des Victoires, aber der Minister Louvois und andere Ratgeber wussten den Sonnenkönig davon zu überzeugen, dass es nicht nur die Sache eines Privatmannes sein dürfe, einen Königsplatz zu initiieren. Der König höchstselbst müsse sich in dieser monumentalen urbanistischen Form verewigen. In den Baulichkeiten sollten nach dem Willen des Auftraggebers kulturelle und öffentliche Einrichtungen ihren Platz finden. Finanzierungsschwierigkeiten zwangen den König, von dieser Idee wieder Abstand zu nehmen. Das Bauvorhaben ging in die Verantwortung der Stadtverwaltung von Paris über, die nun stattdessen privaten Wohnraum schuf, der eine solide Einnahmequelle sicherte. Allerdings wurde vertraglich geregelt, dass die Entwürfe Jules Hardouin-Mansarts unverändert auszuführen seien.

Bereits 1699 wurde das monumentale Reiterdenkmal Ludwigs XIV., geschaffen von Girardon, aufgestellt. Der Bau der Palais zog sich danach noch zwanzig Jahre hin und fand erst fünf Jahre nach dem Tod Ludwigs XIV. 1720 seinen Abschluss. Was Einheitlichkeit und Erhaltung anbetrifft, steht die Place Vendôme gleichrangig neben der Place des Vosges. Klarheit und schlichte Monumentalität bestimmen den

Charakter des Platzes. Dass keine Eintönigkeit entsteht, dafür sorgt die optisch geschickt gewählte Abschrägung der vier Ecken.

Frédéric Chopin starb in einem der Häuser (Nr. 12) an der Place Vendôme. In dem weltbekannten **Hotel Ritz** (14) verbrachte am 30. August 1997 Prinzessin Diana den letzten Abend ihres Lebens.

Das Reiterstandbild des Sonnenkönigs wurde 1792 zerstört; an seiner Stelle ließ Napoleon 1806 eine 44 m hohe **Triumphsäule** nach dem Vorbild der Trajanssäule in Rom aufrichten. Sie wurde aus den mehr als 1200 bei Austerlitz 1805 erbeuteten Kanonen gegossen und zeigt auf einem spiralförmig den Schaft umziehenden Reliefstreifen die Ruhmestaten des Kaisers. Im Laufe des 19. Jh. wechselten die Statuen auf der Spitze der Säule einander ständig ab, je nachdem, welcher Herrscher oder welches Regime gerade an der Macht war. Heute steht dort wieder eine Replik der ursprünglichen Napoleonstatue, die den Kaiser im Habitus eines römischen Imperators zeigt. 1871 wurde die Säule beim Aufstand der Kommune umgestürzt. Der zeitlebens politisch oppositionelle Maler Gustave Courbet soll dabei hauptverantwortlich mitgewirkt haben. Nach der Niederschlagung der Revolte wurden deshalb dem prominenten Künstler die Hauptlasten der Wiederaufrichtung aufgebürdet. Heute würde gerne mancher Kunsthistoriker dem Vorbild Courbets folgen und die Säule von dem schönen Platz verbannt wissen, denn ihre erdrückende Monumentalität stört in der Tat das Harmoniegefüge der Place Vendôme empfindlich.

Domäne weltberühmter Juweliere: die Place Vendôme

Vom Louvre zum Arc de Triomphe

Heute stellt sich die große Achse, die den Louvre und den Arc de Triomphe miteinander verbindet, als ein schlüssiges städtebauliches Konzept dar. Leicht vergisst man darüber, dass der Kontext in der bestehenden Form nicht das Resultat eines einmaligen Planverfahrens ist, sondern stückweise zu unterschiedlichen Epochen Gestalt angenommen hat, ein Wachstumsprozess, der sich letztlich über mehrere Jahrhunderte erstreckt hat.

Vom Louvre zum Arc de Triomphe ☆
Besonders sehenswert:
Musée de l'Orangerie ☆
Place de la Concorde ☆
Champs-Elysées ☆

Arc de Triomphe du Carrousel

Der Arc de Triomphe du Carrousel, auch der kleine Triumphbogen genannt, wurde 1806–1808 auf Geheiß Kaiser Napoleons durch Charles Percier und Pierre François Léonard Fontaine errichtet. Der Name erinnert an den festlichen Reiterumzug (= Carrousel), der 1662 anlässlich der Geburt des Thronfolgers Louis le Grand an dieser Stelle veranstaltet wurde. Als Vorbilder dienten die auf dem Forum Romanum in Rom erhaltenen Triumphbögen der Kaiser Septimius Severus und Konstantin des Großen. Auf der Attika des Monuments, dessen Reliefs und Statuen die Siege des Franzosenkaisers im Jahr 1805 verherrlichen, fand die in Venedig geraubte Gruppe der vier Bronzerösser von San Marco Aufstellung. Nachdem diese 1815 der Lagunenstadt zurückgegeben werden musste, schuf der Bildhauer Bosio die Quadriga mit begleitenden Statuen antiker Göttinnen. Im Durchblick durch den mittleren Bogen sieht man in der Ferne den in derselben Achse befindlichen großen Triumphbogen. Dieser optische Bezug zwischen beiden Monumenten kam allerdings erst durch den Abriss des Tuilerienschlosses (1883) zustande.

Die Tuilerien

Westlich vom Louvre befanden sich einst Müllhalden und Ziegelbrennereien (= *tuileries*). Katharina von Medici ließ ab 1564 durch Philibert Delorme ein Schloss und einen italienischen Park auf diesem Terrain anlegen. Die Königin und zeitweilige Regentin führte das Projekt jedoch nicht zum Abschluss, nachdem ihr Hofastrologe in einem Horoskop prophezeit hatte, sie werde in der Nähe von St-Germain sterben – Tuilerien und Louvre liegen in Nachbarschaft der Kirche St-Germain-l'Auxerrois. Die Vorhersage sollte sich trotzdem insofern erfüllen, als die Mediceerin bei ihrem Tod 1589 in Blois die Sterbesakramente aus den Händen eines Monsieur de Saint-Germain empfing.

Heinrich IV. vollendete die Galerie du Bord de l'Eau und stellte so eine bauliche Verzahnung zwischen Tuilerienschloss und Louvre her.

◁ Arc de Triomphe

Vom Louvre zum Arc de Triomphe
1 Arc de Triomphe du Carrousel
2 Jeu de Paume
3 Musée de l'Orangerie
4 Hôtel de Crillon
5 Hôtel de la Marine
6 Grand Palais
7 Petit Palais
8 Palais de la Découverte
9 Théâtre du Rond-Point
10 Théâtre Marigny
11 Théâtre des Camps-Elysées
12 Arc de Triomphe

Ludwig XIV. ließ in den Räumlichkeiten ein Theater anlegen. Er selbst residierte zeitweilig in dem Schloss, während sich der Louvre im Umbau befand und das Schloss in Versailles noch nicht bezugsfertig war. Im 18. Jh. fanden im Schlosstheater die ersten öffentlichen Konzerte statt. Fortan hatten die Tuilerien einen festen Platz im Pariser Musikleben. 1778 brachte Wolfgang Amadeus Mozart zwei seiner Symphonien hier zur Aufführung. Seit der Revolution stand das Schloss wieder im Mittelpunkt des politischen Lebens. Im Oktober 1789 wurde Ludwig XVI. gezwungen, Versailles zu verlassen und das Tuilerienschloss zu beziehen, aus dem er im Juni 1791 floh. Nahe der Grenze festgenommen, brachte man ihn erneut in das Gebäude, das im August 1792 vom Straßenmob erstürmt wurde. Der König wurde nun inhaftiert und wenige Monate später auf der Place de la Concorde hingerichtet.

Von 1800 bis zu seiner Kaiserkrönung lebte Napoleon in dem Schloss. Von der Restauration (1815) bis 1848 residierten die Herrscher Frankreichs in dem Gebäude. Doch nur Ludwig XVIII. beendete auch sein Leben darin. 1871 legten die Aufständischen der Kommune ein Feuer, das den gesamten Komplex in Schutt und Asche versinken ließ. Die Ruine stand noch bis 1883. Erst dann erfolgte der endgültige Abriss und damit die städtebauliche Öffnung des Louvre nach Westen.

Erhalten sind aber die Tuileriengärten, die im wesentlichen nach Entwürfen André Le Nôtres entstanden. Eine breite Mittelachse führt vom Arc de Triomphe du Carrousel in Richtung Place de la Concorde. Den Weg säumen Statuen des 19. und 20. Jh., darunter Bronzefiguren von Aristide Maillol. Vorbei an dem großen oktogonalen Wasserbecken, in dem bei schönem Wetter die Pariser Kinder kleine Segelboote schippern lassen, gelangt man zur Rampe, die zur Place de la Concorde führt. Anstelle des einstigen Tuilerienschlosses sieht man hier jetzt zwei schlichte Gebäude als Flanken der Auffahrt, die während des Zweiten Kaiserreichs errichtet wurden.

Im rechten, dem **Jeu de Paume** (2, benannt nach einem im 19. Jh. beliebten Ballspiel, Vorläufer des Tennis), war bis 1986 die Gemäldesammlung der Impressionisten ausgestellt, die seither im Musée d'Orsay eine neue Heimstatt gefunden hat. Heute finden hier Wechselausstellungen zeitgenössischer Kunst statt. Gegenüber, auf der Südseite, steht die Orangerie mit einem sehenswerten Museum.

Musée de l'Orangerie

(3) Im Obergeschoss der Orangerie ist die Sammlung Jean Walter und Paul Guillaume untergebracht, 144 Bilder, die das zeitliche Spektrum vom Impressionismus bis zum Beginn der 1930er Jahre zeigen. Drei

Die Tuileriengärten laden zur Erholungspause ein.

Künstler sind besonders vertreten: Auguste Renoir, André Derain und Chaim Soutine.

Zahlreiche Mädchen- und Frauenporträts, mal bekleidet, mal als Akte, führen dem Besucher des Museums das Lieblingsthema von **Auguste Renoir** (1841–1919) vor Augen. Hier in der Orangerie sieht man allerdings überwiegend Werke aus der nachimpressionistischen Zeit des Künstlers. In den Jahren um die Jahrhundertwende durchlief er, angeregt durch eine Italienreise, eine Phase, die er selbst als seine »klassizistische« apostrophierte. Rückblickend auf die Blütejahre des Impresssionismus beklagte er nun, Umriss und Linie vernachlässigt zu haben. Porträts und Akte dieser Epoche stehen daher dem Werk von Ingres überraschend nahe. Das Spätwerk zeigt noch einmal einen beinahe radikalen Kurswechsel. In seinen letzten Lebensjahren setzte sich Renoir mit der Malkultur des Hochbarocks, speziell Rubens'scher Prägung, auseinander, zugleich vollzog sich – nicht unähnlich dem Spätwerk Monets – die Auflösung der Form. Dieser Stilwandel hängt aber auch mit dem persönlichen Schicksal Renoirs zusammen, der im hohen Alter von Gicht

geplagt war und nur noch malen konnte, indem man ihm den Pinsel an den Unterarm band.

André Derain (1880–1954) gilt als einer der Hauptvertreter des Fauvismus, jedoch sind hier aus dieser Phase keine prägnanten Werke vorhanden. Der Maler gehört zu jener Generation, die auf den Errungenschaften Cézannes aufbaute. Klare Gliederung und homogene Farbkompositionen sind hervorstechende Merkmale seiner nachfauvistischen Malerei. Nicht nur im Stil, sondern auch in der Themenwahl (zum Beispiel Harlekine) setzte sich Derain zwischen 1910 und 1930 mit Picasso auseinander; wie jener entwarf auch Derain Bühnendekorationen für Ballettinszenierungen. Die Reisen in den Süden (Italien, Provence) führten zu einer Aufhellung seiner Palette und zu einem Kolorit, das teilweise an die Italienbilder Corots erinnert und auch den »Deutsch-Römern« des 19. Jh. eigen ist.

Die Bilderwelt von **Chaim Soutine** (1893–1943) ist ein kleiner Kosmos für sich und entzieht sich jeder Einordnung in eine der für das französische 20. Jh. geläufigen Stilrichtungen. Am ehesten liegt noch der Vergleich mit dem deutschen Expressionismus nahe, mit dem Soutine jedoch kaum in Berührung gekommen war. Seine Landschaftsbilder sind chaotische Inszenierungen, Natur wie Bauwerke erscheinen entwurzelt und ineinander zu stürzen. Dieselbe Verzerrung zeigen seine Porträts, die die Wesensmerkmale der Dargestellten ins Karikaturistische übertreiben. Dass selbst ein solcher Revolutionär wie Soutine nicht ohne Wurzeln dasteht, offenbart der Blick auf seine Stillleben. Namentlich das Motiv des Fleisch-Stilllebens geht über Picasso und das 18. Jh. (Chardin) auf die Kunst Rembrandts zurück (vgl. Louvre). Die verbogene Wirklichkeit, die aus den packenden Bildern Soutines spricht, ist einerseits Ausdruck einer problemüberfrachteten Künstlerpersönlichkeit, zum anderen aber auch Spiegel einer als absurd empfundenen Welt. Als Betrachter glaubt man Wechselbezüge zum literarischen Nihilismus eines Samuel Beckett zu erkennen.

Der hohe Wert der Bildersammlung der Orangerie besteht darin, dass neben den hier ausführlicher besprochenen Künstlern auch Paul Cézanne, Amedeo Modigliani, Pablo Picasso, Maurice Utrillo und Henri Matisse mit Hauptwerken vertreten sind. Ferner sieht man Gemälde von Henri Rousseau.

In den ebenerdig befindlichen Räumen erlebt der Besucher jene Werke, denen das Musée de l'Orangerie seine Weltgeltung verdankt: die berühmten *Nymphéas* (Seerosenbilder) von **Claude Monet** (1840–1926). Die beiden großen ovalen und fensterlosen Räume bilden die Quintessenz im Spätwerk des Künstlers. Vorangegangen war die Schenkung Rodins seines gesamten noch verfügbaren Œuvres an den Staat (heute im Musée Rodin). Der damalige Ministerpräsident Clemenceau wirkte auf seinen Freund Monet ein, sich durch ein Auftragswerk für den Staat gleichermaßen unsterblich zu machen. Der Künstler hatte sich zu diesem Zeitpunkt vollends der Darstellung von Seerosen verschrieben. Die großen Gemälde für die Säle in der Orangerie beschäftigten den Maler

bis zum Lebensende. Hier zog er noch einmal alle Register seines koloristischen Genies, zugleich bewegen sich die monumentalen Gemälde an der Schwelle zur völligen Auflösung der Form. Die suggestive Leuchtkraft der Farben schlägt jeden in Bann und lässt den Besucher eintauchen in diese Kathedrale Monetscher Malkunst, aus der er sich erst nach längerer Versenkung lösen kann.

Höhepunkt der nachimpressionistischen Malerei: Claude Monets Seerosenbilder in der Orangerie

Place de la Concorde

Die Place de la Concorde, das städtbauliche Scharnier zwischen Tuilerien und den Champs-Elysées, ist in der Chronologie der Königsplätze der letzte und zugleich größte seiner Art in Paris. Die Fläche beträgt 84 000 m². 1748 beschloss die Stadt, zu Ehren Ludwigs XV. diesen Platz anlegen zu lassen. Jacques-Ange Gabriel nahm die Arbeiten 1755 in Angriff, die jedoch nur schleppend vorankamen. Das im Zentrum aufgestellte Reiterdenkmal Ludwigs XV. wurde in der Revolution eingeschmolzen. Erhalten blieben dagegen die beiden Bauten, die auf der nördlichen Schmalseite des Platzes die Einmündung der Rue Royale flankieren, links das **Hôtel Crillon** (4, darin heute ein Luxushotel und der Sitz des französischen Automobilclubs), rechts das **Hôtel de la Marine** (5), Sitz der Admiralität. Ihre Fassaden knüpfen motivisch an die Louvrearkaden an.

In der Revolutionszeit war die berüchtigte Guillotine auf dem Platz aufgestellt, der damals in Place de la Revolution umgetauft worden

Die Place de la Concorde bei Nacht
Der Kölner Architekt Jakob Ignaz Hittorf gab dem Platz nach 1830 seine achteckige Gestalt und entwarf die Ausstattung mit Brunnen, Pavillons und Statuen.

war. Ludwig XVI., seine Frau Marie Antoinette, Madame Dubarry, die Girondisten, Danton und seine Anhänger ließen hier nebst etwa 1300 weiteren Opfern des Terrors ihr Leben. Zuletzt mussten 1793 aber auch die Initiatoren der Schreckensherrschaft, Robespierre und Saint-Just, den Weg auf das Schafott antreten. Danach erhielt der Platz seinen versöhnlichen Namen Place de la Concorde (Platz der Eintracht).

Seine heutige Gestalt nahm der Platz erst in den Jahren der Julimonarchie an. Es sollte zugleich das einzige urbanistische Projekt größeren Ausmaßes dieser Epoche sein. Der Kölner Architekt Jakob Ignaz Hittorf gab dem Platz seine achteckige Gestalt und entwarf die Ausstattung mit Brunnen, Pavillons und Statuen. Eine politisch brisante Diskussion entbrannte um die Frage, was in der Platzmitte anstelle des zerstörten königlichen Reiterstandbildes zur Aufstellung kommen sollte: eine Replik des zerstörten Originals, ein Denkmal für den Bürgerkönig Louis-Philippe oder, als Zeichen der Aussöhnung mit der Vergangenheit, ein Standbild Ludwigs XVI.? Zuletzt entschied man sich für eine neutrale Lösung. 1829 hatte der Sultan von Ägypten Karl X. den **Obelisken von Luxor** zum Geschenk gemacht. Vier Jahre dauerte der Transport. Als das Ungetüm schließlich in Paris eintraf, war der Adressat von der politischen Bühne abgetreten, als sein Nachfolger hieß Louis-Philippe den Sendboten aus dem Alten Ägypten willkommen. Danach dauerte es noch einmal drei weitere Jahre, bis die technisch komplizierte Aufstellung des 23 m hohen und

220 t schweren Obelisken in der Mitte der Place de la Concorde bewerkstelligt war. Zu Seiten des Obelisken legte Hittorf zwei **Brunnen** an, deren Gestalt von den Berninibrunnen auf dem Petersplatz in Rom inspiriert ist. Während diese Vorbilder jedoch ganz auf skulpturalen Dekor verzichten, zeigen die Brunnen des Kölner Architekten einen umfangreichen Bilderzyklus. Der eine Brunnen symbolisiert die Fluss- (Nordbrunnen), der andere die Seeschifffahrt (Südbrunnen), die Figuren auf den Sockeln sind Personifikationen der Hafenstädte Brest, Rouen, Lille, Straßburg, Marseille, Lyon, Nantes und Bordeaux.

Die Place de la Concorde markiert den Schnittpunkt zweier großer Achsen. In Nord-Süd-Richtung bilden das Palais de Bourbon, das Parlamentsgebäude sowie die Madeleine-Kirche eine geradlinige Verbindung, von Westen nach Osten treten die beiden Triumphbögen miteinander in Korrespondenz. Insgesamt stellt die Place de la Concorde eine der weiträumigsten Platzanlagen innerhalb einer europäischen Stadt dar.

Die Champs-Elysées

Westlich der Tuilerien dehnten sich noch bis das 17. Jh. Sümpfe und Wälder aus. Maria de Medici ließ einen Teil des Geländes urbar machen und entlang dem Seineufer eine Promenade anlegen, Cours de la Reine genannt. Wenig später führte Le Nôtre eine weitere Achse vom Schloss der Katharina von Medici in westlicher Richtung, mit der der Verlauf der Champs-Elysées (Gefilde der Seligen) vorgegeben war. Die systematische Bebauung entlang der Avenue erfolgte jedoch erst im 19. Jh. Zur Zeit des Zweiten Kaiserreichs ließ sich alles, was Rang und Namen hatte, an dieser Achse einen Wohnsitz errichten. Im 20. Jh. mutierte die 70 m breite Prachtstraße zu einem der führenden Geschäftsviertel von Paris. Internationale Airlines, Weltmarken der Automobilindustrie und große Banken unterhalten hier ihre Firmenniederlassungen. Namhafte Theater und Kinos kamen hinzu. Der Tourismusboom der 1970/80er Jahre ließ daneben Fast-Food-Läden, Andenkenshops und T-Shirt-Läden wie Pilze aus dem Boden schießen. Die Champs-Elysées drohten zu einer Schmuddelmeile zu verkommen. In den 1990er Jahren durchgeführte Verschönerungs- und Instandsetzungsmaßnahmen haben diesen Prozess gestoppt und einer der bekanntesten Flanierstrecken der Welt ihre Würde gewahrt.

Der Boulevard spielt bis auf den heutigen Tag eine zentrale Rolle im öffentlichen Leben. Alljährlich findet am Nationalfeiertag, dem 14. Juli, die große Militärparade statt, hier ist der Zieleinlauf der Tour de France, und zu besonderen Anlässen tanzt das Volk von Paris auf der Straße, so z. B. anlässlich des Titelgewinns der Fußballweltmeisterschaft im Sommer 1998.

Die Pferde vom Grand-Palais
»Trotz einer virtuosen Bewegtheit bleiben sie doch im Stil der Champagnerplakate der Belle Epoque« Dieter Kimpel

Die Champs-Elysées sind 2 km lang. Im östlichen Abschnitt flankieren Grünanlagen die mehrspurige Straße. Der Rond-Point-des Champs-Elysées teilt den Prachtboulevard in zwei gleiche Hälften. Im westlichen Abschnitt fasst eine lückenlose Bebauung die Straßenseiten ein, hier befindet sich das oben genannte Geschäftsviertel. Im Abschnitt zwischen Place de la Concorde und Place Clemenceau sind zahlreiche neuere Skulpturen aufgestellt. Unter ihnen fallen besonders die voluminösen Gestalten des Kolumbianers Fernando Botero auf. Versteckt hinter üppigem Grün erstreckt sich der Park des Palais de l'Elysée, in dem seit dem späten 19. Jh. der Staatspräsident seinen Amtssitz hat (der scharf bewachte Eingang befindet sich in der Rue du Faubourg St-Honoré). Gegenüber erheben sich die Bauten des **Grand Palais** (6) und des **Petit Palais** (7), die anlässlich der Weltausstellung im Jahr 1900 errichtet wurden. Nostalgie in Gestalt eines pompösen Neobarock und die um 1900 bahnbrechende Ingenieurstechnik (Eisenkonstruktion und Glas) verbinden sich hier zu einem sinnbildhaften Ausdruck vom Lebensgefühl zur Zeit der Belle Epoque. In beiden Bauten finden jetzt Wechselausstellungen statt, die zum Teil epochale Bedeutung besitzen und Besucher zu Hunderttausenden anziehen (z. B. 1996 »Cézanne«, 1999/2000 »Fauvismus«, 2002/03 »Matisse – Picasso«).

Ein paar Schritte weiter in südlicher Richtung überspannt der **Pont Alexandre III.** die Seine. Er entstand zeitgleich mit Grand- und Petit Palais und stellte damals mit nur einem einzigen kühnen Bogen aus Eisen eine technische Pionierleistung dar. Dem Grand Palais wurde 1937 an der Westseite das **Palais de la Découverte** (8) angebaut (Eingang Avenue F. Roosevelt), in dem Entdeckungen auf dem Gebiet der Naturwissenschaften dokumentiert sind. Gleich daneben steht das **Théâtre du Rond Point** (9), gegenüber das **Théâtre Marigny** (10), beides Bauten aus der Zeit Napoleons III. Ersteres beherbergt eines der im 19. Jahrhundert beliebten Rundgemälde (Panoramen), die noch erhalten sind.

Das Théâtre des Champs-Elysées war Schauplatz denkwürdiger Aufführungen. Die Premiere von Strawinskys Ballett »Le Sacre du Printemps« 1913 kurz nach der Einweihung des Bauwerks brachte das Publikum derart in Rage, dass es der Komponist vorzog, sich während der Aufführung davonzustehlen. Es war einer der größten Skandale der Theatergeschichte. 1925 erlebte Josephine Baker in ihrem zur Legende gewordenen Bananenröckchen auf dieser Bühne ihren Durchbruch in Europa.

Am Rond-Point-des-Champs-Elysées zweigt seinewärts die **Avenue Montaigne** ab, wo die Geschäfte der Haute Couture ein zahlungskräftiges Publikum anlocken. Dem Jugendstil war nur eine kurze Lebensdauer beschieden. Das **Théatre des Champs-Elysées** (11) gehört zu jenen Bauten in der Avenue Montaigne, die den Baustil Hector Guimards in Paris schnell wieder verdrängten. Zunächst hatte man einen Plan von dem berühmten Brüsseler Jugendstil-Architekten Henry van der Velde eingeholt. Der Ingenieur Auguste Perret sollte die baustatische Leitung übernehmen. Doch dann legte Perret einen eigenen Entwurf vor, der dem des Belgiers vorgezogen und binnen zwei Jahren zwischen 1911 und 1913 realisiert wurde. Die Fassade des Theaters zeigt die Abkehr von den verspielten vegetabilen Formen des Jugendstils. Sie besitzt einen quadratischen Umriss und klare vertikale und horizontale Gliederungen, in der oberen Attika erscheinen drei Reliefs des Bildhauers Bourdelle. Dieser unterkühlte Neoklassizismus stellt sich schlüssig in die baukünstlerische Tradition Frankreichs seit der Renaissance.

Im weiteren Verlauf führt der Bummel über die Champs-Elysées vorbei an Lokalen, aufwendig gestalteten Schaufenstern, Modeläden und Lichtspielhäusern, bis man sich am Fuße des Arc de Triomphe wieder findet.

Arc de Triomphe

(12) 1806 gab Napoleon den Anstoß zur Errichtung des Denkmals, das nach einem Plan von Jean-François Chalgrin (1739–1811) errichtet wurde. Die gewaltigen Proportionen (50 m Höhe, 45 m Breite) sorgten für eine lange Bauzeit. Allein für die Fundamentierung benötigte man zwei Jahre. Bei der Abdankung des Kaisers war das Denkmal unfertig, und während der Restauration sah sich niemand veranlasst, den Bau zu reaktivieren. Erst unter Louis-Philippe wurde der Triumphbogen 1836 fertig gestellt. Vier Jahre später wurde der von St. Helena heimgeholte Leichnam Napoleons unter dem Bogen hindurch getragen und zur letzten Ruhestatt im Invalidendom überführt. 1920 wurde im Zentrum unter dem Bogen das Grab des Unbekannten Soldaten angelegt, dessen Flamme täglich um 18.30 Uhr neu entfacht wird. Am 26. August 1944 zogen die Befreier von Paris durch den symbolträchtigen Bogen in die Stadt ein.

Arc de Triomphe
Das bekannteste Relief, eine Arbeit des Bildhauers François Rude, befindet sich am Nordostpfeiler. Die heroische Kriegerschar zeigt den Auszug der Rheinarmee 1792, darüber eine geflügelte Frauengestalt, Allegorie auf die Nationalhymne der Franzosen, die Marseillaise.

Chalgrin imitierte das Muster des Titusbogens in Rom, übertrug das Vorbild jedoch in einen überdimensionalen Maßstab. Da das Monument nicht allein die Siege Napoleons, sondern auch die Triumphe der Revolutionsarmeen verherrlicht, zeigt der Dekor aus Reliefs und Statuen ein weit gespanntes armeehistorisches Programm. Die bekannteste Skulptur, eine Arbeit des Bildhauers François Rude, befindet sich am Nordostpfeiler. Die heroische Kriegerschar zeigt den Auszug der Rheinarmee 1792, darüber eine geflügelte Frauengestalt, Allegorie auf die Nationalhymne der Franzosen, die Marseillaise.

Besteigt man die **Aussichtsplattform,** erschließt sich im Rundblick die gelungene städtebauliche Funktion des Denkmals. Ursprünglich bildete es auf der Kuppe des abgeflachten Hügels den Abschluss der beim Louvre beginnenden Ost-West-Achse. Im 19. Jh. wurde die Zahl der auf den Bogen zuführenden Straßen von fünf auf zwölf erweitert. Der Platz, auf dem sich das Monument erhebt, hieß deshalb Place de l'Etoile (Sternplatz). Nach dem Tod de Gaulles wurde er in Place Charles de Gaulle umbenannt. Nachdem bereits in der zweiten Hälfte des 19. Jh. die Ost-West-Achse bis zum Pont de Neuilly fortgeführt worden war, setzte die Architektur in der zweiten Hälfte des 20. Jh. mit der Erbauung des Grande Arche in La Défense einen weiteren Akzent in westlicher Richtung. So entstand die längste städtebauliche Achse der Welt.

Die großen Boulevards
Rund um die Opéra Garnier

Die großen Boulevards Rund um die Opéra Garnier
Besonders sehenswert: Musée Jacquemart-André ☆

Das Paris der Mitte des 19. Jh. bot ein ungemein heterogenes Bild. Inmitten eines städtebaulichen Chaos mit einem großen Anteil mittelalterlicher Bausubstanz erhoben sich einzelne Prachtbauten oder öffneten sich unvermittelt großzügige Königsplätze. Kaiser Napoleon III. und der Präfekt Haussmann bildeten das Tandem, das ein neues Paris aus der Taufe hob. Hygienische und verkehrstechnische Erfordernisse, aber auch politisches Kalkül machten die Neugestaltung der Stadt zu einem Gebot der Stunde. Erstmalig wurde Paris in seiner Gesamtheit betrachtet. Die neu entstandenen Boulevards dieser Epoche vernetzten die einzelnen Viertel miteinander. Der Ausbreitung der Cholera war damit ein Riegel vorgeschoben, das Problem des Verkehrs gelöst, und zugleich hatten Militär und Polizeikräfte raschen Zugriff auf mögliche Unruheherde. Überall im Stadtbild von Paris ist das Wirken Haussmanns bis auf den heutigen Tag sichtbar, besonders seine Vorliebe für zentrale Plätze, von denen große Achsen strahlenförmig ausgehen, so an der Place de la Bastille, Place de la Nation, Place de l'Opéra und vor allem an der Place de l'Etoile am Triumphbogen.

Am nachhaltigsten sind die Maßnahmen Haussmanns im Bereich um die Opéra Garnier zum Niederschlag gekommen, wo zwischen 1855 und 1870 ein völlig neues Viertel entstand. Der Bau der großen Kaufhäuser, allen voran das **Printemps** (1) und die **Galeries Lafayette** (2) nahe der Oper, verdeutlichen, dass das Opernviertel die Rolle eines neuen Geschäftszentrums in Paris übernahm, der Gare St-Lazare fiel dabei die Rolle eines Verkehrsknotenpunktes zu. Entsprechend boomte auch der private Baumarkt, die Preise zogen kräftig an. 1865 erreichten Wohnhäuser um die Oper Spitzenpreise bis zu 2 500 Francs pro Quadratmeter – im 1. und 2. Arrondissement lagen die Preise zur selben Zeit knapp unter 1000 Francs, in den östlichen Vierteln nur bei maximal 300 Francs.

Die Opéra Garnier

(3) Das große Opernhaus ist das ehrgeizigste Bauprojekt in der Zeit des Zweiten Kaiserreichs gewesen. Im Januar 1858 war vor der alten Oper ein Bombenattentat auf Napoleon III. verübt worden, dem der Monarch und seine Frau, Kaiserin Eugénie, nur knapp entgingen. Der Anschlag forderte acht Todesopfer und 156 Verletzte, auch die Pferde der Kutsche, in der das Herrscherpaar saß, kamen zu Tode. Haussmann war Zeuge des Geschehens. Nur zwei Monate später verfügte der Kaiser die Neuordnung des Viertels sowie die Errichtung eines neuen Opernhauses, das rundum frei stehen sollte, um eine optimale Überwachung durch Sicherheitskräfte zu gewährleisten. 1860 lagen 170 Entwürfe vor, von denen sieben in die engere Auswahl kamen. Schließlich erhielt der erst 35jährige und damals noch nahezu

◁ *Opéra Garnier Die große Treppe mutet wie eine Projektion des Boulevardgedankens in den Innenraum an.*

Opéra Garnier
Das Deckengemälde in der Kuppel des Zuschauerraums mit Motiven aus berühmten Opern und Balletten schuf Marc Chagall.

unbekannte Charles Garnier den Zuschlag. Der Wettbewerbssieger wurde in die Tuilerien eingeladen, um dem Kaiserpaar seinen Plan im Detail zu erläutern. Es ist überliefert, dass Kaiserin Eugénie den Architekten bei dieser Gelegenheit offen anfeindete, da er den von ihr favorisierten Viollet-le-Duc aus dem Feld geschlagen hatte. Sie kritisierte an seinem Plan, dass er gar keinen Stil habe – »weder griechisch, noch Louis XVI., noch Louis XV.«. Der Künstler konterte selbstbewusst, dass alle diese Stile überholt seien, dies sei eben der neue Stil Napoleon III. – womit er sicher das Herz des Monarchen erobert haben dürfte, denn anders als seine königlichen Vorgänger, die ihre Person in einem Einzelmonument verewigten, suchte Napoleon III. ganz Paris zum Denkmal seiner Herrschaft zu machen.

Die Errichtung der Oper verschlang in 14 Jahren Bauzeit 33 Millionen Francs, allein an der aufwendigen Dekoration waren 90 Künstler beteiligt. Die Einweihung fand 1875 ohne den Auftraggeber statt, der nach der Niederlage von 1870 ins Exil hatte gehen müssen (er starb 1873 in England und wurde in Farnborough, Grafschaft Hampshire, bestattet).

Nach außen präsentiert sich das Bauwerk in schwülstiger Überladenheit, beherrscht von der mächtigen Krone, Sinnbild der Kaiserwürde Napoleons III. Nichts deutet auf die Verwendung von Eisenkonstruktionsteilen hin, da alles von Stein ummantelt erscheint. An Bahnhöfen, Markthallen und anderen funktionalen Bauwerken durften die Ingenieure das neue Material ungeschminkt zur Schau stellen, am Musentempel der Oper dagegen musste es noch keusch versteckt werden. Die große Treppe im Innern, die zu den Zuschauerrängen führt, mutet wie eine Projektion des Boulevardgedankens in den Innenraum an. Da dies der einzige Zugang ist, müssen alle Opernbesucher diese eine Treppe hinaufsteigen, die damit ein Forum der Öffentlichkleit ist. Scheinbar verschwinden dadurch die Standesunterschiede. Da der Besuch der Oper jedoch nur einer wohlhabenden Schicht vorbehalten war, verwischen sich lediglich die graduellen Unterschiede innerhalb der Klasse der Besitzenden. Der Vorführraum zeigt Verwandtschaft mit dem Grand-Théâtre Victor Louis' in Bordeaux, ein seltener Fall, wo ein Bauwerk der französischen Provinz einem solchen in der Hauptstadt zum Vorbild diente. Alles ist üppig in Rot und Gold gehalten. Das Deckengemälde in der Kuppel des Zuschauerraums mit Motiven aus berühmten Opern und Balletten schuf 1964 Marc Chagall.

Die letzte große Glanzzeit der Opéra Garnier fällt mit der Intendanz Rolf Liebermanns zusammen, der von 1972 bis 1980 die Geschicke des Hauses lenkte, zahlreiche Auftragswerke vergab und das zeitgenössische Ballett ins Haus holte. 1990 riss die neue Opéra de la Bastille den Rang des ersten Opernhauses von Paris an sich. Seither finden nur noch vereinzelt Operninszenierungen statt, in der Hauptsache ist die Opéra Garnier heute eine Bühne für Operette, Musical und Ballett.

Nahe der Opéra Garnier liegen am Boulevard Haussmann die großen Traditionskaufhäuser Le Printemps (Nr. 64) und Galeries Lafayette (Nr. 40). Ersteres wurde bereits 1865 eröffnet und war damals das erste Kaufhaus mit Aufzügen für die Kunden, letzteres besitzt mit seiner farbigen Glaskuppel aus dem Jahr 1910 eine der Architekturberühmtheiten aus der Zeit des Jugendstils in Paris.

La Madeleine

(4) Vor der Opéra Garnier kreuzt der breite Boulevard des Capucines, der in westlicher Richtung auf die Madeleine zuführt. Die Kirche Ste-Marie-Madeleine, allgemein nur kurz La Madeleine genannt, blickt auf eine wechselvolle Geschichte zurück. Bereits 1764 war hier mit dem Bau einer Kirche begonnen worden, der in den Revolutionsjahren zum Erliegen kam. Für die Zukunft wurden verschiedene Zweckbestimmungen ins Auge gefasst: Sitz der Nationalversammlung, Börse, Bibliothek und anderes. 1806 entschied Napoleon, dass der Bau als Tempel zum Ruhme der Armee dienen solle. Das bereits Bestehende wurde dem Erdboden gleich gemacht und anstelle des vorgesehenen Zentralbaus ein längsgerichteter Baukörper nach Art eines griechischen Tempels errichtet, den Ludwig XVIII. dann zur Kirche bestimmte. Zwischenzeitlich drohte die Zweckentfremdung als Bahnhof, doch nach Abschluss der Arbeiten wurde La Madeleine 1842 endgültig als Pfarrkirche geweiht.

Ein Peristyl mit 52 korinthischen Säulen ummantelt den Kultraum. Im Giebelfeld über dem Eingang ist das Jüngste Gericht dargestellt, auf dem Bronzeportal, zu dem 28 Treppenstufen hinaufführen, die zehn Gebote. Das Innere gliedert sich in eine Vorhalle, den von Kup-

Die Kirche La Madeleine stellt ein Bauwerk dar, so die Worte Napoleons, »wie es bislang zwar in Athen, jedoch nicht in Paris existierte«.

peln überwölbten Hauptraum und den Chor. Im städtebaulichen Kontext besetzt La Madeleine eine wichtige Stelle. Sie bildet das optische Gegenüber zum Palais Bourbon auf der Südseite der Place de la Concorde, und als monumentale Tempelarchitektur stellt sie ein Bauwerk dar, »wie es bislang zwar in Athen«, so die Worte Napoleons, »jedoch nicht in Paris existierte«.

Chapelle Expiatoire und St-Augustin

Vor der Madeleine zweigt in nordwestlicher Richtung der Boulevard Malesherbes ab, einer der großen Boulevards Haussmanns, der von hier bis nahe an die Stadtgrenze von Paris reicht. Nach wenigen Schritten zweigt nach rechts die Rue Pasquier ab, die zur begrünten Square Louis XVI. führt. Hier hatte man 1722 einen kleinen Friedhof angelegt, der während der Revolution zu trauriger Berühmtheit gelangte. Nach dem Sturm auf die Tuilerien 1792 hatte man dort die bei der Verteidigung des Schlosses gefallenen Soldaten der Schweizergarde bestattet, wenig später folgten ihnen die sterblichen Überreste des guillotinierten Ludwigs XVI. und seiner Frau Marie Antoinette wie auch die weiteren rund 1300 auf der Place de la Concorde Enthaupteten hier beigesetzt wurden. Ludwig XVIII. ließ die Gebeine seines Vorgängers und Marie Antoinettes exhumieren und feierlich in der traditionellen königlichen Grablege in St-Denis zur letzten Ruhe betten. 1816 wurde der Grundstein zur Sühnekapelle, der **Chapelle Expiatoire** (5), gelegt, die 1821 geweiht wurde. Das kleine von mächtigen Bäumen umstandene Denkmal ist heute ein Kenotaph (= Leergrab) für das letzte Königspaar des Ancien Régime. Seitlich der Treppe, die zum Eingang hinaufführt, befinden sich zudem die Gräber von Philippe Egalité, dem Vater Louis-Philippes, und der Charlotte Corday, die Jean-Paul Marat in der Badewanne erstochen hatte. Im Innern des über zentralem Grundriss errichteten Bauwerks, der traditionellen Form eines Memorialbaus, befinden sich die Gräber Ludwigs XVI. und der Marie Antoinette.

Die großen Boulevards
1 Printemps
2 Galeries Lafayette
3 Opéra Garnier
4 La Madeleine
5 Chapelle Expiatoire
6 St-Augustin
7 Musée Jacquemart-André
8 Gare St-Lazare
9 Ste-Trinité
10 Musée Gustave Moreau
11 Musée Cernuschi
12 Musée Nissim de Camondo

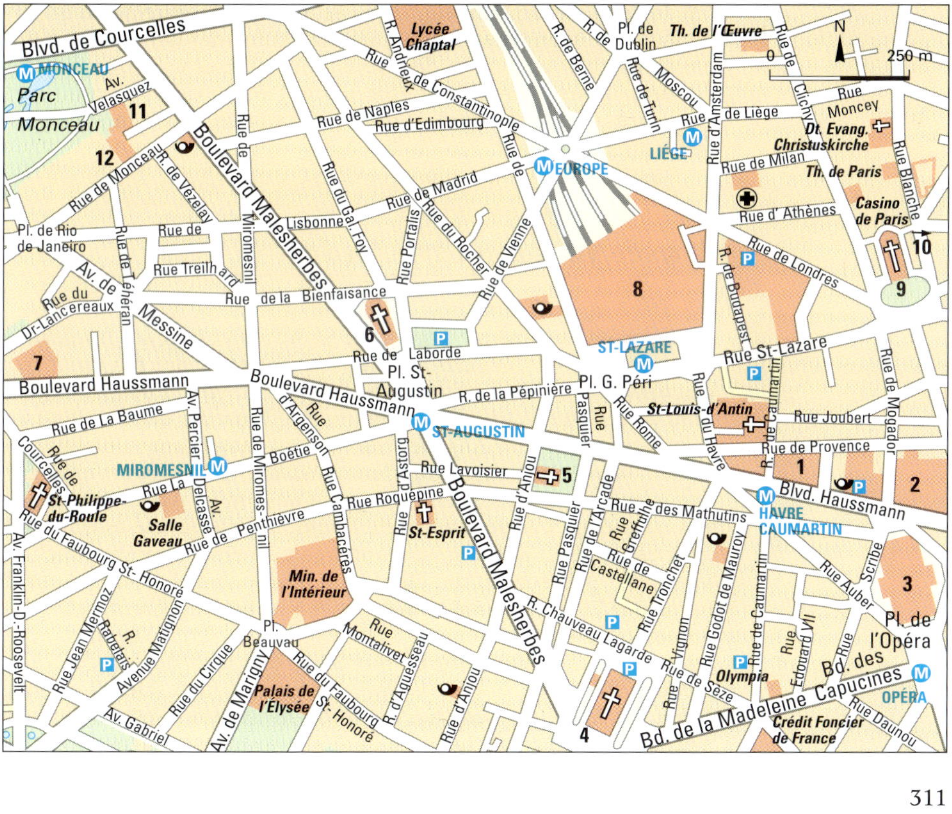

An der Nordseite der Square Louis XVI. führt der Boulevard Haussmann vorbei, der nach wenigen Schritten westlich auf die belebte Place St-Augustin mündet. Baltard, der Architekt der Kirche **St-Augustin** (6, erbaut 1860–71), die den nördlichen Abschluss des Platzes bildet, sah sich mit der Schwierigkeit konfrontiert, den Grundriss der Trapezform der einfassenden Straßenzüge anzupassen. Er nahm die Unregelmäßigkeiten des Baugrunds einfach in sein Konzept auf und verlieh St-Augustin seinen originellen trapezförmigen Grundriss mit schmaler Fassade und verbreiterter Ostpartie. In diesem Bauwerk fand zum ersten Mal in einer Kirche die damals neue Form der Eisenkonstruktion Anwendung. Allerdings wurde das Gerippe, wie auch an der Garnier-Oper, vollends mit Stein ummantelt. Die Konstruktion erlaubte den Verzicht auf Stützmaßnahmen am Außenbau und ein erheblich ausgedünntes Mauerwerk. Die Auswirkungen auf die Kosten müssen nicht eigens betont werden.

Die Außenansicht verdeutlicht eindringlich, was man sich unter Eklektizismus vorzustellen hat, den Rückgriff auf verschiedene Epochen der Baukunst. Das Rundfenster und die kleinen Türme seitlich der Fassade knüpfen an die französische Gotik an, der gesamte Umriss dagegen mit der tempelartigen Fassade und der mächtigen dahinter aufsteigenden Kuppel zitiert die Baukunst der italienischen Renaissance. Namentlich in der Gestalt der Kuppel wird offenkundig die Brunelleschi-Kuppel des Florentiner Domes zitiert. Technischer Fortschritt und bewusster Rückgriff auf Tradition finden in St-Augustin zu einer Synthese.

Musée Jacquemart-André

(7) Etwa 500 m westlich der Kirche St-Augustin liegt am Boulevard Haussmann (Nr. 158) das Musée Jacquemart-André mit einer der bemerkenswertesten privaten Kunstsammlungen Europas. Während dieses außerordentlich sehenswerte Museum bei dem Pariser Publikum in hohem Ansehen steht, sieht man immer nur überraschend wenige Besucher aus dem Ausland. Der Schwerpunkt der Sammlung ist die Kunst des Rokoko. Die Familie André, im 18. Jh. aus Lyon eingewandert, war eine Bankiersdynastie, die es während der Restauration und der Juli-Monarchie zu einem unermesslichen Vermögen gebracht hatte. Der letzte Spross des Hauses, Edouard André (1833–1894), und seine Ehefrau Nélie Jacquemart, eine talentierte Malerin, erweiterten die bereits von ihren Vorfahren begründete Kunstsammlung beträchtlich, die nach dem Tode Nélie Jacquemarts 1912 in den Besitz des Staates kam. Der Besucher erlebt das Gebäude unverändert in der Gestalt, wie es die Jacquemart-Andrés bewohnt hatten.

Das Palais des Ehepaares Jacquemart-André stammt aus der zweiten Hälfte des 19. Jh. Trotz einer unübersehbar repräsentativen Note nimmt das Bauwerk keinen Anteil an der Überladenheit des Stils der Napoleon III.-Ära, sondern präsentiert sich als Rückgriff auf den Klassizismus der Louis XV.-Architektur.

Kunst des Rokoko

Fast alle Räume sind dem Besucher zugänglich. In **Saal 1** hängen Bilder von Hauptvertetern des Rokoko: Veduten Canalettos, erotische Szenen von François Boucher, des Weiteren Werke von Jean-Baptiste Chardin, François Hubert Drouais, Jean-François de Troys, sowie anderer. In **Saal 2,** dem Grand Salon, stehen Porträtbüsten des 18. Jh. **Saal 3** zeigt erlesene Tapisserien, **Saal 4,** ehemals Arbeitskabinett, kleinformatige Bilder des 18. Jh. **Saal 5:** Porträts des 18. Jh. Die Exponate in **Saal 6,** Bilder des 17. Jh., verdienen besondere Beachtung: Porträts der Niederländer Anthonis van Dyck, Frans Hals, Rembrandt und Ruysdael. In **Saal 7,** dem vormaligen Musiksalon, folgen wieder Bilder, vor allem Porträts, aus der Rokokozeit. Durch **Saal 8,** den Wintergarten, geht es auf elegant geschwungener Treppe in das obere Stockwerk, wo sogleich ein großes Wandfresko von Giovanni Battista Tiepolo den Blick des Betrachters auf sich zieht. Es wurde 1893 aus der Villa Contarini bei Mira (Brenta) hierher überführt und zeigt eine historisch bedeutsame Szene, die die Geschichte der Lagunenrepublik mit jener von Paris verbindet, den Besuch Heinrichs III. von Frankreich in Venedig und seinen Empfang durch den Dogen Contarini.

Fresko von Tiepolo

Bis hierher spiegelt die Sammlung die Vorliebe von Dominique und Ernest André zum Rokoko wider, des Großvaters beziehungsweise Vaters von Edouard André. Edouards persönliche Vorliebe galt dagegen der italieneischen Frührenaissance, von der er bedeutende Werke zusammentrug. In **Saal 12,** einstmals das Atelier Nélies, sind florentinische Reliefs des 15. Jh. ausgestellt, in der rückwärtig abgerundeten zweiten Hälfte des Raumes Freiplastiken und Büsten italienischer Renaissancebildhauer sowie glasierte Terrakotten aus der Werkstatt der Familie Della Robbia.

Plastik aus der italienischen Renaissance

Es folgen die beiden wichtigsten Räume des Hauses: In **Saal 13** toskanische und umbrische Malerei des Quattrocento – zwei liebliche Madonnen von Sandro Botticelli und Perugino, eine karikaturistisch anmutende Darstellung des Kampfes Georgs gegen den Drachen von Paolo Uccello, weiter Bilder von Francesco Botticini, Paolo Schiavo und anderen. Unbestrittener Höhepunkt ist **Saal 14** mit Hauptwerken venezianischer Meister des 15. Jh. Wir beginnen den Rundgang links vom Eingang. Dort hängt eine kleine Sacra conversazione des Paduaners Andrea Mantegna, die Jungfrau zwischen den Heiligen Hieronymus und Ludwig von Toulouse. Daneben, in originalem Prunkrahmen, von demselben Künstler eine ergreifende Darstellung des Ecce Homo. Die Mitte dieser Wandseite nimmt ein großes quadratisches Bildnis der Muttergottes von Giovanni Bellini ein. Es handelt sich um ein Spätwerk des Venezianers; der überdunkelte Landschaftshintergrund und die gebrochene Tonigkeit der Palette zeigen

Toskanische und umbrische Malerei des 15. Jh.

Venezianische Meister des 15. Jh.

die Auseinandersetzung des Malers mit Giorgione, die niederrauschenden Gewandkaskaden weisen auf den jungen Tizian hin. Der zweite große Meister der venezianischen Frührenaissance, Vittore Carpaccio, ist an der folgenden Wand (Mitte) mit einer mythologischen Szene präsent: Theseus empfängt die Gesandtschaft der Amazonen. Der dritte große Meister der venezianischen Frührenaissance ist Cima da Conegliano; von ihm sehen wir nahe dem Ausgang eine Madonna mit Kind. Rechts erscheint im Hintergrund eine kleine Vedute von Cimas Geburtsort Conegliano. Weiter sind Bilder von Carlo Crivelli, Lazzaro Bastiani und Giorgio Schiavone in diesem Raum ausgestellt.

Museumscafé mit Deckenfresko von Tiepolo

Zurück in das Ambiente des Rokoko führen die **Säle 15 und 16** im Erdgeschoss mit ihrer erlesenen Ausstattung. Ein besonderes Vergnügen ist der Besuch des Museumscafés auf der rechten Seite des Entrees. Gobelins rahmen den Raum, von oben schauen neugierige Betrachter auf den erschöpften Kunstpilger herab. Sie gehören zu einem weiteren Fresko von Tiepolo aus der Contarini-Villa in Mira.

Gare St-Lazare und Ste-Trinité

Weitere bemerkenswerte Bauten aus der Zeit der großen Stadterneuerung des 19. Jh. finden sich östlich von St-Augustin, der Bahnhof St-Lazare und die Kirche der Trinität. Mit der **Gare St-Lazare** (8) wurde der größte unter den Pariser Bahnhöfen errichtet, wo bereits damals, um 1870, mehr als 13 Millionen Fahrgäste jährlich abgefertigt wurden, etwa 80 Prozent davon Pendler aus den Vororten – alle anderen Bahnhöfe kamen im selben Zeitraum zusammen auf rund 21 Millionen. Das Bauwerk zeigt in seiner auftrumpfenden Größe Verwandtschaft mit der Opéra Garnier; da es sich jedoch nicht um einen Musentempel, sondern um ein funktionales Bauwerk handelt, wurden nicht derart verschwenderisch Dekorationselemente aufgeboten wie am Opernhaus. Das Auge des heutigen Besuchers wird das eher als wohltuend empfinden.

Nur zwei Straßenzüge weiter ostwärts erhebt sich über der Rue St-Lazare auf einem Hügel die Kirche **Ste-Trinité** (9) des Architekten Ballu. Sie entstand gleichzeitig mit der St-Augustin-Kirche in den 1860er Jahren und ist wie diese ein Beispiel für eklektizistische Architektur. Während sich in St-Augustin Gotik und Renaissance mischen, klingen bei Ste-Trinité neben Motiven der Gotik auch solche der Romanik und sogar des Barock an, insgesamt aber dominiert die Sprache der Renaissance. Die Fassade lehnt sich an St-Eustache an. Dem wohlhabenden Bürgertum wurde der Kirchenbesuch bequem gemacht. Eine breite Auffahrtsrampe führt zum Kirchenportal hinauf, sodass man ungehindert mit der Kutsche zur sonntäglichen Messe anfahren konnte.

Parc Monceau und nahe gelegene Museen

Nördlich vom Boulevard Haussmann bietet der Parc Monceau Gelegenheit zu Entspannung. Er wurde bereits im 18. Jh. für Philippe Egalité angelegt, jedoch im 19. Jh. stark verkleinert und zu einem englischen Park umgestaltet. Am nördlichen Zugang steht eines der **Zollhäuser** aus dem 18. Jh., eine reizende Rotunde, in der jetzt öffentliche Toiletten eingerichtet sind. Im Park stößt man unter anderem auf einen freistehenden **Renaissancebogen.** Es handelt sich um ein Fragment vom 1871 niedergebrannten alten Rathaus der Stadt.

Außerhalb des Parks laden zwei kleine, aber sehenswerte Museen zum Besuch ein. Das eine ist das **Musée Cernuschi** (11) in der Avenue Velasquez Nr. 7, benannt nach dem Mailänder Bankier Henri Cernuschi, der 1896 seine Sammlung orientalischer Kunst der Stadt vermachte. Neben Tuschzeichnungen und Kleinkunstgegenständen aus Bronze und Jade aus China ist der Stolz des Museums die Sammlung verschiedener Skulpturen aus diversen vor- und nachchristlichen Jahrhunderten.

In der Rue de Monceau Nr. 63 befindet sich das **Musée Nissim de Camondo** (12), das 1936 der jüdische Graf Moise de Camondo dem Staat überließ. Der Name erinnert an den im Ersten Weltkrieg gefallenen Sohn Camondos. Es ist ein Palais mit erlesener Ausstattung, vorwiegend des Rokokozeitalters. Am Eingang erinnert eine Gedenktafel daran, dass die Familienangehörigen von Camondos Schwester in Auschwitz ermordet wurden.

Am nördlichen Eingang zum Parc Monceau steht eines der wenigen erhaltenen Zollhäuser aus dem 18. Jh. von Nicolas Ledoux.

Montmartre

Montmartre ☆

Der Name des Hügels im Norden von Paris, allgemein nur knapp *la butte* genannt, fasst etymologisch zwei verschiedene Wurzeln zusammen. Zum einen erinnert der Begriff *martre* an den in römischer Zeit auf der Anhöhe befindlichen Merkurtempel, zum anderen klingt aber auch das Wort Märtyrer an und damit konkret die Legende vom hl. Dionysius, dem ersten Bischof von Paris, der im 3. Jh. enthauptet wurde (zum hl. Dionysius ausführlicher unter St-Denis). Im Mittelalter befanden sich auf dem Hügel ein Nonnenkloster und ein Dorf, in dem Windmühlen und Weinbau betrieben wurden, später wurde in Steinbrüchen außerdem Gips abgebaut. Erst 1860 wurde das Dorf eingemeindet. Damals waren 30 Windmühlen in Betrieb. Rasch entwickelten sich die Gartenlokale auf dem Montmartre zu beliebten Ausflugszielen. Renoir hat in dem Bild »La Moulin de la Galette« eine heitere Nachmittagsstimmung aus dieser Epoche festgehalten (Musée d'Orsay). Ebenso avancierte das neue Viertel zum Treffpunkt von Künstlern und Literaten, während das Pariser Nachtleben am Fuße des Hügels im Pigalleviertel eine neue Heimstatt fand. Die Bohemeatmosphäre blieb noch bis nach dem Zweiten Weltkrieg erhalten, dann nahm der Massentourismus den Montmartre in Besitz. Dennoch haben sich abseits von Sacré-Cœur und der Place du Tertre malerische Winkel erhalten. Und da seit einigen Jahren den Touristenbussen die Auffahrt verwehrt ist, geht es auch wieder etwas ruhiger zu.

Sacré-Cœur

(1) Von der Metro-Station Anvers führt die schmale Rue de Steinkerque zu der breiten Freitreppe, deren Stufen unterhalb von Sacré-Cœur enden. Wem der Aufstieg zu beschwerlich ist, der nimmt an dieser Stelle den seilgezogenen Funiculaire (normale Metrokarte). Von der Aussichtsplattform vor der Kirche bietet sich ein wunderbarer Blick über das Dächermeer von Paris. Die Kirche wurde zwischen 1876 und 1914 nach einem Plan des Architekten Paul Abadie errichtet. Er unternahm motivische Anleihen an der Kuppelkirche von Périgueux und orientalisch-byzantinischer Bautradition. Das Ergebnis ist ein verspielter Märchenbau, der mehr Spott als Anerkennung auf sich gezogen hat – und dennoch ist Sacré-Cœur ebenso ein Wahrzeichen von Paris geworden wie Notre-Dame und der Eiffelturm.

In den Wohnhäusern rund um Sacré-Cœur leben zahlreiche Künstler. 35 Jahre lebte hier auch der Fotograf Louis Bérenger, der den größten Teil der Aufnahmen für diesen Reiseführer gemacht hat. Der Künstler besitzt eine besondere Begabung für die Porträtfotografie. Jahrelang hat er Menschen, die auf dem Montmartre leben, porträtiert. Die eindringlichen Arbeiten wurden 1998 im Schloss Scandaillac (Périgord) ausgestellt.

◁ Die Treppen vom Montmartre

St-Pierre

(2) Links neben Sacré-Cœur steht die romanische Peterskirche, eines der ältesten Bauwerke von Paris. Es gehörte zu einem von Ludwig VI. gestifteten Nonnenkloster, dessen letzte Äbtissin 1793 auf dem Schafott starb. Die Klosterbaulichkeiten wurden abgerissen, einzig die Kirche blieb erhalten. Als Baubeginn gilt das Jahr der Klostergründung, 1134. 1147 vollzog der aus dem Zisterzienserorden hervorgegangene Papst Eugen III. die Weihe. Es handelt sich um eine dreischiffige Basilika mit einschiffigem Querhaus und einer Dreiapsidenanlage im Osten. Die Gewölbe der vorderen Joche wurden im 15. Jh. erneuert, im 18. Jh. erhielt die Fassade ihr heutiges Aussehen, Ende des 19. Jh. erfolgte eine umfassende Restaurierung, bevor die Kirche 1908 wieder dem Kult übergeben wurde. Die drei Bronzetüren schuf 1980 der italienische Bildhauer Gismondi.

Rundgang um die Place du Tertre

Das Herz des Montmartre-Viertels bildet die **Place du Tertre** (3). Während es hier in den Morgenstunden noch recht ruhig zugeht, schieben sich ab mittags die Besucherströme um das Geviert. Dicht an dicht sind die Staffeleien der Maler gedrängt, die ihre Paris-Ansichten feilbieten und Zahlungswillige porträtieren oder auch karikieren. Jeder ist im Besitz einer der begehrten Standlizenzen. Die meisten arbeiten für den Massengeschmack, und man ahnt kaum, dass mancher von ihnen tatsächlich ein großes Talent ist, das daheim im Atelier Arbeiten ganz anderer Qualität produziert – doch nur den wenigsten gelingt der ersehnte Durchbruch.

Nördlich der Place du Tertre liegt an der Kreuzung der Rue des Saules und der Rue St-Vincent das kleine Haus des **Lapin Agile** (4), Anfang des 20. Jh. ein Weinlokal und beliebter Künstlertreffpunkt, dessen zeitweiliger Patron der Sänger Aristide Bruant war, von Toulouse-Lautrec auf einem bekannten Varieté-Plakat der Nachwelt unsterblich gemacht. Wenige Schritte von hier stößt man auf den letzten kleinen **Weinberg** (5) des Montmartre. Aus der Ernte des knapp 2000 m^2 großen Terrains werden alljährlich etwa 500 Flaschen gekeltert. Sie werden öffentlich versteigert, der Erlös fließt wohltätigen Zwecken zu.

In der Rue Lepic ist noch Renoirs **Moulin de la Galette** (6) zu sehen. Statt des Gartenlokals befinden sich hier aber jetzt Eigentumswohnungen, die Mühle ist nicht zugänglich. Die Rue Lepic führt über Kurven hügelabwärts. Sie durchquerte einst die Gips-Steinbrüche, deren Ausbeutung Mitte des 19. Jh. aufgegeben wurde, da der Hügel

Montmartre
1 *Sacré-Cœur*
2 *St-Pierre*
3 *Place du Tertre*
4 *Lapin Agile*
5 *Weinberg*
6 *Moulin de la Galette*
7 *St-Jean-de-Montmartre (St-Jean-l'Evangeliste)*
8 *Bateau Lavoir*
9 *Moulin Rouge*

derart ausgehöhlt war, dass für viele Gebäude Einsturzgefahr bestand. Die Rue Lepic mündet auf die Rue des Abesses. Deren Name erinnert an die Äbtissinnen des St-Pierre-Klosters; sie endet bei dem gleichnamigen Platz, Place des Abesses. Hier steht mit der Kirche **St-Jean-de-Montmartre** (7) oder St-Jean-l'Evangéliste ein interessantes Denkmal aus den letzten Jahren des 19. Jh. (Baubeginn 1894). Architekt war der Viollet-le-Duc-Schüler Anatole de Baudot. Die Kirche wurde aus Eisenbeton errichtet, was damals keine Sensation mehr war. Die Technik war schon in den 1860er Jahren z. B. bei St-Augustin angewendet worden. Neuartig ist indes, dass der Architekt nicht mehr allein eklektizistisch aus dem Stilrepertoire früherer Epochen schöpft, sondern erstmals den Versuch unternommen hat, Formen zu entwickeln, die sich strukturell aus dem verwendeten Material herleiten: gebogene und geschwungene Linien. Damit steht St-Jean-de-Montmartre am Beginn des Jugendstils.

Ein paar Schritte weiter nördlich liegt an der kleinen Place Emile-Goudeau (Haus Nr. 13) das einstige Atelierhaus mit Namen **Bateau-Lavoir** (8). Der Spottname (wörtlich: Waschschiff) nahm darauf Bezug, dass es in dem Gebäude nur einen einzigen Wasserhahn gab. Hier trafen sich um 1900 die jungen Avantgardisten aus Literatur und Malerei: Guillaume Apollinaire, Max Jacob, Pablo Picasso, Juan Gris und Georges Braque. Im Bateau-Lavoir malte Picasso 1907 das berühmt gewordene Bild »Les Demoiselles d'Avignon« (heute im Museum of Modern Art in New York). Es ist ein Schlüsselwerk des Kubismus, der »im Frühjahr 1907 wie ein Blitz in das Haus der etablierten Malerei einschlug: Das große Gemälde »Les Demoiselles d'Avignon« dürfte das einflussreichste Bild sein, das in der ersten Hälfte des 20. Jh. entstand«, urteilt Kindlers Malerei-Lexikon. 1970 brannte das unscheinbare Gebäude ab. Da es eine der entscheidenden Geburtsstätten der Kunst des 20. Jh. ist, wurde es originalgetreu wieder aufgebaut.

Entweder besteigt man nach dem Besuch des Montmartre an der Place des Abbesses die Metro – dort einer der letzten vollständig erhaltenen Jugendstil-Eingänge von Guimard –, oder man schließt den

Wahrzeichen im Zuckerbäckerstil: Sacré-Cœur auf dem Montmartre

Bogen unterhalb von Sacré-Cœur. Vergnügungssuchende wählen den Fußweg durch die Rue Houdon zur Place Pigalle, einstmals Zentrum des Rotlichtviertels. Davon ist jedoch wenig geblieben. Heute buhlen billige Sexshops und Peepshows um zahlende Klientel. Durchaus lohnend und amüsant ist dagegen der Besuch einer der Varietébühnen. Das berühmte **Moulin Rouge** (9) liegt nahebei am Boulevard de Clichy, weniger bekannt, aber anheimelnder ist das **Cabaret La Nouvelle Eve** (s. Tipps und Adressen S. 389).

Rund um den Eiffelturm

Dieser Rundgang führt in der Hauptsache zu Bauwerken aus der ersten Hälfte des 20. Jh. und zum Eiffelturm als dem herausragenden Beispiel der Ingenieurskunst am Ende des 19. Jh. Wir beginnen den Rundgang an der Place de l'Alma, setzen den Weg dann über die Bauten am Trocadéro fort, überqueren die Seine, besuchen den Eiffelturm und lassen die Besichtigungen bei der Ecole Militaire ausklingen. Wer sich auf den Besuch des Eiffelturms allein beschränkt, sollte die Besichtigung am besten am Palais Chaillot beginnen.

Rund um den Eiffelturm ☆☆
Besonders sehenswert:
Musée d'Art Moderne (Palais de Tokyo) ☆☆
Eiffelturm ☆☆

Die **Place de l'Alma** (1) liegt im vornehmen 16. Arrondissement. Ihr Name erinnert an den französisch-englischen Sieg bei Alma im Krimkrieg 1854. Die Alma-Brücke ist mit 42 m Spannweite die größte unter den Pariser Seinebrücken. Sie wurde 1972 vollständig erneuert. Im August 1997 kam in der Unterführung dieser Brücke die englische Prinzessin Diana bei einem Verkehrsunfall ums Leben.

Palais de Tokyo und Musée d'Art Moderne de la Ville de Paris

Zwischen der breiten Avenue du Président Wilson und dem Seineufer wurde anlässlich der Weltausstellung 1937 an der vormaligen Stelle einer bekannten Teppichmanufaktur das große Ausstellungsgebäude des Palais de Tokyo errichtet (Architektenteam J.-C. Dondel, A. Aubert, P. Viard und M. Dastugue). Die drei Flügel umschließen in schlichten, monumentalen Formen einen zur Seine sich öffnenden Hof, dessen Skulpturen u.a. von Bourdelle stammen. Im Westflügel ist heute eine Ausbildungsstätte für Bild- und Tontechniker untergebracht, im Ostflügel befindet sich das sehenswerte **Musée d'Art Moderne** (2). Es ist ein städtisches Museum im Gegensatz zum Centre Pompidou, dessen Eigner der Staat ist. Über die Architektur mag man geteilter Meinung sein, dass das Gebäude als Museum ideal geeignet ist, daran besteht indes kein Zweifel. Als vormalige Ausstellungshallen sind die Räumlichkeiten zur Aufhängung von Gemälden und zur Aufstellung von Skulpturen geradezu prädestiniert, denn sie sind hoch und vorzüglich erhellt.

Erst 1961 wurde das Musée d'Art Moderne eröffnet. Um die Räumlichkeiten optimal der neuen Bestimmung anzupassen, fanden 1971–72 und 1992–94 Umbaumaßnahmen statt. Der Sammlungsbestand befand sich zuvor im Petit Palais. Er ist aus bedeutenden Stiftungen hervorgegangen, die wichtigsten: 1914 Emanuele Sarmiento, 1937 Ambroise Vollard, 1953 Maurice Girardin (dieser allein vermachte der Stadt mehr als 500 Kunstwerke!), 1967 Henry Thomas.

Wie im Centre Pompidou ist auch hier die Kunst des 20. Jh. ausgestellt. Da immer wieder Umhängungen oder Auswechslungen stattfinden, können wir keinen festen Rundgang beschreiben. Man sieht in der Hauptsache in vielen hervorragenden Werken die unterschiedlichen Strömungen, wie sie im Zusammenhang mit den Beständen des Centre Pompidou bereits eingehend erörtert wurden. Wir verweisen auf die dortigen Beschreibungen, die hier erneut heranzuziehen wären.

Prunkstück der Sammlung ist das Monumentalgemälde *La Fée Electricité* von Raoul Dufy, das der Künstler 1937 als Auftragswerk

◁ Der Eiffelturm

Rund um den Eiffelturm

1 *Place de l'Alma*
2 *Musée d'Art Moderne*
3 *Musée Guimet*
4 *Musée de l'Homme*
5 *Musée de la Marine*
6 *Musée des Monuments français*
7 *Tour Eiffel*
8 *Ecole Militaire*

der staatlichen Energiegesellschaft EDF (Electricité de France) für die Weltausstellung geschaffen hat. Es ist mit 10 mal 60 m das größte Ölgemälde der Welt (bestehend aus 250 Einzelleinwänden 2 x 1,20 m). Berühmtheit genießt auch das monumentale Triptychon mit dem Titel *Der Tanz* von Henri Matisse, ein Auftragswerk für den amerikanischen Sammlers Barnes. Da es zu einem Missverständnis zwischen Matisse und Barnes gekommen war, geriet das 1931–33 entstandene Werk zu groß und fand keinen Platz in der Barnes Collection in Merion/Philadelphia, sodass es in Europa blieb.

Ein Umstand überrascht beim Besuch des Museums ein wenig: Während aus dem letzten Viertel des 20. Jh. einige deutsche Künstler mit wichtigen Arbeiten vertreten sind (Polke, Baselitz u. a.), ist der deutsche Expressionismus aus dem ersten Viertel des 20. Jh. kaum präsent.

Musée National des Arts Asiatiques Guimet

(3) An der Place d'Iéna liegt das Musée Guimet mit seiner einzigartigen Sammlung asiatischer Kunst. Sie wurde im 19. Jh. von dem Industriellen Emile Guimet aus Lyon zusammengetragen und gilt als eine der reichsten ihrer Art. 1885 vermachte Guimet seine Sammlung dem Staat, der sie aus Lyon nach Paris holen ließ (im heutigen Frankreich wäre das wohl kaum mehr durchzusetzen). 1888/89 errichtete der Architekt Terrier den mehrflügeligen Museumsbau in Anlehnung an die Formen griechisch-antiker Tempelbauten. Die Museumsbestände wurden und werden weiterhin regelmäßig erweitert. 1935 kamen Skulpturen aus dem Trocadéro-Museum, 1945 weitere Exponate aus den Beständen des Louvre hinzu.

Im Parterre sind in erster Linie Kunstwerke aus Südostasien ausgestellt, aus dem Reich der Khmer (Kambodscha) und aus Vietnam: Architekturteile und vor allem unterschiedliche Buddhastatuen. In anderen Räumen ist der Lamaismus der Himalayastaaten Tibets und Nepals in Form von Gebetsteppichen (Tankas), Bronzefiguren und Kultgegenständen gegenwärtig. Im 1. Stockwerk begegnet man dem Reichtum indischer Kunst mit Elfenbeinen, Lackarbeiten, Bronzestatuetten, Jadeskulpturen. Im 2. Stockwerk erlebt der Besucher Kunst aus China, Zentralasien und Japan, neben Porzellan, Malerei auf Seide und Papier, Tanzmasken auch Schmuck und andere Gegenstände des Kunstgewerbes.

Da die Bestände zu umfangreich geworden waren, hat man mittlerweile einen Teil in ein Nachbargebäude in der Avenue d'Iéna ausgelagert. Unter dem Namen **Panthéon bouddhique** (buddhistische Götterwelt) sind hier alle Formen von Buddha- und Bodhisattvafiguren ausgestellt, die jeweils unterschiedliche Grade der Erleuchtung symbolisieren, daneben die Vielfalt buddhistischer Heiligengestalten.

Palais de Chaillot

Die Avenue du Président Wilson mündet auf die Place du Trocadéro et du 11 Novembre. Hier erheben sich die beiden ausladenden Flügel des Palais de Chaillot, das wie das nahe gelegene Palais de Tokyo für die Weltausstellung 1937 errichtet wurde (Architektenteam L.-H. Boileau, J. Carlu und L. Azéma). Die Architektur erscheint noch wuchtiger, anmaßender, als es beim Palais de Tokyo der Fall ist. Das Palais de Chaillot ist der Beweis dafür, dass die Monumentalarchitektur der 1930er Jahre beileibe kein Phänomen ist, das auf die rechten

Blick vom Eiffelturm auf das Palais de Chaillot

(Deuschland, Italien) und linken Despotien (vor allem die damalige Sowjetunion) beschränkt gewesen ist, sondern in allen großen Nationen (auch in den USA) beliebtes Ausdrucksmittel eines nationalen Überlegenheitsgefühls war.

Nach Ende der Weltausstellung hielten verschiedene Museen im Palais Chaillot Einzug: im Westflügel das **Musée de l'Homme** (4),

das Völkerkunde-Museum mit einem Überblick über alle außereuropäischen Kulturen und das **Musée de la Marine** (5). Letzteres illustriert die Geschichte der Seefahrt mit Schiffsmodellen, Gemälden – darunter eine Serie mit Hafenansichten des Malers Hubert Robert –, nautischen Geräten, Navigationskarten und dergleichen mehr. Im Ostflügel fanden das **Musée du Cinéma Henri Langlois** (Geschich-

Gegenüber dem Palais de Tokyo, auf der anderen Seite der Avenue du Président Wilson, liegt das Palais Galliéra (Eingang in der Avenue Pierre 1er de Serbie), ein Bau im Stil der italienischen Hochrenaissance, errichtet 1878–88. Darin befindet sich heute das Museum für Mode und Kostüme (seit der Zeit um 1735).

te des Films von den Anfängen bis zur Gegenwart) sowie das **Musée National des Monuments Français** (6) Aufnahme. Das Museum der Denkmäler Frankreichs, 1997 durch einen Brand schwer beschädigt, wird voraussichtlich 2005 als Bestandteil der »Cité de l'Architecture et du Patrimoine« im Palais de Chaillot neu eröffnen, das Musée du Cinéma hat eine neue Wirkungsstätte im American Center am Parc de Bercy.

Der Kunstinteressierte wird sich am ehesten der Monumenten-Sammlung zuwenden, obwohl es darin kein einziges Original zu bewundern gibt. Bereits im 19. Jh. veranlasste Viollet-le-Duc, der unermüdliche Restaurator in der Zeit des Second Empire, die Nachbildung herausragender Werke der französischen Kunst vor allem des Mittelalters, dem sein besonderes Interesse galt. Alle diese Repliken wurden im Musée National des Monuments Français zusammengeführt. Die Abgüsse von Portalen, Einzelskulpturen aber auch von Werken der Wand- und Glasmalerei sind so täuschend echt, dass man meint, sich dem Original gegenüberzufinden. Der Reiz dieser Sammlung besteht darin, dass man auf engem Raum Werke miteinander vergleichen kann, die in Wahrheit hunderte von Kilometern auseinander liegen. Man sieht die romanischen Tympana von Moissac, Vézelay und Autun, die poitevinischen Archivoltenportale von Aulnay und Saintes, den Jesaja von Souillac, den Mosesbrunnen Claus Sluters in Dijon und wichtige Portale gotischer Kathedralen sowie eine Nachbildung der gesamten Tonnenwölbung der Abteikirche von St-Savin-sur-Gartempe, die den mit etwas mehr als 400 m^2 bedeckenden größten Freskendekor der französischen Romanik besitzt.

Von der Terrasse des Palais de Chaillot mit ihren vergoldeten Art-deco-Statuen bietet sich ein unvergleichlicher Blick auf den Eiffelturm. Zu ihm gelangt man durch eine nach 1937 angelegte Parkanlage mit lebendigen Wasserspielen, die jedoch nur zu bestimmten Uhrzeiten in Betrieb genommen werden. Während der Weltausstellung lagen hier – politisch delikat – der deutsche und der russische Pavillon einander gegenüber. Man überquert die Place Varsovie und erreicht über den Pont d'Iéna den Eiffelturm.

Der Eiffelturm

(7) Das bekannteste unter den verschiedenen Wahrzeichen von Paris ist der nach seinem Erbauer, dem aus dem Elsass stammenden Ingenieur Gustave Eiffel (1832–1932), benannte Eiffelturm, der in nur zwei Jahren Bauzeit 1887–89 für die Weltausstellung von 1889 errichtet wurde. Da die Dritte Republik mit diesem Ereignis die Hundertjahrfeier der Revolution verband, knüpften sich an das Denkmal hochfliegende Erwartungen. Das Resultat versetzte den Zeitgenossen, allen voran den Künstlern, einen Schock, und es erhoben sich

zahllose Stimmen der Kritik, die in dem Eisenturm ein sinnloses Monstrum und ein Monument des Größenwahns sahen. Aber die Stimmen der Kritik verstummten schon bald, und seither gehört der Eiffelturm zu Paris wie die Peterskirche zu Rom. Heute ist der Turm das meistbesuchte Denkmal der Welt! Ob er nun schön ist, das wird stets eine Frage des persönlichen Geschmacks bleiben, als Ingenieursleistung ist der Eiffelturm in seiner Zeit jedenfalls eine Sensation gewesen. Über vier Ecken steigen die durch Bögen verbundenen Pfeiler auf und tragen in 57 m Höhe die erste Etage, von dort streben sie steil hinauf und finden bald über der zweiten Etage (Höhe 115 m) in einem sich nach oben verjüngenden Schaft zueinander. Die Gesamthöhe beträgt 300 m (in 276 m Höhe die dritte Etage), nach Antennenaufbauten für Rundfunk und Fernsehen ist die Höhe nachträglich auf 320,75 m angewachsen. Es gehört zu den unvergesslichen Paris-Eindrücken, von einer der Etagen auf die Stadt geschaut zu haben. In der Sylvesternacht 1999 begrüßte Paris das neue Jahrtausend mit einem Feuerwerk, das vom Eiffelturm in den Nachthimmel schoss. Die Bilder davon gingen um den ganzen Erdball.

Ein paar eindrucksvolle Zahlen zum Eiffelturm:
– Beim Bau des Eiffelturms wurden etwa 2,5 Millionen Nieten verarbeitet.
– Bei 300 m Höhe wiegt der Turm nur 7000 t (zum Vergleich: Die Grande Arche wiegt bei 110 m Höhe 300 000 t).
– Ein 30 cm hohes Modell würde bei gleichen Verhältnissen nur 7 g wiegen.
– Würde man das Eisen einschmelzen und zu einer Platte von der Größe des Grundrisses auswalzen, wäre diese nur 10 cm dick.
– Alle sieben Jahre muss der Turm neu gestrichen werden. Dabei werden 50 Tonnen Farbe verwendet.
– Selbst bei Sturm schwankt die Turmspitze nur maximal 15 cm.
– Je nach Temperatur ändert sich die Höhe des Turms bis zu 57 cm.

Marsfeld und Ecole Militaire

Zwischen Seineufer und Ecole Militaire wurde Ende des 18. Jh. ein Exerzier- und Aufmarschplatz angelegt, der in den ersten Jahren nach der Revolution den Massenveranstaltungen der Ersten Republik als Schauplatz diente. Später wurde das Areal für die verschiedenen Weltausstellungen genutzt (1867, 1878, 1889, 1900 und zuletzt 1937). Heute hat das Gelände parkähnlichen Charakter, wenn auch eine gewisse Nüchternheit des Ambientes die Erinnerung an die vormalige militärische Bestimmung wach hält.

Den Abschluss nach Süden bildet der breit hingelagerte Prospekt der **Ecole Militaire** (8) aus der Zeit Ludwigs XV. Die Initiative zum Bau der Kadettenschule ging von dem Waffenlieferanten Pâris-Duverney aus. 1751 erfolgte die Grundsteinlegung, 1773 kamen die Bauarbeiten zum Abschluss. Der weitläufige Komplex, der auch heute noch der Ausbildung des Armeenachwuchses dient und deshalb nicht zu besichtigen ist, erscheint insgesamt trocken und schmucklos, wie es einem Bauwerk dieser Bestimmung geziemt, doch die Größe dokumentiert leicht erkennbar, dass sich mit dem Denkmal zugleich die Verherrlichung Ludwigs XV. verbindet.

Hinter der Ecole Militaire wurde in den 1960er Jahren über y-förmigem Grundriss das **Verwaltungsgebäude der UNESCO** errichtet (die Organisation der Vereinten Nationen für Erziehung, Kultur und Wissenschaft). An dem Entwurf waren namhafte Architekten wie Marcel Breuer (USA), Pier Luigi Nervi (Italien) und Bernard Zehrfuss (Frankreich) beteiligt.

Architektur in der zweiten Hälfte des 20. Jahrhunderts

Über Jahrhunderte nahm Paris gerade in Sachen der Architektur eine internationale Vorreiterrolle ein. Diese Position ging in den Jahren zwischen den beiden Weltkriegen weitgehend verloren. Während die Malerei in dieser Zeit weltweit Maßstäbe setzte, Philosophie und Literatur ebenso Glanzzeiten erlebten (Sartre, Camus, Beckett und die Vertreter des »nouveau roman«) wie die Musik (Poulenc, Messiaen, Boulez u. a.), brachte die Architektur zwischen 1920 und 1960 kaum mehr als Mittelmaß hervor. Bald nach der Mitte des 20. Jh. sollte sich diese Situation wieder grundlegend ändern. Besonders in den letzten Jahren des 20. Jh. hat sich die Pariser Stadtarchitektur wieder mit außerordentlichen Leistungen hervorgetan, wobei es im Zuge der Internationalisierung der Künste oftmals Architekten aus dem Ausland waren, die das neue Erscheinungsbild der Stadt geprägt haben: Amerikaner, Skandinavier, Asiaten. Die Diversifikation der unterschiedlichen Aufgaben hat das Spektrum des Bauens in einem Maße ausgedehnt, wie es niemals zuvor in der Geschichte der Architektur der Fall war. Abgesehen von Wohn- und Geschäftsraum stehen in der zeitgenössischen Demokratie große öffentliche Projekte im Vordergrund: Bühnenhäuser, Ausstellungshallen, Kinos, Museen, Bahnhöfe, Bibliotheken und dergleichen mehr. Der Kirchenbau ist indes gegenüber früheren Jahrhunderten völlig in den Hintergrund getreten – Ergebnis der fortschreitenden Laisierung der Gesellschaft.

Im Herzen von Paris ist dabei naturgemäß kaum etwas neu entstanden, vielmehr sind die spektakulären Großbauprojekte in den peripheren Bereichen angesiedelt, wo noch genügend freier Raum zur Bebauung zur Verfügung stand. Wir haben die unterschiedlichen Projekte aus thematischen Gründen in einem Kapitel zusammengefasst. Wer alle oder einige der nachstehend beschriebenen Bauten aufsucht, muss sich nacheinander an verschiedene Orte begeben – dank der Metro kein Problem!

Architektur der zweiten Hälfte des 20. Jh.
Besonders sehenswert:
La Grande Arche ☆
La Villette ☆

La Défense und La Grande Arche

Die Aufbruchstimmung, die mit der Ausrufung der Fünften Republik 1959 einherging, hat sich baulich in der Trabantenstadt La Défense im Westen der Stadt niedergeschlagen. Hier wurde seit Ende der 1950er Jahre ein 800 ha großes Neubauviertel erstellt, an dessen Bauten sich die unterschiedlichen Strömungen in der Architektur der zweiten Hälfte des 20. Jh. lebendig nachvollziehen lassen. Der Grundgedanke einer Trennung von Straßenverkehr und Fußgängern geht auf eine Idee zurück, die Le Corbusier bereits 1933 postuliert hatte. Die Autos umfahren das Viertel auf dem Boulevard Circulaire oder werden durch Tunnels zu den Tiefgaragen gelenkt. Die Bauten des Geschäftsviertels rahmen eine verkehrsfreie Achse aus großflächigen Betonterrassen, die von Osten nach Westen treppenförmig an-

◁ *Bastille-Oper und Julisäule*
Letztere erinnert an den Juli-Aufstand von 1830, der dem Bürgerkönig Louis-Philippe zur Macht verhalf. Die Bastille, das ehemalige Staatsgefängnis, das hier einmal stand, wurde während der großen Revolution von 1789 dem Erdboden gleichgemacht.

steigen. Diese Achse bildet die geradlinige Verlängerung der Champs-Elysées. Ursprünglich war an eine Trabantenstadt gedacht, in der Büro- (geplant: 800 000 m^2) und Geschäftsraum (geplant: 50 000 m^2) sowie privater Wohnraum (geplant: 5000 Wohneinheiten) und Grünflächen in ausgewogenem Verhältnis zueinander stehen sollten. Doch die Realität sieht inzwischen anders aus: Die Büros haben das Übergewicht gewonnen, und ihr Raumanteil hat sich gegenüber der zunächst vorgesehenen Grundfläche fast verdoppelt.

Als erstes Gebäude entstand 1959 das **CNIT** (Centre des Nouvelles Industries et Technologies), eine kühne Dreieckskonstruktion (Architekten Bernard Zehrfuss, Robert Camelot und Jean de Mailly), deren gewaltiges Betongewölbe eine Fläche von 80 000 m^2 überspannt. 1989 wurde die Messehalle umgestaltet; seither sind hier ein Hotel, Geschäfte, Konferenz- und Ausstellungsräume untergebracht. Rentabilitätsgründe waren dafür ausschlaggebend: Zuvor stand das Gebäude zehn von zwölf Monaten des Jahres leer.

In den 1960er Jahre wuchsen die ersten Wolkenkratzer in den Himmel, es war die Phase der »Amerikanisierung« der Architektur. Die Stahlskelettbauweise beschleunigte das Bautempo enorm. Die **Tour Nobel** etwa von Jean de Mailly, einer der ersten Wolkenkratzer in La Défense (erbaut 1966), war nach nur 13 Monaten Bauzeit bezugsfertig. Trotz einer äußerlich nahen Verwandtschaft aller zwischen 1965 und dem Jahr 2000 entstandenen Hochhäuser unterscheidet man in dieser Zeit drei verschiedene Generationen von Bauten:

Die Hochhäuser der ersten Generation (1965–1972) sind noch vergleichsweise klein. Die Tour Nobel (s. o.) besitzt 25 000 m^2 Bürofläche, die **Tour Manhattan** dagegen (erbaut 1975 von Michel Herbert und Michel Proux) 80 000 m^2.

Die Bauten der zweiten Generation (1972–1978) legten gewaltig an Größe zu und erreichten die Dimensionen amerikanischer Wolkenkratzer. Im Innern wurden Großraumbüros mit Flächen bis zu 2000 m^2 eingerichtet.

Der Ölschock (1973/74) hatte nicht nur zur einer weltweiten Rezession geführt, sondern vor allem deutlich gemacht, dass die Größe und die Bautechnik der 1960er und 1970er Jahre ruinöse Betriebskosten nach sich zogen. Zudem taten sich die Angestellten mit der Situation in den Großraumbüros schwer. Resultat: 1976 standen rund 100 000 m^2 Bürofläche in La Défense leer. Als Folge entwarfen die Architekten die dritte Generation (ab 1980) der Hochhäuser. Diese erreichen zwar zum Teil dieselbe Höhe und Flächenkapazität wie Bauten der zweiten Generation, aber sie sind innen in kleine Büroeinheiten unterteilt und deutlich kostengünstiger im Unterhalt. Zum Vergleich: Das **Fiat-Hochhaus** (erbaut 1974 von Roger Saubot und François Jullien) und der Wolkenkratzer der Firma **Elf-Aquitaine** (erbaut 1985 von denselben Architekten) sind mit 180 m Höhe gleich hoch und haben mit 100 000 m^2 Büroräumen dieselbe Nutzfläche – die Betriebskosten jedoch betragen bei dem um elf Jahre jüngeren Bauwerk nur die Hälfte des Fiat-Turms! Gemeinsam aber, und das

Fenster ins 3. Jahrtausend: La Grande Arche

verbindet die unterschiedlichen Generationen, bilden sie ein untrennbares Paar. Die von Stanley Kubricks Film »2001 – Odyssee im Weltraum« inspirierte schwarze Monolithgestalt des Fiat-Turms kontrastiert reizvoll zu dem grau-blau-tonigen Elf-Nachbarn, wie »eine Dame in schwarzer Abendrobe an der Seite eines Herrn im Smoking« (Hervé Martin).

Weitere markante Bauten in Le Défense sind das kugelrunde **Dôme-Imax-Kino** gegenüber dem CNIT, der **Turm »La Pacific«** des japanischen Architekten Kiso Kurokawa von 1992 nahe der Grande Arche, die **Tour GAN,** ganz in Grün, und der Baukomplex mit Namen **Les Miroirs** des Architekten Henri La Fonta. Die Geschichte des Automobils illustriert die Ausstellung in dem Gebäude mit Namen **Colline de la Défense** neben dem Imax-Kino. Es wird daran erinnert, dass zwischen Ende des 19. und Mitte des 20. Jh. 260 Automobilhersteller im Département Hauts-de-Seine angesiedelt waren, die noch kurz vor Ausbruch des Ersten Weltkriegs die Hälfte aller auf der Welt hergestellten Autos produzierten.

Skulpturen, Mobiles (u. a. von dem Amerikaner Calder), Brunnen und Wasserspiele beleben die Glas-Beton-Landschaft.

Das spektakulärste Bauwerk in La Défense ist **La Grande Arche** am westlichen Ende der Achse, 1989 auf Initiative von Präsident Mitterrand anlässlich der 200-Jahr-Feier der Revolution von dem dänischen Architekten Otto von Spreckelsen in Szene gesetzt. Es handelt sich um einen 110 m hohen ausgehöhlten Kubus, in dessen Öffnung Notre-Dame spielend Platz hätte. La Grande Arche ist als Fortsetzung der beiden Triumphbögen gemeint. Der Architekt hat bekundet, dass er das Bauwerk nicht als Abschluss der nun vom Louvre bis La Défense reichenden Achse gedacht habe, sondern dass die große Öffnung als Fenster in das 3. Jahrtausend zu verstehen sei. Die Architek-

Im Südflügel der Grande Arche hat ein Ministerium seinen Sitz bezogen, im Nordflügel sind die Verwaltungen verschiedener Firmen untergebracht, in dem waagerechten oberen Abschlusstrakt hat die Stiftung für Menschenrechte einen hoffentlich »aussichtsreichen« Platz. Über einen Aufzug, der im Hohlraum des gigantischen Kubus verkehrt, gelangt der Besucher auf die einen Hektar große Aussichtsplattform, von der man die Stationen der großen Pariser Stadtachse ins Auge fassen kann.

tur ist also als Einladung an kommende Generationen zu begreifen, die berühmte Pariser Achse auch künftig in westlicher Richtung fortzuführen.

Montparnasse

Das Montparnasse-Viertel ist ungemein abwechslungsreich. Vergangenheit und Gegenwart reichen einander die Hand. Auf einem Gelände, das über lange Zeit als Steinbruch gedient hatte, ließen sich schon im 16. Jh. Studenten nieder, die dem Hügel, der später eingeebnet wurde, den Namen des Parnass gaben, den Griechen der Sitz der Musen. Dem urbanen Wildwuchs, der hier herrschte, setzte Baron Haussmann Mitte des 19. Jh. ein radikales Ende. Mit der Anlage der Rue de Rennes und der Boulevards de Raspail und d'Arago wurde Montparnasse an den innerstädtischen Bereich angebunden, zugleich erschloss der weitsichtige Präfekt durch diese Maßnahme die Vororte Plaisance, Vaugirard und Montrouge. Montparnasse wurde

Montparnasse
1 Tour Maine-Montparnasse
2 Musée Bourdelle
3 Gare de Montparnasse
4 Jardin Atlantique
5 Place de Catalogne
6 Notre-Dame-du-Travail
7 Fondation Cartier

entsprechend schon früh ein wichtiger Verkehrsknotenpunkt und Geschäftsbereich im Süden von Paris. Da schon zu Beginn des 20. Jh. der anhebende Tourismus die Künstleridylle auf dem Montmartre zu stören begann, entschlossen sich viele Maler und Schriftsteller vor dem Ersten Weltkrieg, Montmartre mit dem Montparnasse zu tauschen, wo sich nun eine weitere Szene der Boheme auftat. Die städtebaulichen Umwandlungen, die ab 1960 erfolgten, haben den Charakter des Viertels nachhaltig verändert.

Tour Montparnasse

Am Beginn der Neugestaltung des Montparnasse-Viertels stand ein Paukenschlag. 1961 begann man die Bauarbeiten an der **Tour Montparnasse** (1, Architekten Eugène Beaudouin, Urbain Cassan u.a.), die schon bald unterbrochen werden mussten, da sich in der Öffentlichkeit ein Sturm des Protestes erhoben hatte. Erst ein Dekret des Kulturministers André Malraux brachte das Projekt wieder in Gang, das 1973 fertig gestellt war. In der Tat nimmt sich der über leicht oval gerundetem Grundriss errichtete Hochhauskoloss mit seinen 210 m Höhe, der auf einer 70 m tief in den Boden reichenden Fundamentierung ruht, übermächtig aus und droht alles Umliegende zu erdrükken. Hier wird die Unsicherheit im Umgang mit zeitgemäßen Formen deutlich, mit der die 1960er Jahre noch zu kämpfen hatten. Der Parisbesucher allerdings wird die weite Aussicht vom obersten Stockwerk aus gern genießen.

Tipp
Rasch gelangt man mit einem Lift in das 56. Stockwerk (die Auffahrt ist kostenpflichtig und leider nicht eben günstig), von wo aus man einen herrlichen Ausblick über Paris genießt. Die offene Plattform im 59. Stockwerk erreicht man nur zu Fuß über Treppen. Die Mühe dafür wird mit einem unvergleichlichen Panoramablick über die Seinemetropole belohnt!

Nur wenige Schritte sind es von der Tour Montparnasse zur kleinen Rue Antoine Bourdelle und dem dort befindlichen **Musée Bourdelle** (2). Hier sind die Werke des Bildhauers Emile Antoine Bourdelle (1861–1929) ausgestellt. Der Künstler genoss in den Jahren vor und nach dem Ersten Weltkrieg große Beliebtheit. Dem Geschmack des heutigen Betrachters mögen seine Werke vielleicht ein wenig pathetisch erscheinen. Die Gabe zu kraftvoller und dramatischer Gestaltung ist Bourdelle jedoch nicht abzusprechen. Berühmt ist die Statue des bogenschießenden Herakles, weltweit bekannt sind seine Beethoven-Porträts. Der wichtigste Schüler Bourdelles, der seinerseits aus dem Atelier Rodins hervorgegangen war, ist der schweizerische Bildhauer und Maler Alberto Giacometti.

Im Schatten der Tour Montparnasse liegt der gleichnamige Bahnhof. Die **Gare de Montparnasse** (3) wurde Ende der 1980er/Anfang der 90er Jahre anstelle des vormaligen alten Montparnasse-Bahnhofs angelegt. Seither verkehrt von hier der blaue TGV-Atlantique *(train de grande vitesse)*, der die Städte der Bretagne und des südwestlichen Frankreichs über Angoulême und Bordeaux bis Toulouse mit Paris verbindet. Die gewölbte Fensterfront der Eingangsseite soll ein vom Wind geblähtes Segel symbolisieren. Der Bereich der Bahnsteige ist niedrig und wirkt auf den Reisenden infolge der aufgetürmten Betonmassen erdrückend. Über eine unscheinbare seitliche Treppe

Hinter der herrschaftlichen Fassade verbergen sich Sozialwohnungen: Place de Séoul von Ricardo Bofill

(Zugang vom Bahnsteigbereich neben Gleis 1) folgt man der Ausschilderung **Jardin Atlantique** (4) und findet sich nach wenigen Stufen aufwärts urplötzlich inmitten einer hinreißenden Gartenlandschaft. Über den Gleisen nämlich wurde ein hängender Garten angelegt, einer der größten der Welt, wo mit Kiefern, Zistrosen und Dünen atlantisches Flair in die Metropole geholt wurde. Von außen ist der Park nicht einzusehen, da er ringsum von Hochhäusern umschlossen ist.

Nach Südwesten führt ein Durchgang vom Jardin Atlantique zur Place des 5 Martyrs du Lycée Buffon, wo der breite Boulevard Pasteur kreuzt. Wendet man sich nach links, erreicht man nach wenigen Schritten die kreisrunde **Place de Catalogne** (5) und von dort über die Rue de Vercingetorix die nahe Place de Séoul, die von Gebäuden des katalanischen Architekten Ricardo Bofill umgürtet ist (erbaut 1985). Man vermutet Büros, Banken und dergleichen hinter den eleganten Glasfassaden, stattdessen befinden sich jedoch 270 Sozialwohnungen in den Baukomplexen. Bofills Ziel war es, moderne Architektur zu einer Angelegenheit für jedermann zu machen. Am ehesten ließen sich die Bauten Bofills mit der Architektur des Manierismus vergleichen, die reale Verhältnisse verunklärt. So sind etwa die wie Halbsäulen vorgewölbten Partien verglast und im Innern räumlich gestaltet, dienen also nicht als Stützen, wie man meinen könnte. In einem Teil des Gebäudekomplexes sind Strukturteile der oberen Attika, Gesimsstücke und Kapitelle, in unterschiedlicher Höhe angebracht. Die Architektur erhält dadurch etwas Instabiles, Fragiles. Spontan denkt man an den von Giulio Romano erbauten

Palazzo del Tè in Mantua aus der Mitte des 16. Jh., wo ähnliches der Fall ist. Selbst beim Baumaterial erlaubt sich der Künstler einen Schabernack mit dem Betrachter. Man vermutet Naturstein, und doch handelt es sich um fabrikmäßig vorgefertigte Betonteile, die derart bearbeitet wurden, dass alles täuschend echt nach Naturstein aussieht. Diese Architektur ist originell, beinahe witzig, skurril, wie es wohl nur einem Katalanen einfallen kann. Vergleiche mit dem Schöpfer des Jugendstils in Barcelona, Antonio Gaudí, und dem ebenfalls aus Katalonien stammenden Surrealisten Salvador Dalí sind erlaubt – insgesamt eine Architektur, die stimmig in jene Stilrichtung einzuordnen ist, die inzwischen die Postmoderne genannt wird – der Begriff Postmoderne findet Anwendung auf die Architektur seit etwa 1975. Ziel der postmodernen Architektur ist die Abwendung vom reinen Funktionalismus und der Schmucklosigkeit der so genannten Moderne, die die Zeit zwischen 1945 und 1975 beherrschte. Kennzeichen der Postmoderne sind: Abkehr von der Uniformität des »International Style«, Bekenntnis zu regionalen und lokalen Besonderheiten, Rückgriff auf historische Vorbilder, Stilvermischungen, Aufspaltung der Bauaufgaben in Funktion und Ausdruck.

In der Mitte der Place de Catalogne plätschert ein großflächig hingebreiteter Brunnen mit einer geneigten runden Steinplatte im Zentrum, ein Werk des Künstlers Shamai Haber, mit dem Titel »Le Creuset du Temps« (Schmelztiegel der Zeit).

Ein kleiner Abstecher führt von der Place de Catalogne in die Rue Vercingétorix zur Kirche **Notre-Dame-du-Travail** (6). Sie wurde speziell für die Arbeiter errichtet, die am Bau der Pavillons für die Weltausstellung im Jahr 1900 beteiligt waren. Unter allen Kirchen dieser Zeit in Paris, die aus einer Eisenkonstruktion montiert wurden, ist dieses Beispiel das kompromissloseste, da auf Ummantelungen völlig verzichtet wurde. Der Grundgedanke in Gestalt einer dreischiffigen Basilika lehnt sich eng an die Gotik an. Der Charakter des Raumes entspricht in seiner extremen Nüchternheit jedoch eher einer Fabrikhalle als einem Sakralraum. Aber es wird deutlich, wie eng die

Ein hängender Garten über den Gleisen der Gare Montparnasse: Jardin Atlantique

Die Fondation Cartier (7) am Boulevard Raspail residiert in einem Glaspalast von Jean Nouvel. Wechselausstellungen präsentieren die Werke zeitgenössischer Künstler, die von der Stiftung gefördert werden.

Prinzipien gerüsthaften Bauens bei der Gotik und der Eisenbauweise um 1900 beieinander liegen. Nirgendwo sonst auf der Welt außer in Paris ist eine Kirche wie Notre-Dame-du-Travail vorstellbar.

Wir folgen der Rue Vercingétorix wieder stadteinwärts und überqueren die Avenue du Maine. Nahebei lädt der bekannte **Friedhof Montparnasse** (s. S. 351) zu einem Abstecher ein. In der folgenden Rue de la Gaité (Straße der Fröhlichkeit) spürt man noch etwas von der Atmosphäre des frühen 20. Jh., als Montparnasse ein Viertel der Künstler und der Boheme war. Links und rechts der Straße reihen sich verschiedene kleine Theater und Varietés aneinander wie das Théâtre de la Gaité, das Théâtre de Montparnasse, die Comédie Italienne oder das Théâtre Rive Gauche.

Von der Bastille zur neuen Nationalbibliothek

Östlich grenzt an das Marais das Bastille-Viertel. In dessen Zentrum lag die im 14. Jh. von Karl V. errichtete Burg, die in späteren Zeiten als Staatsgefängnis diente und 1789 vom Volk erstürmt und alsbald abgerissen wurde. Mitte des 19. Jh. wurde an deren Stelle die **Julisäule** als Denkmal für die während der Julirevolution 1830 gefallenen Pariser aufgestellt. Heute ist der beherrschende Bau an der Place de la Bastille das neue Opernhaus, die **Opéra de la Bastille** (1). Dabei war es das Ansinnen des kanadischen Architekten Carlos Ott, keinen erdrückenden Musentempel in das Stadtbild zu pflanzen, sondern ein Bauwerk zu schaffen, das einladenden Charakter vermitteln soll, das jedermann und nicht nur einer Elite zugänglich ist. Eine breite Freitreppe führt unter einem Durchgang hindurch, der an La Grande Arche in La Défense denken lässt. Die Oper wölbt sich dem Platze zu, freistehende Rundstützen tragen die stufenförmig aufsteigenden Versatzstücke der Fassade. In ihrer Bewegtheit und im phantasievollen Umgang selbst mit monumentalen Formen ist die Bastilleoper wie die Bauten Bofills ein typisches Werk der Postmoderne. Im Frühjahr 1990 fand die Einweihung mit einer Aufführung von Hector Berlioz' Oper »Die Trojaner« statt.

Gleich hinter der Bastilleoper wurde in den 1990er Jahren der Viadukt einer aufgelassenen Vorortbahn originell umfunktioniert (Viaduc des Arts). Unter den – jetzt nach außen verglasten – Arkaden fanden Kunsthandwerker, vor allem Möbelschreiner und Designer Ausstellungsräume, darüber wurde anstelle der abgetragenen Gleise eine begrünte Promenade für Spaziergänger angelegt. Man kann von hier aus ungehindert bis zum Bois de Vincennes wandern.

Auf dem Weg zum Bercy-Viertel kommt man zwangsläufig an der 1900 erbauten **Gare de Lyon** (2) vorbei, von wo die Fernzüge nach Burgund und in die Provence abfahren. Einen Besuch lohnt das traumhafte Bahnhofsrestaurant, *Le Train Bleu,* dessen Dekor unter Denkmalschutz steht.

Nicht nur im Westen der Stadt, auch im Osten von Paris ist seit Ende der 1970er Jahre vieles in Bewegung gekommen. In dem hier gelegenen Viertel Bercy wurden eine große Sportarena (**Palais Omnisport Paris-Bercy**, 3), und das **Finanzministerium** (4) errichtet

Bastille und der Osten

1. *Opéra de la Bastille*
2. *Gare de Lyon*
3. *Palais Omnisports Paris-Bercy*
4. *Finanzministerium*
5. *Bibliothèque Nationale de France – François Mitterrand*
6. *American Center*

Der Minister fährt mit dem Boot zur Nationalversammlung: das neue Finanzministerium

Im American Center (6) des Stararchitekten Frank O. Gehry am Parc de Bercy soll im Jahr 2000 das Musée du Cinéma wiedereröffnet werden. Gehry hat zuletzt mit dem Bau des Guggenheimmuseums in Bilbao für Furore gesorgt. Die für den Dekonstruktivismus Gehrys charakteristische verschachtelte Front ist dem Park zugewandt.

sowie ein Park angelegt. Früher befanden sich hier die *chais*, die Hallen, in denen der aus allen Provinzen des Landes angelieferte Wein in Fässern gelagert wurde. Der Bau des Finanzministeriums gehört zu den originellsten Leistungen Pariser Architektur am Ende des 20. Jh. (Architekten Borja Huidobro und Paul Chemetov). Anders als alle sonstigen öffentlichen Bauten entlang der Seine, gleich welcher Epoche, steht es nicht parallel zum Ufer, sondern ist rechtwinklig zum Fluss angelegt, hat also für denjenigen, der sich mit dem Auto der Stadt von Osten nähert (tatsächlich führt eine Schnellstraße unter dem Bauwerk hindurch) die optische Wirkung einer Barriere. Damit wird sinnfällig auf eines der Zollhäuser angespielt, das sich hier im 19. Jh. befand. Zudem ragt der Baukörper über das Ufer hinaus. Zwei mächtige Stützen, die im Flussbett verankert sind, tragen die nach Süden ausgerichtete Schmalseite des Finanzministeriums. Der Hausherr, der Finanzminister, genießt das Privileg, von hier mit dem Schiff zur Nationalversammlung fahren zu dürfen.

Gegenüber erhebt sich im Tolbiac-Viertel das letzte ehrgeizige Bauprojekt der Ära Mitterrand – und sicher auch das am heftigsten umstrittene aus dem letzten Jahrzehnt des 20. Jh. Die alte Nationalbibliothek war der Flut von jährlich 80 000 neu hinzukommenden Büchern nicht mehr gewachsen gewesen, ein Neubau unabwendbar geworden. Er wurde 1993–96 von dem Architekten Dominique Perrault realisiert. Vier L-förmige Türme (das L steht für *Livre* = Buch) haben auf 400 Regalkilometern den Bestand von mehr als 12 Millionen Bänden aufgenommen. Die Türme umstellen ein rechteckiges Geviert. Dort sind in einem nach oben verglasten Souterrain die Leseräume untergebracht. Die Einweihung fand kurz nach dem Tod Mitterrands statt. Zur Erinnerung an den Präsidenten wurde der Gebäudekomplex offiziell **Bibliothèque Nationale de France – François Mitterrand** (5) getauft.

Wie ein aufgeschlagenes Buch: einer von vier Türmen der Neuen Nationalbibliothek

Das Ganze scheint paradox: Während die licht- und temperaturempfindlichen Bücher in gläsernen Türmen aufbewahrt werden, ist der lichtbedürftige Leser in den Orkus verbannt. Zum Schutze der Bücher wurden deshalb nachträglich Jalousien eingesetzt, die aber den ästhetischen Reiz der Transparenz zunichte machen. Die Türme wirken bei hellem Sonnenschein plump und ungeschlacht. Zudem sind die Unterhaltskosten astronomisch, sie verschlingen 20 Prozent des jährlichen Budgets des staatlichen Kulturetats.

Kritiker haben ausgerechnet, dass man mit den Betriebskosten von zehn Jahren eine komplette neue Bibliothek erbauen könnte. Die sonst eher zurückhaltende Süddeutsche Zeitung bezeichnete die neue Nationalbibliothek in einem im Februar 1999 erschienenen Feuilleton auf gut bayerisch schlicht als »Schmarrn«.

La Villette

Neben La Défense im Westen, Montparnasse im Süden und dem Bereich Bastille/Bercy/Tolbiac im Südosten von Paris ist im Stadtteil La Villette im Nordosten ein viertes neues Zentrum urbanistischer Modernität entstanden. La Villette ist das alte Schlachthof-Viertel von Paris. 1974 wurde der Schlachthof geschlossen und in einen Außenbezirk verlagert. Erhalten blieb lediglich die filigrane Viehhalle von 1867, deren Rettung und Erhaltung dem populären Kulturminister der 1980er Jahre, Jack Lang, zu verdanken ist. **Grande Halle** (1) genannt, dient sie heute als Messe- und Ausstellungshalle. La Villette besteht aus drei Schwerpunkten: der Cité de la Musique, der Cité des Sciences et de l'Industrie und der Konzerthalle Le Zénith. Zusammen mit dem zwischen diesen Polen angelegten Park ist in dem an kulturellen Institutionen früher armen Nordosten der Stadt ein Freizeitpark entstanden, der sich regen Besuchs erfreut.

La Villette
1 Grande Halle
2 Cité de la Musique
3 Zénith
4 Cité des Sciences et de l'Industrie
5 Géode

Die **Cité de la Musique** (2) ist zugleich eine Art »porta triumphalis« des gesamten Ensembles. Sie wurde zwischen 1984 und 1995 von dem Architekten Christian de Portzamparc errichtet, der dafür 1994 mit dem Pritzker-Preis, der höchsten internationalen Auszeichnung für Architektur, geehrt wurde. Der umfangreiche Bautenkomplex mit vielen überraschenden Durchblicken, Brechungen, Kurvaturen und Innenhöfen vereinigt mehrere Institutionen: im westlichen Trakt die

Tipp
Zwei Metrolinien führen nach La Villette: Nr. 5 (Endstation Bobigny/Pablo Picasso), Ausstieg Porte de Pantin, und Nr. 7 (Endstation La Courneuve/8 Mai 1945), Ausstieg Porte de Pantin. Beide Linien kreuzen die Station Stalingrad. Wer genügend Zeit hat, sollte hier aussteigen und den reizvollen Weg entlang dem Bassin de la Villette zu Fuß gehen (Dauer etwa eine halbe Stunde). Nahe der Metro-Station Stalingrad sieht man das größte unter den vier erhaltenen Zollhäusern von Ledoux, einen von Säulen umstellten Zentralbau palladianischer Prägung, jedoch schwer und ernst in den Formen.

staatliche Hochschule für Musik und Tanz mit Übungsräumen, Bibliothek und zum Teil Wohnraum für die Studierenden, im östlichen Trakt einen großen Konzertsaal und das Instrumenten-Museum mit mehr als 4000 Exponaten.

Die Cité de la Musique und die Cité des Sciences verbindet der von Bernard Tschumi 1987–1991 verwirklichte **Parc de la Villette,** der sich auf einer Fläche von 30 ha ausbreitet. Am Westrand bildet der Canal St-Denis die Begrenzung, in ost-westlicher Richtung durchzieht der Canal de l'Ourq das Gelände, auf dem im Sommer Ausflüglerschiffe verkehren. Der Park ist nicht nur als Grünoase gedacht, sondern bewusst als aktiver Freizeitpark konzipiert. Kleine rot lackierte Pavillons, die Folies (so nannte man im 18. Jh. die Lustschlösser), signalisieren Stellen, an denen man Matten oder Stühle entleihen kann, Info-Stände, Cafés und dergleichen. Kinder finden Tummel- und Spielplätze mit Rutschen und Klettergerüsten. Am östlichen Rand des Parks erhebt sich **Le Zénith** (3), das 1983 von Philippe Chaix und Jean-Paul Morel erbaute Varieté-Theater mit 6300 Zuschauerplätzen.

Blickfang am Nordrand des Parks ist die **Cité des Sciences et de l'Industrie** (4), das Wissenschafts- und Technikmuseum, das 1986

Nicht nur Grünoase, sondern aktiver Freizeitpark: der Park von La Villette mit dem Kugelkino Géode

von dem Architekten Adrien Fainsilber realisiert wurde. Der gewaltige Bau ist viermal so groß wie das Centre Pompidou und wirkt doch leichter als der Museumsbau im Herzen von Paris, da die Schauseite sich in tiefen, verglasten Durchblicken öffnet. Begünstigend kommt hier natürlich hinzu, dass das Bauwerk nicht zwischen bestehende Häuserzeilen eingezwängt werden musste, sondern sich frei entfalten kann. Davor liegt die runde **Géode** (5), ein Panoramakino mit einer halbkugelförmigen Leinwand, vor der der Zuschauer beinahe liegend Platz nimmt. Die Kugel ist außen verspiegelt, was bei heiter bis wolkigem Wetter abwechslungsreiche Effekte ergibt. Das Technikmuseum darf man sich nicht wie das Deutsche Museum in München vorstellen mit einer Vielzahl von Exponaten, die die Geschichte der technischen Entwicklung dokumentieren, vielmehr ist es eine Art Erlebnispark, der den Besucher virtuell über alle erdenklichen Phänomene der Natur und der Technik informiert. So kann man eigentätig zahlreiche Experimente per Knopfdruck in Aktion versetzen oder über Computer Animationen auf den Bildschirm rufen. Es ist aber auch unter freiem Himmel, gleich neben der Géode, ein ausgedientes U-Boot der französischen Marine zu besichtigen.

Oasen der Ruhe: Parks und Friedhöfe

Dem kunstermatteten Parisbesucher bietet die Stadt eine Fülle von Möglichkeiten zur Entspannung in zahlreichen Grünoasen. Neben den Tuilerien findet man in Zentrumsnähe mit dem Jardin de Luxembourg und dem Jardin des Plantes sowie dem Parc Monceau leicht erreichbare Orte für beschauliche Spaziergänge. Mit der Metro gelangt man aber auch rasch zu den etwas weiter draußen befindlichen Parks Buttes-Chaumont, André Citroën und Montsouris oder in die stadtnahen Wälder Bois de Boulogne und Bois de Vincennes – letztere haben unter den katastrophalen Stürmen im Dezember 1999 besonders schwer gelitten. Napoléon III. hätte am liebsten einen ›Hydepark‹ in Paris anlegen lassen. Da die dichte Bebauung der Stadt seinen anglophilen Träumen Grenzen setzte, wurden die großen Stadtparks Bois de Boulogne und Bois de Vincennes außerhalb geschaffen.

Großen Reiz besitzt ein Spaziergang über einen der berühmten Friedhöfe, wo man in melancholisch angehauchter Abgeschiedenheit die Gräber prominenter Persönlichkeiten aufsuchen kann. Nachstehend stellen wir die wichtigsten Parks und Friedhöfe außerhalb des Zentrums vor, wobei deren engeres Umfeld mitbeleuchtet wird, sodass das eine oder andere kleine Museum oder bemerkenswerte Bauwerk, das bislang nicht erwähnt wurde, jetzt gewürdigt wird.

Parks und Friedhöfe
Besonders sehenswert:
Musée Marmottan☆

Parc des Buttes-Chaumont und Parc Montsouris

Der Chaumont-Hügel im Norden der Stadt war von Kalksteinbrüchen zernagt und diente im 19. Jh. als wilde Mülldeponie. 1864–67 wurde auf Initiative Haussmanns das Gelände gesäubert und zu einem Park nach englischem Muster umgestaltet. Für den **Parc des Buttes-Chaumont** wurde ein künstlicher Berg aufgeschüttet, den ein kleiner Monopteros bekrönt. Den Fuß des Hügels umspielt ein künstlicher Teich.

Kurz darauf (1868) entstand im Süden der Stadt der 16 ha große **Parc Montsouris,** auch er nach Art englischer Gärten angelegt. Sein See, so heißt es, habe sich am Tage der feierlichen Eröffnung durch eine defekte Schleuse plötzlich entleert, woraufhin der verantwortliche Ingenieur Selbstmord beging. Anfang des 20. Jh. fanden zahlreiche Künstler des nahen Montparnasse-Viertels im Parc Montsouris ihre Motive, unter ihnen Henri Rousseau und Georges Braque.

Zwischen Parc Montsouris und dem Boulevard Périphérique dehnt sich das Gelände der **Cité Internationale Universitaire de Paris** aus, eine Siedlung von Studentenwohnheimen, die nach Ende des Ersten Weltkrieges als Zeichen der Völkerverständigung ins Leben gerufen wurde. Heute wohnen dort in 37 Gebäuden rund 5500 Studenten aus aller Herren Länder.

◁ Parc des Buttes-Chaumont, der Monopteros

Sommerliches Vergnügen im Parc André Citroën

Parc André Citroën

Mitte der 1970er Jahre wurden die bis dahin im Westen von Paris befindlichen Montagehallen des Automobilherstellers Citroën verlagert und 1988–1995 durch eine weitläufige Grünanlage ersetzt (14 ha). Der Parc André Citroën ist der jüngste unter den Pariser Parks und zugleich der einzige, dessen Grünanlagen direkt bis ans Ufer der Seine reichen. Das Zentrum bildet eine weite von einer Diagonalachse geteilte Rasenfläche, an deren östlichem Ende sich zwei transparente schlichte Gewächshäuser erheben (1992, Architekt Patrick Berger). Auf der schrägen Ebene zwischen beiden sprudelt im Sommer aus hundert Löchern kristallklares Wasser. Ringsum entstanden kleinere Gartenabschnitte unterschiedlicher Tradition und verschiedenen Bewuchses. Da gibt es einen Weißen und einen Schwarzen Garten; die so genannten seriellen Gärten sind stufenförmig angelegt, dieses erinnert an japanische Landschaftsgestaltung. Die Südseite des Parks begrenzt ein imposanter Neubaukomplex, das Hôpital Européen Georges Pompidou, das 1998 bezugsfertig war.

Bois de Boulogne

Das 846 ha große Grünareal im Westen von Paris blickt auf eine lange Geschichte zurück. Bereits zur Zeit der Merowinger frönten die Könige in dem stadtnahen Forst ihrer Jagdleidenschaft. Weil aber das

Dickicht auch Räubern und Wegelagerern Schutz bot, ließ Heinrich II. den Bois, wie ihn die Pariser kurz nennen, Mitte des 16. Jh. mit einer Mauer umgürten, die nur an acht Stellen mit Toren durchbrochen war – die Namen der Kreuzungen Porte Maillot und Porte de la Muette erinnern daran.

Noch bis in das 18. Jh. war der Bois de Boulogne ein den Königen vorbehaltenes Jagdrevier. Erst Ludwig XV. machte ihn der Öffentlichkeit zugänglich, was jedoch konkret bedeutete, dass nun Vertreter des Adels den Grund zur Errichtung extravaganter Lustschlösschen nutzten. Die ausgreifenden Stadtsanierungsmaßnahmen Baron Haussmanns erstreckten sich auch auf den Bois: 1852 ließ er die Mauer Heinrichs II. schleifen und das Gelände im Stil englischer Gärten neu gestalten. Damals entstanden mit dem **Lac inférieur** und dem **Lac supérieur** an der Ostflanke des Parks zwei große künstliche Seen und in der Südwestecke mit dem **Hippodrome de Longchamp** eine weitläufige Pferderennbahn. Seither ist der Bois de Boulogne eines der beliebtesten Freizeitgelände der Pariser. 1870 kam in der Südostecke mit dem **Hippodrome d'Auteuil** eine weitere Pferderennbahn hinzu.

Der schönste Teil des Bois de Boulogne ist der **Parc de Bagatelle.** 1775 hatte Karl von Artois, der nachmalige Karl X., mit seiner Schwägerin, Königin Marie-Antoinette, gewettet, dass es ihm gelänge, hier in weniger als drei Monaten in einem eigenen Park ein kleines Schloss errichten zu lassen. Dank des zügigen Handelns seines Architekten Berlanger, der binnen 24 Stunden den Plan vorlegte, konnte er die Wette gewinnen. Erst 1905 kaufte der Staat La Bagatelle (= die Kleinigkeit). Inmitten der 24 ha großen Anlage sind das Lustschloss, das Trianon und die Orangerie erhalten. Vom Frühjahr bis in den späten Herbst bietet der Park ein betörendes Schauspiel. Im Mai stehen der Liliengarten und die Rhododendren in voller Blüte, von

Wer mit der Metro (Linie 1) aus der City Richtung La Défense stadtauswärts fährt, hat von der Station Les Sablons nur wenige Schritte zur nördlichen Grenze des Bois de Boulogne, wo man zuerst den Jardin d'Acclimatation erreicht, vor allem ein Paradies für Kinder mit Spielplatz, Kleinbahn, Reitmöglichkeit, Autoscooter und einem kleinen Zoo. Der kulturbeflissene Besucher wird sich eher dem Musée National des Arts et des Traditions populaires zuwenden, in dem die unterschiedlichen Lebensformen im vorindustriellen Zeitalter anschaulich nachgestellt sind.

Binnen drei Monaten fertiggestellt: La Bagatelle

Juni bis weit in den Oktober hinein bezaubert die Pracht des Rosengartens, und im Hochsommer bieten die Seerosen ein farbenfrohes Schauspiel. In dieser Zeit finden in der Orangerie interessante Wechselausstellungen statt.

Besonders reizvolle Spaziergänge unternimmt man auch rund um die genannten Seen, wo zudem Restaurants für das leibliche Wohl bereitstehen. Wer im Bois de Boulogne spazieren geht, sollte einen Besuch im Musée Marmottan nicht versäumen, wo der Impressionismus und insbesondere das Werk Claude Monets in hervorragenden Beispielen gegenwärtig ist.

Musée Marmottan

Durch gelegentliche Umhängungen der Museumsbestände kann es unter Umständen zu Abweichungen der in diesem Kapitel beschriebenen Abfolge kommen.

Am östlichen Rand des Bois de Boulogne liegt an der Ecke Avenue Raphael/Rue Louis-Boilly jene stilvolle Villa, die 1932 der Kunstexperte Paul Marmottan mitsamt seiner Kunstsammlung der Akademie der Bildenden Künste vermachte. Den Grundstock bildeten Wandteppiche und Skulpturen aus der Renaissance sowie Möbel und Gemälde aus der Zeit des Ersten Kaiserreichs. Seither flossen dem Museum weitere Nachlässe zu, die den Bestand beträchtlich erweiterten. Die Stiftung Wildenstein etwa bereicherte die Sammlung um 228 Miniaturen aus Spätmittelalter und Frührenaissance. Seine Publikumsbeliebtheit verdankt das Museum jedoch der Sammlung impressionistischer Gemälde, zu der Donop de Monchy 1950 den Grundstein legte. 1971 schenkte Michel Monet dem Museum 65 Bilder seines Vaters Claude, unter anderem das Schlüsselwerk »Impression. Sonnenaufgang«.

In den ebenerdig gelegenen ehemaligen Wohnräumen befindet sich die **Sammlung Marmottan.** Deren wichtigste Exponate sind eine *Kreuzigung* von Martin Schongauer und eine *Jungfrau mit Kind* von Jan Goessaert, genannt Mabuse, die sich in der zum Garten hin verglasten Galerie befinden (links vom Eingang). Ein kleiner anschließender Durchgangsraum dient dazu, den Besucher mittels Videofilmen in die Kunst von **Claude Monet** einzuführen. In einer Vitrine an der rechten Wand befinden sich sechs sehenswerte kleinformatige Bilder. Es handelt sich um *Karikaturen* von Lehrern und damals stadtbekannten Persönlichkeiten, mit denen der fünfzehnjährige Monet während seiner Schulzeit reüssierte. Gelegentliche Verkäufe dieser humoristischen Skizzen sicherten dem Schüler ein kleines Taschengeld. Kontrastreich dazu ist die Hängung dreier Gemälde aus den letzten Schaffensjahren Monets über beziehungsweise neben der Vitrine. Völlige Formauflösung kennzeichnen *Die japanische Brücke, Trauerweide* und *Der Rosengarten.*

Über eine Stiege erreicht man das Untergeschoss mit dem Herzstück des Museums. Die Dreiteilung der ineinander übergehenden Räume ergibt den Duktus des Rundgangs, der links mit Gemälden aus dem Umkreis Monets beginnt und in einer Nachempfindung der von Monet gestalteten ovalen Räume in der Orangerie endet. Die

Monet stellte das Bild »Impression, soleil levant« im Rahmen der Ersten Impressionistenausstellung 1874 aus. Die Reaktionen sind bekannt. Kein Gemälde wurde so heftig angegriffen wie dieses, Wärter mussten es vor tätlichen Angriffen aufgebrachter Besucher schützen. Der scharfzüngige Kritiker Louis Leroy veröffentlichte in der Zeitung »Le Charivari« einen vernichtenden Artikel über die Ausstellung. Seine Häme richtete sich vor allem gegen Monets Seestück, dessen Titel er aufgriff und auf die Gruppe der ausstellenden Künstler übertrug. Diese übernahmen trotzig die Spottbezeichnung und stellten fortan als »Impressionisten« aus.

Sammlung umfasst neben Bildern von Renoir, Sisley, Pissarro und Guillaumin ein *Blumenstillleben* von Paul Gauguin (1897), ein für den Künstler ungewöhnliches Sujet, und den *Ballbesuch* von Berthe Morisot (1875), in dem sich die Künstlerin durch die kühle Distanziertheit der Figuren als Schülerin Manets zu erkennen gibt. Die porzellanhafte Haut des Frauengesichtes erinnert dagegen an Renoir. Hohe malerische Qualität zeichnet auch das Gemälde *Rue de Paris, Regenwetter* (1877) von Gustave Caillebotte aus, das an der Wand gegenüber hängt.

Im zweiten Raumabschnitt taucht der Besucher in das Universum des Monetschen Lichtempfindens ein. Gerahmt von einer Ansicht der *Gare St-Lazare, Pont de l'Europe* (1872), die die Verschleierung der Eisenkonstruktion durch die Rauchschwaden der Dampflokomotiven thematisiert, und einer Version der *Kathedrale von Rouen, abendliche Sonneneffekte* (1892), die sich in einer Flut von Orange, Blassgelb und Himmelblau zu entmaterialisieren scheint, hängt als zentrales Bild der linken Mittelwand das berühmte Gemälde *Impression, soleil levant* aus dem Jahr 1872. Es zeigt eine Ansicht des Hafens von Le Havre, die Monet von seinem Zimmerfenster aus gemalt hatte. Aus dem Grau der aufsteigenden Nebel hebt sich der zinnoberrot glühende Sonnenball als einziger Farbfleck ab, von dem schwache Reflexe auf dem Wasser widerscheinen. Im Vordergrund zeichnet sich scherenschnittartig ein Ruderboot ab, dunkle Schiffsmasten verleihen dem Hintergrund eine geisterhaft anmutende Struktur. Die groben Pinselstriche wirken wie hingeschmiert. Selbst heute noch scheint der Schock, den das Bild bei Monets Zeitgenossen ausgelöst hat, nachvollziehbar.

Der dritte Raum greift in seinem ovalen Grundriss die Idee der Orangerie auf. Die Blumen aus Monets Garten in Giverny, Trauerweiden und vor allem Seerosen sind das beherrschende Thema der in den letzten Lebensjahren entstandenen Gemälde. Keine impressionistische Lichtfülle, sondern dunkle, grobe Pinselstriche kennzeichnen diese Bilder. Nur noch skizzenhafte Andeutungen lassen das Vorbild der Natur erahnen.

Bois de Vincennes

Nahe dem Zugang zum Bois de Vincennes beim Lac Daumesnil ist in einem Art-Deco-Bau (errichtet für die Weltausstellung von 1931) das Musée des Arts d'Afrique et d'Océanie untergebracht. Die Sammlungen afrikanischer und überseeischer Kunst erinnern an das Kapitel französischer Kolonialpolitik. In dem Bau befand sich einst das Kolonialministerium.

Dem Bois de Boulogne genau entgegengesetzt liegt an der Ostflanke von Paris der Bois de Vincennes (Endstation der Metro-Linie 1, Château de Vincennes), der gleichfalls in früheren Jahrhunderten ein Jagdrevier der Könige war und Mitte des 19. Jh. zu einem weitläufigen englischen Garten umgestaltet wurde. Er ist zu groß, als dass man ihn sich im Rahmen eines einzigen Spazierganges erschließen könnte. Es bieten sich einzelne Rundgänge in besonders reizvollen Abschnitten an: Der **Parc Floral de Paris,** erst 1969 angelegt, wird zu jeder Jahreszeit neu bepflanzt und bietet entsprechend immer ein reizvolles Bild; beliebte Ausflugsziele sind die beiden Seen **Lac Daumesnil** in der Südwestecke des Bois de Vincennes, an den der große **Zoologische Garten** grenzt, und der **Lac des Minimes** im Nordosten; der botanisch Interessierte kommt im **Jardin tropical** an der Ostflanke und in der **Ecole de Breuil** (Baumschule) in der Südostecke des Grünareals auf seine Kosten.

Auch dort, wo man sich fern dem Zentrum ausschließlich in grüner Idylle wähnt, sind Geschichte und Kunst immer gegenwärtig, hier in Gestalt der eindrucksvollen Kulisse des **Château de Vincennes,** das nahe der gleichnamigen Metro-Station liegt. Schon Ende des 12. Jh. hatte Philipp II. August an dieser Stelle einen Jagdsitz errichten lassen, dem Ludwig IX. der Heilige eine Kapelle hinzufügen ließ. Den Ausbau zu einer wehrhaften Burg bewerkstelligten die ersten Herrscher aus dem Haus Valois im 14. Jh. Mitte des 17. Jh. war Kardinal Mazarin vorübergehend Gouverneur der Festung, die er im Stil des Barock-Klassizismus neu gestalten ließ. Seither hat das Château de Vincennes zwei Gesichter, ein mittelalterlich geprägtes und ein neuzeitliches. Der Donjon diente schon damals als Staatsgefängnis und versah diese Funktion nach kurzer Unterbrechung während der Revolutionsjahre auch noch in napoleonischer Zeit. Erste Renovierungsmaßnahmen erfolgten Mitte des 19. Jh. unter Aufsicht von Viollet-le-Duc, doch ist das Château de Vincennes bis auf den heutigen Tag ein Tätigkeitsfeld der Denkmalpfleger.

Eine bestens erhaltene Wehrmauer mit neun Wachtürmen umzieht das rechteckige Geviert der Burganlage, die man von Westen her durch die *Tour du Village* betritt. Rechts erhebt sich der (zuletzt 1999 restaurierte) mächtige *Donjon* mit seinen 52 m Höhe, seinerseits noch einmal von einer Wehrmauer über quadratischem Grundriss umgürtet – ein geradezu idealtypisches Beispiel spätmittelalterlicher Fortifikationsarchitektur. Im zweiten Stockwerk des Donjons starben zwei Könige: 1422 Heinrich V. von England, 1574 Karl IX., der zweite unter den drei Söhnen der Katharina de Medici. Schräg gegenüber dem Donjon erhebt sich frei im Hof die *Schlosskapelle.* Es handelt sich um einen Nachfolger des von Ludwig IX. errichteten Sanktuariums. Das Gebäude wurde im 14. Jh. begonnen, jedoch nach langer Unterbrechung erst unter Heinrich II. Mitte des 16. Jh. vollendet.

Dennoch dominiert, von einigen Renaissancefenstern abgesehen, die Gotik, namentlich ist das Vorbild der Sainte-Chapelle deutlich abzulesen. Durch eine Arkadenreihe zwischen Donjon und Schlosskapelle erreicht man den rückwärtigen Teil des Hofes. Dessen flankierende Bauten, der *Pavillon du Roi* (rechts, also Südseite) und der *Pavillon de la Reine* (gegenüber), stammen aus der Zeit Mazarins, der 1661 im erstgenannten der beiden Gebäude starb. Zwischen den beiden Pavillons erhebt sich die *Tour du Bois.* Sobald man dieses Tor durchschritten hat, erreicht man die Esplanade St-Louis, an der die Spazierwege in den Bois de Vincennes beginnen.

Der Name des Château de Vincennes ist unlöslich mit dem des Generals Daumesnil verbunden, der im 19. Jh. über Jahrzehnte als Gouverneur der Festung Militärgeschichte geschrieben hat. 1814 hielt er die Tore erfolgreich vor den anrückenden Truppen der Koalition verschlossen. Erst für Ludwig XVIII. öffnete er sie 1815 wieder. Und als 1830 die Revolutionäre des Juliaufstands auftauchten, schlug er auch diese in die Flucht.

Die Friedhöfe Montmartre, Montparnasse und Père Lachaise

Bis in das 18. Jh. wurden die Toten in der Regel auf kleineren Friedhöfen nahe den Pfarrkirchen beigesetzt. Anfang des 19. Jh. wurden diese aufgelöst. Ein Dekret bestimmte, dass Bestattungen fortan im inneren Stadtbezirk nicht mehr vorgenommen werden dürften. So entstanden die großen Friedhöfe Père Lachaise im Osten der Stadt, benannt nach dem Beichtvater Ludwigs XIV., mit 43 ha der größte, Montparnasse im Südwesten (19 ha) und Montmartre im Nordwesten (10,5 ha). Spaziergänge an diesen elegischen Stätten befreien nicht nur vom Lärm und der Hektik der Großstadt, sondern ermöglichen zugleich die gedankliche Begegnung mit den Größen vergangener Zeiten.

Auf dem Montmartre-Friedhof sind zahlreiche Autoren beigesetzt (u. a. Heinrich Heine, Théophile Gautier, Alexandre Dumas d. J., Alfred de Vigny, die Brüder Goncourt), auf dem Montparnasse-Friedhof vor allem Künstler, die in diesem Bereich von Paris gelebt haben (u. a. Chaim Soutine, Antoine Bourdelle, Ossip Zadkine, Camille Saint-Saens, Guy de Maupassant).

Die Liste der auf dem Père Lachaise Beigesetzten liest sich gar wie ein Who's who der Politik, Kunst, Musik, Literatur, Wissenschaft und Pop-Kultur des 19. und 20. Jh.

Das Grab von Emile Zola auf dem Montmartre-Friedhof

Ausflüge in die nahe Umgebung

Hinsichtlich ihrer Geschichtsträchtigkeit und ihres Denkmälerbestandes steht die Ile de France gleichrangig neben den anderen großen Kunstlandschaften Frankreichs und rechtfertigt einen eigenen Reiseführer. Wir beschränken uns deshalb darauf, nur einige Ausflugsziele vorzustellen, die unmittelbar vor den Toren von Paris liegen und problemlos mit Vorortzügen zu erreichen sind. Das sind in der Hauptsache St-Denis und das Schloss in Versailles, deren Besuch eine wesentliche Abrundung der in Paris gewonnenen Eindrücke darstellt.

Ausflüge in die Umgebung
Besonders sehenswert:
St-Denis ☆☆
Versailles ☆☆

St-Denis

Der Vorort im Norden von Paris zählt heute rund 100 000 Einwohner. Seit Fertigstellung des Stade de France 1997 ist St-Denis regelmäßig Pilgerstätte der Sportbegeisterten, vor allem der Fußballfans, die hier 1998 frenetisch den Triumph der französischen Nationalmannschaft in der Weltmeisterschaft feierten. Der Tourist dagegen besucht St-Denis hauptsächlich wegen der ehrwürdigen Basilika, dem Gründungsbau der Gotik. Die Station »Basilique de Saint-Denis« der Metro-Linie 13 liegt nur wenige Schritte von der Kirche entfernt.

◁ St-Denis, die Westfassade
Insgesamt wirkt die Fassade der ehemaligen Abteikirche burghaft und trutzig. Dieser Eindruck wird durch den Zinnenkranz noch verstärkt. Hier scheinen politische, religiöse und symbolische Komponenten die Gesamterscheinung hervorgebracht zu haben. Der Abt von St-Denis war zugleich Graf des (von den Anglonormannen beanspruchten) Vexin, also ein weltlicher Herr. Zugleich hatte der Bauherr die Idee vor Augen, seine Kirche möge Abbild des Salomonischen Tempels wie auch des Himmlischen Jerusalems sein, das in der Offenbarung des Johannes als Stadt mit einer Wehrmauer beschrieben wird.

Blick in die Geschichte

Mitte des 3. Jh. n. Chr. wurde auf der Ile de la Cité Dionysius, der legendäre erste Bischof von Paris, gemeinsam mit seinen Gefährten Eleutherius und Rustikus enthauptet (nach einer anderen Version fand die Hinrichtung auf dem Montmartre statt). Die durch Jacobus de Voragine überlieferte Legende berichtet, dass der Hingerichtete aufgestanden sei und sein Haupt unter den Arm genommen habe, mit dem er dann bis zu jenem Ort gegangen sei, an dem später die ihm geweihte Kirche errichtet wurde. Im Mittelalter genoss der hl. Dionysius höchstes Ansehen, weil in der Überlieferung zwei Heilige desselben Namens zu ein und derselben Person verschmolzen: Dionysius Areopagita, einer der Getreuen des Apostels Paulus, und Dionysius, der erste Bischof von Paris, der rund zweihundert Jahre später lebte.

Dem Mittelalter waren derartige historische Ungereimtheiten kein Problem. Es reichte, dass der erste Bischof von Paris als ein Apostel des Paulus galt, um in ihm einen Heiligen von besonderem Rang zu erblicken. Entsprechend wurde sein Grab schon früh besonders verehrt. Nachdem Dagobert I. (gest. 639) in St-Denis beigesetzt worden war, wurde das Kloster, das erst im 8. Jh. in den Rang einer Abtei aufstieg, traditionelle Grablege der französischen Könige. Mit nur zwei Ausnahmen wurden bis zu Ludwig XVIII.

(gest. 1824) alle Herrscher des Landes in der Kirche des hl. Dionysius zur letzten Ruhe gebettet. Die Kirche war entsprechend nicht nur eine religiöse Kultstätte, sondern zugleich ein Denkmal von höchster staatspolitischer Bedeutung. Hier wurden die Kroninsignien und das königliche Kriegsbanner, die berühmte Oriflamme, aufbewahrt.

Die enge Bindung der Abtei an die Krone brachte es mit sich, dass die Äbte von St-Denis oftmals wichtige staatliche Ämter bekleideten. Der bekannteste unter ihnen ist Abt Suger (1081–1151), der, aus niederen Verhältnissen stammend, bereits als Zehnjähriger Aufnahme in dem Kloster fand und dort zum Abt aufstieg. Schon in Jugendjahren verband ihn eine Freundschaft mit dem Thronfolger, dem nachmaligen Ludwig VII., dessen Berater er wurde. Als der König 1147 zum Kreuzzug aufbrach, übertrug er Suger die Aufsicht über das Reich und verlieh dem rührigen Abt den Titel »Vater des Vaterlandes«. Suger war nicht nur auf politischer Bühne tätig, er tat sich auch als Bauherr und Mäzen hervor. Er ist der Initiator des Neubaus der Klosterkirche und damit der geistige Begründer der gotischen Kunst. Außerdem hatte Suger schon 1109 in St-Denis die Lendit-Messe ins Leben gerufen, die über einen Zeitraum von 600 Jahren eine der wichtigsten Messen Europas war.

Die Revolution brachte nicht nur das Aus für den Klosterbetrieb, sondern richtete zudem irreparable Schäden an. Die Abteigebäude wurden 1792 geschleift, einzig die Kirche ließ man stehen. Die Skulpturen der Westfassade wurden zerstört und die Gräber im Innern des Bauwerks geschändet. Zum Glück hatte der Architekt Alexandre Lenoir die wertvollsten Grabdenkmäler zuvor in einem Depot in Sicherheit gebracht. 1816 kamen sie an ihren ursprünglichen Platz zurück, Mitte des 19. Jh. wurde die Kirche unter der Aufsicht von Viollet-le-Duc restauriert.

Die ehemalige Abteikirche St-Denis

Grabungen im Innern der Kirche haben den Nachweis erbracht, dass bereits in merowingischer Zeit zwei Bauten aufeinander folgten. Einem eher bescheidenen Sanktuarium des 5. Jh. folgte im 7. Jh. ein größerer Kirchenbau, der seinerseits einem Nachfolger in karolingischer Zeit wich. Dieser stand noch beim Amtsantritt Sugers im frühen 12. Jh. Suger ließ 1135–40 die Westfassade neu errichten, im Anschluss daran erfolgte 1140–44 der Neubau des Chores. Zwischen diesen beiden Partien blieb das karolingische Langhaus vorläufig stehen. Erst unter Ludwig IX. wurde im 13. Jh. das Langhaus gotisch erneuert. Früher galt Pierre de Montreuil als der Baumeister dieser Epoche, doch die neuere Forschung hat dies ausgeschlossen (Suckale) und spricht von einem anonymen Künstler mit dem Notnamen des St-Denis-Meisters.

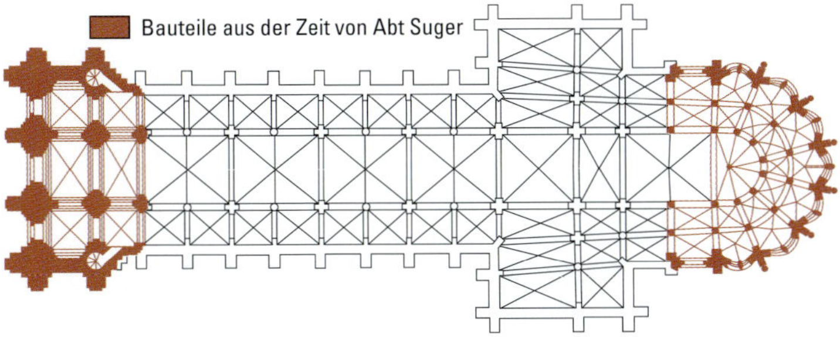

St-Denis, Grundriss der Abteikirche

Die Westfassade

Ursprünglich besaß die Fassade zwei Türme, erhalten ist nur der Südturm. Der Nordturm war bereits im frühen 13. Jh. durch einen Blitzeinschlag zerstört worden. Bei seiner Wiedererrichtung gingen die Baumeister derart schlampig vor, dass Viollet-le-Duc sich zu Beginn seiner Restaurierungsarbeiten gezwungen sah, den Turm wegen akuter Einsturzgefahr abzutragen. Drei Portale führen ins Innere. Das Muster der Dreitoranlage war der Romanik noch fremd. Es sollte unverbrüchlicher Bestandteil der gotischen Kathedralkunst werden. Man vermutet, dass nicht zuletzt praktische Erwägungen den mehrtorigen Fassadentypus hervorgebracht haben, da es bei einem stark frequentierten Bauwerk wie jenem von St-Denis an Tagen mit hohem Besucheraufkommen mit nur einem einzigen Eingang zu chaotischen Verhältnissen gekommen wäre.

Die Zerstörung der Portalskulpturen hat zu einem unschätzbaren Verlust geführt! Sämtliche Gewändestatuen gingen verloren, die seitlichen Tympana wurden im 19. Jh. weitgehend neu geschaffen und das Bogenfeld über dem mittleren Hauptportal stark überarbeitet. Aus Zeichnungen des 18. Jh. wissen wir, dass zu Seiten der Portale Statuen aufgestellt waren, die als erste Vertreter der gotischen Säulenfiguren gelten (Figur und die sie hinterfangende Säule aus einem Werkstück gearbeitet). Das Tympanon des Mittelportals zeigt das Weltgericht, das fortan ein Hauptbestandteil gotischer Portalikonographie bleiben sollte.

Das basilikale Langhaus und das Querhaus

Anfang des 13. Jh. lief die Abtei von St-Denis Gefahr, ins Hintertreffen zu geraten. Die Benediktiner hatten damals an Gunst bei den Herrschenden verloren und sahen sich der Konkurrenz von Seiten der Zisterzienser ausgesetzt. Ludwig VII. war so weit gegangen, sich eine Zisterzienserabtei anstelle von St-Denis als Grablege auszuersehen, und Ludwig IX. tat sich als emsiger Förderer des Zisterzienserordens hervor (Gründung von Royaumont nördlich von Paris). Zudem war St-Denis von den mächtigen Kathedralen der umliegenden Bistümer umringt. Mit dem dunklen karolingischen Langhaus war da

St-Denis, Fensterrose im nördlichen Querhaus
Ein besonders prägnantes Beispiel der sogenannten Rayonnantgotik. Vorbild dafür waren die Querhausrosen in Notre-Dame.

Über kaum ein Bauwerk der Gotik sind wir so gut unterrichtet wie über den Neubau des Chores von St-Denis. Der Abt hat wortreich über sein Vorhaben Zeugnis abgelegt, wobei er sich nicht scheute, die Wahrheit gelegentlich etwas zu schönen. So berichtet er etwa, dass der Chor in drei Jahren und drei Monaten erbaut wurde, während wir verlässlich darüber informiert sind, dass die Bauzeit knapp vier Jahre dauerte – immer noch eine ungewöhnlich kurze Zeit für ein Projekt dieser Größenordnung! Der Bauherr wollte den Trumpf der Symbolik nicht aus der Hand geben: Die Zahl Drei entspricht der Trinität, das Leben Jesu auf Erden währte 33 Jahre.

kein Staat mehr zu machen. Um den eigenen Rang zu betonen und die Tradition als königliche Begräbnisstätte zu wahren, bedurfte es des erforderlichen Ausdrucks. 1231 wurden die Arbeiten auf Initiative des Abtes Eudes Clément begonnen. Sie zogen sich über ein halbes Jahrhundert hin; erst 1281 erfolgte die Weihe.

In puncto Lichtfülle setzte der Bau neue Maßstäbe. Anstelle des üblichen Pultdaches über den Seitenschiffen errichtete man kleine Satteldächer, sodass die Triforiumszone am Außenbau nicht mehr verstellt ist. So wurde es möglich, das bis dahin blinde Triforium gleichfalls zu durchfenstern. Das Querschiff erhielt fünf Schiffe, eine einzigartige Disposition, die sich aus der Funktion des Bauwerks als Pantheon der Könige Frankreichs erklärt. Nachdrücklicher hätte der Abt wohl kaum sein Ansinnen verdeutlichen können, dass man in St-Denis nicht bereit war, den Rang der königlichen Grablege an ein anderes Kloster abzutreten. Das vielgestaltige Maßwerk der Rosenfenster in den beiden Querhausfassaden zeigt eine bis dahin nicht gekannte Zartgliedrigkeit. Postwendend zog man in Paris nach und erneuerte dort ab 1245 die Querhausfassaden von Notre-Dame nach dem Vorbild von St-Denis. Allein dieser Vorgang macht deutlich, dass die Rechnung des ehrgeizigen Abtes Eudes Clément offenbar aufgegangen war.

Der Chor des Abtes Suger

Der Chor besitzt einen doppelten Umgang und anstatt der in der Romanik üblichen Radialkapellen einen Kranz von sieben miteinander verzahnten Kapellen. (Äußerer Umgang und Kapellen sind allerdings durch dieselben Gewölbeeinheiten miteinander verbunden, sodass man auch die Meinung liest, wonach es sich nur um einen Umgang handelt, während die Kapellen derart weiträumig zueinander geöffnet sind, dass der Eindruck eines zweiten Umgangs entsteht.) Die

St-Denis, der Chor der Abteikirche

Großzügigkeit der Durchfensterung setzte neue Maßstäbe, wie auch die Kreuzrippenwölbung einen neuen Standard schuf. Insgesamt also stellt dieser Chorbau den Aufbruch in ein neues Zeitalter, die Gotik, dar. Der Charakter des Raumes, der im Wesentlichen durch die farbigen Fenster bestimmt wird, erklärt sich aus Sugers Verständnis der Lichtmystik. Ihm diente der Anblick des Farbschimmers als Medium, sich über die Phänomene sinnlich wahrnehmbarer Schönheit in die spirituelle Sphäre jenseits der Sinne emporzuschwingen – die Geburt einer neuen Ästhetik!

Offenbar hatte Suger zu übersteigerter Eile angetrieben. Schon Anfang des 13. Jh. wies sein Chorbau schwere Schäden auf, sodass im Zuge des Neubaus von Lang- und Querhaus auch der Chor erneuert werden musste. Doch hielt man sich getreulich an das Vorbild des 12. Jh. – ein früher Fall denkmalpflegerischer Originaltreue, die sich wohl aus dem Respekt gegenüber dem Bauherrn wie der ehrwürdigen Bausubstanz erklärt.

Die Grabdenkmäler

Nur zwei französische Könige wurden nicht in St-Denis beigesetzt: Robert II. der Fromme (996–1031), der in St-Benoît-sur-Loire bestattet wurde, und Ludwig VII. (1137–1180), der das von ihm gegründete Zisterzienser-Kloster Barbeaux (Département Seine-et-Marne) zu seiner Grablege bestimmt hatte.

In St-Denis wurden nicht nur Könige und Königinnen Frankreichs, sondern auch Prinzen, Prinzessinnen sowie einzelne verdiente Persönlichkeiten wie etwa der Konnetabel Du Guesclin beigesetzt. Von den frühmittelalterlichen Gräbern ist nichts erhalten geblieben. Um 1260 verfügte Ludwig IX. die Neuschaffung der Gräber aller seiner Vorgänger. Zu dieser Zeit hatte sich ein fester Grabtypus etabliert: ein Steinsarkophag mit der Liegefigur des Verstorbenen darauf, mit einem französischen Terminus *gisant* genannt. Die Gestalten des 13. Jh. tragen idealtypische Gesichtszüge. Erst mit dem 14. Jh. kam das naturnahe Porträt auf. Das Grab Philipps III. des Kühnen (gest. 1285) dürfte eines der ersten Bildnisse zeigen, in denen der Künstler eine Annäherung an die Physiognomie des Verstorbenen anstrebte. Die Gesichtszüge Karls V. (gest. 1380) und Karls VI. (gest. 1423) sowie von dessen Ehefrau Isabella von Bayern (gest. 1435) sind erste vollgültige Porträts. In der Zeit der Renaissance emanzipierte sich das Grabdenkmal. Die Sarkophage werden größer und erscheinen reicher verziert, die Gisants erscheinen wiederholt in zweifacher Version: in einer unteren Zone die Gestalt des entblößten Leichnams, darüber der Herrscher beziehungsweise die Herrscherin in vollem Ornat. Besonders prachtvoll ist das Doppelgrab Ludwigs XII. (gest. 1515) und seiner Frau Anne de Bretagne (gest. 1514). Von Katharina de Medici gibt es gleich zwei Gräber. Das erste, von ihrem Landsmann Primaticcio geschaffen, missfiel der Regentin wegen seines krassen Verismus. Sie ließ deshalb von Germain Pilon ein zweites, gefälligeres Denkmal anfertigen. Im Barockzeitalter wandelte sich der Gisant zu einer aufrecht knieenden Gestalt, wie etwa das Grab Ludwigs XVI. (gest. 1793) und seiner Frau Marie Antoinette (gest. 1793) zeigt. Hierbei handelt es sich allerdings um ein Kenotaph, da alle Bourbonen in einem Gemeinschaftsgrab in der Krypta beigesetzt wurden.

Versailles

Versailles – das ist nicht allein der Name eines bedeutenden Schlosses, es ist zugleich Inbegriff einer ganzen europäischen Epoche, nämlich des höfischen Hoch- und Spätbarock. Nicht nur die Architektur von Versailles wurde allerorten kopiert, ob in München durch die Wittelsbacher oder in Wien durch die Habsburger, auch die Hofkultur zur Zeit Ludwigs XIV. und Ludwigs XV. wurde zum Vorbild aller großen Königs- und Fürstenhäuser. Französisch war Hofsprache in Potsdam wie in Nymphenburg, in Wien wie in Dresden.

Versailles zählt heute knapp 100 000 Einwohner. Außer dem Schloss sind in Versailles sehenswert: die Salle du Jeu de Paume von 1686, die 1679–85 erbauten Marställe (heute Kaserne), in denen einst 2500 Pferde und 200 Kutschen standen, und die Kirche Notre-Dame, ebenfalls aus dem spätem 17. Jh.

Blick in die Geschichte

Die Anfänge von Versailles waren bescheiden. 1624 ließ Ludwig XIII. in dem wald- und wildreichen Gebiet westlich von Paris einen kleinen Jagdsitz anlegen. Der König weilte wiederholt dort und ließ des-

Das Schloss von Versailles ist ein Identifikationsobjekt französischen Nationalstolzes. Dies bedeutet, dass Besucher von April bis Oktober mit längeren Wartezeiten beim Einlass rechnen müssen. Früh morgens stehen die Chancen gut, rasch in das Schloss und in den Park zu gelangen. Für die Besichtigung des Schlosses und einen Spaziergang durch die Parkanlagen sollte man einen ganzen Tag einplanen. Konzentriert man sich auf das Wichtigste und begnügt sich im Park mit einem Gang zum Grand und zum Petit Trianon, dann kommt man auch an einem halben Tag durch.

Plan von Versailles

halb 1631 den Ausbau zu einem Jagdschlösschen vornehmen. Sein Sohn und Nachfolger, Ludwig XIV., hegte eine besondere Liebe für Versailles. 1661 ließ er die Gartenanlagen erweitern und veranstaltete darin aufwendig inszenierte Feste. 1668 begann der systematische Ausbau des Schlosses. Zunächst wurde der Bau Ludwigs XIII., den man nicht abriss, ummantelt. So entstand der gewaltige Haupttrakt des Schlosses. Baumeister war Louis Le Vau. Als sein Nachfolger fügte Jules Hardouin-Mansart zwischen die zur Gartenseite vorspringenden Seitenrisalite den Spiegelsaal ein, sodass nach außen eine einheitliche und durchgängige Fassade entstand. Derselbe Architekt beaufsichtigte auch die Erweiterung in Gestalt des Süd- (ab 1682) und des Nordflügels (ab 1689). Bereits im Oktober 1682 hielt der Sonnenkönig mitsamt seinem Hofstaat Einzug in Versailles. Für 100 Jahre war das Schloss fortan Sitz des Herrschers. Nachdem Ludwig XVI. im Herbst des Revolutionsjahres 1789 gezwungen worden war, wieder in Paris Residenz zu beziehen, blieb Versailles verwaist. Trotzdem sollte das Schloss wiederholt Schauplatz welthistorischer Ereignisse sein. Am 18. Januar 1871 wurde im Spiegelsaal das deutsche Kaiserreich proklamiert, im selben Raum fand am 28. Juni 1919 die Unterzeichnung des Versailler Friedensvertrages statt.

Das Schloss von außen

Drei Verkehrsadern führen auf das Schloss zu und münden auf die Place des Armes: die Avenue de Paris, die Avenue de St-Cloud und die Avenue de Sceaux. Majestätisch breitet sich die fast 700 m lange Schaufront des Schlosses vor dem Auge des Besuchers hin. Der Mitteltrakt fluchtet zurück, sodass er mit den begleitenden Seitenflügeln einen dreiseitig geschlossenen Ehrenhof bildet, ein bereits von der Renaissancearchitektur her geläufiges Muster (vgl. die Hôtels parti-

Versailles, der Ehrenhof

culiers im Marais), hier jedoch in den kolossalen Maßstab gesteigert. Der zurückversetzte schmälere Abschnitt des Hofes trägt den Namen Cour de Marbre. Er gehörte zum Jagdschloss Ludwigs XIII.

Die Baumaßnahmen spielten sich in Größenordnungen ab, wie man sie zuvor nicht gekannt hatte: Mehr als 30 000 Arbeiter waren beschäftigt, rund 6000 Pferde im Einsatz, das Projekt verschlang die astronomische Summe von 500 Millionen Goldfranken. In dem Schloss lebten nach seiner Fertigstellung Anfang des 18. Jh. etwa 10 000 Menschen, denn die Etikette des Absolutismus verlangte die Präsenz der Hocharistokratie bei Hofe. So ist denn auch das Bauwerk insgesamt steingewordener Ausdruck für das Hierarchiegefüge des absolutistischen Königtums. Der beherrschende Mitteltrakt ist Sitz des Monarchen, in den Seitenflügeln befanden sich die Räume des Adels.

Die Innenräume

Der Entwurf der verschwenderischen Innenausstattung geht in der Hauptsache auf Le Brun zurück, dessen Pläne ein Heer von Künstlern, Kunsthandwerkern und Gehilfen in die Realität umsetzte.

Der Rundgang beginnt im ersten Stock mit einem Blick in die zweigeschossige **Schlosskapelle,** die dem hl. Ludwig geweiht ist. Sie wurde 1699 von J. Hardouin-Mansart begonnen und 1710 von seinem Schwager La Cotte fertig gestellt. An jedem ersten Sonntag im Monat, an Ostern, Pfingsten und am 1. November finden hier um 17.30 Uhr Messen statt. Es folgen die **Grands Appartements,** die Prunksäle mit den Gesellschafts- und königlichen Repräsentationsräumen: **Salon d'Hercule** mit einem 315 m² großen Deckengemälde – an der Darstellung der Aufnahme des Herkules in den Olymp arbeitete der Künstler Lemoyne drei Jahre lang, anschließend beging er Selbstmord; **Salon de l'Abondance,** wo bei Empfängen die Getränkebuffets aufgestellt waren; **Salon de Vénus** mit schönen vergoldeten Stukkaturen; **Salon de Diane,** einst Billardzimmer; **Salon de Mars,** vormals Ball- und Konzertsaal; **Salon de Mercure,** Vorzimmer bei Empfängen, die Deckengemälde von Philippe de Champaigne; **Salon d'Apollon** oder auch **Salle du Trône,** Saal der offiziellen Empfänge, das Deckengemälde von La Fosse mit einer Darstellung Apolls im Sonnenwagen.

Jeden Dienstagnachmittag um 17.30 Uhr bringen Instrumentalisten des Forschungszentrums für Barockmusik, das 1988 in Versailles ins Leben gerufen wurde, in der Schlosskapelle Kompositionen des 17. und 18. Jh. zu Gehör.

Alsdann betritt man die **Galerie des Glaces** (Spiegelsaal), den repräsentativsten Raum des Schlosses, wo die ganz großen Empfänge und Hofbälle stattfanden. Der Saal ist 75 m lang, 10 m breit und 12 m hoch, die Wände sind mit 578 Spiegeln verkleidet. Ihre Größe war damals eine technische Sensation. Die Deckengemälde stammen von Le Brun, der hier Szenen aus dem Leben des Sonnenkönigs (bis zum Frieden von Nimwegen 1678) verewigt hat.

Es folgen die ebenfalls aufwendig dekorierten **Appartements de la Reine,** die für Maria Theresia, die spanische Infantin, eingerichtet wurden. 1729 erhielten die Räume allerdings für Maria Leszczynska,

Versailles, der Spiegelsaal

die Gemahlin Ludwigs XV., ein neues Gewand im Stil des Rokoko. Weitere geringfügige Änderungen ließ die letzte Königin des Ancien Régime, Marie Antoinette, vornehmen.

Neben diesen Staatsappartements besteht auch die Möglichkeit, die privaten Wohnräume der Königin sowie des Königs zu besichtigen, ferner die **Oper** am Ende des Nordflügels. Mit ihrem Bau wurde

1768 nach einem Plan von Jacques-Ange Gabriel begonnen; es entstand der erste Opernsaal der französischen Baukunst über ovalem Grundriss. Vieles davon ist nur im Rahmen einer Führung zu sehen. Sehenswert ist auch das **Museum zur Geschichte Frankreichs** im Parterre des Schlosses, wo vor allem in historischen Gemälden die Geschichte des Landes vom 17. bis zum 19. Jh. beleuchtet wird.

Die Parkanlagen

Das Schloss von Versailles und der dazugehörige 800 ha große Park bilden künstlerisch und politisch gesehen eine unlösliche Einheit. Die Planungen für die Gartenanlagen verliefen parallel zu denen der Schlossarchitektur. Der führende Kopf war André Le Nôtre, der sich durch die Gestaltung der Tuilerien und des Parks von Vaux-le-Vicomte für diese Titanenaufgabe empfohlen hatte. Der Park ist der erweiterte Repräsentationsrahmen des Schlosses. Hier fanden zum Teil aufwendige Festveranstaltungen statt, zu denen die Hofkomponisten wie Marc-Antoine Charpentier (Fernsehzuschauern durch die »Eurovisionsfanfaren« bekannt), Michel-Richard Delalande, Jean-Baptiste Lully, Jean-Philippe Rameau, François Couperin und andere die Begleitmusik komponierten. Die geometrischen Gesichtspunkten folgende Anordnung der Pflanzungen, Wege und Wasserspiele ist Ausdruck für die geistige Haltung des absolutistischen Zeitalters. Der Mensch erscheint als Beherrscher der Natur, der König – personifizierter Inbegriff des Staates (Leitsatz Ludwigs XIV.: »L'état – c'est moi!«) – nicht nur als Herrscher über seine Untertanen, sondern zugleich als Herr über die Schöpfung.

Die zahlreichen Skulpturen, überwiegend Gestalten der antiken Mythologie, sind als Allegorien zu verstehen, Apoll vor allem als Sinnbild des Sonnenkönigs (so am Bassin d'Apollon). Alle bedeuten-

Versailles, Brunnen im Park, Apoll in seinem Sonnenwagen (1670)

den Bildhauer des 17./18. Jh. waren im Dienste von Versailles tätig: Bouchardon und Lemoyne (von diesen die Figuren am Neptunsbrunnen nördlich vom Schloss), Coysevox (Figuren der Gartenterrassen) und Jean-Baptiste Tuby (Figur des Apoll am gleichnamigen Brunnen).

Nordwestlich des vom Grand und vom Petit Canal beschriebenen Wasserkreuzes liegen die kleineren Lustschlösser des **Grand-** und des **Petit Trianon.** Während im Hauptschloss und dessen näherer Umgebung auch der König selbst ein Gefangener der Hofetikette war, hatte er hier ein privates Refugium, frei von allem Zeremoniell. In der Hauptsache konnte sich der Monarch in diesen Bauten dem Amüsement mit seinen jeweiligen Mätressen überlassen.

Nördlich des Petit Trianon betritt der Besucher eine Parklandschaft mit gänzlich anderem Charakter. Dieser Teil wurde im 18. Jh. für Marie Antoinette nach dem Vorbild englischer Gärten angelegt. Natur erscheint nun nicht mehr als vom Menschen gebändigte und beherrschte Kulisse, sondern als (scheinbar) sich selbst und dem eigenen organischen Wachstum überlassen. Im dazugehörigen **Hameau** evozieren Taubenhaus, eine kleine Mühle, eine Molkerei und ein Bauerngehöft überdies die Idylle von einem heiteren Leben auf dem Lande. Die Pastorale war das Ideal des höfischen Rokoko. Rückblickend mutet es absurd und weltfremd an, dass die Herrschenden dieser Zeit eine verklärte Identifikation gerade mit jener Schicht Unterprivilegierter suchten, die wenig später das Joch der Unterdrückung abschüttelte und Totengräber des Absolutismus wurde.

Vorbild für den Park von Versailles war jener von Vaux-le-Vicomte. Dessen Besitzer war der Finanzminister Ludwigs XIV., Nicolas Fouquet (1615–1680). Zur Einweihung seines Schlosses und des dazugehörigen Parks von Le Nôtre hatte Fouquet den König eingeladen. Als der Monarch die Prachtentfaltung seines Ministers mit eigenen Augen erlebte, stellte er Ihn wegen der Unterschlagung von Staatsgeldern unter Anklage. Nach dreijährigem Prozess wurde Fouquet zu lebenslanger Haft verurteilt.

St-Germain-en-Laye

Das Schloss in St-Germain-en-Laye, 20 km westlich vom Stadtzentrum von Paris gelegen und leicht mit der Vorortbahn RER zu erreichen, ist wenig bekannt und deshalb ein von Touristen nur selten angesteuertes Ausflugsziel. Aber der Abstecher lohnt!

Schon im 12. Jh. stand hier eine königliche Residenz, von Ludwig VI. ins Leben gerufen. Franz I. ließ den mittelalterlichen Bau bis auf den Donjon und die Schlosskapelle abreißen und durch einen Neubau ersetzen. In diesem Bauwerk kam als Stammhalter der Bourbonen am 5. September 1638 Ludwig XIV. zur Welt – ein Ereignis, auf das die um ihren Fortbestand besorgte Dynastie nach 23jähriger kinderloser Ehe Ludwigs XIII. mit Anna von Österreich mit Bangen gewartet hatte. Im 18. Jh. war das Schloss weitgehend sich selbst überlassen und verfiel. Unter Napoleon III. erfolgte 1862–67 die Restaurierung, wobei etliche Partien praktisch neu errichtet werden mussten.

Ein Juwel der Hochgotik ist die **Schlosskapelle,** die vermutlich von demselben Architekten entworfen wurde, der für den Ausbau der Basilika in St-Denis Mitte des 13. Jh. verantwortlich zeichnete. Die fili-

St-Germain-en-Laye ist der Geburtsort des Komponisten Claude Debussy (1862–1918). Ausgehend vom romantischen Klassizismus seines Lehrers César Franck, führten seine Kompositionen zu einer weitgehenden Auflösung der traditionellen Harmonik. Seine Akkorde stellen sich als klangfarbliche Strukturen dar. Debussy wurde zum Teil durch die Malerei des Impressionismus angeregt.

grane Architektur der in kurzer Zeit ab 1238 errichteten Kapelle ist das Vorbild für die zeitlich auf dem Fuße folgende Sainte-Chapelle gewesen.

Seit 1867 befindet sich in dem Schloss das **Musée des Antiquités Nationales.** Aus allen wichtigen Grabungen, die im Laufe des 19. und des 20. Jh. in Frankreich durchgeführt wurden, gelangten Fundstücke in das Museum, das heute das landesweit größte seiner Art ist. Von der Steinzeit bis zur Merowingerzeit sind alle Epochen von der Vor- und Frühgeschichte bis zum anhebenden Mittelalter gegenwärtig.

Weitere Ausflugsziele

Ein anderes interessantes Spezialmuseum befindet sich im **Château von Ecouen** (20 km nördlich von Paris, Zugverbindung von der Gare du Nord Richtung Persan-Beaumont, vom Bahnhof Ecouen Buslinie 269 Richtung Garges-Sarcelles), das **Musée National de la Renaissance.** Es wurde 1977 in einem vorbildlich restaurierten Schloss des 16. Jh. eingerichtet und besitzt eine stattliche Sammlung von Kleinkunstwerken und Zeugnissen des Kunsthandwerks aus der Zeit der Renaissance: Gobelins, Majoliken, Möbel, Goldschmiedekunst, aber auch Werke der Malerei und der Skulptur. Ein 17 ha großer Park lädt im Anschluss an den Museumsrundgang zu einem Spaziergang ein.

Nur 10 km vom Zentrum enfernt bieten sich die südwestlichen Vororte Meudon und Sèvres für einen Ausflug an – bei gutem Wetter per Schiff auf der Seine, sonst mit der Vorortbahn. **Meudon** war im 19. Jh. als Sommerfrische beliebt. Ronsard und Balzac lebten hier, Richard Wagner komponierte in Meudon die Oper »Der fliegende Holländer«. Rodin hielt sich während der letzten zwanzig Jahre seines Lebens oft in Meudon auf. Ein kleines Museum erinnert an den genialen Bildhauer. Von den Terrassen oberhalb der Seine hat man schöne Ausblicke auf das Tal und die nahe Großstadt.

Im Nachbarort **Sèvres** kann man die Porzellanmanufaktur, gegründet 1738 im Château de Vincennes, 1756 nach Sèvres transferiert, und das Musée National de Céramique besichtigen. Zwischen Sèvres und St-Cloud erstreckt sich der ausgedehnte **Park von St-Cloud,** zu einem großen Teil von André Le Nôtre im 17. Jh. entworfen, darin herrliche Wasserspiele, bei deren Betrachtung der Parisbesucher einen rauschhaften Abschluss erfüllter Tage erfährt.

Tipps und Adressen

Alle wichtigen Informationen für Ihre Reiseplanung und für unterwegs

Hinweise für die Reiseplanung

Unterwegs in Paris

Reiseinformationen von A bis Z

Register

Bitte schreiben Sie uns, wenn sich etwas geändert hat!
Alle in diesem Buch enthaltenen Angaben wurden von den Autoren nach bestem Wissen erstellt und von ihnen und dem Verlag mit größtmöglicher Sorgfalt überprüft. Gleichwohl sind – wie wir im Sinne des Produkthaftungsrechts betonen müssen – inhaltliche Fehler nicht vollständig auszuschließen. Daher erfolgen die Angaben ohne jegliche Verpflichtung oder Garantie des Verlages oder der Autoren. Beide übernehmen keinerlei Verantwortung und Haftung für etwaige inhaltliche Unstimmigkeiten. Wir bitten dafür um Verständnis und werden Korrekturhinweise gerne aufgreifen:

DuMont Reiseverlag, Postfach 10 10 45, 50450 Köln
E-Mail: info@dumontreise.de

Hinweise für die Reiseplanung

Auskunft

Das Französische Fremdenverkehrsamt (Maison de la France) unterhält in Deutschland, in Österreich und in der Schweiz Büros, die auf Anfrage Prospekte, Hotelverzeichnisse etc. zu schicken.

... in Deutschland
Westendstr. 47
D-60325 Frankfurt/Main
Prospektanforderung:
Tel. 01 90/57 00 25
Fax 01 90/59 90 61

... in Österreich
Argentinierstr. 41
A-1040 Wien
Tel. 01/5 03 28 90
Fax 01/5 03 28 71

... in der Schweiz
Löwenstr. 59
CH-8023 Zürich
Tel. 01/2 11 30 85
Fax 01/2 12 16 44

im Internet
www.paris-touristoffice.com

Weitere Informationen über Paris finden Sie auch bei DuMont unter:
www.dumontreise.de

Reisezeit

Das Frühjahr ist in der Regel milde, nur äußerst selten kommt es noch im März zu Frosteinbrüchen. Spätestens ab Ostern beginnt der Ansturm des Massentourismus. Im April und Mai kann es wegen der vielen Messen zu Problemen bei der Quartiersuche in Paris kommen. In jedem Fall vorher reservieren. Wer es sich leisten kann, sollte Termine wie Oster- und Pfingstferien meiden.

Der Sommer hat eine Licht- und eine Schattenseite: Im Juli und August bereitet die Quartiersuche kein Problem. Viele Pariser sind in Urlaub, die Franzosen zieht es an die Küsten, Paris ist weniger belebt, der Verkehr erträglicher als sonst. Besonders im August ist es ausgesprochen ruhig in der sonst quirligen Stadt. Andererseits klettert das Thermometer nicht selten bis auf 30 Grad Celsius im Schatten oder sogar darüber. Besichtigungen können dann recht anstrengend sein.

Der Herbst ist die schönste Jahreszeit in Paris. Ab Ende September lässt der Massentourismus spürbar nach. Ideal ist der Oktober, aber auch noch bis Mitte November sind Außenbesichtigungen in der Regel problemlos zu absolvieren. Von Ende November bis Februar wird es kühl, doch nur selten sinkt das Thermometer unter den Gefrierpunkt. Häufiger Regen (besonders im Januar/Februar), selten Schnee. Eine gute Zeit, um sich mit dem Louvre und der Museenlandschaft von Paris vertraut zu machen.

Telefonnummern

Alle Telefon- und Faxnummern in Frankreich sind so angegeben, wie man sie bei Verbindungen innerhalb Frankreichs wählt. Wer aus Deutschland, Österreich oder der Schweiz anruft oder faxt, muss die 00 33 vorwählen und die Null am Beginn der zehnstelligen innerfranzösischen Nummer weglassen.

Anreise

Für die Anreise nach Frankreich genügt ein Personalausweis. Kinder unter 16 Jahren benötigen einen Kinderausweis oder müssen im Pass der Eltern eingetragen sein. Grenzkontrollen finden seit Inkrafttreten des Schengener Abkommens praktisch nicht mehr statt (gilt nicht für Reisende aus der Schweiz).

... mit dem Auto

Von Norddeutschland erreicht man Paris auf der Autobahn durch Belgien; von West- und Mitteldeutschland auf der Autobahn über Köln, Aachen und Lüttich oder über Frankfurt, Saarbrücken, Metz und Reims; von Süddeutschland auf der Autobahn über Karlsruhe, Straßburg, Metz und Reims. Aus Österreich durch Süddeutschland (München, Stuttgart) und weiter über Straßburg, Metz und Reims. Aus der Schweiz durch Burgund (Autobahn über Beaune, Auxerre).

Wer trotz des unübersichtlichen Großstadtverkehrs mit dem Auto nach Paris fährt, sollte sich nach einer längerfristigen Parkmöglichkeit umsehen und auf die öffentlichen Verkehrsmittel umsteigen. Parkhäuser beziehungsweise Tiefgaragen findet man an der Place de la Bastille, an der Place de la Nation, an der Place de la Concorde, bei den großen Kaufhäusern am Boulevard Haussmann sowie an allen großen Bahnhöfen. Wer gar nicht erst in den inneren Stadtbereich fahren möchte, parkt am besten am Boulevard Périphérique: Grand Garage de Clignancourt nahe der Porte de Clignancourt am Nordrand von Paris, 365 Tage rund um die Uhr geöffnet. Aller Sorgen um das Auto ist ledig, wer mit Bahn, Flugzeug oder Bus anreist. Das engmaschige Metronetz, die Busverbindungen und Taxis lassen einen in der Stadt rasch von einem Ziel zum nächsten kommen.

... mit der Bahn

Züge aus Norddeutschland kommen an der Gare du Nord an, Züge aus Mittel- und Süddeutschland, aus Österreich und der Schweiz an der Gare de l'Est. Bequem ist die Anreise mit dem Nachtzug. Rechtzeitig vorher Plätze reservieren! Bei allen genannten Bahnhöfen kann man in die Metro umsteigen.

... mit dem Flugzeug

Von allen größeren Städten Deutschlands, Österreichs und der Schweiz verkehren mehrmals täglich Linienmaschinen nach Paris zum Flughafen Roissy – Charles de Gaulle. Vom Flughafen verkehren Nahverkehrszüge und ein Shuttlebus in die City. Letzterer hält nahe der Opéra Garnier im Zentrum der Stadt. Lufthansa und Air France bieten besonders in den Monaten von November bis März oftmals sensationelle Sondertarife.

... mit dem Bus

Eine organisierte Busreise mit Hotel ist eine preiswerte Möglichkeit nach Paris zu kommen. Jeder Veranstalter von Pauschalreisen und alle Busunternehmen haben Fahrten nach Paris im Angebot.

Zu speziellen Themen (z. B. »Der Louvre« oder »Die Museen von Paris«) organisieren die Autoren dieses Bandes Studienreisen mit dem Bus.
Anfragen bei:
Julia und Thorsten Droste
Cerciat – Estadens
F-31160 Aspet
Tel. (inkl. Vorwahl von Deutschland)
00 33/5 61 88 43 38,
Fax 00 33/5 61 88 44 79.

Unterkünfte

Die Hotels sind in Frankreich mit Sternen von eins bis vier klassifiziert:
ein Stern = einfach und preisgünstig;
zwei Sterne = gehobener Komfort, aber erschwinglich;
drei Sterne = sehr komfortabel, entsprechend höheres Preisniveau;
vier Sterne = Luxusklasse, sehr teuer.
Paris verfügt über einige

Preiskategorien

Günstig	Doppelzimmer 30–60 €
Moderat	Doppelzimmer 60–130 €
Teuer	Doppelzimmer 130–200 €
Luxus	Doppelzimmer über 200 €

Da die Hotelpreise sich in Paris rasant entwickeln, können die genannten Preisspannen nur der ungefähren Orientierung dienen.

hundert Hotels aller Kategorien. Eine verlässliche Auswahl guter Hotels bietet der jährlich neu erscheinende rote Michelin-Führer. Verglichen mit anderen Städten und Regionen Frankreichs ist das Preisniveau in Paris deutlich höher. Wir empfehlen nachstehend einige Häuser, die uns wegen Lage und Preis attraktiv erscheinen.

Günstig

Hôtel de Milan
17, rue de Saint-Quentin
75010 Paris
Tel. 01 40 37 88 50
Fax. 01 46 07 89 48
Métro: Gare du Nord
Ein-Sterne-Kategorie, sehr schlicht, aber vollständig renoviert und recht ordentlich. Preiswert.

Hôtel Andréa Rivoli
3, rue Saint Bon
75004 Paris
Tel. 01 42 78 43 93
Fax 01 44 61 28 36
hotelandrea@wanadoo.fr
Métro: Hôtel de Ville
2001 renoviertes Zwei-Sterne-Hotel, zentral, doch recht ruhig gelegen (Seitengasse der Rue de Rivoli, Nähe Centre Pompidou).

Moderat

Hôtel de Sévigné
2, rue Malher, 75004 Paris
Tel. 01 42 72 76 17
Fax 01 42 78 68 26
contact@le-sevigne.com
Métro: St-Paul
Das 2002 renovierte Hotel liegt im Herzen des Marais, ein familiär geführtes Haus der Zwei-Sterne-Kategorie.

Hôtel du Collège de France
7, rue Thénard, 75005 Paris
Tel. 01 43 26 78 36
Fax 01 46 34 58 29
hotel.du.college.de.france@wanadoo.fr
Métro: Cluny-Sorbonne
Am Rande des Quartier Latin in einer kleinen Seitenstraße nahe dem Boulevard St-Germain. Ein anheimelndes Haus der Zwei-Sterne-Kategorie. Von hier aus kann man in 5 Minuten zu Fuß zu Notre-Dame gehen. Tipp: Besonders romantisch sind die Zimmer im Dachgeschoss.

Hôtel des Carmes
5, rue des Carmes
75005 Paris
Tel. 01 43 29 78 40
Fax 01 43 29 57 17
Métro: Maubert-Mutualité
Zwischen Boulevard Saint-Germain und Panthéon gelegenes Haus der Zwei-Sterne-Kategorie, das nach einer vollständigen Renovierung modern ausgestattete Zimmer anbietet.

Hôtel Saint-Jacques
35, rue des Écoles
75005 Paris
Tel. 01 44 07 45 45
Fax 01 43 25 65 50
hotelsaintjacques@wanadoo.fr
Métro: Maubert-Mutualité
Das Zwei-Sterne-Hotel atmet den Geist des 19. Jh.! Wandmalereien im Frühstücksraum, Zimmer mit Stuckdecken, z. T. mit Ausblick auf Notre-Dame oder das Panthéon. Moderner Komfort. Dennoch überraschend moderate Preise.

Hôtel de Turenne
20, avenue de Tourville
75007 Paris
Tel. 01 47 05 99 92
Fax 01 45 56 06 04
hotel.turenne.paris7@wanadoo.fr
Métro: Ecole Militaire
Zwischen Eiffelturm und Invalidendom gelegenes, sehr freundlich geführtes Hotel der Zwei-Sterne-Kategorie.

Hôtel Le Loiret
5, rue des Bons Enfants
75001 Paris
Tel. 01 42 61 47 31
Fax 01 42 61 36 85
reservation@hotelleloiret.com
Métro: Palais Royal-Musée du Louvre
Zwischen Louvre und Palais Royal in einer ruhigen Seitenstraße gelegenes Hotel der Drei-Sterne-

Kategorie, zentral und dennoch erschwinglich!

Castex Hôtel
5, rue Castex, 75004 Paris
Tel. 01 42 72 31 52
Fax 01 42 72 57 91
info@castexhotel.com
Métro: Bastille
2002 renoviertes Drei-Sterne-Hotel. Es liegt in einer ruhigen Ecke des Marais, unweit der Bastille (mehrere Métrolinien!).

Hôtel du Danube
58, rue Jacob, 75006 Paris
Tel. 01 42 60 34 70
Fax 01 42 60 81 18
info@hoteldanube.fr
Métro: Saint-Germain des Prés
Charmantes Drei-Sterne-Hotel im Saint-Germain-Viertel, nicht weit vom Musée d'Orsay. Das Frühstück wird im begrünten Innenhof serviert.

Teuer

Des Saints-Pères
65, rue des Saints-Pères
75006 Paris
Tel. 01 45 44 50 00
Fax 01 45 44 90 83
Métro: Saint-Germain-des-Prés
Elegantes Drei-Sterne-Hotel mit 40 ruhigen Zimmern in einem Stadtpalais aus dem 17. Jh. in Saint-Germain. Die Chambre à la fresque mit Deckenmalereien aus der Erbauungszeit ist der schönste Raum. Im Sommer Frühstück im Garten.

Des Deux-Iles
59, rue St-Louis-en-I'lle
75004 Paris
Tel. 01 43 26 13 35
Fax 01 43 29 60 25
Métro: Pont-Marie
Drei-Sterne-Hotel in bezaubernder Lage auf der idyllischen Ile Saint-Louis, intime Atmosphäre mit Kamin in der Halle, Bar und Bibliothek, 17 kleine Zimmer im Landhausstil, Frühstücksraum mit Gewölbe aus dem 17. Jh., kleiner Innenhof.

Luxus

Duc de Saint-Simon
14, rue de Saint-Simon
75007 Paris
Tel. 01 44 39 20 20
Fax 01 45 48 68 25
Métro: Rue du Bac
Drei-Sterne-Hotel mit 34 Zimmern in einem Gebäude aus dem 18. Jh. im Ministerienviertel, idyllisch zwischen zwei Gärten gelegen. Die Zimmer sind mit Antiquitäten eingerichtet, intime Atmosphäre, zum Teil mit Terrasse.

La Villa
29, rue Jacob, 75006 Paris
Tel. 01 43 26 60 00
Fax 01 43 34 63 63
Métro: Saint-Germain-des-Prés
Exklusives Vier-Sterne-Designhotel mit 32 Zimmern. Das historische Gebäude in der Antiquitätenstraße von Saint-Germain wurde von der Gestalterin Marie-Christine Dornier postmodern ausgestattet.

Jugendherbergen & -hotels

Jugendherberge D'Artagnan
80, rue Vitruve
75020 Paris
Tel. 01 48 43 24 11
Fax 01 48 43 26 82
Métro: Porte de Bagnolet

Jugendherberge Jules Ferry
8, bd. Jules-Ferry
75011 Paris
Tel. 01 43 57 55 60

Ferienwohnung

Wer eine ganze Woche oder länger in Paris bleiben möchte, sei auf die reizvolle Alternative der Anmietung einer Ferienwohnung aufmerksam gemacht. Liebevoll eingerichtete, ruhig gelegene Ein- und Zweizimmer-Wohnungen im Marais vermittelt zu moderaten Preisen: Doris Jani, 16, rue de Bourgogne, F-67520 Marlenheim, Tel. und Fax 03 88 87 55 03. Doris Jani spricht deutsch und sendet auf Anfrage genaue Beschreibungen der Wohnungen zu.

Weniger persönlich, dafür sehr praktisch geht es zu im Flat-Hotel nahe dem Eiffelturm, 15, rue du Théâtre, ✆ 01 45 75 62 20, wo man tage- und wochenweise funktional eingerichtete Appartements mieten kann.

Fax 01 43 57 00 35
Métro: République

Infos im Internet:
www.fuaj.fr

Hotels MIJE
Drei Pariser Jugendhotels sind in schönen historischen Gebäuden untergebracht. Maximal sieben Übernachtungen für 18–30-jährige, von 1–7 Uhr wird die Tür verschlossen, Handtücher müssen mitgebracht werden. Alle drei Unterkünfte erreicht man unter Tel. 01 42 74 23 45 bzw. Fax 01 40 27 81 64, Reservierung möglich, Mitgliedskarte notwendig. (www.mije.com).
Fauconnier
11, rue du Fauconnier
75004 Paris
Métro: Pont-Marie
Fourcy
6, rue de Fourcy
75004 Paris
Métro: Saint-Paul
Maubuisson
12, rue des Barres
75004 Paris
Métro: Hôtel de Ville

Literatur

Joachim Ehlers, Heribert Müller und Bernd Schneidmüller: Die Französischen Könige des Mittelalters – von Odo bis Karl VIII., München 1996
Winfried Engler: Lexikon der französischen Literatur, Stuttgart 1994
Jürgen Grimm (Herausgeber): Französische Literaturgeschichte, Stuttgart und Weimar 1994
David Jordan: Die Neuerschaffung von Paris – Baron Haussmann und seine Stadt, Frankfurt am Main 1996
Dieter Kimpel und Robert Suckale: Die gotische Architektur in Frankreich, München 1982
Dieter Kimpel: Paris – Führer durch die Stadtbaugeschichte, München 1982
Heinz Köller und Bernhard Töpfer: Frankreich – Ein historischer Abriss, Köln 1978
Michel Poisson: Paris Monuments, Paris und Turin 1998 (gibt es nur auf Französisch)
John Rewald: Die Geschichte des Impressionismus, Köln 1965, seither wiederholt neu aufgelegt
John Rewald: Von van Gogh bis Gauguin – Die Geschichte des Nachimpressionismus, Köln 1967, seither wiederholt neu aufgelegt
Heinz Otto Sieburg: Grundzüge der französischen Geschichte, Darmstadt 1973

Dies stellt nur eine kleine Auswahl aus der umfangreichen Fachliteratur dar. Kaum minder reich ist das Bild, das die Belletristik bietet. Wir nennen einige Titel, in denen die Stadt selbst eine tragende Rolle spielt.

Louis Aragon: Pariser Landleben
Julien Green: Paris
Ernest Hemingway: Paris – Ein Fest fürs Leben
Franz Hessel: Letzte Heimkehr
Victor Hugo: Der Glöckner von Notre-Dame
Victor Hugo: Die Elenden
Gaston Leroux: Das Phantom der Oper
Guy de Maupassant: Bel Ami
Patrick Modiano: Pariser Trilogie
Henry Miller: Stille Tage in Clichy
Henry Murger: Bohème. Szenen aus dem Pariser Künstlerleben
Marcel Proust: Eine Liebe von Swann
Raymond Queneau: Zazie in der Metro
Rainer Maria Rilke: Aufzeichnungen des Malte Laurents Brigge
Nicolaus Sombart: Pariser Lehrjahre (eine aufschlussreiche soziologische Studie)
Eugène Sue: Die Geheimnisse von Paris (brillante Mischung aus Krimi, Abenteuerroman und Gesellschaftsporträt)
Gertrude Stein: Paris, Frankreich
Mona Wodsak (Hg.): Poetischer Paris-Führer (Lyrik-Anthologie)
Emile Zola: Der Bauch von Paris
Emile Zola: Das Werk (eine spannungsvolle Ausei-nandersetzung des Autors mit Cézanne)

Unterwegs in Paris

Öffentliche Verkehrsmittel

Das wichtigste Fortbewegungsmittel ist die Metro, die Untergrundbahn. Das U-Bahn-Netz in Paris ist das engmaschigste auf der Welt. Wer wenig Erfahrung hat, scheut jedoch oft die Metro, sei es aus Furcht, sich nicht zurechtzufinden, sei es aus Sorge um die eigene Sicherheit. Das Sicherheitsrisiko ist jedoch gering und die Orientierung ist einfach: Auf einem der überall aushängenden Pläne (oder in der hinteren Umschlagklappe dieses Buches) sucht man die Zug-Haltestelle und schaut sodann, welches die Endstation der betreffenden Linie ist. Der Name der Endstation ist in allen Stationen gut ausgeschildert. Das Schild mit der Aufschrift *correspondance* auf den Bahnsteigen weist den Weg zu den Umsteigemöglichkeiten. Einzelfahrscheine sind teurer als ein Zehnerblock, ein *carnet*. Es ist wie die Einzelfahrscheine am Automaten erhältlich (Erklärungen über das Funktionieren leuchten, nachdem man die entsprechende Wahltaste gedrückt hat, auf Deutsch auf) oder in allen größeren Bahnhöfen am Schalter. Das Ticket wird am Eingang entwertet, indem man es in einen Schlitz schiebt. Aus einem zweiten Schlitz im selben Automaten kommt der entwertete Fahrschein wieder zum Vorschein, zugleich öffnet sich die Barriere, die man ohne Fahrschein nicht überwinden kann. Das Ticket ist aufzubewahren, da unterwegs gelegentlich Kontrollen stattfinden.

Das Prinzip bei den Linienbussen ist dasselbe. Angeschrieben an den Fahrzeugen sind immer die Nummer der Linie und der Name der Endstation. Es gelten dieselben Fahrscheine wie in der Metro. Fahrscheine müssen im Bus am Automaten entwertet werden. Das Umsteigen mit dem selben Fahrschein ist nicht möglich.

Für Ausflüge in die Vororte benutzt man die Nahverkehrszüge der RER. Die drei wichtigsten Linien A, B und D kreuzen sich an dem großen Untergrundbahnhof Châtelet – Les Halles. Die Linie C (nach Versailles) verkehrt auf dem linken Seineufer. Zentrale Bahnhöfe mit Umsteigemöglichkeiten von bzw. zur Metro sind Gare d'Austerlitz, St-Michel und Tour Eiffel. Die Linie verbindet die nördlichen Vororte mit dem Zentrum.

Feiertage

1. Januar – Neujahrstag *(Jour de l'An)*. In Frankreich ein besonders populäres Fest. Viele Familien gehen mittags in ein Restaurant. Unbedingt einen Tisch reservieren.

Ostermontag *(Lundi de Pâques)* – Ein beliebter Ausflugstag. Darum sind in der Regel alle wichtigen Sehenswürdigkeiten Ostern geöffnet.

1. Mai – Tag der Arbeit *(Fête du travail)*. In Paris finden Umzüge und öffentliche Ansprachen statt. Fast alle Denkmäler, die sich in Staatsbesitz befinden, sind an diesem Tag geschlossen.

8. Mai – Waffenstillstandstag/Ende des Zweiten Weltkriegs *(Armistice 1945)*. An den Kriegsdenkmälern finden Kranzniederlegungen statt.

Christi Himmelfahrt *(Ascension)* – Hoher kirchlicher Feiertag. In den Vormittagsstunden sind keine Kirchenbesichtigungen möglich.

Pfingstmontag *(Lundi de Pentecôte)* – Traditioneller Ausflugstag, ganz Frankreich ist auf den Beinen.

14. Juli – Nationalfeiertag/Sturm auf die Bastille am 14. 7. 1789 *(Fête Nationale)*. Auf den Champs-Elysées nimmt der Präsident der Republik die große Militärparade ab.

15. August – Mariä Himmelfahrt *(Assomption de Sainte-Marie)*. In Frankreich ein hoch gehaltener kirchlicher Feiertag. Alles ruht im Lande. Keine Kirchenbesichtigungen am Vormittag.

1. November – Allerheiligen *(Toussaint)*. An diesem Tag suchen die Franzosen die Gräber ihrer Verstorbenen auf, um sie mit Chrysanthemen zu schmücken. Auf den Straßen herrschen, vor allem in Ballungsgebieten, namentlich in den Vormittagsstunden oft chaotische Verhältnisse.

11. November – Waffenstillstandstag/Ende des Ersten Weltkriegs *(Armistice 1918)*. Überall im Lande finden Gedenkfeiern und Kranzniederlegungen an den Denkmälern für die Gefallenen der beiden Weltkriege statt.

Fällt einer der Feiertage auf einen Donnerstag (bei Christi Himmelfahrt immer der Fall), sind Banken, oft auch Ämter und viele Geschäfte am folgenden Freitag geschlossen. Achtung! – das bedeutet in der Konsequenz, da viele Banken und Geschäfte auch montags geschlossen haben, dass bei einer solchen Konstellation möglicherweise von Donnerstag bis Montag der darauf folgenden Woche viele Einrichtungen geschlossen sind!

Restaurants

Ein paar Verhaltensregeln vorweg: Viele Gewohnheiten, die gerade dem Reisenden aus Deutschland oder Österreich völlig normal erscheinen, werden in Frankreich und auch in Paris, obwohl es gerade dort doch recht liberal zugeht, als absonderlich, wenn nicht sogar als anstößig empfunden. Einen Ober sollte man mit *Monsieur* und nicht, wie früher üblich, mit *garçon* anreden; das gilt inzwischen als herabwürdigend. In einem Restaurant setzt man sich nicht an einen freien Tisch, sondern lässt sich von der Bedienung einweisen. Völlig unmöglich ist es, wie in Bayern etwa selbstverständlich, an einem Tisch Platz zu nehmen, an dem bereits andere Gäste sitzen. Für das Verlangen getrennter Rechnungen, wenn man in einer kleinen Gruppe unterwegs ist, erntet man Unverständnis. Auch das Trinkverhalten ist anders als im deutschsprachigen Raum. Zum Essen kann der Wein ruhig reichlich fließen. Nach abgeschlossener Mahlzeit gilt jedoch die Bestellung weiterer Weinflaschen als befremdlich. In der Regel hinterlässt man am Tisch 5 bis 10 % Trinkgeld.

Neben der klassischen französischen Küche und der aller französichen Regionen kann man in Paris sämtliche kulinarischen Spezialitäten des Erdballs probieren. Ob Griechisch, Italienisch oder Türkisch, Asiatisch, Indisch, Australisch, Mexikanisch – für jeden Geschmack ist etwas geboten. Neuerdings stoßen die Ausländer, früher immer etwas von oben herab angeschaut, auch bei den Parisern auf immer mehr Akzeptanz. 1999 fand eine Sensation statt: Erstmals in der Geschichte des legendären roten Guide Michelin vergab der Gastronomie-Führer einen seiner begehrten Sterne an ein chinesisches Restaurant. Gerade in intimen »echt pariserischen« Restaurants liegen keine deutschen oder englischen Speisekarten bereit. Mit Hilfe des kleinen kulinarischen Sprachführers werden Sie die fantasievollen Namen der Gerichte zwar nicht entschlüsseln, aber wenigstens deren Hauptbestandteile identifizieren können. Der Mut zum Risiko wird oftmals belohnt! Für die Verständigung nicht nur im

Restaurant hilfreich ist das Büchlein »Französisch (nicht nur) für Globetrotter« von Gabriele Kalmbach aus der Reihe »Kauderwelsch«.

Besonders für das Wochenende muss man einen Tisch reservieren, bei den berühmten Starköchen Wochen im voraus.

Brasserien und Restaurants – eine Auswahl

Chartier
7, rue du Fbg.-Montmartre (9e)
Tel. 01 47 70 86 29
Tgl. 11.30–14.30, 18–21.30 Uhr
Métro: Rue Montmartre
Günstig. Ein großes und lautes Speiselokal, wie es im 19. Jh. noch weit mehr gab. Es wird schnell serviert und abgeräumt, weil immer Gäste warten. Jahrhundertwendedekor unter Denkmalschutz, eine echte Pariser Institution, preiswert, keine Reservierung.

Brasserien

Alcazar
62, rue Mazarine (6e)
Tel. 01 53 10 19 99
tägl. 12–15.30, 19–1 Uhr
Métro: Odéon
Teuer. Die von Terence Conran eröffnete ›Brasserie fürs 21. Jahrhundert‹ wurde in den Räumen des ehemaligen Revuetheaters Alcazar eingerichtet. Schon in London und München hat der englische Designer XXL-Restaurants in Mode gebracht. Auch hier überzeugt das edel-schlichte Interieur. Die Pariser Szene stört nur eins: Die Küche ist französisch! An der Bar preiswerte *formule*.

Bofinger
3, rue de la Bastille (4e)
Tel. 01 42 72 87 82
Mo–Fr 12–15, 18.30–1 Uhr, Sa, So 12–1 Uhr
Métro: Bastille
Teuer. In der spektakulären Belle-Epoque-Einrichtung unter einer Glaskuppel werden Meeresfrüchte, Schweinsfüße und Sauerkrautplatten serviert. Preiswerteres Bistro gegenüber, rue de la Bastille, ✆ 01 42 72 05 23.

Brasserie de l'Ile-Saint-Louis
55, quai de Bourbon (4e)
Tel. 01 43 54 02 59
Mo, Di, Fr–So 11.30–1 Uhr
Métro: Pont-Marie oder Cité
Moderat. Sehr beliebte Brasserie auf der Ile Saint-Louis, Terrasse mit schönem Blick auf Notre-Dame.

Brasserie Lipp
151, bd. Saint-Germain (6e)
Tel. 01 45 48 53 91
tägl. 12–1 Uhr
Métro: Saint-Germain-des-Prés
Moderat. Berühmte, auch von Hemingway sehr geschätzte Brasserie gegenüber den Literaturcafés Deux Magots und Flore, mit prominenten Gästen aus Politik, Medien und Showbiz.

La Coupole
102, bd. du Montparnasse (14e)
Tel. 01 43 20 14 20
tägl. 12–2 Uhr
Métro: Vavin
Moderat. Die so riesige (500 Plätze) wie legendäre Art-Déco-Brasserie am Montparnasse gibt es seit 1927. Die in den 1980er Jahren vom Abriss bedrohte Pariser Institution wurde restauriert; besonders schön sind die mit Fresken dekorierten Pfeiler. Pausenloses Kommen und Gehen, daher gibt es beim (guten) Essen viel zu sehen.

Flo
7, cour des Petites-Ecuries (10e)
Tel. 01 42 46 15 80
tägl. 12–1.30 Uhr
Métro: Château-d' Eau
Moderat. Die Belle-Epoque-Brasserie nahe der Gare du Nord ist populär. Schwerpunkt der Karte: elsässische Küche, Gänseleber, Meeresfrüchte und *choucroute* (Sauerkraut).

Grand Colbert
4, rue Vivienne (2e)
Tel. 01 42 86 87 88
tägl. 12–1 Uhr
Métro: Bourse
Moderat. Brasserie aus dem Jahr 1880 in der Galerie Colbert. Mosaiken,

Preiskategorien

Günstig	bis 23 €
Moderat	bis 35 €
Teuer	bis 53 €
Luxus	über 107 €

Die Preise beziehen sich auf ein Menü abends ohne Getränke.

Fresken, der große Tresen und der hohe Raum ergeben ein eindrucksvolles Ambiente. Meeresfrüchte und Fleischgerichte.

Bistros & Restaurants

Bistrot Côté Mer
16, bd. Saint-Germain (5e)
Tel. 01 43 54 59 10
www.michelrostang.com
Mo–Fr 12.30–14.30, 19.30–23, Sa 19.30–23 Uhr
Métro: Maubert-Mutualité
Moderat. Neben-Bistro von Starkoch Michel Rostang mit saisonal wechselnder Karte unweit des Institut du Monde Arabe. Aufmerksamer Service, gute Weinkarte.

Bistrot de l'Etoile
13, rue Troyon (17e)
Tel. 01 42 67 25 95
Mo–Fr 12–15, 19.30–23.30, Sa 19.30–23.30 Uhr
Métro: Charles de Gaulle-Etoile
Teuer. Edles Bistro von Starkoch Guy Savoy, unweit des Arc de Triomphe. Leichte Nouvelle Cuisine aus marktfrischen Produkten, jedoch weit günstiger als im Restaurant.

Les Bookinistes
53, quai des Grands-Augustins (6e)
Tel. 01 43 25 45 94
Mo–Fr 12–2, Mo–So 19–24 Uhr
Métro: Saint-Michel
Moderat. Bistro von Spitzenkoch Guy Savoy am Seine-Quai. Brillanter Newcomer unter den Bistros, modernes, helles Interieur, junges, lärmig-intellektuelles Rive-Gauche-Publikum, leichte, innovative Küche.

Bouillon Racine
3, rue Racine (5e)
Tel. 01 44 32 15 60
tägl. 12–0 Uhr
Métro: Cluny
Moderat. Ein kleines Juwel nahe dem Boulevard Saint-Michel. Die Ausstattung in reinem Jugendstil stammt aus dem Jahr 1906. Der junge Küchenchef Olivier Simon schuf das Ambiente einer belgischen Brasserie: flandrisch inspirierte Küche, belgische Biere vom Zapfhahn oder aus der Flasche.

Ma Bourgogne
19, place des Vosges (4e)
Tel. 01 42 78 44 64
tägl. 8–1 Uhr, Küche 12–1 Uhr
Métro: Bastille
Moderat. Allein schon wegen der Lage am schönsten Platz von Paris lohnt es sich, im Sommer draußen einen Wein zu trinken (vor allem Bordeaux und Beaujolais); einfache französische Bistro-Küche.

Chez Janou
2, rue Roger-Verlomme (3e)
Tel. 01 42 72 28 41
Mo–Fr 12–15, 19–23 Uhr
Métro: Chemin-Vert
Teuer. Liebenswürdiges Eckrestaurant mit schon fast anachronistischem Charme in einer versteckten Straße unweit der Place des Vosges, mit hübscher kleiner Terrasse.

Chez Paul
13, rue de Charonne (11e)
Tel. 01 47 00 34 57
Tgl. 12–14.30, 19.30–0.30 Uhr
Métro: Bastille
Moderat. Eckbistro im Bastilleviertel. Die einfache Ausstattung täuscht, das Lokal ist ›in‹, auch bei Prominenten. Der Service ist familiär-freundlich, einfache französische Hausmannskost.

Le Coude-Fou
12, rue Bourg-Tibourg (4e)
Tel. 01 42 77 15 16
Tgl. 12–2 Uhr
Métro: Hôtel de Ville
Moderat. Unkompliziert-lustiges Bistro im Marais, mit naivbunten Wandfresken, kleinen Holztischen und jungem Publikum. Es gibt recht viele gute Weine auch glasweise. Kleine Karte mit wechselnden,

relativ preiswerten Tagesgerichten auf einer Schiefertafel.

Aux Crus de Bourgogne
3, rue Bachaumont (2e)
Tel. 01 42 33 48 24
Mo–Fr 12–14.30, 20–22.30 Uhr
Métro: Les Halles
Teuer. Französische Hausmannskost, einfach-rustikale Ausstattung. Vor allem mittags herrscht gesellig-gemütliche Stimmung in diesem beliebten Jahrhundertwende-Bistro mit Patina. Seit das Viertel zur Fußgängerzone wurde, kann man hier bei gutem Wetter auch draußen sitzen.

La Tour Montlhéry
5, rue des Prouvaires (1er)
Tel. 01 42 36 21 82
Mo–Fr 12–15, 19.30–7 Uhr
Métro: Châtelet-Les Halles
Teuer. Das gesellige Bistro im Hallenviertel ist – in alter Tradition – die ganze Nacht durch geöffnet. Wurstplatten, Fischterrine, gefüllter Kohl, Nieren, Lammhirn, Kalbskoteletts in Roquefortsauce in großen Portionen.

Le Train Bleu
20, bd. Diderot (12e)
Tel. 01 43 43 09 06
tägl. 11.30–15, 19–23 Uhr
Métro: Gare de Lyon
Teuer. Das schönste Bahnhofsrestaurant der Welt in der Gare de Lyon besitzt eine Belle-Epoque-Ausstattung mit Wand- und Deckenmalereien (unter Denkmalschutz). Die Qualität der Lyonnaiser Küche wird dem Ambiente nicht immer ganz gerecht – dies jedoch ist unbedingt einen Besuch wert.

Jo Goldenberg
7, rue des Rosiers (4e)
Tel. 01 48 87 20 16
tägl. 12–24 Uhr
Métro: Saint-Paul
Moderat. Jüdisch-osteuropäischer Delikatessenladen und koscheres Restaurant mit Gefilte Fisch, Picklfleisch und Borschtsch. Von prominenten Gästen geschenkte Fotos an den Wänden schaffen eine nostalgische Atmosphäre. Einschusslöcher im Schaufenster erinnern noch an das Attentat im Jahr 1982.

Luxus

L'Ambroisie
9, place des Vosges (4e)
Tel. 01 42 78 51 45
Di–Sa 12–13.30, 20–22 Uhr
Métro: Bastille oder Saint-Paul
Luxus. Im vornehmen, diskret-versteckten Drei-Sterne-Restaurant steht Bernard Pacaud der Küche (klassisch-französisch) vor, die von den Gästen enthusiastisch gefeiert wird. Höflicher Service, ausgezeichnete Weinkarte, Interieur im Stil eines italiensichen Landhauses, mit Steinboden und freundlich-pasteligen Farben.

Grand Véfour
17, rue de Beaujolais (1er)
Tel. 01 42 96 56 27
Mo–Fr 12.30–14, 19.30–22 Uhr
Métro: Palais-Royal
Luxus. Unter den Arkaden des Palais-Royal, spektakuläres Interieur: Wandfliesen und Deckengemälde im Directoire-Stil. Prominenz von Napoleon über Victor Hugo bis zu Colette und Cocteau zählten zu den Gästen. Heute bietet Guy

Weinbistros

Im Weinbistro kann man Weine glasweise probieren. Zu Essen gibt es Käse- und Wurstplatten, Butterbrote *(tartines)* und manchmal kleine Gerichte. Die gemütlichen, oft alten Lokale sind – besonders mittags – bei Einheimischen wie Touristen gleichermaßen beliebt.
Le Rubis
10, rue du Marché-Saint-Honoré (1er)
Mo–Fr 7–22, Sa 9–16 Uhr
La Tartine
24, rue de Rivoli (4e)
Mo, Do–So 8.30–22, Mi 12–22 Uhr
Taverne Henri IV (1er)
13, place du Pont-Neuf
Mo–Fr 12–22, Sa12–16 Uhr
Willi's Wine Bar
13, rue des Petits-Champs (1er)
Mo–Sa 12–23 Uhr

Martin stets hoch gelobte savoyardische Küche.

Guy Savoy
18, rue Troyon (17e)
Tel. 01 43 80 40 61
www.guysavoy.com
Mo–Fr 12.30–14, 19.30–22.30, Sa 19.30–22.30 Uhr
Métro: Charles de Gaulle – Etoile
Luxus. Guy Savoy, einer der Topköche von Paris. Schwerpunkt auf der alle drei Monate wechselnden Karte sind Fisch, Geflügel und Gemüse. Mehrere Bistros vgl. Les Bookinistes und Bistrot de l'Etoile.

Kulinarischer Sprachführer

Speisekarte	**carte, menu**
Weinkarte	carte de vins
Abendessen	souper
Frühstück	petit déjeuner
Mittagessen	diner
Mahlzeit	repas
essen	manger
trinken	boire
Tisch	table
Küche	cuisine
Gedeck	couvert
Messer	couteau
Gabel	fourchette
Löffel	cuillère
Teelöffel	petite cuillère
Teller	assiette
Flasche	bouteille
Glas	verre
Vorspeise	hors d'œuvre, entrée
Hauptgericht	plat principal
Tagesgericht	plat du jour
gebraten	rôti
gekocht	cuit
überbacken	gratiné
aus dem Ofen	au four
gegrillt	grillé
Spieß	brochette
Salat	salade
Salz	sel
Pfeffer	poivre
Zucker	sucre
Senf	moutarde
Essig	vinaigre
Öl	huile
heiß	chaud
kalt	froid
Wasser	eau
Mineralwasser	eau minérale
Saft	jus
Milch	lait
Kaffee	café
Schokolade	chocolat
Wein	vin
weiß	blanc
rot	rouge
trocken	sec
Bier	bière
Brot	pain
Brötchen	petit pain
Butter	beurre
Aufschnitt	charcuterie
Käse	fromage
Quark	fromage blanc
Schinken	jambon
Ei	œuf
Honig	miel
Speck	lard

Fleisch	**viande**
Ente	canard
Fasan	faisan
Gans	oie
Geflügel	volaille
Hammel	mouton
Hahn	poulet
Hase	lièvre
Hirsch	cerf
Huhn	poule
Kalb	veau
Kaninchen	lapin
Lamm	agneau
Pute	dinde
Rebhuhn	perdrix
Reh	chevreuil
Rind	bœuf
Schwein	porc
Wild	gibier
Wildschwein	sanglier

Fisch	**poisson**
Meeresfrüchte	fruits de mer
Aal	anguille
Austern	huîtres
Garnelen	crevettes
Forelle	truite
Hecht	brochet
Hering	hareng
Hummer	homard
Kabeljau	cabillaud
Karpfen	carpe
Krabbern	crabes
Krebs	écrevisse
Lachs	saumon
Languste	langouste
Makrele	maquereau
Muscheln	coquillages, moules
Schalentiere	crustacés
Schnecken	escargots
Schwertfisch	espadon
Seezunge	sole
Stockfisch	morue
Tintenfisch	sépia
Thunfisch	thon

Nachspeise	**dessert**
Obst	**fruits**
Apfel	pomme
Apfelsine	orange
Aprikose	abricot
Birne	poire
Erdbeere	fraise
Kirsche	cérise
Pfirsich	pêche

Pflaume	prune
Trauben	raisins
Zitrone	citron
Eis	glace
Kuchen	gâteau

Gemüse	**légumes**
Artischocke	artichaut
Blumenkohl	chou-fleur
grüne Bohnen	haricots verts
Erbsen	petits pois
Kohl	chou
Möhren	carottes
Rosenkohl	chou de Bruxelles
Spargel	asperges
Spinat	épinards
Kartoffeln	pommes de terre
Nudeln	pâtes
Reis	riz

Salons de thé

Teesalons eignen sich für die geruhsame Pause am Nachmittag oder ein kleines Mittagessen. Sündhaft leckere Kuchen und andere Konditorwaren, herzhafte Tartes und Quiches.
A Priori Thé
35–37, galerie Vivienne (2e)
tägl. 9–19 Uhr
Angelina (1er)
226, rue de Rivoli
tägl. 9–19 Uhr
Le Loir dans la Théière (4e)
3, rue des Rosiers
Di–So 12–19 Uhr
Muscade
36, rue de Montpensier (1er im Garten des Palais-Royal)
tägl. 12–22 Uhr
The Tea Caddie
14, rue Saint-Julien-le-Pauvre (5e)
Do–Di 12–19 Uhr

Sehenswürdigkeiten und Öffnungszeiten

Arc de Triomphe
place Charles de Gaulle Etoile
Métro: Charles de Gaulle-Etoile
Okt.–März tägl. 10–22.30 Uhr, April–Sept. tägl. 9.30–23 Uhr

Arènes de Lutece
47, rue Monge et rue de Navarre
Métro: Cardinal Lemoine
Sommer: tägl. 9–21.30 Uhr, Winter: tägl. 8–17.30 Uhr

Bibliothèque Nationale de France-Site François Mitterrand
(Neue Nationalbibliothek)
quai François-Mauriac
Métro: Quai de la Gare
Di–Sa 10–20 Uhr, So 12–19 Uhr

Bibliothèque Nationale de France-Site Richelieu
(Alte Nationalbibliothek)
58, rue de Richelieu
Métro: Bourse
tägl. außer Mo 9.30–18.30 Uhr

Centre d'Art et de Culture Georges Pompidou
siehe Museen

Chapelle Expiatoire
square Louis - XVI
29, rue Pasquier
Métro: Saint-Augustin
Do–Sa 13–17 Uhr

Château de Bagatelle
route de Sèvres (Neuilly), Bois de Boulogne
Métro: Porte Maillot
tägl. außer Di 11–18 Uhr, im Winter bis 16.30 Uhr
Führungen: Sa, So und an den Feiertagen 15 u. 16.30 Uhr

Château d'Ecouen
(s. Musée de la Renaissance)

Château de Saint-Germain-en-Laye
(siehe Musée des Antiquités Nationales)

Château de Versailles
Château de Versailles
RER: Linie C bis Versailles-Rive Gauche
Schloß: Mai–Sept. tägl. außer Mo 9–18.30 Uhr, Okt.–April bis 17.30 Uhr
Grand- und Petit Trianon: täglich außer Mo Mai–Sept. 10–18.30 Uhr, Okt.–April 10–12.30 u. 14–17.30, am Wochenende durchgehend geöffnet
Gärten: Mai–Sept. täglich ab 7 Uhr, Okt.–April ab 8 Uhr, geschlossen bei Einbruch der Dunkelheit
Park: Mai–Sept. täglich 7–19 Uhr, Okt.–April 8–18 Uhr

Château de Vincennes
Métro: Château de Vincennes

tägl. 10–12 und. 13.15–18, im Winter bis 17 Uhr

Cimetière de Montmartre
20, avenue Rachel
Métro: Blanche
Mo–Fr 8–18, Sa und So 9–17.30 Uhr

Cimetière du Montparnasse
3, boulevard Edgar-Quintet
Métro: Raspail
Mo–Fr 8–18, Sa 8.30–18, So 9–18 Uhr, Nov.–März jeweils bis 17.30 Uhr

Cimetière du Père Lachaise
boulevard de Ménilmontant
Métro: Père Lachaise
Mo–Sa 8–18 Uhr (Nov.–März 8.30–17 Uhr), So 9–18 Uhr

Cité de la Musique
221, avenue Jean-Jaurès
Métro: Porte de Pantin
Di–Do 12–18 Uhr, Fr u. Sa 12–19.30 Uhr, So 10–18 Uhr

Cité de Science et de l'Industrie
30, avenue Corentin-Cariou
Métro: Porte de la Villette
Di–Sa 10–18, So 10–19 Uhr
Wissenschaftsmuseum im Parc de la Villette, Hemisphärenkino Géode, Unterseeboot, Flugsimulator

Conciergerie
Palais de la Cité
1, quai de l'Horloge
Métro: Cité
Tägl. 9.30–18 Uhr

Eglise de la Madeleine
place de la Madeleine
14, rue de Surène
Métro: Madeleine
tägl. 7–19 Uhr, So und feiertags 7–13.30 und 15.30–19 Uhr

Grande Arche
La Défense
Aussichtsplattform tägl. 10–19 Uhr

Hôtel Biron
siehe Musée Rodin

Hôtel Carnavalet
siehe Musée Carnavalet

Hôtel Donon
siehe Musée Cognacq-Jay

Hôtel de Guénegaud
siehe Musée de la Chasse et de la Nature

Hôtel Libéral-Bruant
(siehe Musée de la Serrurerie-Bricard)

Hôtel de la Monnaie
(siehe Musée de la Monnaie)

Hôtel National des Invalides
(siehe Musée de l'Armée)

Hôtel de Rohan-Guéménée
(siehe Maison Victor Hugo)

Hôtel de Saint-Aignan
siehe Musée d'Art et d'Histoire du Judaisme

Hôtel Salé
siehe Musée Picasso

Hôtel de Sens
1, rue de Figuier
Métro: St. Paul
Nur Außenbesichtigung

Hôtel de Soubise
Archives Nationales/ Musée de l'Histoire de France
60, rue des Francs-Bourgeois
Métro: Hôtel de Ville
Mo–Fr 12–17.45, Sa und So 13.45–17.45 Uhr

Institut du Monde Arabe
(siehe Musée de l'Institut du Monde Arabe)

Mémorial des Martyrs de la Déportation
Square de l'Ile de France
Métro: Cité
tägl. 10–12 u. 14–17 Uhr, im Sommer bis 19 Uhr

Mémorial du Martyr Juif inconnu
17, rue Geoffroy-l'Asnier
Métro: Hôtel de Ville
täglich 10–13 u. 14–18 Uhr
Mahnmal für die Ermordung von Millionen Juden im Dritten Reich mit Archiv und Wechselausstellungen zur jüdischen Geschichte.

Notre-Dame-des-Blanc-Manteaux
12, rue des Blanc Manteaux
Métro: Rambuteau
10–12 und 16.30–18 Uhr, Di geschl.

Notre-Dame-de-Paris
place du Parvis de Notre-Dame
Métro: Cité
Messen So 10, 11.30 und 12.30 Uhr
Schatzkammer: Mo–Sa 9.30–11.30 u. 13–17.30 Uhr
Turmbesteigung: Mo–Fr 9.30–19.30 Uhr, Sa u. So bis 21.45 Uhr, im Winter tägl. 10–16.15 Uhr
Crypte archéologique du Parvis de Notre Dame: tägl. 9.30–18.30, im Winter 10–17 Uhr

L'Observatoire
61, avenue de l'Observatoire
Am ersten Samstag eines jeden Monats findet um 14.30 Uhr eine Führung statt.

Opéra Garnier
place de l'Opéra
Métro: Opéra
tägl. 10–18, im Winter bis 17 Uhr

Panthéon
Place du Panthéon
Métro: Cardinal Lemoine
tägl. 10–18.30, im Winter 10–18 Uhr

Sainte-Chapelle
4, boulevard du Palais
Métro: Cité
tägl. 9.30–18 Uhr

Saint-Etienne-du-Mont
place Sainte-Geneviève
Métro: Maubert Mutualité
Mo 12–19.30 Uhr, Di–Fr 7.45–19.30 Uhr, Sa 7.45–12 u. 14.30–19.45 Uhr, So 8.45–12.30 u. 14.30–19.45 Uhr

Saint-Eustache
2, rue du Jour
Métro: Les Halles
Mo–So 9–19 Uhr, Messe So 8.30, 9.30 und 11 Uhr (Gregorianische Gesänge), 18 Uhr

Saint-Julien-le-Pauvre
1, rue Saint-Julien-le-Pauvre
Métro: Saint-Michel
Mo–Sa 9.30–13 Uhr u. 15–18.30 Uhr, Messen So 10, 11 u. 18 Uhr

Temple des Filles de la Visitation Sainte-Marie
rue Saint-Antoine
Métro: Bastille
Eingeschränkte Öffnungszeiten. Derzeit nur an jedem zweiten Sonntag eines Monats nachmittags um 15 Uhr zugänglich.

Tour Eiffel
Champ de Mars
Métro: Bir Hakeim
Aufzug: Juni–Aug. tägl. 9–24 Uhr, Rest des Jahres 9.30–23 Uhr
Treppen: Juni–Aug. tägl. 9–24 Uhr, Rest des Jahres 9.30–18.30 Uhr

Tour Montparnasse
33, avenue du Maine
Métro: Montparnasse-Bienvenüe
Aussichtsterrassen: tägl. 9.30–23.30, im Winter: bis 22.30 Uhr, Fr, Sa u. vor Feiertagen im Winter bis 23 Uhr

Museen und Ausstellungsorte

Centre National de la Photographie
Hôtel Salomon de Rothschild
11, rue Berryer
Métro: Charles de Gaulle-Etoile
Mo–So 12–19 Uhr, Di geschl.
Wechselausstellungen zeitgenössischer Fotografie

Centre Georges Pompidou – Musée National d'Art Moderne
Place Georges Pompidou
Métro: Rambuteau
tägl. außer Di 11–21 Uhr
geschl.: 1. Jan., Ostern, Pfingsten, 14.Juli, 15. Aug., 8. Juni, 1. und 11. Nov., Himmelfahrt

Fondation Cartier pour l'Art Contemporain
261, boulevard Raspail
Métro: Raspail
tägl. außer Mo 12–20 Uhr
Wechselnde Ausstellungen zeitgenössischer Kunst in einem modernen Glaspalast des Architekten Jean Nouvel.

Fondation Le Corbusier
Villas la Roche-Jeanneret
8–10, square du Dr Blache
Métro: Jasmin
Mo–Do 10–18, Fr bis 17 Uhr, Sa und So geschl.
Eine Doppelvilla, von Le Corbusier 1924 für seinen Bruder Albert Jeanneret und seinen Freund La

Roche gebaut. Heute beherbergt sie seine Stiftung.

Galerie du Jeu de Paume
1, place de la Concorde
Métro: Concorde
Di 12–21.30, Mi–Fr 12–19 Uhr, Sa und So 10–19 Uhr

Maison de Balzac
47, rue Raynourard
Métro: Passy
tägl. außer Mo 10–17.40 Uhr
In diesem Haus in Passy arbeitete Balzac an seiner »Comédie Humaine«. Persönliche Erinnerungsstücke, Manuskripte und Originalausgaben.

Maison Européenne de la Photographie
Hôtel Henault de Cantrobre
5–7, rue de Fourcy
Métro: Saint-Paul
Mi–So 11–20 Uhr

Musée des Antiquités Nationales
Château de Saint-Germain-en-Laye
RER: Saint-Germain-en-Laye
tägl. außer Di 9–17.15 Uhr
Das Museum im Château Saint-Germain-en-Laye beherbergt wichtige archäologische Funde der Menschheitsgeschichte von der Steinzeit bis zum Mittelalter.

Musée de l'Armée – Hôtel National des Invalides
129, rue de Grenelle
Métro: Latour/Maubourg
tägl. 10–18 Uhr, im Winter bis 16.45 Uhr

Pavillon de l'Arsenal
21, boulevard Morland
Di–Sa 10.30–18.30, So 11–19 Uhr, Mo geschl.
Pariser Städtebau und Architektur über drei Etagen. Dauer- und Wechselausstellungen.

Musée des Arts d'Afrique et d'Océanie
293, avenue Daumesnil
Métro: Porte Dorée
tägl. außer Di 10–17.30 Uhr
Exponate aus Afrika und Ozeanien in einem 1931 für die Kolonialausstellung errichteten Art-déco-Gebäude in Vincennes, Tropenaquarium.

Musée des Arts Asiatiques – Guimet
19, avenue d'Iéna
Métro: Iéna
Höhepunkt der Sammlung von Kunstschätzen aus 17 Ländern – von Afghanistan über Indien bis Fernost – sind die Exponate der Khmer-Kunst.

Musée des Arts Decoratifs
Palais du Louvre
107, rue de Rivoli
Métro: Palais Royal Musée du Louvre
Di–Fr 11–18 Uhr, Sa und So 10–18 Uhr, Mi bis 21 Uhr geöffnet.
Sammlungen teilweise geschlossen, derzeit sind nur die Exponate aus Mittelalter und Renaissance zu sehen. Wiedereröffnung des gesamten Museums voraussichtlich 2004.

Musée d'Art et d'Histoire du Judaisme
Hôtel de Saint-Aignan,
71, rue du Temple
Métro: Rambuteau
Mo–Fr 11–18 Uhr, So 10–18 Uhr
Museum zur Geschichte der jüdischen Gemeinden in Frankreich, Europa und Nordafrika in einem Adelspalais des 17. Jh. im Marais.

Musée des Arts et Métiers-Techniques
292, rue Saint-Martin
Métro: Arts et Métiers
tägl. außer Mo 10-18 und Do bis 21.30 Uhr
Doppeldecker, Oldtimer und Uhren in der Abtei von Saint-Martin-des-Champs.

Musée d'Art Moderne de la Ville de Paris
Palais de Tokyo, 11, avenue du Président Wilson
Métro: Iéna
Di–Fr 10–17.30 Uhr, Sa und So 10–18.45 Uhr
geschl.: Ostern, 1. und 11. Nov., 25. Dez.

Musée d'Art Naif – Max Fourny
Halle Saint-Pierre, 2, rue Ronsard
Métro: Anvers
tägl. 10–18 Uhr
Naive Kunst aus aller Welt in einer kleinen Markthalle

von Baltard, Wechselausstellungen.

Musée National des Arts et des Traditions populaires
6, avenue du Mahatma Gandhi
Métro: Les Sablons
tägl. außer Di 9.30–17 Uhr
Museum für Volkskunst und Brauchtum präsentiert Objekte aus allen Provinzen Frankreichs.

Musée Bouchard
25, rue de l'Yvette
Métro: Jasmin
Mi und Sa 14–19 Uhr
Atelier von Henri Bouchard mit »authentischer« Arbeitsatmosphäre und Werken des Bildhauers.

Musée Bourdelle
16, rue Antoine Bourdelle
Métro: Montparnasse Bienvenüe
tägl. außer Mo 10–17.40 Uhr
Zahlreiche, teils monumentale Werke des Bildhauers Antoine Bourdelle in seinem ehemaligen Atelier, moderner Erweiterungsbau von Christian de Portzamparc, Skulpturengarten.

Musée Nissim de Camondo
63, rue de Monceau
Métro: Villiers
Mi–So 10–17 Uhr

Musée Carnavalet – Musée de l'Histoire de Paris
Hôtel Carnavalet
23, rue de Sévigné
Métro: Saint-Paul
tägl. außer Mo 10–17.40 Uhr

Musée National de Céramique
Place de la Manufacture Sèvres
Métro: Pont de Sèvres, Bus 169, 171, 179 (Sèvres-Manufacture)
tägl. außer Di 10–17 Uhr

Musée Cernuschi
7, avenue Velasquez
Métro: Villiers
tägl. außer Mo 10–17.40 Uhr

Musée de la Chasse et de la Nature
Hôtel de Guénégaud
60, rue des Archives
Métro: Rambuteau
tägl. außer Mo 11–18 Uhr

Musée Cognacq-Jay
Hôtel Donon
8, rue Elzévir
Métro: Saint-Paul
tägl. außer Mo 10–17.40 Uhr

Musée Eugène Delacroix
6, rue de Furstenberg
Métro: Saint-Germain des Prés
tägl. außer Di 9.30–17 Uhr

Musée d'Ennery
59, avenue Foch
Métro: Victor Hugo
Do, So und an Feiertagen 14–18 Uhr
Der Fernost-Mode des späten 19. Jh. verfallen, trug Clémence d'Ennery 7000 Objekte aus Japan und China zusammen. Für deren Präsentation in kostbaren Vitrinen ließ sie ein Stadtpalais im üppigen Stil des dritten Kaiserreichs errichten. Gebäude und Sammlungen hinterließ Clémence Ennery dem Staat als Museum.

Musée Galliéra-Musée de la Mode de la Ville de Paris
10, avenue Pierre Ier de Serbie
Métro: Iéna
tägl. außer Mo 10–18 Uhr, nur während der Ausstellungen geöffnet.

Musée d'Histoire Naturelle – Grande Galerie d'Evolution
Jardin des Plantes
57, rue Cuvier
Métro: Jussieu
tägl. außer Di 10–18 Uhr

Musée de l'Homme
Palais de Chaillot
17, place du Trocadéro
Métro: Trocadéro
tägl. außer Di 9.45–17.15 Uhr
Ethnologische, anthropologische und prähistorische Sammlungen zur Evolutionsgeschichte des Menschen.

Musée de Victor Hugo
Hôtel de Rohan-Guéménée
6, place des Vosges
Métro: Bastille
tägl. 10–17.40 Uhr

Musée de l'Institut du Monde Arabe
1, rue des Fossés Saint-Bernard

Métro: Jussieu
tägl. außer Mo 10–18 Uhr

Musée Jacquemart-André
158, boulevard Haussmann
Métro: Saint-Philippe du Roule
tägl. (auch an Feiertagen) 10–18 Uhr

Musée du Louvre
Métro: Palais Royal-Musée du Louvre
tägl. außer Di 9–18 , Mo und Mi bis 21.45 Uhr, So freier Eintritt

Musée Maillol
Fondation Dina Vierny
59–61, rue de Grenelle
Métro: Rue du Bac
tägl. außer Di 11–18 Uhr

Musée de la Marine
Palais de Chaillot
17, place du Trocadéro et du 11 Novembre
Métro: Trocadéro
tägl. außer Di 10–17.50 Uhr
Eines der größten Marinemuseen weltweit. Schiffsmodelle aus aller Welt.

Musée Marmottan – Claude Monet
2, rue Louis-Boilly
Métro: La Muette
tägl. außer Mo 10–17.30 Uhr

Musée de la Mode et du Textile
Palais du Louvre
107, rue de Rivoli
Métro: Palais Royal-Musée du Louvre
Di, Do, Fr 11–18 Uhr, Mi 11–21 Uhr, Sa, So 10–18 Uhr
In jährlich wechselnden Ausstellungen zeigt das Museum seine Sammlungen (Stoffe, Kleider, Accessoires vom 17. Jh. bis heute, Modelle berühmter Couturiers) auf 3000 m² im Louvre.

Musée de la Monnaie
Hôtel de la Monnaie
11, quai de Conti
Métro: Pont Neuf
Di–Fr 11–17.30, Sa u. So 12–17.30 Uhr

Musée de Montmartre
12, rue Cortot
Métro: Lamarck-Caulaincourt
tägl. außer Mo 11–18 Uhr
Mitten auf dem Montmartre erinnert ein romantisches Museum an das Dorf von einst und an die Künstler, die hier gelebt haben: Utrillo, Valadon, Dufy, Satie und andere.

Musée National des Monuments Français
Palais de Chaillot
1, place du Trocadéro et du 11 Novembre
Métro: Trocadéro
Wegen Umbaus geschlossen. Wird voraussichtlich 2005 als Bestandteil der »Cité de l'Architecture et du Patrimoine« im Palais de Chaillot neu eröffnen.

Musée Gustave Moreau
14, rue de la Rochefoucauld
Métro: Trinité
Mo u. Mi 11–17.15, Do–So 10–12.45 u. 14–17.15 Uhr

Museumspass – Carte Musées

Wer innerhalb kurzer Zeit mehrere Museen besuchen möchte, fährt angesichts der hohen Eintrittsgebühren günstiger mit dem Museumspass (carte musées), den es in drei Varianten gibt: für einen Tag, für drei Tage und für fünf Tage Dauer. Erhältlich an den Museumskassen, in den Offices du Tourisme und großen Metrostationen. Der Pass berechtigt zum Eintritt in 60 Museen sowie Schlösser und andere Denkmäler in und z. T. auch um Paris.

Musée du Moyen-Age – Thermes de Cluny
6, place Paul Painlevé
Métro: Cluny-La Sorbonne
tägl. außer Di 9.15–17.45 Uhr

Musée de la Musique
Cité de la Musique
221, avenue Jean-Jaurès
Métro: Porte de Pantin
Di–So 12–18 Uhr, Fr u. Sa 12–19.30 Uhr, So 10–18 Uhr

Musée de l'Orangerie
Jardin des Tuileries
Métro: Concorde
Wiedereröffnung 2004

Musée d'Orsay
1, rue de la Légion d'Honneur

Métro: Solférino
Sommer: Di–So 9–18 Uhr,
Winter: Di–Sa 10–18 Uhr,
Do immer 21.45 Uhr

Musée du Panthéon Bouddhique-Guimet
19, avenue d'Iéna
Métro: Iéna
tägl. außer Di 9.45–17.45 Uhr

Musée Picasso
Hôtel Salé
5, rue de Thorigny
Métro: Saint-Paul
tägl. außer Di 9.30–18 Uhr, im Winter bis 17.30 Uhr

Musée National de la Renaissance
Château d'Ecouen
Ecouen
RER: Garges-Sarcelles,
SNCF: Ecouen-Ezanville
tägl. außer Di 9.45–12.30 und 14–17.15 Uhr

Musée Rodin
Hôtel Biron
77, rue de Varenne
Métro: Varenne
tägl. außer Mo 9.30–17.45 Uhr, im Winter bis 16.45 Uhr, Park im Sommer bis 18.45 Uhr

Musée de la Serrurerie-Bricard
Hôtel Libéral-Bruant
1, rue de la Perle
Métro: Saint-Paul
Mo–Fr von 14–17 Uhr

Musée de la Vie Romantique
16, rue Chaptal
Métro: Pigalle
tägl. außer Mo 10–17.40 Uhr
Im ehemaligen Atelier des Malers Ary Scheffer wird das Künstler- und Literatenmilieu des 19. Jh. lebendig, ein großer Teil des Museums ist der mit Scheffer befreundeten Schriftstellerin George Sand gewidmet.

Musée Zadkine
100 bis, rue d'Assas (Hinterhof)
Métro: Notre-Dame des Champs
tägl. außer Mo 10–17.30 Uhr
Anhand von über 100 Arbeiten bietet das Museum im ehemaligen Atelier und Wohnhaus von Ossip Zadkine einen umfassenden Überblick über das Werk des russischstämmigen Bildhauers.

Abbildungsnachweis

Alle Abbildungen stammen von Louis Bérenger, Cerciat-Estadens, Aspet, außer:

Archiv für Kunst und Geschichte, Berlin 8, 10, 16, 19, 22 (beide), 24, 25, 31 (beide), 32, 42, 49, 52, 53, 65, 71, 72, 73, 75, 79, 80, 82, 83, 84, 85, 86, 93, 96, 115, 127, 143, 149, 170, 175, 180, 184, 190, 193, 195, 198, 203, 212, 217, 220, 224, 227, 228, 230, 233, 234, 235, 255, 257, 260, 263, 265, 266, 269, 271, 273, 301, 349
Archiv des Verlages 26, 27, 39, 66, 156
laif, Köln 17, 59, 162 (Thomas Ebert), 105, 118 (Hartmut Krinitz)
Giraudon, Paris 28, 35, 78
Musée du Louvre, Paris 186, 205, 208, 210, 223
Musée d'Orsay, Paris 253, 267

Reiseinformationen von A bis Z

Apotheken

Apotheken (frz. *pharmacies*) sind an einem blinkenden grünen Neonkreuz zu erkennen. 24 Stunden geöffnet: Pharmacie Dehry, 84 Champs-Elysées (in der Galerie des Champs-Elysées, Métro: George V.) Grande Pharmacie Daumesnil, 6, place Félix Eboué (Métro: Daumesnil).

Behinderte

Noch immer lassen die Reise- und Unterkunftsbedingungen für Behinderte zu wünschen übrig. Aber es ist andererseits nicht zu verleugnen, dass sich in den letzten Jahren einiges verbessert hat. Eine Übersicht über behindertengerechte Hotels und Restaurants erhält man über die Association des Paralysés de France (A.P.F.): 22, rue de Père Guérin, 75013 Paris, Tel. 01 40 78 69 00. Die Deutsche Bahn AG hat für behinderte Reisegäste eine umfangreiche Broschüre zusammengestellt, die neben Hinweisen zu Serviceleistungen und Fahrtvergünstigungen über behindertengerechte Einrichtungen in den Zügen und Bahnhöfen der europäischen Nachbarländer informiert. Das Infoheft liegt an allen größeren Bahnhöfen aus oder kann über die Deutsche Bahn AG, Geschäftsbereich Fernverkehr, 55118 Mainz angefordert werden.

Über Einzel- und Gruppenreiseangebote für Behinderte gibt der Bundesverband Deutscher Omnibusunternehmer Auskunft: Coburger Str. 1c, 53113 Bonn. Der Reisedienst des Bundesverbandes Selbsthilfe Körperbehinderte e. V. versendet eine Übersicht behindertengerechter Reiseprogramme: Altkrautheimer Str. 17, 74238 Krautheim, Tel. 0 62 94/6 81 12, Fax 0 62 94/9 53 83.

Diplomatische Vertretungen

Botschaft der Bundesrepublik Deutschland
13–15, Avenue Franklin Roosevelt (8. Arr.)
Tel. 01 53 83 45 00
Botschaft der Republik Österreich:
6, rue Fabert (7. Arr.)
Tel. 01 40 63 30 63
Botschaft der Schweiz:
142, rue de Grenelle (7. Arr.)
Tel. 01 49 55 67 00

Einkaufen

Paris bietet unerschöpfliche Möglichkeiten zum Shopping. Ein Fest fürs Auge ist ein Rundgang durch eines der Kaufhäuser aus dem 19. Jh. am Boulevard Haussmann, Le Printemps oder die Galeries La Fayette, in deren Hauptgebäude ist die berühmte Glaskuppel aus der Zeit der Belle Epoque eine Sehenswürdigkeit für sich.

Café mit Aussicht

Wer das Kaufhaus La Samaritaine am rechten Seineufer aufsucht, sollte es nicht versäumen, auf der Aussichtsterrasse im Obergeschoss einen Kaffee zu trinken. Man schaut dabei auf den Pont-Neuf und die Türme der Ile de la Cité.

Antiquitäten findet man im Louvre des Antiquaires auf der Nordseite des Louvre und im Village St-Paul im Marais. Modernes Design, ausgefallene Möbel und verrückte Einzelkreationen bieten die Läden in den Arkaden unter der aufgelassenen Eisenbahnlinie, Viaduc des Arts, nahe der Bastille-Oper.

Delikatessen

Wohl in keiner Stadt der Welt kann man so exklusive Nahrungsmittel kaufen wie in Paris. Manches eignet sich als Souvenir.

Hédiard
21, place de la Madeleine (8e)
Métro: Madeleine
Seit 1894 *der* Delikatessenladen von Paris.

Fauchon
26, place de la Madeleine (8e)
Métro: Madeleine
Neben Hédiard der zweite unangefochtene Spitzenreiter unter den Pariser Feinkostläden.

Debauve & Gallais
30, rue des Saints-Pères (7e)
Schokolade und Bonbons des einstigen Hoflieferanten haben schon Balzac und Proust begeistert.

Toraya
10, rue St-Florentin (1er)
Métro: Concorde
Japanischer Hofkonditor. Das winzige Gebäck aus Bohnen, Reis oder Algen wird wie edler Schmuck arrangiert.

Ein besonderes Einkaufsvergnügen ist der Bummel durch die Passagen des 19. Jh. Sehr schön sind die Passagen der Galerie Véro-Dodat (zwischen Bourse de Commerce und Palais-Royal) und der Galerie Vivienne (neben der alten Bibliothèque Nationale). Schaufensterbummel empfehlen sich auf den Champs-Elysées, rund um die Place des Victoires und in den Straßen beidseits des Boulevard St-Germain.

Flohmärkte

Der bekannteste Pariser Flohmarkt *(marché aux puces)* ist jener nahe der Porte de Clignancourt (gleichnamige Métro-Station), geöffnet samstags bis montags 9–19 Uhr, wo man vom billigen Imitat, über Klamotten, CDs und Ramsch bis hin zu wertvollen Antiquitäten so ziemlich alles erstehen kann.

Weitere Flohmärkte findet man bei der Porte de Montreuil (20. Arr., geöffnet samstags, sonntags, montags 7–19.30 Uhr) und bei der Porte de Vanves (14. Arr., geöffnet nur samstags und sonntags 7–19.30 Uhr).

Fundsachen

Verlorene Gegenstände geben ehrliche Finder im städtischen Fundbüro ab: Bureau des objets-trouvés, 36, rue des Morillons (15. Arr., Metro-Station Convention, geöffnet Mo–Mi 8.30–17 Uhr und Do 8.30–22 Uhr).

Information

Office de Tourisme
127, Avenue des Champs-Elysées (8. Arr.)
täglich 9–20 Uhr, geschlossen nur am 1. Januar, 1. Mai und am 25. Dezember.

Weitere Informationsstellen findet man in allen großen Bahnhöfen (Gare du Nord, Gare de l'Est, Gare d'Austerlitz, Gare de Lyon, Gare de Montparnasse), am Eiffelturm und im Rathaus.

Jugendliche

Speziell auf die Fragen jugendlicher Gäste geht ein:
Centre d'Information et de Documentation de la Jeunesse (CIDJ)
101, Quai Branly (15. Arr.)
Tel. 01 44 49 12 00
Métro: Bir-Hakeim
geöffnet montags bis samstags 9–19 Uhr
Informiert über Jugendherbergen, Veranstaltungen und Möglichkeiten zu Ferienjobs.

Nachtleben

Vielen ist der Besuch einer Revue ein gern absolviertes Pflichtprogramm in Paris. Das berühmteste *cabaret* der Welt ist das »Moulin Rouge« am Boulevard de

Clichy im Herzen des (heute verhältnismäßig gesitteten Rotlicht-)Viertels rund um die Place Pigalle (Tel. 01 46 06 00 19). Hier wurde der Cancan kreiert, den Toulouse-Lautrec in vielen seiner Pastelle und Ölbilder verewigt hat. Kaum minder bekannt sind das »Lido« an den Champs-Elysées (Tel. 01 45 63 11 61) und das »Crazy Horse« in der Avenue George V. (Tel. 01 47 23 32 32). In touristischen Hauptsaisonzeiten kann es Probleme bei der Platzreservierung geben (an der Abendkasse gibt es praktisch nie Karten, man muss in jedem Fall reservieren!).

Weniger bekannt ist, dass es neben den genannten Berühmtheiten auch einige attraktive kleinere Revuebühnen gibt. Hier sei besonders »La Nouvelle Eve« in der Rue Fontaine empfohlen (nahe der Place Pigalle). Während man in den großen Kabaretts ein wenig das Gefühl hat, sich in einer Bahnhofshalle zu verlieren, herrscht hier in überschaubarem Rahmen eine intimere, gemütliche Atmosphäre. Geboten wird zu Champagner eine flotte und spritzig inszenierte Mischung aus Slapstick, Artistik und prickelnder Erotik, dargeboten von hinreißend schönen Tänzerinnen. Telefonische Kartenbestellung Tel. 01 48 74 69 25 oder 01 48 78 37 96, Fax 01 42 85 38 27 oder 01 40 82 92 35.

Notruf

Für ärztliche Hilfe bzw. Krankenwagen (SAMU) 15, Polizei 17 und Feuerwehr 18. Die Benutzung dieser Nummern ist gebührenfrei.

Rauchen

Rauchen ist in der Öffentlichkeit nur noch dort erlaubt, wo es ausdrücklich gestattet ist. In öffentlichen Gebäuden, Cafés, Restaurants, Hotels, Bahnhöfen und Flugplätzen sowie Flugzeugen der Air France ist es verboten zu rauchen. In der Alltagswirklichkeit wird diese Regelung allerdings nicht strikt durchgesetzt, wie es sich hier liest. In Bars, Cafés und Restaurants sind normalerweise Raucherzonen eingerichtet. Züge führen immer einen Waggon für Raucher mit. Wer aber von einem Ordnungshüter bei einer Zuwiderhandlung ertappt wird, muss mit einer empfindlichen Geldbuße rechnen.

Schiffsfahrten

Ein Vergnügen eigener Art ist eine Schiffsfahrt auf der Seine. Man kann an einer Kurzfahrt von nur einer Stunde teilnehmen oder einen längeren Parcours buchen. Mittags und abends finden Fahrten mit gleichzeitigem Menü statt. Nicht gerade billig, aber sehr reizvoll! Abfahrt ist nahe dem Eiffelturm auf der linken Seineseite am Pont de l'Alma (Bateaux Mouches), am Pont d'Iéna (Bateaux Parisiens – Vedettes Tour Eiffel) oder am Pont-Neuf (Vedettes Pont-Neuf).

Ein eigenes kleines Schiffsunternehmen ist auf Fahrten spezialisiert, die über die Seine und auf dem Canal St-Martin zum Parc de la Villette führen (Dauer 3 Stunden). Telefonische Vormerkung ist, da es sich um kleinere Schiffe mit begrenzter Kapazität handelt, erforderlich: Tel. 01 42 40 96 96. Abfahrt ist auf dem linken Seineufer nahe dem Musée d'Orsay von Ende März bis Anfang November täglich um 9.30 und um 14.30 Uhr.

Taxi

Taxifahrten sind, wie in allen großen Metropolen, ein nicht eben billiges Vergnügen. Gegenüber der Metro besitzt das Taxi den Vorteil, dass man mehr von Paris zu sehen bekommt. Die Taxis dürfen die Busspuren benutzen, kommen also zügiger voran als die anderen Fahrzeuge. Prinzipiell werden nur maximal drei Fahrgäste befördert, da laut einem offiziellen Statut der Beifahrersitz neben dem Chauffeur frei bleibt. Bei Abfahrten von den großen Bahnhöfen sowie von den Flughäfen wird eine leicht erhöhte Grundgebühr berechnet, schweres Gepäck wird stückweise gezählt. Nach 22 Uhr und bei Fahrten in die Vororte außerhalb des Boulevard Périphérique ist ein Sondertarif zu zahlen. Als Trinkgeld sind 10 bis 15 % des Fahrpreises üblich.

Vorverkaufsstellen

Paris bietet ein überreiches Programm an Konzerten (hauptsächlich im Auditorium des Halles bei St-Eustache, in der Maison de la Radio, in der Salle Cortot, in der Salle Pleyel, im Théâtre des Champs-Elysées, im Châtelet-Théâtre musical de Paris, in der Cité de la Musique und im Palais Chaillot), Theatervorführungen (Comédie Française, Odéon, Théâtre de la Ville an der Place du Châtelet, Théâtre National de Chaillot, Théâtre National de la Colline, um nur die wichtigsten zu nennen), Opern (Bastille), Operetten (Opéra Comique), Balletts und Musicals (Opéra Garnier). Der Vorverkauf findet an den Tageskassen der genannten Aufführungsorte statt, in den Filialen der Fnac-Buchhandlungen oder in großen Kaufhäusern. Das Printemps am Boulevard Haussmann hat gleich zwei gut funktionierende Vorverkaufsbüros, eines im Untergeschoss und ein weiteres im 4. Stock.
Bei stark besuchten Ausstellungen empfiehlt sich ebenfalls der Vorverkauf. So spart man sich stundenlanges Anstehen in der Schlange. Daneben gibt es verschiedene private Anbieter. Die Adressen nennt das monatlich erscheinende Programmheft zum Pariser Kulturleben (»Pariscope«), das an Kiosken, Buchhandlungen und bei allen offiziellen Informationsstellen erhältlich ist.

Preiswerte Tickets

Restkarten fast aller Theater für denselben Abend werden am Kiosque de la Madeleine (15, place de la Madeleine, Di–Sa 12.30–20, So 12.30–16 Uhr) zum halben Preis angeboten.

Zoll

Waren dürfen zum privaten Gebrauch unbegrenzt mitgeführt werden, Kontrollen finden seit Inkrafttreten des Schengener Abkommens praktisch nicht mehr statt (gilt nicht für die Schweizer). Überschreitet man allerdings die so genannten Richtmengen, so muss man bei einer Kontrolle glaubhaft machen können, dass die Waren ausschließlich zum privaten Konsum bestimmt sind; andernfalls müssen sie versteuert werden. Die Richtmengen liegen bei: 800 Zigaretten, 400 Zigarillos, 200 Zigarren, 1 kg Tabak, 10 l Spirituosen, 20 l andere alkoholische Getränke (bis 22 % vol.), zudem 90 l Wein (davon maximal 60 l Schaumwein) und 110 l Bier.

Für Schweizer gelten folgende Beschränkungen: 50 g Parfüm oder 0,25 l Eau de Toilette, 1 l Spirituosen oder 2 l Likör und 2 l Wein, 200 Zigaretten oder 100 Zigarillos oder 50 Zigarren oder 250 g Tabak.

Register

Personen

Orte

Umschlagvorderseite: Louvre und Louvrepyramide bei Nacht
Umschlagklappe vorn: Blick auf Paris vom Nordturm der Kathedrale Notre-Dame
Umschlagklappe hinten: im Musée d'Orsay
Umschlagrückseite: La Grande Arche (oben), Grundriss von St-Denis (Mitte), Pont Notre-Dame, Joute des Mariniers, Gemälde von Jean-Baptiste Raguenet (1715–1793)
Abb. S. 1: Notre-Dame. Chimäre

Julia Droste-Hennings Die gebürtige Kärntnerin studierte an der Universität Salzburg Kunstgeschichte, Philosophie und Germanistik. Zahlreiche Buchveröffentlichungen vor allem zu Frankreich. Bei DuMont erschien von ihr der Kunst-Reiseführer »Oberösterreich«.
Thorsten Droste Der 1950 in Hamburg geborene Kunsthistoriker hat annähernd 30 Bücher vor allem über Frankreich geschrieben. Bei DuMont erschienen von ihm die Kunstreiseführer »Venedig«, »Burgund«, »Périgord«, »Poitou« und »Provence«.
Die Autoren leben seit 1997 in Südfrankreich.

Satz und Druck: Rasch, Bramsche
Buchbinderische Verarbeitung: Bramscher Buchbinder Betriebe

Printed in Germany ISBN 3-7701-6090-8